高等教育安全科学与工程类系列教材

工业生产过程与管理

第 2 版

主　编　李振明
副主编　蒋永清　鲁　义　王　睿
参　编　朱建芳　张　莉　田新娇
主　审　柴建设

机械工业出版社

本书从工业生产过程的基本理论知识角度介绍了煤炭及石油工业、化学工业、建筑工程、机械工业、电力工业、冶金工业、轻工业等主要行业的生产工艺技术与安全管理要求，使学生在学习专业理论的同时，能进一步了解各行业常见的事故风险与防范措施，树立安全理念于生产管理之中。

本书以产业结构与工业生产系统知识为切入点，结合环境工程、国际劳工组织与职业安全卫生方面的要求，系统介绍了工业生产类型、生产过程空间组织与时间组织设计方法，各工业产品的生产过程、工艺特点、基本原理、生产方式与安全管理模式，为学生今后从事安全生产监督管理工作打下扎实的专业理论基础。

本书主要作为高等学校安全工程、工业工程专业的本科教材，也可供广大工业企业安全生产管理及相关专业技术人员学习参考。

图书在版编目（CIP）数据

工业生产过程与管理/李振明主编. —2版. —北京：机械工业出版社，2023.3

高等教育安全科学与工程类系列教材

ISBN 978-7-111-72405-6

Ⅰ.①工… Ⅱ.①李… Ⅲ.①工业生产-生产过程-安全管理-高等学校-教材 Ⅳ.①F406.2

中国国家版本馆 CIP 数据核字（2023）第 040473 号

机械工业出版社（北京市百万庄大街 22 号　邮政编码 100037）
策划编辑：冷　彬　　　　　　责任编辑：冷　彬　舒　宜
责任校对：薄萌钰　于伟蓉　　封面设计：张　静
责任印制：郜　敏
北京富资园科技发展有限公司印刷
2023 年 6 月第 2 版第 1 次印刷
184mm×260mm・20.25 印张・461 千字
标准书号：ISBN 978-7-111-72405-6
定价：59.80 元

电话服务　　　　　　　　　　网络服务
客服电话：010-88361066　　　机　工　官　网：www.cmpbook.com
　　　　　010-88379833　　　机　工　官　博：weibo.com/cmp1952
　　　　　010-68326294　　　金　书　网：www.golden-book.com
封底无防伪标均为盗版　　机工教育服务网：www.cmpedu.com

前　言

《工业生产过程与管理》第1版自2008年出版以来，得到广大读者的欢迎，多所开设相关课程的高校，特别是华南理工大学、中南大学、河南理工大学、青岛理工大学、西安理工大学、福州大学至诚学院、贵州六盘水师范学院等院校一直选用本书作为教材。本书在介绍各工业生产过程的主要工艺及其安全管理方面具有较强的实用性、完整性和可读性，可帮助学生系统学习主要工业行业的生产工艺技术知识，并且能快速熟悉工业生产过程及其安全管理方法，对提升专业教学水平，培养学生实践能力等起到积极的推动作用。

为顺应时代发展的要求，充分体现国家和政府对安全工作的重视，贯彻"管行业必须管安全，管业务必须管安全，管生产经营必须管安全"的指导思想，将安全理念融入各行业的生产过程与管理之中，同时，也为学生更加深入体会新时期各行业安全管理工作的重要性和了解安全知识的必要性，展示新教学内容和成果，我们决定对《工业生产过程与管理》第1版进行修订。

近年来，随着工业生产技术快速发展，生产工艺也有新的变化，国家出台了相关的新的法律法规，教材需要充分体现这些变化，让学生及时掌握行业发展的新动向。本书此次修订对与技术、法规等相关的内容进行了全面更新。特别是对2021年开始实施的《安全生产法》所关联的生产过程安全管理、风险辨识、事故预警预防等内容，进行了相应的增加，充分体现生产工艺安全风险防范的精神内涵，以适应工业企业对生产过程安全管理的要求，达到安全生产的目的。本次修订，还增加了介绍各工业企业常见的事故风险与防范措施的内容，并列出事故案例，让学生在学习时能一并掌握生产企业事故预防的方法，形成良好的安全生产风险防范意识，为今后参与企业的生产管理奠定良好的专业基础。

本次修订得到多所高校安全工程专业教师和业内有关专家的大力支持。本书经过十多年的教学实践后，积累了不少使用反馈信息。为做好修订工作，编者在专门的教学会议上，在探讨新时期各行业安全管理工作的重要性的同时，系统梳理了安全工程专业开设这门课程和编写本书的目的、意义以及相关的课程大纲、教学设置内容和要求，提出了修订的意向，并听取了与会专家的修订建议，征求了相关任课教师的意见，为本书的修订完善，获得了贴近教学实际需求的宝贵建议和扎实的实施方案。在此，向相关专家和高校教师一并表示感谢。

本书第2版的编写分工如下：李振明（浙江工业大学）提供编写大纲并编写第1章、第2章、第10章，鲁义（湖南科技大学）编写第3章和第6章，王睿（浙江工业大学）编写第4章，张莉（浙江工业大学）编写第5章，田新娇（浙江工业大学）编写第7章，朱建芳（浙江工业大学）编写第11章，蒋永清（哈尔滨理工大学）编写第8章和第9章。全书由李振明负责统稿和定稿工作。

本书第2版列入了浙江工业大学教学改革项目（JG201904），并得到学校教务处、化学工程学院等部门领导的大力支持，在此表示感谢。同时，感谢西安邮电学院、南华大学、西安邮电学院、百色学院等多所高校的工业工程（方向）专业选用本书作为教材。

限于编者水平和编写时间，本书难免存在不妥之处，敬请读者不吝指正。

目 录

前 言

第 1 章 工业生产概论 / 1
1.1 产业结构与分类 / 1
1.2 工业化的发展历程与方向 / 7
1.3 现代工业化生产系统 / 13
1.4 工业企业的安全生产 / 16
复习题 / 19

第 2 章 工业生产组织与管理 / 20
2.1 工业的生产过程 / 20
2.2 生产类型 / 23
2.3 生产过程的空间组织 / 26
2.4 生产过程的时间组织 / 29
2.5 生产过程控制管理 / 33
2.6 生产安全的总体要求 / 36
复习题 / 39

第 3 章 煤炭及石油工业 / 40
3.1 煤炭生产 / 40
3.2 石油工业 / 51
复习题 / 64

第 4 章 化学工业 / 65
4.1 概述 / 65
4.2 无机化工生产 / 69
4.3 有机化工生产过程 / 77
4.4 有机化工合成材料 / 91
4.5 化工单元操作的危险性分析 / 96
4.6 典型化学反应的危险性分析 / 99

4.7 化工企业事故案例 / 104
复习题 / 104

第 5 章 建筑工程 / 106

5.1 概述 / 106
5.2 建设程序与施工项目管理 / 111
5.3 建筑工程常用施工方法 / 117
5.4 建筑机械设备与施工技术 / 120
5.5 施工项目的质量安全管理 / 121
5.6 建筑工业化 / 124
5.7 建筑行业安全生产 / 129
复习题 / 131

第 6 章 机械工业 / 133

6.1 概述 / 133
6.2 机器与机械系统 / 135
6.3 机械产品的制造 / 143
6.4 机械制造加工的危险因素及安全管控 / 145
6.5 机械伤害事故案例 / 151
复习题 / 152

第 7 章 电力工业 / 153

7.1 概述 / 153
7.2 发电厂类型及生产过程 / 156
7.3 输、配电系统 / 175
7.4 电力行业常见事故及其管控措施 / 179
7.5 电力企业事故案例 / 180
复习题 / 181

第 8 章 冶金工业 / 182

8.1 概述 / 182
8.2 炼铁生产 / 185
8.3 炼钢生产 / 194
8.4 铸锭 / 204
8.5 钢材的生产 / 206
8.6 冶金工业安全生产与环境保护 / 210
8.7 冶金行业常见事故及其防范措施 / 213
8.8 冶金企业事故案例 / 214

复习题 / 214

第9章 轻工业及其他相关工业 / 216

9.1 概述 / 216
9.2 纺织工业生产 / 218
9.3 食品工业加工 / 236
9.4 玻璃工业生产 / 242
9.5 造纸工业生产 / 249
9.6 水泥工业生产 / 258
复习题 / 264

第10章 环境工程 / 265

10.1 环境科学与环境工程学 / 265
10.2 水污染与水质净化 / 270
10.3 大气污染控制工程 / 274
10.4 固体废弃物的处理与控制 / 279
10.5 噪声、光、热等其他公害的防治技术 / 283
10.6 清洁生产概述 / 292
复习题 / 298

第11章 国际劳工组织与职业安全卫生 / 299

11.1 国际劳工组织 / 299
11.2 国际劳工标准 / 301
11.3 我国与国际劳工组织的关系 / 304
11.4 职业健康安全管理体系 / 308
复习题 / 314

参考文献 / 315

第1章
工业生产概论

从一般意义上讲,生产就是创造对消费者或其他生产者具有经济价值的商品和劳务。工业生产是人们创造工业产品和提供服务的有组织的活动,是由一个或多个工业企业合作完成的过程。随着科学技术的迅猛发展,工业生产技术不断变化,工业生产结构发生了很大的变化。如今,我国正处于工业化和城镇化加速发展阶段,面临的资源和环境形势日益严峻,在不断提倡工业化发展的同时,必须树立科学发展观,坚持可持续发展战略,走新型工业化道路,努力做到安全生产,实现经济、环境和社会进步和谐统一。

1.1 产业结构与分类

1.1.1 产业结构

纵观产业的发展历史,产业的形成是随着社会生产力的发展和社会分工而出现的。产业的产生、发展过程实质上就是社会分工的产生及不断细化的过程。追溯历史,社会出现了三次大分工。第一次是农业从畜牧业中分离出来成为独立的农业产业部门形成的社会大分工。第二次是工业和农业的相互分离出现的社会大分工。第三次是工业成为一个独立的产业部门形成的社会大分工,这次大分工大约是在原始社会向奴隶社会过渡时期出现的,那时的商业和其他产业部门分离,商业成为一个独立的部门。随着社会生产力的发展,社会分工进一步细化,工业内部经过特殊分工,许多新兴产业部门相继产生,社会分工使社会各产业部门形成一个相互联系、相互依存的有机整体,形成了产业结构。

产业结构是指各产业的构成及各产业之间的联系和比例关系。在经济发展过程中,由于分工越来越细,因而产生了越来越多的生产部门。这些不同的生产部门,受到各种因素的影响,在增长速度、就业人数、经济总量中的比例、对经济增长的推动作用等方面表现出很大的差异。因此,在一个经济实体当中(一般以国家和地区为单位),在每个具体的经济发展阶段、发展时间点上,组成国民经济的产业部门是大不一样的。各产业部门的构成及相互之间的联系、比例关系不尽相同,对经济增长的贡献大小也不同。因此,把包括产业的构成、各产业之间的相互关系在内的结构特征概括为产业结构。

1.1.2 产业分类

产业分类包括对经济活动进行分解和组合两个方面，并形成多层次的产业概念。产业分类是建立在产业结构概念和进行产业结构研究的基础上的，产业分类服务于产业结构的研究。在经济研究和管理中，经常使用的分类方法主要有两大领域与两大部类分类法、三次产业分类法、资源密集度分类法、国际标准产业分类等。

1. 两大领域与两大部类分类法

这种分类法就是按生产活动的性质及其产品属性对产业进行分类。两大领域分类法是按生产活动性质，把国民经济各部门分为非物质生产领域和物质生产领域。前者是指从事物质资料生产并创造物质产品的部门，包括农业、工业、建筑业、商业等；后者是指不从事物质资料生产而只提供非物质性服务的部门，包括科学、文化、教育、卫生、金融、保险、咨询等部门。两大部类分类法，即将社会产业分为生产资料产业和消费资料产业两大部类。

2. 三次产业分类法

这种分类法是根据社会生产活动历史发展的顺序对产业结构进行划分的。产品直接取自自然界的部门称为第一产业，对初级产品进行再加工的部门称为第二产业，为生产和消费提供各种服务的部门称为第三产业。这种分类方法成为世界上较为通用的产业结构分类方法。

我国的产业划分是根据《国民经济行业分类》（GB/T 4754—2017/XG 1—2019）进行的，可分为如下三类：

第一产业：农业，林业，畜牧业，渔业。

第二产业：采矿业，制造业，电力、热力、燃气及水生产和供应业，建筑业。

第三产业：服务业，即除第一、第二产业以外的其他各业。

根据我国的实际情况，第三产业可分为两大部门：一是流通部门，二是服务部门。具体可分为四个层次：第一层次为流通部门，包括交通运输、仓储及邮政业，信息传输、计算机服务和软件业，批发和零售业，住宿和餐饮业。第二层次是为生产和生活服务的部门，包括金融业，房地产业，租赁和商务服务业，科学研究、技术服务和地质勘查业，水利、环境和公共设施管理业，居民服务和其他服务业等。第三层次是为提高科学文化水平和居民素质服务的部门，包括教育，卫生、社会保障和社会福利业，文化、体育和娱乐业。第四层次是为社会公共需要服务的部门，包括公共管理、社会组织和国际组织。

3. 资源密集度分类法

这种产业分类方法是按照各产业所投入的、占主要地位的资源的不同为标准来划分的。根据劳动力、资本和技术三种生产要素在各产业中的相对密集度，把产业划分为劳动密集型产业、资本密集型产业和技术密集型产业。

（1）劳动密集型产业

劳动密集型产业是指进行生产主要依靠、大量使用的是劳动力，而对技术和设备的依赖程度低的产业。其衡量的标准是在生产成本中工资与设备折旧和研究开发支出相比所占比例较大。一般来说，目前劳动密集型产业主要包括农业、林业及食品、纺织、服装、玩具、皮革、家具等制造业。随着技术进步和新工艺设备的应用，发达国家劳动密集型产业的技术、资本密集度也在提高，并逐步从劳动密集型产业中分化出去。例如，食品业在发达国家就被划入资本密集型产业。

（2）资本密集型产业

资本密集型产业是指在单位产品成本中，资本成本与劳动成本相比所占比例较大，每个劳动者所占用的固定资本和流动资本金额较高的产业。当前，资本密集型产业主要包括钢铁业、一般电子与通信设备制造业、运输设备制造业、石油和化学工业、重型机械工业、电力工业等。资本密集型工业主要分布在基础工业和重加工业，一般被看作发展国民经济、实现工业化的重要基础。

（3）技术密集型产业

技术密集型产业是指在生产过程中，对技术和智力要素依赖大大超过对其他生产要素依赖的产业。目前技术密集型产业包括微电子与信息产品制造业、航空航天工业、原子能工业、现代制药工业、新材料工业等。当前以微电子、信息产品制造业为代表的技术密集型产业迅猛发展，成为带动发达国家经济增长的主导产业。因此可以说，技术密集型产业的发展水平将决定一个国家的竞争力和经济增长的前景。

4. 国际标准产业分类

为使不同国家的统计数据具有可比性，联合国颁布了《全部经济活动的国际标准产业分类》。这套标准将产业分为 A~Q 共 17 个部门，其中包括 99 个行业类别。这 17 个部门为：A—农业、狩猎业和林业；B—渔业；C—采矿及采石；D—制造业；E—电、煤气和水的供应；F—建筑业；G—批发和零售、修理业；H—旅馆和餐馆；I—运输、仓储和通信；J—金融中介；K—房地产、租赁业；L—公共管理和国防；M—教育；N—保健和社会工作；O—社会和个人的服务；P—家庭雇工；Q—境外组织和机构。

我国发布的《国民经济行业分类》就是参照了《全部经济活动的国际标准产业分类》而制定的。我国的划分与大多数国家一致，产业划分也包括"经济合作与发展组织"（OECD）。

1.1.3 技术创新与工业产业结构调整

1. 技术创新与研究和开发（研发）经费投入

研究和开发（Research and Development，R&D）经费投入是指在科学技术领域，为增加知识总量，以及运用这些知识去创新应用的系统的创造性的活动，包括基础研究、应用研究、试验发展三类活动。国际上通常采用研发活动的规模和强度指标反映一国的科技实力和核心竞争力，或者衡量一国或一个地区在科技创新方面努力程度的重要指标。技术创新离不开研发经费投入。

从我国现有的大企业在技术创新能力方面来看，我们与国际先进水平仍然差距明显，难以较好地推动我国产业结构升级。以研究和开发经费投入一项来看，世界 500 强的研发经费投入占其营业收入的比例大都在5%~10%,有的甚至更高。2000年,在我国2655家企业集团中,研发经费投入只占主营业务收入的0.9%,超过5%的很少。大企业技术竞争力的落后削弱了其带动产业结构升级的能力。经过20年的发展,我国的企业研发经费投入有了很大的增加。从国家统计局公布的《2020年全国科技经费投入统计公报》中获悉,分产业部门看,高技术制造业科技经费投入为4649.1亿元,经费投入强度(与营业收入之比)为2.67%,比上年提高0.26个百分点;装备制造业研究和开发经费投入为9130.3亿元,经费投入强度为2.22%,比上年提高0.15个百分点。在规模以上工业企业中,研究和开发经费投入超过500亿元的行业大类有10个,这10个行业的经费投入占全部规模以上工业企业研究和开发经费投入的比例为73.6%(表1-1)。

表1-1 2020年分行业规模以上工业企业研究和开发经费投入情况

行业	研究经费投入(亿元)	研究经费投入强度(%)
合计	**15271.3**	**1.41**
采矿业	294.8	0.73
煤炭开采和洗选业	120.1	0.58
石油和天然气开采业	80.1	1.20
黑色金属矿采选业	18.3	0.44
有色金属矿采选业	22.6	0.82
非金属矿采选业	20.3	0.55
开采专业及辅助性活动	33.4	1.58
制造业	14784.2	1.54
农副食品加工业	276.6	0.57
食品制造业	157.3	0.81
酒、饮料和精制茶制造业	89.7	0.61
烟草制品业	28.0	0.25
纺织业	231.4	0.99
纺织服装、服饰业	105.8	0.76
皮革、毛皮、羽毛及其制品和制鞋业	90.3	0.89
木材加工和木、竹、藤、棕、草制品业	67.3	0.78
家具制造业	90.7	1.28
造纸和纸制品业	136.6	1.04
印刷和记录媒介复制业	93.6	1.41
文教、工美、体育和娱乐用品制造业	101.5	0.83
石油、煤炭及其他燃料加工业	189.6	0.45
化学原料和化学制品制造业	797.2	1.25
医药制造业	784.6	3.13

(续)

行业	研究经费投入（亿元）	研究经费投入强度（%）
化学纤维制造业	132.4	1.66
橡胶和塑料制品业	444.8	1.74
非金属矿物制品业	513.1	0.88
黑色金属冶炼和压延加工业	799.3	1.09
有色金属冶炼和压延加工业	418.8	0.77
金属制品业	561.9	1.44
通用设备制造业	977.9	2.38
专用设备制造业	966.0	2.85
汽车制造业	1363.4	1.67
铁路、船舶、航空航天和其他运输设备制造业	485.2	3.13
电气机械和器材制造业	1567.1	2.26
计算机、通信和其他电子设备制造业	2915.2	2.35
仪器仪表制造业	293.7	3.59
其他制造业	48.1	1.98
废弃资源综合利用业	38.4	0.65
金属制品、机械和设备修理业	18.7	1.28
电力、热力、燃气及水生产和供应业	192.6	0.24
电力、热力生产和供应业	151.8	0.22
燃气生产和供应业	23.6	0.25
水的生产和供应业	17.2	0.48

2020 年，我国研究和开发经费投入总量达到 24393.1 亿元，比上年增加 2249.5 亿元，增长 10.2%，增速比上年回落 2.3 个百分点，研发经费投入强度（与 GDP 之比）达到 2.40%，提升幅度创近 11 年来新高，但与国外的先进国家比较仍有较大的差距。

2. 产业结构的升级

产业结构是指产业系统的结构，它是产业系统中各产业与系统整体的关系以及各产业之间的关系的总和。产业结构是由各产业部门组成的，产业部门和产业结构整体以及产业部门与部门之间具有各种联系和比例关系。

工业产业结构是指在工业的各产业再生产过程中形成并建立起来的各个工业产业部门之间和工业部门内部行业之间的生产联系和数量比例关系。其特点是：既包括工业部门之间的横向联系，又包括工业再生产过程的纵向联系；既有不同部门之间的物质替换问题，又有不同部门之间的价值补偿问题；每个工业部门是其他部门存在和发展的条件，其自身的发展也要受到其他部门的制约。

工业各产业部门要协调发展，满足社会不断增长的需要，产业结构必须优化。走新型工业化道路具有切实推动产业结构优化升级的作用，因此推进产业结构优化的着力点就在于如何发展新型工业化。工业化一般是指传统的农业社会向现代化工业社会转变的过程。走新型工业化道路具有切实推动产业结构优化升级的作用，因此推进产业结构优化的着力点就在于如何发展新型工业化，如对信息产业的大力发展和对传统产业的提升等。

产业结构优化是在国民经济效益最优的目标下，根据本国的地理环境、资源条件、经济发展阶段、科学技术水平、人口规模、国际经济关系等特点，通过对产业结构的调整，使之达到与上述条件相适应的各产业协调发展的状态，它是一个动态过程。产业结构优化最主要是要达到产业结构合理化、产业均衡发展、产业技术水平和持续创新能力增强的目的。在产业发展过程中要做到质量、速度、效益统一，以提高效益为主要目标。

国民经济发展进程中，产业结构调整的一个重要方面是促进产业结构的不断升级，而产业结构升级的支撑在于技术进步。大企业又是产业内技术进步的策源地，拥有大量技术人员，科研开发能力强，是推动产业技术进步和科研成果转化的主体。大企业的技术创新和产业化活动不断创造出新的产业群，把产业结构日益推向更高层次。在调整产业结构时，应选好、选准主导产业。主导产业是在经济发展过程中，或者是在工业化的不同阶段上出现的一些影响全局的、居主导地位的产业部门。主导产业是经济发展的驱动轮，整个经济和其他各产业部门在它的带动下高速增长。主导产业具有多层次性、综合性及序列更替性等特点。

因此，针对我国现代市场经济体制，可以看出大企业在国民经济体系中的主导地位，而政府对经济运行所实行的宏观政策起着重要的调控作用，前者是后者产生效果的基础。只有增强大企业在产业结构调整中的作用，才能以大企业的发展来带动产业结构优化和升级。

3. 产业结构调整与研发经费的投入

在市场经济条件下，以利益为导向的企业，特别是大企业，应承担起产业结构优化升级的重任。大企业、企业集团的产权多元化有助于企业家的职业化，使多元投资主体有动力在全社会范围内选择优秀的经营者。市场优胜劣汰的压力会使企业行为长期化，狠抓技术创新，培育新的增长点，增强企业的竞争力，不仅带动技术体系升级和产业结构的调整与升级，而且能对产业结构的布局起到积极的作用。因此，要改变以往产业结构调整以政府为主体的不规范现象，使产业结构的调整真正依赖于微观经济活动的主体——企业来进行。这样可以明确大企业在产业结构调整中的主体地位。技术是产业关联的本源要因，技术体系的变动推动产业结构的变动，技术体系的升级推动产业结构的升级。研发是技术创新的源泉，而研发经费投入水平低、技术人员少，则技术创新能力不足，那么产品市场占有率低，企业利润下降，以致研发经费投入水平低、高素质人员缺乏，形成恶性循环，导致产业结构的升级没有依靠。

因此，增强企业的技术创新能力是培育和发展大企业、企业集团的关键。而大企业由于其本身的实力雄厚，资金、技术、人员等方面相对于小企业来说都占有优势。因此，在技术创新上也占有相对的优势，是技术创新的主体。大企业和企业集团在一个产业中居于主导地位，中小企业围绕大企业形成竞争协作的关系，大企业的技术进步势必形成技术扩散，从而带动整个产业的技术进步。大企业是我国产业结构优化升级的主导力量。同时，以大企业的发展推动地区产业结构的合理化。打破城乡界限、行业界限、部门界限和职能界限，增加城市经济对农村经济的渗透，促使生产力要素在地区间的优化组合，推动城乡一体化进程，增强城乡信息、技术、人才的流动，对中国未来新型城乡关系的形成和社会经济格局的演化产生深远的影响。

1.2 工业化的发展历程与方向

1.2.1 工业化的三个阶段

工业化的水平是衡量国家、地区经济发达程度的重要标志。各国都在追求工业化大生产，以提高国家整体实力。从工业化的发展来看，可分为三个阶段：

1) 以轻工业为中心的发展阶段。例如，英国等欧洲发达国家的工业化过程是从纺织、粮食加工等轻工业起步的。

2) 以重化工业为中心的发展阶段。在这个阶段，化工、冶金、金属制品、电力等重化工业都有了很大发展，但发展最快的是化工、冶金等原材料工业。

3) 高加工度化的发展阶段。在重化工业发展阶段的后期，工业发展对原材料的依赖程度明显下降，机电工业的增长速度明显加快，这时对原材料的加工链条越来越长，零部件等中间产品在工业总产值中所占比例迅速增加，工业生产出现"迂回化"特点。加工度的提高使产品的技术含量和附加值大大提高，而消耗的原材料并不呈比例增长，所以工业发展对技术装备的依赖大大提高，深加工业、加工组装业成为工业内部最重要的产业。

以上三个阶段反映了传统工业化进程中工业结构变化的一般情况，并不意味着每个国家、每个地区都完全按照这种顺序去发展。例如，中华人民共和国成立后，在特定的历史条件下，就是首先集中力量建立起一定的重工业基础，改革开放初期再发展轻工业，而现在则要以信息化带动工业化。

1.2.2 四次工业革命

工业生产经历了几百年的发展，在市场需求拉动和技术进步推动下，大工业代替了工厂手工业，使工业从农业中分离出来，又使大工业本身以越来越快的速度向现代工业发展。现代工业的产生和发展经历了四次产业革命。每一次科学技术的重大革新，都会促进工业的飞速发展，工业地区分布也随之发生重大变化。

1. 第一次工业革命

从18世纪60年代开始，出现了人类历史上第一次工业革命，涉及的领域有棉纺织业、采矿业、冶金业与交通运输业等，那时的标志是蒸汽机的发明和使用，重大发明为瓦特制成改良的蒸汽机，它使人类进入"蒸汽时代"（如汽船、火车等），使工业建立在机器技术基础之上，产生了机器大工业。

这次工业革命使社会生产力有了惊人的发展，创造了巨大的社会财富，把劳动力从农村引向城市，开始了城市化进程。工业革命引起社会关系的重大变革，它使社会日益分裂为两大对立的阶级——资产阶级和无产阶级，两大阶级的矛盾和斗争日益尖锐。进行第一次工业革命的资本主义国家加紧了殖民扩张，掠夺原材料，倾销商品，加深了原料产地的贫穷和落后；同时，先进的生产技术和生产方式得到传播，促进了世界经济的发展。

2. 第二次工业革命

从19世纪60年代后期—20世纪初，出现了人类历史上的第二次工业革命，涉及领域有新能源的利用（电力、石油）、新机器和新产品的创制、电信业的兴起。那时的标志是电力的发明和广泛应用。重大发明为电力、发电机、电动机、耐用电灯泡、内燃机、柴油机、汽车、飞机、有线电报、有线电话、无线电报等。电能的利用为工业的发展开辟了广阔前景，使工业部门结构发生了重大变化，煤炭工业、冶金工业、机械制造业得到改造与提高，创建和发展了一系列新的工业部门，如电机工业、汽车制造业、飞机制造业、石油工业、化学工业，使冶金、机械、石油和化工成为工业生产中的主要工业部门，并导致科学管理的产生。这次工业革命使人类由蒸汽时代跨入电气时代，也使人类大大发展了社会生产力，推动了世界经济的迅速增长。它进一步改变了人们的生活方式，提高了人们的生活质量，同时导致了垄断组织的产生，主要资本主义国家进入帝国主义阶段，对外疯狂扩张，掀起了瓜分世界的狂潮。

3. 第三次工业革命

从20世纪40年代开始，出现了人类历史上的第三次工业革命，涉及的领域有原子能、航天技术、电子信息、生物工程、合成材料等。那时的标志是原子能、航天技术、电子信息、生物工程、合成材料等取得突出成就。电子科学技术的建立和发展，使原来由工作机、发动机、传动装置组成的机器体系，增加了控制机构，形成一种崭新的自动化机械体系，使工业进入自动化阶段，现代工业得以确定。

这次工业革命使人类进入信息社会，知识经济时代到来，极大地提高了劳动生产率，促进了生产的迅速发展，产生了一大批新型工业，第三产业迅速发展起来，推动了社会生活现代化。

4. 第四次工业革命

从20世纪70年代后期开始，出现了第四次工业革命，也称技术革命。这次革命以信息技术及微电子技术为中心，包括生物工程、光导纤维、新能源、新材料、机器人等在内的新兴技术与新兴工业。第四次技术革命冲击、渗透到人类社会生活和社会生产的各个领域，世界各国都在根据各自的特点寻求对策，开发高新技术，形成以节约能源、节约资源、新型材料、机器人、微电子技术为主的产业结构。电子计算机的使用使生产效率和管理效率成十倍，甚至百倍地提高，并实现各种工作的自动化，生产成本也在不断降低。这就使得电子计算机很快渗透到社会生活的各个方面。同时，新材料和新能源生产技术的突破与发展、新技术的出现，也为第四次工业革命奠定了基础。基因重组技术、细胞融合技术、生物反应塔技术，为人类探索生命的奥秘打下了技术基础；非晶质材料、功能高分子材料、储氢金属材料、光导纤维材料的出现和核能、太阳能等新能源的开发利用，构成了未来的电子工业、海洋工业、空间工业和基因工程的物质基础。此外，人类知识的迅速增加，为工业社会和信息社会打下了知识基础。不少专家认为，第四次工业革命不仅会发生，而且将以令人吃惊的速度引起人类社会生活的巨大变革。

1.2.3 工业化发展方向

一个国家的发展是以农业为基础，以工业为导向的。在我国的"十三五"期间，我国仍处于工业化和城镇化快速发展的阶段，国民经济的快速发展进一步增大资源消耗的强度。我国面临人口不断增加、资源约束突出、环境压力加大的严峻挑战。为此，我们必须摒弃不利于能源资源节约的发展思维和发展模式，紧紧把握工业化发展这个方向，采取综合措施，切实转变增长方式和消费方式。

首先，可持续发展经济，既积极做好开源工作，又优先做好节约工作。要大力调整经济结构和转变经济增长方式，加快建立能源资源技术支持体系，注重优化消费结构，逐步形成节约型的消费方式；强调经济增长的必要性，增强国家实力和社会财富，提高人民生活质量和福利水平，提高工业发展的效益与质量，采取科学的经济增长方式。要达到具有可持续意义的经济增长，必须改变传统的、以"高投入、高消耗、高污染"为特点的工业生产模式和消费模式，实施清洁生产和文明消费，减少经济活动对环境所造成的压力。

其次，工业可持续发展以自然资源为基础，同生态环境相协调，建立健全节约能源资源的法律法规和标准体系，加强节约能源资源的宣传教育。同时，必须使自然资源的耗竭率低于资源的再生率，使资源能够循环利用，达到物尽其用、用之不竭。坚持资源开发与节约并重、把节约放在首位的方针，以尽可能少的资源消耗，创造尽可能大的经济社会效益。

再次，工业可持续发展以谋求社会的全面进步为目标。从可持续发展的观念来看，各地的发展目标和历程都不一样，但发展的本质是一样的，都是为改善人类生活质量，提高人类健康水平。在人类可持续发展系统中，经济发展是基础，自然生态保护是条件，社会进步才是目的。持续稳定和健康发展的社会进步是人类共同追求的目标。

1.2.4 新时代的新型工业化

新型工业化就是坚持以信息化带动工业化，以工业化促进信息化，就是走科技含量高、经济效益好、资源消耗低、环境污染少、人力资源优势得到充分发挥的工业化道路。新时代的新型工业化是抢抓新一轮科技革命和产业变革机遇的工业化，是着力振兴实体经济的工业化，是以新发展理念为指导、着力解决发展不平衡不充分问题的工业化。针对我国经济建设中的突出问题，应通过推进产业结构的优化升级，形成以高技术产业为先导，基础产业和制造业为支撑，服务业全面发展的产业格局。为此，要优先发展信息产业，大力发展高技术产业，并以此改造传统产业，振兴装备制造业，继续发展基础设施，全面发展服务业，还要从我国实际出发，处理好发展高新技术产业和传统产业的关系、资金技术密集型产业和劳动密集型产业的关系、虚拟经济和实体经济的关系，这是我国走新型工业化道路必须注意的问题。新型工业化的重点在于推进整体技术进步,加快突破若干重要战略性行业的重大关键共性技术、核心零部件生产,减少对外部的依赖,增强系统集成能力、基础配套能力和标准制定能力。当前,特别要推动新一代信息技术广泛、深入地渗透到传统产业部门,着力推动传统制造业转型升级,使其尽快转到以提高劳动生产率和全要素生产率为主要增长方式的轨道上来;着力推动战略性新兴产业和未来产业发展,使其尽快成为我国经济保持中高速增长、产业迈向中高端水平的中流砥柱。

坚持创新发展和协调发展,努力推进新型工业化、信息化、城镇化、农业现代化同步发展("四化同步"),产业融合和综合效益不断提升的新型工业化。我国现代化同西方发达国家有很大不同。西方发达国家是一个"串联式"的发展过程,按工业化、城镇化、农业现代化、信息化顺序发展,发展到目前水平用了200多年时间。我们要后来居上,把"失去的200年"找回来,决定了我国发展必然是一个"并联式"的过程,工业化、信息化、城镇化、农业现代化是叠加发展的。所以,新型工业化必须结合中国实际,不断探索"四化同步"发展的路径。例如,如何以工业化为基础推进城镇化(即产城融合发展)而不是人为"造城",如何把产业发展与人的城镇化有效统一起来,如何通过工业化延长农业产业链、提高农业附加值和效益等,都是需要探索解决的问题。

坚持安全发展和绿色发展。经济社会的发展决不能以牺牲人的安全健康为代价。坚持以人民为中心,牢固树立安全发展理念,统筹推进安全生产领域改革发展,进一步健全完善安全生产责任体系、法治体系、风险防控体系和监管保障体系,抓住重点领域深入排查治理安全隐患,坚决防范遏制重特大事故,为推动经济高质量发展和民生改善做出新的贡献。推动绿色发展,促进人与自然和谐共生。"十四五"规划将从加快推动绿色低碳发展、持续改善环境质量、提升生态系统质量和稳定性、全面提高资源利用效率四个方面提出了具体要求。我们要深入实施可持续发展战略,坚持尊重自然、顺应自然、保护自然,构建生态文明体系,促进经济社会发展全面绿色转型,建设人与自然和谐共生的现代化。

1.2.5 发展循环经济

所谓循环经济就是把上一生产过程产生的废料变为下一生产过程的原料(生产要素),使一系列相互联系的生产过程实现环状式的有机组合,变成几乎无废料的生产,也就是组织"资源—产品—再生资源"物质循环流动的生产过程,达到资源、能源的高效利用,对环境影响最小的可持续发展的经济模式。

众所周知,工业经济发展的显著特征是大规模投入不可再生资源,同时进行大规模生产和消费,整个经济在很长一段时间处于难以循环的线性状态。到了20世纪七八十年代,特别是罗马俱乐部发表《增长的极限》报告以后,经济发展的轨迹开始转向循环经济,这是一种层次更高的经济发展阶段。循环经济本质上是一种生态经济,资源的高效综合利用、废弃物资源化、减量化、无害化,是循环经济的主要原则和标志。

那么,是什么原因、什么力量使得经济发展在更高层次上回归循环经济呢?首先是资源约束条件的改变。被持续大量耗费的不可再生资源已经不能支撑粗放的、不循环的经济增长模式。当不可再生资源越来越稀缺时，灵敏而准确的市场价格会及时地显示出这种生产模式对企业来说已经不划算，如果不转换成可以替代的原料、可以循环的增长模式，企业就难以生存。其次是社会约束条件的改变。社会要求企业与社会和谐相处，要求企业善待员工、保护环境、节约资源，履行更多的社会责任，以使人类有更好的生存空间和生活质量。最后是企业制度的约束。市场经济下的竞争型企业，都是以营利为目的。它们会通过市场价格对资源约束状况的变化做出灵敏而及时的反应。根据现代经济学的研究，企业会在给定的约束条件下选择最有利于自身的方案。当资源成本大大增加的时候，不发展循环经济就会丧失竞争力。相反，如果污染环境、浪费资源对企业来说是一种投入最小、收效最大的生产方式，循环经济就很难成为企业的自觉选择。

这些约束条件也决定着技术创新的方向。通常而言，技术创新的目的在于解决制约经济发展的瓶颈性问题。例如，当土地资源丰富甚至土地所有权也没有明确的时候，人们会选择广种薄收的粗放经营方式。若土地资源稀缺，人们则通过技术创新，提高单位土地面积的产量。又如，18世纪后，西欧的技术发展方向是用机器代替劳动力，因为劳动力价格不断上升。今天，当不可再生资源越来越稀缺的时候，技术创新的方向是节约资源、提高资源利用效率、变废为宝，以及使用可再生资源代替不可再生资源。于是，一方面，旨在提高资源综合利用率、节约资源的技术得到重视；另一方面，科技和经济的发展催生了一系列可替代、可循环的资源能源。在这种情况下，循环经济就水到渠成了。

循环经济以环境无害化技术、资源回收利用技术、清洁生产技术、生态工业技术为主要载体，以环境友好的方式利用资源，保护环境，发展经济，提高效率和效益，实现污染排放减量化、资源化和无害化。循环经济的行为原则是3R原则：减量化（Reducing）、再利用（Reusing）、再循环（Recycling），它是实现循环经济的重要行为原则。遵循该原则，使一个生产环节形成的污染物成为下一个环节的原料，形成一个循环的长链，最终消除污染，即零排放。循环经济主要体现在经济活动的三个重要层面上，分别通过运用3R原则实现企业层面（小循环）、区域层面（中循环）和社会层面（大循环）三个层面的物质循环流动。

目前，我国相当多的行业、企业并不缺少循环经济的技术，如把煤矸石做成砖的技术、用天然气发电的技术等，而是缺少发展循环经济的机制、环境和内在动力。就机制而言，主要是价格不能准确反映资源的稀缺程度。换言之，粗放经营、不循环是有利可图的。就企业制度和管理制度而言，现有的企业制度和管理制度很难使环境污染的成本内部化，即企业会很方便地把本来应该由自己承担的污染治理成本转化为社会的负担。显然，转变经济增长模式，发展循环经济，仅仅停留在号召的层面上是远远不够的，必须进一步深化改革，让市场价格准确地反映资源的稀缺程度，让企业对资源价格和污染环境的成本有灵敏反应，以制度的力量迫使经济增长模式从不能循环转变为能循环以至更高层次的循环。

1.2.6 倡导生态工业

1. 生态工业与传统工业的比较

传统工业的生产活动是由"资源—产品—废物"所构成的物质单向流动的生产过程，

这是一种线性经济发展模式，是以高物耗、高污染、低效率为其特征的发展模式，是一种不可持续的发展模式。

在工业化的发展过程中，生态工业对经济建设有着举足轻重的影响。这就要求决策者和生产者在工业化发展过程中，要始终把工业污染防治作为环境保护的首要工作。生态工业是在生态学、生态经济学、产业生态学、循环经济学和系统工程理论指导下，将在一定地理区域内的多种具有不同生产目的的产业，按照物质循环、生物和产业共生原理组织起来，最终实现工业生产污染的"零排放"，以最大限度地降低对生态环境的负面影响。

生态工业是把若干工业生产活动按照自然生态系统的模式，组织成"资源—产品—再生资源—再生产品"的物质循环流动生产过程，这是一种循环经济发展模式。在这个经济发展模式中，没有了废物的概念，每一个生产过程产生的废物都变成下一生产过程的原料，所有的物质都得到了循环往复的利用，这种模式就是可持续发展模式。

生态工业的基本原理是生态工业学。生态工业学就是用生态学的理论和方法来研究工业生产的一门新兴学科，它把工业生产视为一种类似于自然生态系统的封闭体系，其中一个单元产生的"废物"或副产品，是另一个单元的"营养物"和投入原料。这样，区域内彼此靠近的工业企业就可以形成一个相互依存、类似于生态食物链的"工业生态系统"。

生态工业与传统工业相比，有以下几个特点：

1）生态工业以可持续发展为目标，把生态保护纳入生产之中，形成"社会—经济—自然"的良好系统。

2）多层次利用资源，使工业经济从粗放型向集约型转变，实现无废料生产。

3）生态工业充分运用高新技术，实现开放型系统，是具有生态化、科技化、智能化相结合的先进的生产模式。

4）生态系统是一个环保型的生产流通系统。

2. 解决工业污染的途径

发展生态工业，主要是解决工业污染问题，从众多的研究表明，解决工业污染的重要途径有以下几个方面：

（1）促进污染零排放

生态工业的最高目标就是使所有物质都能循环利用，而向环境中排放的污染物极小，甚至零排放。从环境友好的角度来看，这是生态工业推崇的、理想的模式。污染零排放有三种类型：第一种类型要求企业的能源和物质全部做到物尽其用，几乎不需要资源回收环节；第二种类型要求建立一个企业内部的资源回收环节，以满足物质回收；第三种类型要求对生产过程中产生的所有的产出物进行循环利用，但这取决于外部的能量投入。很显然，实现这三种类型的零排放的难度，第一种类型大于第二种类型，第二种类型大于第三种类型。目前，生态工业实现的零排放大多是第三种类型。

（2）建立物质闭路循环

物质的闭路循环最能体现工业生态自然循环的策略。这种闭路循环应该在产品设计过程就予以考虑。但是从技术经济合理的角度看，物质的闭路循环应该是有限度的。一方面，过高的闭路循环会显著增加企业的生产成本，降低企业产品的市场竞争力；另一方面，与自然生态系统的闭路循环相反，生态系统的闭路循环会降低产品的质量。实际上，这就是工业闭路循环的物质性能呈螺旋形减少的规律。这就要求寻找材料高新技术，使物质成分和性能在多次循环利用过程中保持稳定状态。

（3）重新利用废物资源

有步骤地回收利用生产和消费过程中的废弃物或副产品是工业生态学得以产生和发展的最直接动因。这也是生态工业的核心措施。生态工业要求把一些企业产生的副产品作为另一些企业的生产原料或资源加以重新利用，而不是将其废弃掉。相对污染零排放和闭路循环利用而言，资源重新利用在技术上比较容易解决。在世界各国的生态工业园区中，目前比较多的形态就是资源回收再生产。

（4）有效降低消耗性污染

消耗性污染是指产品在使用消耗过程中产生的污染。大部分产品随着产品最终完成使用寿命，其污染也就中止，而有些产品（如含铅或汞的电池）的污染在产品使用后还有污染。基于消耗性污染的严重性和普遍性，生态工业应对的主要策略就是预防。防止消耗性污染主要有三种手段：一是改变产品的生产原料，从源头直接降低污染的潜在机会；二是只要在技术方法上可行就回收利用；三是直接用无害化合物替代有害物质材料，对某些危害或风险极大的污染物质禁止使用。

生态工业追求的是系统内各生产过程从原料、中间产物、废物到产品的物质循环，达到资源、能源、投资的最优利用。在生态工业系统中各个生产过程不是孤立的，而是通过物质流、能量流和信息流互相关联，一个生产过程的废物可以作为另一种生产过程的原料加以利用。发展生态工业是现代工业发展的必然趋势，也是改善人的生活环境，提高人民生活质量的要求，是当前一项非常紧迫而必要的工作。

生态工业的目标是拥有成熟的生态系统，即物质实现闭合经济，能量最优利用。发展生态工业是实现循环经济的必然途径。我国众多的生态工业园就是生态工业的重要实践形式，生态化与信息化是建设可持续发展社会经济的两个不可缺少的要素。生态工业比传统工业的单向经济发展模式造成资源匮乏、化石能源短缺、环境日益严重的污染方式要先进得多。如今，社会自然资源逐步得到合理有效利用，工业企业污染物排放才能大幅减少，人民的生活质量逐渐得到持续改善，整个自然生态体系才能够持续下去。

1.3 现代工业化生产系统

随着现代经济的发展，服务业成为现代工业化不可或缺的部分，人力资本成为实现现代工业化的基础，科学技术是实现现代工业化的条件。从发展的角度重新理解工业化的概念可以使我们在更开阔的视野上，充分运用现代经济发展成果，发展中国经济。生产系统是企业大系统中的一个子系统。按系统的功能来看，生产系统就是企业投入各种生产要素，并对之进行产品的加工制造，生产出有形的实物或无形的服务的过程。其中，生产要素包含材料、劳动力、资金、生产工艺、信息、设备和能源等，产品的加工制造则是企业从事产品制造和完成活动的主体，是一个转换过程。简单地说，生产系统也就是投入、转换和产出的系统。

1.3.1 现代工业化生产的形式

1. 生产自动化

生产自动化包括机械制造自动化、加工系统自动化、综合自动化和工业生产智能化等。工业生产自动化是将自动化的技术运用于生产作业过程之中，广泛采用自动控制和调整装置进行操作和生产，比人工生产操作控制有着质的优越性。

2. 以销定产型生产

现代工业化生产是按照市场经济的规律运行的，即企业以市场导向为基础，不断开发新产品，改变劳动生产组织结构，以市场需求来制订生产计划，生产出消费者满意的商品，而这一切都是在充分运用信息技术的前提下，对市场进行快速反应取得的成果，这为企业获取利润赢得时间。

3. 多角化经营生产

所谓多角化经营是企业的产品、市场或服务类型，在保持原有经营领域的同时，进入新的经营领域进行生产，也就是企业同时提供两种以上基本经济用途的产品或服务的生产形式。多角化经营生产的最大优点是规避了产品生产的风险，为企业多渠道创利打开新路。

4. 国际化经营生产

从传统化生产发展到现代工业化生产，以至国际化经营生产，这是社会发展的一个必然结果，也是市场经济的规律所在。企业要想获取更高的利润，占领市场，赢得在国际市场的地位，就得充分利用现代信息技术，联合具有国际生产资源企业，制订相应的生产计划。同时，企业对生产系统设计、产品设计和工艺过程规划，以及生产系统的运行管理，都应根据国际化的要求进行配置和运作，以利用现代管理技术，建立生产—运输—销售的国际化物流体系，在市场竞争中赢得有利地位。

1.3.2 现代工业化生产的特点

1. 广泛采用先进制造技术，以多品种、小批量生产方式进行

工业化时代的特点是生产不能充分满足消费，企业加强生产就成为工业生产的基本形式。因此，生产方式以大量大批为主，其产品设计主要靠知识渊博、经验丰富的专业人员通过手工进行。而现代工业化生产新产品的研制与设计已经离不开计算机信息技术，如计算机辅助设计系统，它有自动模拟、易修改、易控制、自动绘图、自动计算，并与生产设备直接连接以及直接控制生产加工过程等特点，加快了生产速度，提高了产品的质量，使得工业化生产从少品种、大批量的生产方式向多品种小批量甚至是单件生产的生产类型过渡，产品上市时间缩短,成本日趋降低,售后服务日趋完善,这是现代工业化生产的一个主要特点,也对生产管理提出了新的要求。21世纪以来,大部分企业开始走向多品种、小批量、更新快和个性化的时代。

2. 出现产品和服务的双重生产方式

在工业化生产时代,人们认为生产型企业提供的是产品,服务只是产品的延伸,企业为顾客提供良好服务的目的也仅仅是产品销售。实际上,工业化生产企业在提供产品这一实体的同时,也提供与产品相配套的服务,只有良好的服务,才能提升产品的价值。因此,现代工业化生产就需要同时提供产品与服务,才能赢得顾客的长期青睐。如今,工业化产品的技术已经相当成熟,顾客在购买产品的同时,更注重产品的服务,也就是说,顾客已经将服务看作产品的一项功能。这样,高技术的现代化工业产品,加上高附加值,就会使得产品的竞争力增强,市场拓展迅速。

3. 组织机构扁平化、动态化管理趋势

工业生产管理的组织机构是金字塔型的多级管理,一般以直线-职能制和事业部制两种基本形式居多。它们是和过去的市场需求的相对稳定性相适应的。如今,信息技术飞速发展,准时生产(JIT)的生产系统要求企业的供、产、销各环节紧密结合,大大降低了库存,从而使生产计划更加精确。为此,管理者对企业的组织管理逐步走向扁平化,即增加管理幅度、减少层次的管理模式,以适应当今多品种、小批量生产的特点,生产管理组织机构则应具有较大的灵活性,对市场的变化要有较强的适应性。如今,在常规组织管理中,出现了以下两种新的动态组织机构模式:

(1)柔性多变动态组织机构

它是一种矩阵组织机构,该组织机构灵活性大,适应性强,将各部门人员组织一起,可以使很多工作并行开展,从而缩短了产品的开发周期。

(2)虚拟组织机构

其基本含义就是以各种方式借用外力,如购买、兼并、联合、委托、外包等,对企业外部资源优势进行整合,实现聚变,创造出超常的竞争优势。在这种组织系统结构中,企业可以获得设计、生产、营销具体功能,却不一定拥有与上述功能相适应的实体,它是通过外部资源力量实现上述功能的。它所追求的主要目标是突破企业的有形界限,弱化具体机构形式,达到全方位的借用外力,提高企业对市场的反应速度和满足用户的能力。

4. 知识化产品的生产

在工业化生产时代主要是机器化生产。机器化生产提供了更高的生产效率、更强大的生产能力,以耗用大量资源为特征,其中包含的技术和知识较少。在转向知识化生产以后,产品中凝结的不仅有更高的效率,更主要的是产品中凝结了大量的知识和技术,如计算机的核心部件中央处理器(CPU)、现代化工医药等,都包含了大量的知识和技术。因此,知识化产品的生产,需要企业的产品具有更高的技术含量,也需要企业吸纳更多的人才,不断投入职业培训,使技术人员及时掌握新知识和新技能,为企业创造出更优的产品。

1.4 工业企业的安全生产

安全生产是工业化过程中必然遇到的问题。人类在获取生产资料和生活资料的过程中，难免会受到来自外界或劳动工具的伤害。这种伤害程度在农业社会时是很有限的，但进入工业化、社会化大生产之后，安全生产就成为一个必须严肃对待的社会性问题。

1.4.1 工业企业安全生产现状

现代工业化企业的生产投入非常高，工业、制造业的比例较大，事故风险也就较高。根据国家统计局公布的信息，2000—2020 年，我国安全生产事故死亡人数从 11.8 万人下降到 2.7 万人，一次死亡 10 人以上的重特大事故从 171 起下降到 16 起（图 1-1）。而我国的 GDP 从 2000 年的 10.0 万亿元，增加到 2020 年的 101.6 万亿元（图 1-2）。

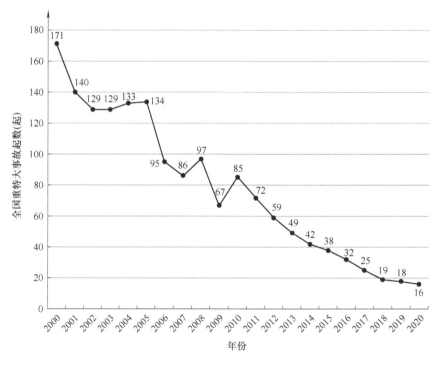

图 1-1 2000—2020 年全国一次死亡 10 人以上重特大事故起数变化图

安全生产事关经济社会的安全稳定，各级政府都非常重视企业的安全生产工作，目的是保护劳动者的安全、健康和国家财产。安全生产是促进社会生产力发展的基本保证，也是保证社会主义经济发展、进一步实行改革开放的基本条件。因此，做好安全生产工作具有重要的意义。

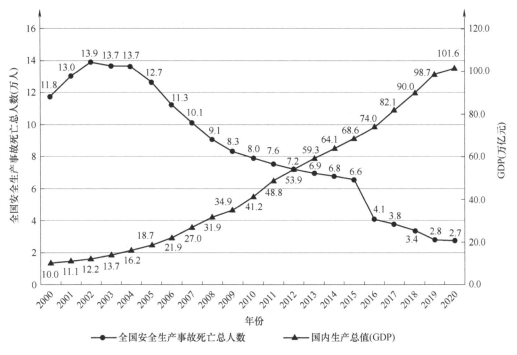

图 1-2 2000—2020 年全国安全生产事故死亡总人数与 GDP 变化趋势图

1.4.2 安全生产是经济发展的前提

工业是国民经济的主动脉，搞好工业安全生产是搞好经济建设的必要环节。安全生产是经济发展的前提，也是经济发展的基础，安全保护生产力和发展生产力，同时安全是生产的动力，安全是无价的财富。没有安全就没有安全生产，没有安全生产，就没有经济的发展，也没有社会的发展和生产力的发展。

国内有关研究表明，安全状况相对于社会经济发展水平，呈非对称抛物线函数关系，其发展阶段大致可划分为五个阶段（见图 1-3）。阶段Ⅰ是以农业经济为主的发展阶段，生产安全事故较少；阶段Ⅱ在非对称抛物线的左侧快速上升陡区，工业化中级发展阶段，又称为生产安全事故的"易发期"，生产安全事故多发，事故死亡人数呈快速上升趋势；阶段Ⅲ是抛物线中间阶段，为工业经济发展高级阶段，为事故波动期；阶段Ⅳ在非对称抛物线右侧快速下降阶段，为后工业化时代，生产安全事故快速降低；阶段Ⅴ为信息化社会发展阶段，安全生产状况平稳，事故死亡人数很少，职业病等是造成作业人员人身伤害的主要因素。安全生产的这种阶段性特点，揭示了安全生产与经济社会发展阶段的变化关系。

从工业企业角度来看，必须做到安全生产，才能把事故降低到最低限度，尽可能地控制生产损失，保证企业的正常运作。这就要求企业重视安全生产，积极投入相应的安全设施，在生产过程中，把生产与安全统一起来，遵守劳动保护法规，采取各种安全技术和工业卫生方面的技术与组织措施，加强劳动保护和开展群众性安全教育和安全检查活动，防止各种不安全因素的出现，保证安全生产的健康进行。

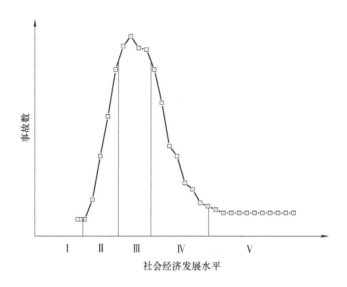

图 1-3 事故数与社会经济发展水平的变化关系

科技作为第一生产力，它在提升社会生产力发展水平的同时，也必将提升社会的安全生产水平，这体现在其对生产力构成要素提供安全生产服务的作用和功能上。对于生产力要素，科技在安全生产方面的影响见表 1-2。

表 1-2 科技在安全生产方面的影响

生产力要素	科技在安全生产方面的影响
劳动者素质	提高劳动者素质和劳动技能
劳动工具	先进、安全、高效的自动化生产设备，减少人的操作
劳动对象	认知生产资料、生产环境中存在的风险并加以有效控制
生产管理	更加高效的安全生产管理体制和机制

安全生产科学技术是科技的重要组成部分，直接作用于安全生产。从纵向来看，安全生产科技对构成安全系统工程的人、机、物、管等要素都产生作用；从横向来看，安全生产科技也对遏制重特大事故发生、减少人员和财产损失的各环节产生影响。安全系统工程要素为人、机、环、管四个方面，它们在安全科技研究领域作用分别是对"人"进行安全培训，强化劳动者安全意识；对"机"开发本质安全型的生产工具，提供更加有效的个体防护；对"环"需要认知生产资料和生产环境中存在的风险，并加以有效控制；对"管"进行安全生产法律、法规和标准体系的实施与监管，在生产过程中采取预防、监控、应急、防护等措施，达到有效预防事故发生的目的，实现安全生产。

以"安全第一，预防为主，综合治理"为指导方针，采取专管与群管相结合的方式，保证安全生产条件和工人在最佳状态下从事生产劳动作业，创造更多的产品。

复 习 题

1. 工业产业结构和分类如何？
2. 工业化的三个阶段和四次工业革命是什么？
3. 简述生态工业的定义及发展的意义。
4. 现代工业生产有何特点？
5. 新时代的新型工业化的含义是什么？
6. 安全生产与经济发展的关系如何？

第 2 章
工业生产组织与管理

2.1 工业的生产过程

制造任何一个产品都需要经过一定的生产过程，企业努力对加工过程中的各种因素（包括加工设备、输送装置、工序、在制品存放地点等）进行合理的配置，使产品在生产过程中的行程最短、通过速度最快、各种耗费最小，生产出能满足市场需要的产品。

生产过程组织是指为提高生产效率，缩短生产周期，对生产过程的各个组成部分从时间和空间上进行合理安排，使它们能够相互衔接、密切配合的设计与组织工作。

2.1.1 工业企业和产品的生产过程

由于观察的角度与考虑的范围不同，生产过程分为两种：一种是产品的生产过程，是指从原材料投入生产开始到制成产品为止的全部过程，产品生产过程的基本内容是工人的劳动和机器设备对原材料加工的过程；另一种是企业的生产过程，是在企业范围内各种产品的生产过程和与其直接相连的准备、服务过程的总和。

1. 产品的生产过程

产品的生产过程一般包括以下内容：

1) 工艺过程，是直接改变劳动对象的性质、形状、尺寸以及相互发生预定变化的那部分生产过程，同时使之成为成品，在这个过程中，既有劳动的消耗，又有劳动对象的变化，这是生产过程最基本的组成部分。

2) 检验过程，是对所加工的毛坯、零件、成品的质量进行检验的过程。它也有劳动的消耗，但没有形成产品所需的变化。

3) 运输过程，即劳动对象在加工过程中，在各工序、车间之间的运送过程。这个过程改变的不是劳动对象本身，而是它的空间位置，通常要消耗人的劳动。

4) 自然过程，是指某些需要借助自然力作用的过程，如时效、冷却、干燥、发酵等。若生产过程存在自然过程，则常与劳动过程交替进行。

5) 储存等待过程，是指由于技术或组织生产等原因，对劳动对象有计划安排地储存、等待，以便对下一步进行加工或检验、运输的过程。劳动对象在等待过程中要占有库房或生产用地，难免发生各种损耗，增加生产费用。

2. 企业的生产过程

企业的生产过程是各种产品生产过程的总和，就其对产品产出所起的作用来看，可以分为五个组成部分：

（1）生产技术准备过程

生产技术准备过程是指产品生产以前所进行的全部生产技术准备工作的过程。具体工作有产品设计、工艺设计、工艺装备设计和制造、材料与工时定额的制定、劳动组织和设备布置的调整等。这些工作的全过程就是生产技术准备过程。

（2）基本生产过程

基本生产过程是指企业直接从事加工、制造基本产品的生产过程，也就是企业的基本产品是在企业内进行的，它是代表企业生产发展方向产品，通常这类产品的产量或产值相对较大，生产时间较长。

（3）辅助生产过程

辅助生产过程是指为保证基本生产过程的正常进行所必需的各种辅助产品的生产活动，如基本生产过程中使用的企业动力生产、工艺装备的制造、设备维修备件、厂房维修等劳动过程。

（4）生产服务过程

生产服务过程是指为基本生产过程和辅助生产过程所进行的各种生产服务活动，如原材料、半成品和工具的供应和保管，厂内外的运输等。

（5）附属生产过程

附属生产过程是指企业利用多余的生产能力和资源生产其他副产品的过程，如企业从废水、废渣中提炼出某些有用的产品等。附属生产过程与基本生产过程是相对的，根据市场的需求，企业的附属生产产品也可能转化成为企业的基本产品。

企业生产过程的五个组成部分既有区别，又有联系。其中，基本生产过程占据主导地位，它是企业生产过程中不可缺少的重要组成部分，其他过程则是围绕基本生产过程进行的。随着科学技术的发展，社会分工越来越细，生产专业化程度越来越高。因此，企业的生产过程将趋向简化，企业之间的协作关系将日益密切。

2.1.2 企业基本生产过程的工艺结构

企业基本生产过程按工艺加工的性质划分，可分为多个生产阶段，而每个生产阶段又可划分为许多个工序。下面以机械制造业为例，表述企业基本生产过程的工艺结构，如图2-1所示。

工序是指一个工人或一组工人在一个工作地上，对同一劳动对象连续进行加工的生产活动。它是组成基本生产过程的主要环节，具体可分为工艺工序、检验工序、运输工序。掌握生产过程的各个环节，熟悉各工序的基本要求，可以随时发现生产过程可能存在的隐患，更好地控制生产，管理好安全生产。

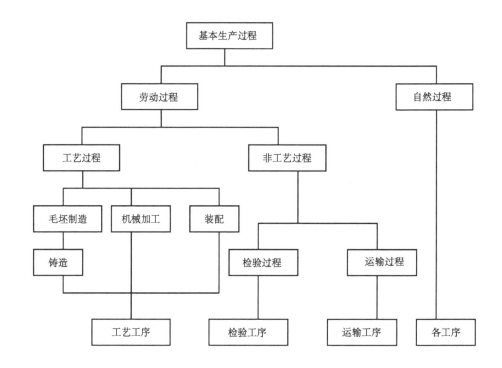

图 2-1 机械制造业基本生产过程的工艺结构

2.1.3 组织生产过程的要求

对于某种产品的生产过程，不是能生产出该种产品就可以了，而要满足多方面的要求，如连续性、平行性、比例性、均衡性（节奏性）与准时性。使产品在生产过程中省时、省力，充分利用各种资源，保证按期、按质、按量地生产价廉物美的产品。

1. 连续性的要求

生产过程的连续性是指物料处于不停的运动之中，而且流程尽可能短。产品在生产过程中的各个阶段、各个工序在时间和空间上要紧密衔接，连续进行，尽量避免或减少中断或等待现象，使劳动对象在整个生产过程中，始终处于连续运动状态，不出现物料的迂回（空间上停滞）现象。

为保证生产过程的连续性，最主要的办法是采用先进的技术和先进的生产流程，使加工、检测、传递机械化和自动化，组织生产的各个环节不发生停歇。

2. 平行性的要求

生产过程的平行性是指物料在生产过程的各个阶段，各个工序实现平行作业。一般有两种情况：一是组成产品的各种零件和部件同时在各个生产环节进行生产；二是在大量或成批生产条件下，同种产品或同种零件同时分散在各个生产环节进行生产。组织平行作业是生产连续性的必然要求,提高生产过程的平行性,才能大大缩短产品的生产周期,保持生产过程的连续性。一个企业必须从自己的实际生产条件出发,充分考虑到利用平行生产的可能性。

3. 比例性的要求

生产过程的比例性是指生产过程的各个生产阶段、各道工序之间在生产能力上要保持相适应的比例关系。这是保持生产过程顺利进行的重要条件,如果它的比例性遭到破坏,则生产过程必将出现混乱,制约整个生产系统的生产,造成资源浪费,也破坏了生产过程的连续性。

4. 均衡性(节奏性)的要求

生产过程的均衡性是指产品的生产从投料到最后完成,能够按计划有节奏地进行,在相等的一段时间间隔内(如月、旬、日),出产相等或递增数量的产品,使各工作地的负荷相对稳定,不出现前紧后松或松紧不均的现象。均衡性主要表现在原材料等投入、制造和产品的生产等三个环节上。

企业均衡地进行生产,既能够充分利用人力的设备,又有利于保证和提高产品的质量、缩短生产周期、降低产品成本,也有利于安全生产。否则,既浪费资源,又不能保证质量,还容易引起设备及人身安全事故。因此,提高生产过程的均衡性有着十分重要的意义。

5. 准时性的要求

生产过程的准时性是指生产过程的各分阶段、各工序都按后续阶段和工序的需要生产,即按需要的数量生产所需要的产品。它将企业与客户联系起来,达到供需平衡,这就需要生产过程必须准时,这也是市场经济发展的要求。

合理组织生产过程的五项要求是互相联系、互相制约、相辅相成的。生产过程的比例性和平行性是实现生产过程连续性的重要条件,而比例性、平行性和连续性又是保证生产过程均衡性的前提,其中,准时性则是保证顾客市场的稳定性,拓展市场的先决性所要求的。

2.2 生产类型

2.2.1 生产类型的划分

1. 按工艺特性分

(1)加工装配型生产

加工装配型生产是指产品是由离散的零部件装配而成的,物料运动呈离散状态。因此,加工装配型生产的生产特点是工艺过程的离散性。属于这一类型的有机床、汽车、家具、电子设备、服装等产品的制造。

(2)流程型生产

流程型生产是指在流程型生产企业中,物料是均匀、连续地按一定工艺顺序运动的。其特点是工艺过程具有连续性。流程型生产包括化工（塑料、药品、肥皂、肥料等）、炼油、冶金、食品、造纸等。

2. 按组织生产特点分

（1）备货型生产

备货型生产是指在没有接到用户订单时按已有的标准产品或产品系列进行生产，目的是为了补充库存，如轴承、紧固件、小型电动机等产品的生产。

（2）订货型生产

订货型生产是指按用户的订单进行生产。例如，锅炉、船舶、机车等的生产，均属于订货型生产。订货型生产可以进一步分为订货组装型生产、订货制造型生产和订货工程型生产三种。

3. 按产品专业化程度分

（1）大量生产

大量生产的产品产量大而品种少，经常重复生产一种或少数几种类似的产品。它具有生产条件稳定，大多数工作地固定完成一、二道工序。大量生产适用于工作地专业化程度高的企业，所以广泛采用专业性强、自动化程度高的工艺设备进行生产。标准件厂、汽车制造厂、建材、炼油、化工等企业都属于大量生产的企业。大量生产的优点是生产效率高、产品质量稳定、操作员劳动熟练程度高、作业计划简单、生产成本低等。

（2）成批生产

在计划期内，生产的产品产量比大量生产少，而产品的品种较多，各种产品成批地重复生产，这类生产就是成批生产。根据生产的稳定性、重复性和工作地专业化程度，成批生产又可分为大批生产、中批生产和小批生产。由于批次改变后，工作地上的设备与工具要做调整，需要时间来准备，因此合理地确定批量，组织好多品种生产，是成批生产类型生产管理的重要问题。

（3）单件生产

单件生产的产品品种繁多，而每一种产品仅生产一件，或少数几件；有的产品仅生产一次，而有的产品虽然要重复生产，但是其生产的稳定性和专业化程度很低。由于每个工作地完成的工作内容不固定、变化很大，其专业化低，所以大多数采用通用设备。

2.2.2 划分生产类型的方法

划分生产类型的步骤是先确定工作地的生产类型，然后依次确定小组、工段、车间、企业的生产类型。

确定工作地生产类型的方法有工序数目法和工序大量系数法。

（1）工序数目法

工序数目法是指根据固定于工作地工序数目来确定工作地的生产类型。以机械工业企业的工作地为例，可按表2-1中的数据来划分工作地生产类型。对已投产和改建后的企业，可用此法确定生产类型。

表 2-1 工作地生产类型划分

工作地生产类型		固定于工作地的工序数目/个
大量生产		1~2
成批生产	大批	>2~10
	中批	>10~20
	小批	>20~40
单件生产		>40

（2）工序大量系数法

工序大量系数法是指根据工序大量系数值来确定工作地的生产类型，其计算公式如下：

$$工序大量系数 = \frac{工序单件时间}{节拍} \quad (2-1)$$

工序大量系数表示在保证在制品出产节拍的条件下，为完成每道工序所需设备的数量。它的倒数即为固定一个工作地上的工序数目，其公式如下：

$$工序数目 = \frac{1}{工序大量系数} = \frac{节拍}{工序单件时间} \quad (2-2)$$

求出工序大量系数后，可根据表 2-2 来确定工作地生产类型。

表 2-2 生产类型划分（工序大量系数值）

工作地生产类型		工序大量系数值
大量生产		>0.5
成批生产	大批	>0.1~0.5
	中批	>0.05~0.1
	小批	>0.025~0.05
单件生产		≤0.025

2.2.3 改变生产类型的途径

区分生产类型，掌握生产规律，有利于控制生产，管理生产，在良好、安全的环境中体现产品的价值。由于不同的生产类型所取得的经济效果不同，因此不同的生产类型对企业的生产技术、经营管理、计划工作和安全生产有很大的影响。以机械制造企业为例，为了提高企业的经济效益，可通过下述主要途径来改变生产类型：

1）全面规划、统筹安排，积极发展专业化生产，以增加批量，提高工作地的专业化程度。

2）加强产品的系列化、标准化和通用化工作，扩大通用件、标准件的使用范围，以便提高工作地的专业化程度。

3）充分利用成组技术，将结构、工艺相似的零件集中起来，合理搭配产品，扩大生产批量。

2.2.4 提高工作地的专业化程度

工作地专业化程度的高低决定着企业经济效益的好坏。现以机械制造企业为例，采取切实有效的措施，不断提高工作地专业化程度。主要途径如下：

1) 积极组织专业化生产。
2) 改进产品设计，提高产品的系列化、零部件标准化和通用化水平，扩大标准件、通用件的使用范围。
3) 采用工艺规程典型化和成组工艺，即按零部件的形状、结构、工艺特点分类、分组，组织同类型零部件集中生产，扩大生产批量。
4) 加强计划管理，在保证交货期与交货量的前提下合理搭配产品品种，减少同期内的品种数，扩大批量，提高工艺专业化程度。

2.3 生产过程的空间组织

生产过程的空间组织就是企业内部生产单位的组成和这些单位的布置。它是企业生产过程组织的一项先行的基础工作，是非常重要组成部分。从优化企业工艺的角度来看，企业生产布局的要求应做到：在厂区有限的空间内充分利用厂房和场地，在安全可靠的前提下，使厂房、机器设备配备恰当，安排在最适宜的位置上，使各部分能密切配合，相互协调，缩短流程及生产周期，以最少的人力、物力与财力的消耗来进行生产。

2.3.1 工艺专业化

1. 定义

工艺专业化是指按照生产工艺性质的不同来设置生产单位的一种产品生产空间组织形式。按工艺布局就是按照生产过程各种不同工艺阶段的工艺特点进行布局，即把完成企业生产过程某个工艺阶段或部分工序的有关机器设备集中在一个区域，对不同的产品、零部件进行相同工艺的加工，如划分为铸造车间、锻工车间、机械加工车间、装配车间等。机械加工车间又进一步划分为车工工段、铣工工段、磨工工段等，这是工艺专业化程度较高的划分方法。

2. 优点

1) 加工对象可变，适应性强。
2) 设备利用率高，系统维护成本低。
3) 便于技术管理和工人技术水平的提高。

3. 缺点

1) 加工对象的中间周转路线长，运输量大。
2) 在制品占用量大，资金占用多且周转缓慢。
3) 分工过细，工作单一，协调困难。

4）一般多采用通用设备，生产效率低，适应性较差。

2.3.2 对象专业化

按对象布局有两种形式：一种是以产品或部件为对象，另一种是以同类零件为对象。

按对象布局就是把同类的加工对象（产品或同类零部件）的全部或大部分工艺过程集中在一个生产单位内。一个车间集中了不同的机器、不同工种的工人，因此一个产品或零件的制造可以全部封闭在一个车间内加工完成。故这种车间也称为封闭式的车间，如汽车厂的底盘车间、发动机车间、齿轮车间等。

1. 定义

对象专业化又称产品专业化形式。它是按照产品（零部件）的不同来设置生产单位的，它以加工对象的全部或大部分工艺为中心，建立工作中心。

2. 优点

1）流程合理，可以缩短加工对象的运输过程，缩短生产周期，且运输量小。
2）节约加工时间和流动资金占用。
3）便于协调。
4）可采用专用设备，生产效率高。

3. 缺点

1）分工过细，工作单一，适应能力差。
2）设备利用率低。
3）系统受单独设备影响大。

2.3.3 成组加工单元

在综合布局运用比较中，产生了能适合小批量、多品种生产，同时生产效率和经济效益较好的成组工艺布局。成组工艺布局的指导思想是：在品种多、批量小的生产情况下，把结构、工艺类似的零件汇总在一起，组成加工单元，人为地提高同类工艺的零件加工数量，形成成组工艺布局。

在一个生产单元内，配备某些不同类型的加工设备，完成一组或几组零件的全部加工任务，且加工顺序在组内可以灵活安排，显然成组加工单元符合对象原则。

成组技术以零部件的相似性（主要是指零件的材质结构、工艺等方面）和零件类型分布的稳定性、规律性为基础，对其进行分类、归并成组并组织生产。在成组技术应用中，出现了一具多用的成组夹具，一组成组夹具一般可用于几种甚至几十种零件的加工。成组技术根本改变了传统的生产组织方法，它不以单一产品为生产对象，而是以"零件组"为对象编制成组工艺过程和成组作业计划。

成组加工单元就是使用成组技术，以"组"为对象，按照对象专业化布局方式，在一个生产单元内配备不同类型的加工设备，完成一组或几组零件的全部加工工艺的组织。采用成组加工单元，加工顺序可在组内灵活安排，多品种小批量生产可获得接近于大量流水生产的效率和效益。目前，成组技术主要应用于机械制造、电子、兵器等领域。它还可应用于具有相似性的众多领域，如产品设计和制造、生产管理等。

2.3.4 柔性加工单元

如果上述成组加工单元中进行如下改变：加工机床为数控机床或数控加工中心，传递装置为自动传送系统或自动抓握装置（抓握机器人），工件和刀具自动传递、自动装卸，采用集中数控或计算机集中控制，则这样的成组加工单元就成为柔性加工单元。设置柔性加工单元时应坚持以下几个原则：

（1）总体与系统的原则

总体与系统的原则是指对生产过程组成的各部分和影响生产过程的各种因素，应从它们对生产过程总体的影响来研究生产过程的布局。生产过程包括基本生产过程、生产技术准备过程、辅助生产过程和生产服务过程几大部分。首先应根据产品品种、产量、劳动量确定它们之间的比例关系，然后考虑厂内位置的布置。其要求是：基本生产车间应按基本产品的生产工艺流程顺序布置，协作关系密切的单位应互相靠近；具有某些特点的生产与工作部门应依其特点布设，如设计绘图、精密计量、测试部门应设在受振动、噪声影响较小的位置，生产中产生的"三废"要综合考虑治理方案等。

（2）时间、空间充分利用的原则

时间、空间充分利用的原则具体如下：

1）在厂区范围内，应尽量扩大生产的空间，合理确定仓库面积，在可能条件下发展多层立体自动化仓库。

2）厂房仓库应布置紧凑，缩短运输距离，车间内部也应使工作地之间物料的运输量最少。

3）采用高效率的专用设备和工艺装备，提高单位时间和空间内的产量。

（3）顺利流通的原则

车间之间、车间内部工序之间材料、半成品的流动要畅通，避免停滞、拥塞和交叉运输等现象。

（4）安全可靠的原则

安全是指在整个生产过程布局中应注意对人、物资的安全保护，如防火、防雷，高温、高处作业的保护，环境污染和噪声控制在一定界限内，有良好的照明和通风设备等。可靠是指生产系统内人、设备、动力等不易发生故障。安全可靠在某些企业里要求非常严格。只有在安全可靠的环境下，人机系统才能发挥最大的功能，保证生产过程顺利地进行。

（5）弹性原则

在生产过程布局时，应留有适当的余地，以适应今后工厂发展和品种变动等需要。

2.4 生产过程的时间组织

在企业生产过程，做到合理组织，精确安排，不仅要求企业各个组成部分在空间上合理地配置，而且要求劳动对象在加工过程中在时间上也互相紧密配合和衔接，最大限度地提高生产过程的连续性、比例性和平行性，控制生产过程，以提高劳动生产率和设备利用率，缩短产品生产周期，加速流动资金周转，降低产品成本。

2.4.1 生产过程时间的含义

生产周期就是产品在整个生产过程或作业中所需要的全部时间。而生产过程中的时间可包括作业时间、多余的时间和无效的时间。所谓作业时间就是包括各种工艺加工的工序、检验工序、运输工序以及必要的停放时间和等待时间，还包括自然时效的时间（如铸造），这些都是合理的、必须要用的时间。所谓多余时间就是包括由于产品实际技术规程和质量标准不当而增加的多余时间，这是领导和技术人员指导失误造成的；多余的时间中还包括由于采用低效率的制造工艺和操作方法所增加的多余时间。无效时间是包括由于管理不善（如停工待料、设备事故、人员误工）造成的无效时间；也包括由于操作工人责任心不强、技术水平低造成的缺勤、出废品和生产安全事故等造成的无效时间。据调查，目前我国有些工业产品的生产周期比较长，其中大部分的时间属于等待、闲置等无效时间。时间组织的一个重要任务就是提高时间利用率，尽量减少无效时间，以缩短生产周期。作为生产控制人员，要掌握生产流程的组成及其工艺过程中各工序之间的相互关系，易于发现问题，以达到时间上的紧密配合和衔接，防止事故的发生，确保生产的正常进行。

2.4.2 产品的加工移动方式

企业在生产加工产品（零件）时，要从时间、组织上缩短生产过程，使加工对象在时间上紧密衔接，才能进行有节奏的连续生产。因此，要分析加工对象在生产过程中的移动方式。

产品在各工序之间的移动与一次投入生产的产品数量有关，如果一次生产的产品只有一件，那只能顺次地经过各工序，前一道工序加工完毕后，产品才能移到下一道工序加工。如果同时制造的产品不是一件而是一批，则产品在工序之间的移动有以下三种方式（不同的移动方式使一批产品有着不同的生产周期）。

1. 顺序移动方式

顺序移动方式的特点是产品在各道工序之间是整批移动的，即一批产品在前一道工序全部完工之后，才转送到下一道工序进行加工。假设某零件的批量 $n=4$ 件，有 4 个工序，各工序的单件作业时间 $t_1=10\text{min}$，$t_2=5\text{min}$，$t_3=20\text{min}$，$t_4=15\text{min}$，该批零件的顺序移动方式如图 2-2 所示。

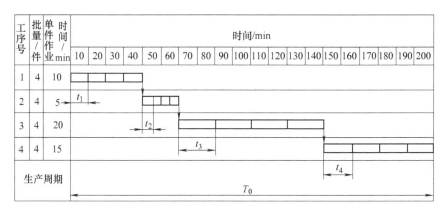

图 2-2 顺序移动方式

假设该批零件在各工序之间无停放等待时间，工序间的运输时间忽略不计，则该批零件的生产周期等于该批零件在全部工序上作业时间的总和，用公式表示如下：

$$T_0 = nt_1 + nt_2 + nt_3 + nt_4$$
$$= n(t_1 + t_2 + t_3 + t_4)$$
$$= 4 \times (10 + 5 + 20 + 15) \text{min}$$
$$= 200 \text{min}$$

若工序数为 m，则可得一般公式如下：

$$T_0 = n \sum_{i=1}^{m} t_i \tag{2-3}$$

式中　T_0——顺序移动方式下一批零件的生产周期（min）；

　　　n——零件批量（件）；

　　　m——工序总数；

　　　t_i——零件在第 i 道工序上的单件作业时间（min/件）。

顺序移动方式的组织与计划工作比较简单，由于一批产品是集中加工、集中运输的，所以有利于减少设备的调整时间和提高工效。但是在一批中大多数的产品都有等待加工和等待运输的时间，因而生产周期长，资金周转慢。这种方式适用于本品批量不大、工序的单件作业时间较短的情况。

2. 平行移动方式

平行移动方式的特点是每件产品在前一道工序加工完毕后，立即转移到后一道工序继续加工，产品在各道工序上成平行作业。仍以前例所列条件，按产品的平行移动方式组织生产，如图 2-3 所示。

从图 2-3 可以看出，该批零件加工的生产周期如下：

$$T_p = t_1 + t_2 + 4t_3 + t_4$$
$$= (t_1 + t_2 + t_3 + t_4) + (4-1)t_3$$
$$= (10 + 5 + 20 + 15) \text{min} + (4-1) \times 20 \text{min}$$
$$= 110 \text{min}$$

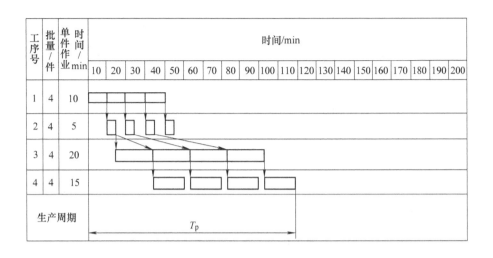

图 2-3 平行移动方式

上式中，t_3 是所有工序中单件作业时间最长的工序，以 t_L 表示；工序总数以 m 表示，则可得一般计算公式如下：

$$T_p = \sum_{i=1}^{m} t_i + (n-1)t_L \tag{2-4}$$

式中　T_p——平行移动方式下一批零件的生产周期；

t_L——单件作业时间最长的工序。

在平行移动方式下，零件在各道工序之间是按件或运输批量移动的，停歇时间很少，因而整批零件的生产周期最短。但是，这种方式运输工作频繁，特别是若前后两道工序的单件作业时间不相等，会出现等待加工或停歇的现象，若前一道工序的单件作业时间比后一道工序的大，则在后一道工序上会形成设备的停歇现象；若前一道工序的单件作业时间比后一道工序的小，则在后一道工序上会造成零件等待加工的现象。

3. 平行顺序移动方式

平行顺序移动方式的特点是两种移动方式结合起来，综合两者的优点。零件在工序之间的移动有两种情况：一是当前一道工序的单件作业时间大于后一道工序的单件作业时间时，前一道工序上完工的零件并不立即转移到后道工序，而是积存到一定数量，足以保证后道工序能连续加工时，才将完工的零件全部转移到后道工序去加工。这样可以避免后道工序出现间断性的设备停歇时间，可以把分散的停歇时间集中起来加以利用。二是当前一道工序的单件作业时间小于或等于后一道工序的单件作业时间时，前一道工序上完工的每一个零件应立即转移到后一道工序去加工，即按平行移动方式逐件或小批运输。仍以前例所列条件，按产品的平行顺序移动方式组织生产，如图 2-4 所示。

在平行顺序移动方式下，一批零件的生产周期，可按顺序移动方式计算的生产周期减去工序间交叉重复的时间求得：

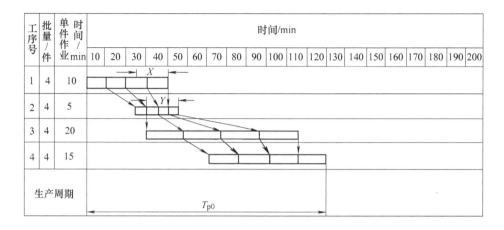

图 2-4 平行顺序移动方式

$$T_{p0} = n(t_1+t_2+t_3+t_4) - (n-1)(t_2+t_3+t_4)$$
$$= 4\times(10+5+20+15)\min - (4-1)\times(5+5+15)\min$$
$$= 125\min$$

上式中，t_2、t_4 是两两相邻工序中单件作业时间较短的工序时间，以 t_s 表示；工序总数以 m 表示，则有 $(m-1)$ 对相邻工序，可得一般计算公式如下：

$$T_{p0} = n\sum_{i=1}^{m} t_i - (n-1)\sum_{i=1}^{m-1} t_{si} \tag{2-5}$$

式中　T_{p0}——平行顺序移动方式下一批零件的生产周期；

　　　t_{si}——第 i 对相邻工序的较短工序时间。

2.4.3　产品移动方式选择的理由

上述的平行、顺序和平行顺序移动三种方式是零件在工艺加工过程中，组织各工序在时间上相互衔接的基本形式。从生产周期看，平行移动方式最短，平行顺序移动方式次之，顺序移动方式最长。但在选择移动方式时，不能只考虑生产周期，还应该结合企业安全生产特点，全面考虑以下几种因素：

（1）生产类型

单件小批生产宜采用顺序移动方式；大量或大批生产，特别是组织流水生产线时，宜采用平行移动方式或平行顺序移动方式。

（2）生产任务的缓急情况

对于一些紧急任务，限期完成的以及影响产品成套的缺件等，应尽量采用平行移动方式或平行顺序移动方式，以便争取时间，满足需要。

（3）生产单位的专业化形式

在企业产品的生产过程中，对象专业化的生产单位，宜采用平行移动方式或平行顺序移动方式；而工艺专业化生产单位一般以采用顺序移动方式为宜。

(4) 工序劳动量的大小和零件的重量

生产过程中，如果某些工序劳动量不大，对于重量较轻的零件，宜采用顺序移动方式，有利于减少搬运次数，节省运输力量。如果工序劳动量较大，对于重量很重的零件，为减少资金占用和节省生产面积，宜采用平行移动方式或平行顺序移动方式。

(5) 调整设备所需的劳动量

在改变加工对象时，如果调整设备所需的劳动量很大，就不适于采用平行移动方式。如果改变加工对象时，不需要调整设备或调整设备所需的时间很少，则可以考虑采用平行移动方式。

2.5 生产过程控制管理

企业生产过程控制主要是指对企业基本生产过程的作业活动进行有效调节，对作业活动和产品生产的数量与进度等所进行的控制。它是实现生产作业计划的重要保证。通过各种有效的控制办法，能够达到预防或制止生产过程中可能发生的或已经发生的脱离计划及目标的偏差，防止事故的发生，保证生产过程各作业活动按计划的目标顺利完成。

2.5.1 生产过程控制的任务和要求

1. 生产过程控制的任务

生产过程控制是对生产计划和生产实际之间出现的差异进行调整。通过对生产过程的实时监控，把结果与既定的标准进行比较，发现偏差，分析其产生的原因，采取措施纠正偏差，从而保证生产作业计划的全面完成。生产过程控制的内容涉及生产过程中的人、机、物等各个方面，是在生产作业计划执行过程中，对有关产品的数量和生产进度的安全性进行控制。它包括生产进度控制、在制品控制、库存控制、生产成本控制、生产质量控制、生产率控制和设备安全控制等。在实际操作中，各企业可根据自身情况，在不同的时期选择不同的重点控制对象。

2. 生产过程控制的要求

为了生产过程控制，确保生产任务的完成，生产过程控制工作必须遵守以下要求：

(1) 计划性

计划性是指生产过程控制必须以生产作业计划为依据，灵活控制，全面展开，以保证计划的全面实现的目的。只有严格执行计划，才能顺利完成生产任务。

(2) 统一性

统一性是指生产过程控制必须高度地集中统一，实行统一指挥，建立一个强有力的生产高度集中系统，给调度必要的权力，把调度的主要权力集中在厂部。只有统一的指挥才能行驶调度权力，发布调度命令给各级调度机构，以保证生产按质量完成。只有统一指挥，才能确保生产的有序进行，避免多头领导引起的混乱情况。

(3) 预见性

预见性是指生产过程控制要贯彻预防为主的原则，一切生产控制人员都应具有科学的预见性，对生产中可能或将要发生的问题，要及时采取措施，做到"防患于未然"，强调"凡事预则立，不预则废"。

在生产过程中，应严格控制每一个环节，及时准确地处理每一个信息，掌握第一手资料，有效地组织、协调和指挥生产，使生产处于良好的运行状态之中。

2.5.2 生产进度控制机构及管理

生产进度控制是由生产调度进行的。生产调度是由调度机构根据生产状况，对计划执行时已经出现的一些偏差进行调节，使生产能正常进行。

1. 生产调度机构

为了使生产能按计划进行，及时地控制整个生产过程，企业设置一个专门的调度机构行使生产过程的指挥与控制职能，它是生产过程活动的指挥与指令中心，这就是调度室（或称调度中心）。调度室的主要任务有：①监督检查生产作业计划执行情况，掌握生产动态，掌握在制品在各工艺阶段的投入和产出进度，及时解决生产中出现的各种问题；②根据生产需要及时合理调配各种生产要素，对各期生产计划进行统计分析；③检查在制品储备情况，严格执行定额标准，防止生产时产生的在制品和成品过量与不足；④组织协调好厂级、车间调度会议，及时传达指令，限期解决生产中的问题；⑤在保证安全的前提下组织指挥生产，发现违反安全生产制度和安全技术规程者，应及时制止处理，并向有关领导汇报。

2. 生产调度工作

生产调度对企业日常生产活动进行控制和调节，是组织实现生产作业计划的一种主要手段。生产调度工作主要是对生产进度进行控制，其内容主要包括控制生产进度和在制品流转；督促有关部门做好生产准备和生产服务；检查生产过程的物资供应；监督设备的运转，保证生产的均衡性和成套性；合理调配劳动力；调整厂内运输；组织厂部和车间的生产调度会议，并监督有关部门贯彻执行调度决议；做好生产完成情况的检查、记录、统计分析工作。加强生产调度，可以迅速解决已经发生的问题，并能把可能发生的偏离因素消灭于萌芽状态。

3. 生产调度机构的设置

生产调度机构的设置是根据企业的规模和生产要求进行的，其要贯彻集中领导、统一调度、分级管理、归口负责的原则，做到机构设置合理，分工明确，职责清楚，管理有效。对于不同类型的企业，有不同的设置的方法。一般大、中型企业可设置厂部、车间、工段三级调度机构；小型企业可设厂部和车间两级调度机构。采取轮班生产的办法，同时在企业的厂部和车间要设值班调度，负责每班的调度工作，做好相关记录。

企业的厂部可设总调度室，在主管生产的副厂长（或生产科长）的领导下，统一指挥全厂生产活动的调度工作。总调度配备调度人员，根据具体情况采取不同的分工形式，具体可有以下三种分工形式：

1) 按"条"分工，即调度人员按产品对象分工，使每种产品从准备投料直到最后制成品都有专人负责。这种分工有利于及早发现新产品投产后的问题，确保任务的按期完成。但是，不利于在同一车间全面协调所有产品的生产。

2）按"块"分工，即调度人员按车间分工，对车间所属产品负责。这种分工能够全面了解产品在该车间的情况，便于统筹兼顾，但是不利于了解和掌握产品的全部生产过程。

3）条块结合。这是以上两种形式的结合。它既可以保证调度业务的集中统一，又具有统筹兼顾的优点。可以根据企业的生产特点和生产需要，采取"条块结合，以条为主"或者"条块结合，以块为主"的形式。

此外，企业可根据实际需要，在工具、设备、劳动、供应、运输、仓库等部门设立调度组，也可指定专人负责调度工作。从管理角度来看，各车间和科室的调度组或调度员接受双重领导，一方面接受车间主任或科长的领导，另一方面在业务上归总调度室领导，形成一个集中统一的生产调度系统。

4. 生产调度机构的职权

明确调度机构的职权，有利于明确各自的工作范围，更好地控制生产过程，做到安全生产，其各自的职责分述如下：

1）厂部总调度室负责保证按照产量、品种和期限完成全厂的作业计划，掌握各半成品库的储备情况，做好各车间之间的配合；监督各基本生产车间班计划和日计划完成情况，也要监督辅助车间以及生产准备工作的情况。发现问题或接到车间调度员报告时，应迅速处理。遇有重大问题应请示生产副厂长后处理。为了保证厂部调度命令的统一，生产作业方面的命令集中由调度机构发出。

2）车间调度组根据生产作业计划的要求进行调度，保证各工段之间的衔接配合。监督车间作业计划的执行，发现问题和偏差时应迅速处理，重大问题应向车间主任请示后处理。车间调度员经常向车间主任和厂总调度室报告情况，特别是车间无法解决的问题，应及时向厂总调度室报告。

3）工段调度员根据作业计划具体地分配各个工作地、各轮班的任务，并及时做好各项准备和供应工作。工段调度员要经常掌握各工作地完成任务、产生废品、停工等情况，发现后应立即处理。重大问题要请示工长。工段调度员应经常向工长和车间调度组报告情况，对工段无法解决的问题，应向车间调度报告。

5. 生产调度的管理方法

生产调度在生产管理部及公司主管经理的领导下开展工作，以生产调度为核心，建立与各职能部室、车间主任（分厂厂长）及生产班组长相连接的生产调度指挥系统，按程序分层次地组织、协调、指挥生产。同时，要加强生产过程的管理，建立调度工作制度，才能在执行时做到有法可依。

这些制度包括以下几方面内容：

（1）生产调度会议制度

生产调度会议制度是企业在组织和指挥生产的过程中，上下沟通、横向联系，由调度部门召开例会。这种例会可以将各部门近期发生的工作状况在会上与大家进行沟通，是一种集思广益、统一调度和指挥生产的良好形式。这种调度会议一般分为厂部和车间两级，其中厂部会议主要起检查、监督和决策作用；车间级调度会则主要检查车间生产作业计划的完成情况，重点是检查生产作业准备情况，并做出决议，由有关人员贯彻执行。利用生产调度会议制度可以及时检查、协调生产进度，了解存在的问题，针对生产中的薄弱环节，制定有效措施，加以解决。

（2）调度值班制度

调度指令具有权威性，基层单位和有关部门必须协作配合，贯彻执行，若有不同意见，可一面贯彻执行，一面向上一级主管汇报及请示。厂部、车间的调度机构应当做到只要有生产，就有调度值班记录。调度在值班期间，要经常检查、及时处理生产中发生的问题，填好调度值班记录，严格实行交接班制度，确保生产的正常进行。

（3）调度报告制度

建立报告制度，就是使各级调度机构和领导及时掌握生产情况，更好地掌握生产信息，使各级调度机构能将每日值班调度的情况报给上级调度部门和有关领导。报告方法如下：各工段每班都应把本班执行情况报车间调度组，车间调度组应把车间生产作业计划执行情况报总调度室，总调度室要把每日生产、库存、产品配套、出产进度以及生产中存在的关键问题等，写成生产日报，报领导并发至有关科室和车间。

（4）其他制度

其他制度包括：①现场调度制度，领导人员下现场，会同调度人员、技术人员、工人三结合解决生产中出现的问题；②班前、班后小组会议制度，班前小组会布置任务，调度生产进度，班后小组会检查生产作业计划完成情况，总结本班生产的经验和教训。

2.6 生产安全的总体要求

2.6.1 安全生产工作方针

安全生产的方针是"安全第一，预防为主，综合治理"。这一方针高度概括了安全管理工作的目的和任务。同时，管理生产的同时必须管安全的原则，将各级负责人员、各职能部门及其工作人员和各岗位生产人员在安全生产方面应做的事情和应负的责任加以明确。

1. 安全与生产的关系

安全与生产是企业经营过程中不可缺少的两个方面，它们的关系是辩证统一的关系。它们在工作过程中是相互依存、互为条件的，任何一方都不能孤立存在。若没有生产活动，企业将失去存在的价值，社会生活也将无法进行和延续，安全工作也就失去其管理的对象和存在的意义。然而，企业领导往往只强调生产的重要，而忽视安全，在未出现事故前，意识不到事故发生的可能性，或抱有侥幸心理。

2. 安全第一

所谓"安全第一"是指生产经营过程中，在处理保障安全和实现生产经营活动的其他各项目的关系上,要始终把安全,尤其是从业人员和其他人员的人身安全放在首要位置,实行安全优先原则,保证生产经营活动的顺利进行。同时,企业在安全投入方面,尽可能满足安全生产过程的设计要求,确保安全生产。

3. 预防为主

在生产过程中,保证其安全的措施有两种:一是在事故未发生时,通过有效的措施消除危险和有害因素,或降低事故发生的严重程度,这种方法称为事故预防方法。二是在事故发生后,通过对事故的处理减少事故损失,此为事故处理方法。随着人民生活水平的不断提高,人们对作业条件的安全和卫生要求也随之提高。因此,安全工作的重心逐渐从事故处理方法转移到事故预防方法,运用系统工程的思想和方法预测生产过程中存在的危险和有害因素,有针对性地采取控制对策,预防事故发生。

4. 综合治理

在坚持安全第一、预防为主的前提下,要抓好安全生产综合治理工作。要把安全生产当作经济发展、社会进步的前提条件,纳入企业经济发展总体规划,建立指标考核体系,明确安全生产必须有多层次、多方位、多部门的监督管理过程。坚持综合治理、标本兼治,既要立足当前,做好监督检查、专项整治、查处事故等工作,又要着眼长远,推动安全文化、安全法制、安全责任、安全科技、安全投入这"五要素"落实到位,建立安全生产长效机制。要面向基层,面向职工群众,面向全社会,广泛宣传安全生产方针,坚持以科学态度和方法深入研究安全生产领域重点问题,以及不同事故、灾害背后的客观规律,指导事故预防和隐患治理工作,切实保证安全生产。

2.6.2 生产过程环境要求

生产过程一般是指从劳动对象进入生产领域到制成产品的全部过程。由于生产过程中所需要的原料、材料、燃料、辅料和半成品对人体有着不同程度的危害性,企业应根据危险源特点,遵循相应的安全、卫生标准,才能使人、机、环在相对安全的环境中运行,给操作者良好的工作环境。

针对生产过程中的危险和有害因素,在设计和生产时应充分考虑各方面的因素:

1)应防止工作人员直接接触具有或能产生危险和有害因素的设备、设施、生产物料、产品和剩余物料。

2)作业区的布置应保证人员有足够的安全活动空间。

3)对于作业区的生产原料、产品、半成品的堆放,应用黄色或白色标记在地面上标出存放范围,或设置支架、平台存放,保证人员安全,通道畅通。

4)对具有或能产生危险和有害因素的工艺、作业、施工过程,应采用综合机械化、自动化或其他措施,实现遥控或隔离操作。

5)对产生危险和有害因素的过程,应配置监控检测仪器、仪表,必要时配置自动联锁、自动报警装置。

6)及时排除或处理具有危险和有害因素的剩余物料。

7）危险性较大的生产装置或系统，必须设置能保证人员安全、设备紧急停止运行的安全监控系统。

8）对产生尘、毒危害较大的工艺、作业和施工过程，应采取密闭、负压等综合措施。

9）对易燃、易爆的工艺、作业和施工过程，必须采取防火防爆措施。

10）排放的有害废气、废液和废渣，必须符合国家标准和有关规定。

11）参加生产的各类人员，必须掌握本专业或本岗位的生产技能，并经安全、卫生知识培训和考核，合格后方可上岗工作。

12）根据作业特点和防护要求，按有关标准和规定发放个体防护用品，并规定穿（佩）戴方法和使用规则。

13）生产过程中散发的尘、毒应严加控制，以减少对人体和生产设施造成的危害。生产车间和作业环境空气中的有毒有害物质的浓度不得超过国家标准或有关规定。

2.6.3 安全生产管理组织保障

企业的目的是获取更高的效益，而这需要通过一个执行机构来运作。组织的建立和健全保障企业的安全生产，否则安全生产管理工作也就无从谈起。组织机构保障主要包括两方面：一是安全生产管理机构的保障；二是安全生产管理人员的保障。

安全生产管理机构是指企业中专门负责安全生产监督管理的内设机构。安全生产管理人员是指企业从事安全生产管理工作的专职或兼职人员，负责落实国家有关安全生产的法律法规，组织企业内部各种活动，负责日常安全检查，及时整改各种事故隐患，监督安全生产责任制的落实等。《安全生产法》规定，矿山、金属冶炼、建筑施工、运输单位和危险物品的生产、经营、储存、装卸单位，应当设置安全生产管理机构或者配备专职安全生产管理人员。其他生产经营单位，从业人员超过一百人的，应当设置安全生产管理机构或者配备专职安全生产管理人员；从业人员在一百人以下的，应当配备专职或者兼职的安全生产管理人员。这就是安全生产管理机构设置和人员配备的要求。

2.6.4 生产过程应急处理要求

企业生产应以调度为主线，采取集中统一指挥原则，一切与生产相关的操作、指令都要通过生产调度指挥系统逐级下达，情况紧急或必要时，有权调度企业范围内的人力、物力，以确保操作平稳，生产安全，保质、保量、按时完成生产任务。遇紧急情况下的应急处理要求如下：

当生产调度接到有关处室或车间的紧急报警电话时，就立即启动应急预案。或者，在未向外界报警时，生产调度需立即拨打报警或急救电话（如119、110、120等），并通知生产管理部领导和主管生产经理，迅速联系有关部门（如车队、医务室）或其他车间进行相应的处理（如调用车队的救护车；停车、停蒸汽等）。生产调度必须在最短的时间到达现场协助处理。

复 习 题

1. 工业产品生产一般包含哪些内容?各有什么特点?
2. 企业生产过程有哪些内容?组织生产过程有哪些要求?
3. 如何划分生产类型?有何作用?
4. 工艺专业化和对象专业化有何特点?如何确定?
5. 已知加工了一批零件,批量为4批,经过5道工序,在各道工序的单件加工时间分别为1.5h、1.0h、0.5h、2.0h、1.0h。试分别计算顺序移动方式、平行移动方式和平行顺序移动方式下的零件生产周期。
6. 如何体现生产安全的总体要求?

第 3 章
煤炭及石油工业

煤炭与石油工业都属于采掘工业。煤炭与石油都是天然的不可再生的能源，蕴藏在自然界里，被采掘后，在一定的条件下，能够转换成人们所需要的某种形式的能量。煤与石油是主要的能源，其中煤炭是最重要的固体燃料，它的主要成分是碳、氢和少量的附加物质（如硫、氧和氮），因为煤在燃烧时可放出大量的热能，所以目前煤主要作为燃料使用。而石油是一种宝贵的矿产资源，是具有流动性的可燃矿物，是由许多化合物组成的复杂的混合物。其主要成分是碳和氢两种元素，还有少量氧、氮、硫等十余种元素。现就煤炭与石油工业的生产过程分别叙述。

3.1 煤炭生产

3.1.1 煤炭的开采

1. 煤炭资源状况

煤炭是一种化石能源。在远古成煤年代，植物枯萎后被水、沙等覆盖，与空气隔绝，因此不至于全部腐朽，经过地球温度和压力的作用，进一步煤化、岩化、变质，成为不同的煤种。煤形成的前一阶段属于生物化学变化，后一阶段属于地球的化学变化。由于水、沙、压力和温度的作用，含碳物质相对富集，形成褐煤层。长期的高温高压作用使褐煤变成烟煤。烟煤含碳量进一步富集、变化，就形成无烟煤。不同种类的煤，在灰分、挥发分、发热量、胶质层厚度以及硫分和磷分等主要技术指标上均差别很大。为了充分合理地使用煤炭资源，必须对煤进行工业分类。例如，煤按大类可分为无烟煤、烟煤和褐煤。其中，烟煤又可分为贫煤、瘦煤、肥煤、焦煤、气煤、弱黏煤、不黏煤、长焰煤等。不同工业部门对煤种和煤质都有各自的要求。根据煤炭的不同质量和品种，即可以论证不同地区煤炭资源利用的方向，以便在各个时期，根据不同的需要，确定其开发次序，经济合理地利用煤炭资源。

（1）世界煤炭资源

世界煤炭资源非常丰富。目前，世界煤炭探明储量估计为 1.07 万亿 t，按目前的煤炭消费水平计算，可供开采 130 多年。世界各地的煤炭资源分布并不平衡，煤炭主要集中在北半球，特别是高度集中在亚洲、北美洲和欧洲的中纬度地带。其中，以亚洲和北美洲最为丰富，分别占全球地质储量的42.8%和23.9%，欧洲仅占7.3%；南极洲数量很少。

世界煤炭可采储量为9842.11亿t，主要集中在美国（25%）、俄罗斯（15.9%）、中国（11.6%）和澳大利亚（9.2%）。此外，印度、德国、南非三个国家共占13.9%。从产量来看，2020年全球煤炭产量为77.42亿t，其中，中国产量占比达到51%、美国占比为6.3%、澳大利亚占比为6.2%、俄罗斯占比为5.2%、印度占比为7.3%。从供需角度来看，中国、日本、印度和韩国是煤炭主要进口国家，而印度尼西亚、澳大利亚、蒙古、俄罗斯是主要的煤炭出口国。

（2）我国煤炭资源

我国煤炭资源丰富，全国煤炭探明可采储量应在2000亿t以上，资源量可达3万亿t。截至2020年年底，全国煤矿数量已减少到4700处以下，每矿产能提高到110万t。其中有52处为年产千万吨级，合计产能高达8.2亿t。世界第一大煤矿——神东矿区补连塔矿，产量达2800万t，原煤生产效率高达每人每年5万t。

我国的煤炭主要分布在西北、华北、东北、西南地区几个集中地带，其中昆仑山—秦岭—大别山一线以北集中了我国90%的煤炭储量，华北和西北地区集中了煤炭储量的2/3，山西、陕西、内蒙古煤炭储量最丰富。在漫长的地质演变过程中，煤田受到多种地质因素的作用。由于成煤年代、成煤原始物质、还原程度及成因类型上的差异，再加上各种变质作用并存，致使我国煤炭品种多样化，从低变质程度的褐煤到高变质程度的无烟煤都有储存。我国的煤种分类中，炼焦煤类占27.65%，非炼焦煤类占72.35%。我国煤炭资源虽丰富，但勘探程度较低，经济可采储量较少。在经勘探证实的储量中，精查储量仅占30%，而且大部分已经开发利用，煤炭后备储量相当紧张。

（3）我国煤矿的生产状况

2020年，全国原煤产量为39亿t，同比增长1.4%，原煤生产增速有所回落。数据显示，"十三五"期间，全国累计退出煤矿5500处、退出落后煤炭产能10亿t/年以上；2020年全国30万t/年以下煤矿数量及产能较2018年下降均超过40%。在淘汰落后产能的同时，全国煤炭供给质量显著提高。截至2020年底，全国煤矿数量减少到4700处，全国煤矿平均单井规模由每年35万t增加到每年110万t，增长214.3%。从产煤地区看，煤炭生产开发进一步向大型煤炭基地集中。2020年，14个大型煤炭基地产量占全国总产量的96.6%，比2015年提高3.6%。2020年，全国规模以上企业煤炭产量38.4亿t，同比增长0.9%，有8个省区原煤产量超过亿吨，其中，山西、内蒙古原煤产量高达10.63亿t、10.1亿t，占全国规模以上企业原煤产量的比例分别为27.66%、26.04%。

据国家统计局初步核算，2020年全国煤炭消费量增长0.6%，煤炭消费量占能源消费总量的56.8%，比上年下降0.9%。"双碳"目标下，"十四五"时期我国将严控煤炭消费增长。与此同时，大型现代化煤矿已成为全国煤炭生产的主体。全国建成年产120万t以上的大型现代化煤矿1200处以上，产量占全国的80%左右。

《煤炭工业"十四五"高质量发展指导意见》显示，到"十四五"末期，全国煤矿数量控制在4000处以内，建成煤矿智能化采掘工作面1000处以上，建成千万吨级矿井（露天）数量65处，产能超过10亿t/年，培育3~5家具有全球竞争力的世界一流煤炭企业。未来，我国煤炭行业将结合煤矿矿区开发历史、资源潜力、区域经济特征，科学评价大型煤炭基地的资源禀赋，合理分类确定大基地功能，优化开发布局，实现与保障供给的有效平衡；加速推进煤矿智能化建设，煤炭生产由机械化、自动化向智能化方向发展；煤炭清洁、高效利用层次更高，逐步形成人与自然和谐共生的煤矿发展格局。

2. 煤炭的分类

（1）按煤化程度分类

1）泥炭（草炭）。泥炭是煤化程度最低的固体可燃物。古代沼泽湖泊或浅海中植物遗体沉积，经过微生物的分解，逐步把碳的成分富集起来，氢、氧、氮成分逐渐减少而形成泥炭。泥炭的含碳（C）量为55%~60%，含氧（O）量大约为30%，在干燥状况下，很容易燃烧。泥炭中含有大量的腐殖酸类物质，经过加工可作为植物肥料和生长激素，也可作水泥的加强剂，少量用于医药。

2）褐煤。褐煤是泥炭进一步煤化的产物，它是一种煤化程度介于泥炭与烟煤之间的棕褐色、无光泽的低级煤。褐煤易燃烧，适于作发电燃料，也可用于气化，生成合成原料气或城市煤气。由于褐煤饱含腐殖酸类物质，也可用于农业、工业、医药和饲养业，是主要的化工原料。

3）烟煤。烟煤是煤化较深的品种，是褐煤在一定温度和压力下，由地球化学变化进一步岩化的产物。颜色一般为深棕或黑色。它含有10%~40%的挥发物，较易燃烧，燃烧时产生较长的火焰和黑烟。烟煤是世界上储量最多、用途最广的煤种，大量用于炼焦、煤气化、化学工业原料及燃烧。

4）无烟煤。无烟煤是烟煤进一步变质的产物，也是煤化过程的最终产物。无烟煤的可燃体碳含量在89%~98%。它质硬、色黑、燃点较高。燃烧时火焰短，呈蓝色，无烟，多用于民用和化肥工业。

（2）按工业使用的要求进行分类

我国现行工业分类方案是以炼焦用煤为主的分类方法。煤炭可分为无烟煤、贫煤、瘦煤、焦煤、肥煤、气煤、弱黏煤、不黏煤、长焰煤和褐煤。反映煤化程度的指标有挥发分$V_{daf}(\%)$和胶质层最大厚度$r(mm)$。挥发分越小，煤化程度越高；胶质层最大厚度越大，煤炭的结焦性能越好。

（3）按供销条件的分类

煤炭可分为原煤、块煤、洗精煤。原煤经筛分，筛去小于13mm的煤末，按国家粒度标准出售的称为块煤。原煤经过筛选、破碎、冲洗之后，去掉杂质矸石成分后成为洗精煤。它在灰分、硫含量、磷含量方面都有保证。

3. 煤田和井田

（1）煤田

煤田是指处于地壳沉积岩层中的大面积含煤地带。一般含煤面积在几十平方千米到上千平方千米，煤的储量在亿吨以上。煤田所在地的地理环境对煤炭工业的发展也有很重要的影响。某些煤田地质条件、自然条件、煤炭质量虽然不太好，但其所处地理位置优越，接近大城市或工业中心，交通方便，往往也会优先开发，并可达到相当大的规模，如北京的京西煤田、山东的新汶煤田。

（2）井田（矿田）

为了合理、经济地开发煤田，通常将一个煤田划分为若干部分，由若干个矿井开采。划给一个矿井开采的部分称为井田（或矿田）。矿井是煤田开发的基层单位。井田开发时应预先确定的主要指标有井田的储量和矿井的生产能力。

4. 煤田的开采方式

由于埋藏在地下的煤炭的成煤条件不同，地质变化的情况复杂，埋藏的深度不同，有的保持着与成岩时的水平和缓倾斜状态，加上地貌不同，因此煤炭开采方式就不能一样。煤炭主要开采方式如图 3-1 所示。

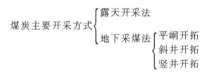

图 3-1　煤炭主要开采方式

（1）露天开采法

对于那些埋藏不深、厚度比较大的煤层，先把覆盖在煤层上面的表土和岩石全部挖去，再进行采煤的方法称为露天开采法。露天煤矿一般都低于地面，呈凹陷状，从上到下分成许多台阶，一层一层地往下开采，每个台阶有十几米高。如中国抚顺露天煤矿，该煤矿矿坑长 6.6km，南北宽 2.2km，矿坑总面积为 $14.52km^2$，开采垂直深度 400m，煤层厚度 55m。

露天矿一边挖掘土石方，一边开采煤炭。煤层上面的岩石往往比较坚硬，为了剥离它，首先需要打孔爆破，把岩石炸碎，接着进行采装、运输等工序。目前广泛采用的运送土石和煤炭的工具是汽车和火车。汽车灵活，爬坡能力大，有利深凹露天矿的运输；火车常用于大、中型露天矿。露天矿采收率高，可达 80%~90%，开采成本低，人工成本只需地下采煤的 1/10~1/5，生产安全，建设周期短。为了充分发挥投资效益，迅速增加煤产量，可采取优先发展、集中开发露天优质煤矿的策略。

（2）地下采煤（矿井开采）法

对埋藏较深的煤层，不宜采用露天开采法。为了打开通路达到煤层，首先要从地面向下打井，再在井下开凿许多巷道，然后由井下将煤采出。这些井称为井筒，它们是联系井下和地面的通道。人员、材料、设备和新鲜空气都要经过井筒送往地下，开采出来的煤也要经过它们送往地面。一般矿井至少要有两个井筒：一个用来输送从地下采出来的煤，称为主井，它也可用来进风，又称为进风井；另一个用来向地下运送材料、设备和上下人员，称为副井，它也可用来出风，又称为出风井。当井筒开凿到一定深度后，在井筒底部还要开凿一个巨大的平场——井底车场，它是井下调度车辆集中运输煤炭、矸石、材料、设备及输送人员的场所。井底车场里有许多硐室，在里面分别设置变电所、水泵房、水仓、煤仓、炸药库、调度室、等候室、医疗室等。井筒和井底车场开凿好以后，就沿着通达煤层的方向开凿巷道。纵横交错的巷道分割围起一块块的煤层，这就是采煤"车间"。开采时，对每块被分割的煤层分别开采，一般是从靠近井底的地方开始，沿煤层的走向开采。进行采煤作业的那一面称为采煤工作面。

1) 井田的划分。为了有计划地开采，要对井田进行划分成条条块块，再依次进行开采。在开采倾斜煤层时，通常按煤层倾斜方向，按一定的标高将井田划分为若干长条形的部分，每一个长条部分称为阶段；阶段与阶段之间是以水平面为界的，这个分界面称为水平。当阶段斜长和井田走向都较大时，全阶段部署工作面会给开采造成困难。在这种情况下，阶段内应采用分区部署方式，即沿走向再将阶段划分为若干采区，它有独立的通风和运输系统。

2) 开拓系统。由巷道组成的生产系统称为开拓系统。这些巷道按其倾角不同分别称为垂直巷道、水平巷道和倾斜巷道。按其功能和服务范围分为三个层次：①开拓巷道。开拓巷道是为全矿井或采区服务的巷道，如井筒、井底车场、运输及回风大巷等。开拓巷道在矿井内的布置方式称为开拓方式。由于煤田范围、储量、煤层数目、倾角、厚度和地质构造等不同，开拓方式也不同，常用的有斜井、立井和平硐三种类型。②准备巷道。准备巷道是为一个采区服务的巷道。③回采巷道。回采巷道是仅为某个回采工作面服务的运输平巷和回风平巷。

3) 井田开拓方式。矿井开拓方式是煤矿建设和生产中的重要问题。开拓方式决定了全矿生产系统的总体布局，对资源利用、设备配置、基建投资、开采成本等有很大影响。开拓方式确定并按设计进行施工后，就很难改变。开拓方式既影响矿井建设时期的技术经济指标，又长期影响矿井的生产技术面貌和经济效益，因此必须从技术、经济方面认真研究比较，力求做到：①具有合理集中的开拓布局和完整良好的生产系统，以确保矿井正常均衡生产；②井巷工程、地面建筑工程和机电安装工程量小，基建投资少，提升、运输、通风、排水和巷道维护费用小，生产经营管理费用低，以降低生产成本；③工程建设周期短，出煤快；④切实保证施工和生产安全；⑤合理利用煤炭资源，减少煤炭损失；⑥少占耕地，不占良田。

5. 采煤方法

采煤方法取决于采煤系统和回采系统。采煤系统是指采区巷道的布置方式、掘进和回采工作的顺序安排，以及采区的通风、运输系统。回采工艺是指在回采工作面内所进行的落煤、装煤、运输、支护和采空区处理等工作。采煤是煤矿井下生产活动的中心。先进合理的采煤方法对整个矿井的各项经济技术指标具有极为重要的影响。

随着技术进步，采煤方法经历了不同的技术阶段，总的趋势是向综合机械化采煤方向发展，但受地质条件以及经济、规模等条件限制。

(1) 煤矿非机采型

在回采工作面的回采工艺过程中，落煤、装煤、运煤三个主要工序没有或没有完全实现机械作业。落煤多用炮采，生产率较低，安全性也较差。

(2) 煤矿机采型

机械化采煤用于煤层比较稳定、地质构造不太复杂的回采工作面。采用滚筒采煤机或刨煤机落煤，用可弯曲刮板运输机输送，用金属支架、液压支架和金属铰接顶梁进行采空区顶板支护，安全性和生产效率都能得到很大提高。这些方法进一步整合就出现了综合机械化采煤技术。它将采煤、装煤、运煤及顶板管理的机械和电气设备结合起来，由采煤机、液压支架、工作面刮板输送机、转载机、电气设备和照明等共同组成一个庞大的综合机械化采煤机组。采煤机在前面采煤，后面由一个液压支架随即跟进支护顶板，工作面输送机将采下的煤运至转载机，由带式输送机运抵井下车场，再从竖井提升到地面，至此完成采煤的全部机械化过程。

在矿井开采方面采用以日产万吨的超大型综合机械化采煤工作面为核心的生产工艺。在实现煤炭生产工艺综合机械化的基础上，向遥控和自动化发展，机器人与人工智能和专家系统相结合，为采煤自动化开辟了新的途径。未来，在绿色发展理念的指导下，我国的采煤技术装备应向更加安全、集约、智能、科学的方向进行发展。

6. 矿井安全生产及环境保护

煤矿安全生产一般主要是指防瓦斯、防尘、防火和防水。因此，在生产过程中，应高度重视，并采取措施加以控制，具体有如下几点：

(1) 防瓦斯

矿井瓦斯是井下煤层和围岩中的各种有害气体的总称，其主要成分是甲烷。瓦斯具有燃烧与爆炸性，对生产威胁很大。在矿井内引起瓦斯爆炸的主要原因，一是有一定的浓度，二是有高温火源，三是有足够的氧气。由此可知，预防瓦斯爆炸的主要措施是防止瓦斯积聚（控制瓦斯含量小于5%）和防止井下有明火出现。因此，矿井必须相应采取有效的通风，严禁吸烟，电动机和电气设备应符合防爆规程，并加强放炮、瓦斯检查等安全生产制度，设置健全的防火、防爆设施等，还要采取措施提高煤炭生产过程中释放出的甲烷的利用率。

(2) 防尘

矿尘是指生产过程中所产生的煤尘和岩尘。矿尘不仅危害身体，易引起尘肺等职业病，而且煤尘浓度增加到一定程度，遇火能引起燃烧爆炸。因此，必须遵守国家规定的安全标准，使矿尘控制在安全范围内。同时，应采取加强通风、放炮喷雾、装岩洒水、冲洗岩带、佩戴口罩等措施，预防职业病发生。

(3) 防火

当井下有外源火种（如吸烟、电火花、爆炸等）时，会引起火灾。此外，煤炭还会发生自燃。防火措施主要有：正确选择开拓、开采方法；用密闭墙将易发生火灾的采区隔绝；主要巷道与硐室采用不燃性材料，并设灭火用具、消防水管系统；严格贯彻井下防爆、防火安全等规定。

(4) 防水

矿井水灾发生的原因较多，例如地面洪水灌入井下；断层或裂缝把河流或含水层与井下接通；采掘过程中遇到积水等。防水措施主要有：井口高于当地历年最高洪水水位；地面修筑防洪堤坝或排水沟；在水体下采煤时应有专门的技术措施。当掘进巷道接近水区时，要先探后掘，先将水放出来；应设防水煤柱，使水与采区隔离等。

矿井开采时，排出的矿井水的矿化度、酸性、悬浮度均较高，有的还含有放射性元素。全国各类煤矿年排放矿井水 22 亿 t，排放选煤废水 2800 万 t，含煤泥量为 14.08 万 t，排放火药厂废水 3000 万 t，这些废水会污染水源及江河湖海，对环境造成危害。另外，中国大量矿区严重缺水，因此最大限度地处理和净化矿井水，使之资源化，提高复用率，实现达标排放，对保护矿区环境、缓解矿区及周边缺水地区用水紧张都有积极作用。因此，应对矿井水、生活用水进行处理，实现外排水达标率 100%。

（5）通风

矿井通风一方面把地面新鲜空气不断地送入井下，另一方面把井下的瓦斯和污浊空气不断地排出地面。矿井通风系统是矿井的生命线，出现问题往往导致灾难性后果，所以一定要安全可靠，通常要设立备用系统。

（6）矸石管理和采空区防塌陷

煤矿区开采过程中，要挖出相当多的废碎石，还要遗弃大量矸石（约占采煤量的 1/10）。从煤炭开采来看，我国每年煤炭产量约 1 亿 t，排放矸石量为 1400 万 t 左右；从煤炭洗选加工来看，每洗选 1 亿 t 炼焦煤，排放矸石量为 2000 万 t，每洗 1 亿 t 动力煤，排放矸石量为 1500 万 t，不仅占用土地，而且堵塞河道、污染环境。矸石中的硫化物缓慢氧化发热，如果散热不良或未隔绝空气就会自燃，甚至爆炸。矸石淋水、溶水对周围地表水和地下水会造成污染。此外，采空区还会引起地表塌陷，不同程度地牵涉岩坡、水系、地上地下建筑物的稳定和安全。产煤区土建施工时，经常遇到先期采煤挖开的小坑道需要填埋补救。这些影响长远的问题均需及早加强管理。

3.1.2 煤炭加工与利用

煤炭作为能源，在国民经济发展中做出重大贡献的同时，其开发与利用过程中也出现了一系列环境污染问题。在人类居住环境日益恶化的今天，人们不能再无视这些负面影响，煤炭生产的概念不仅仅是将煤采出，满足一时之需，还应该包括更丰富的内容。在技术政策上，针对使用煤炭对环境造成的污染，人们提出了洁净煤技术的新概念，使煤在作为一种能源得到最大限度利用的同时，实现释放污染物最少的目的。由于煤炭是全过程污染的能源，洁净煤技术应包括由煤炭开采到使用各环节的净化和防止传染的技术。

1. 煤炭粗加工

煤炭加工主要是去除灰分、提高质量、改变形状，包括煤的筛分、拣矸、洗选加工与水煤浆的加工、煤的气化及液化。煤的筛分、拣矸是对煤最基本的加工。除人工拣矸外，还可用电导率、摩擦系数等物理量来区分煤和矸石。在井口都应有筛分与拣矸设施。其设施主要有振动筛、滚筒筛及提升转运设备。煤炭经过筛分分级，可得到不同粒度的商品煤。国家标准将煤炭粒度分级为：T（特大块）、D（大块）、Z（中块）、X（小块）、L（粒煤）、F（粉煤）。

煤的洗选是煤炭加工的主要方式。选煤一般用湿法进行，通称洗选。选煤所得的主要产品为精煤。我国洗煤厂主要是炼焦煤洗煤厂。选煤厂的工艺过程是破碎、筛分、入洗、脱水和煤泥处理。煤的破碎常用颚式破碎机、齿辊式破碎机、锤式破碎机等设备。煤的洗选（也称选煤）方法主要有以下几种：

（1）重力选煤法

重力选煤法是指根据煤粒密度和粒度上的差异，在重力选矿设备上具有不同的运动状况，而进行分选的方法。各种煤粒因其性质上的差异，在分选过程中表现出不同的运动速度和运动力向。因此，在重力选煤过程中，影响煤的可选性难易程度的主要因素是密度和粒度。重力选煤法有重介质选煤法、跳汰选煤法、摇床选煤法、溜槽选煤法等。

（2）浮选

浮选是指利用各种矿物原料颗粒表面对水的润湿性（疏水性或亲水性）的差异进行选别，通常是指泡沫浮选。它使疏水性矿物颗粒附于气泡，上浮分离。浮选通常能处理小于 0.3mm 的物料，原则上能选别各种矿物原料，是一种用途最广泛的方法。

（3）磁选

磁选是指利用矿物颗粒磁性的不同，在不均匀磁场中进行选别。强磁性矿物（磁铁矿和磁黄铁矿等）用弱磁场磁选机选别；弱磁性矿物（赤铁矿、菱铁矿、软铁矿、黑钨矿等）用强磁场磁选机选别。

（4）电选

电选是指利用矿物颗粒电性的差别，在高压电场中进行选别。主要用于分选导体、半导体和非导体矿物。

（5）拣选

拣选主要用于预选丢除废石，包括手选和机械拣选。手选是根据矿物的外部特征，用人工挑选。这种古老的选矿方法，某些矿山至今仍在应用。机械拣选有光拣选、X 射线拣选、放射线拣选等。

（6）化学选

利用矿物化学性质的不同，采用化学方法或化学与物理相结合的方法分离和回收有用成分，得到化学精矿。

水煤浆加工是一种新的煤炭加工利用技术。水煤浆是由大约 70% 的煤粉，加上大约 30% 水和 1% 以下的添加剂制成的。它可以像石油一样储存，经管道泵运送，经雾化进入锅炉或加热炉内，像燃料油一样燃烧，燃烧后炉温可达 1200～1300℃，可以替代石油。制备水煤浆常选用灰分较低的原煤，其破碎到 50μm 左右，即可与水机添加剂混合制备。水煤浆点火方便，水遇热汽化，使雾化燃烧更为安全，且炉温稳定，灰分很少，便于除尘，有利于环境保护，可替代燃油，经济效益好，成本低。

2. 煤的汽化技术

我国生产的煤炭大部分仍用于直接燃烧，热能利用率不高，环境污染严重。民用直接燃烧煤的热效率只有 15%～20%；火力发电厂的总热效率只有 28%～30%。如果将煤加工成煤气,那么能源转换效率一般在60%以上。煤气除供民用煤气灶具使用外,也可供燃气轮机和汽轮机联合循环发电及工业炉窑应用。煤气是合成氨、合成甲醇、制氢的原气料。

煤的汽化就是以煤为原料,以空气或氢气和蒸汽为汽化介质,在一定高温下,煤中可燃物质(C、H)经过不完全氧化过程,转化为含有 CO、H_2、CH_4 等可燃的混合气体——煤气。煤在隔绝空气的情况下受热分解,产生焦油、苯类和煤气,最后剩下焦炭,这一过程称为干馏或炭化。这个过程可充分利用煤所含的有机质,取得多种有价值的燃料和化学产品。干馏在工业上成焦最终温度分为:高温干馏(最终温度在900℃以上),低温干馏(温度在600℃以下),中温干馏(介于高、低温之间)。干馏分为焦炉与碳化炉。焦炉以炼焦为主,煤气是副产品;炭化炉是以煤气为主,炼焦为辅。

发生炉煤气是采用煤气发生炉,在发生炉内,煤或焦炭在常压和高温下与汽化介质反应产生煤气。煤气发生炉常用规格有 φ2-4M、φ3M13、W-C 型。

3. 煤炭液化技术

随着现代工业的发展,石油天然气耗量迅速增长,资源日益减少。将煤炭液化炼成石油代用品,已引起普通关注。煤炭液化技术是把固体煤炭通过一种化学加工过程,使其成分转化而成为其他液体化工产品(例如液态油或烃类化学燃料,如液态汽油、柴油等化工产品或其他化工原料)的一种技术。根据加工过程的不同路线,煤炭液化可分为直接液化和间接液化两大类,如图3-2所示。

图3-2 煤炭液化技术分类

煤的直接液化的过程是将煤料干燥和粉碎,进行预处理,然后与溶剂或循环油一起制成煤浆,在催化剂作用下直接加氢液化,或溶剂萃取,经固液分离后,在催化剂作用下,加氢裂解而成,或用焦油加氢裂解。煤的加氢液化机理较复杂,大多数人认为煤在溶剂和催化剂以及高压下加氢,随温度升高,煤在溶剂中逐渐膨胀形成胶体,在煤质和溶剂之间进行氢的分配,发生煤质的分裂(解体)。在350~400℃生成沥青质含量很高的高分子物质,同时发生分解、加氢、解聚、聚合及脱氧、脱氮、脱硫等一系列平行和相继反应,从而生成水、氨和硫化氢等气体。随着温度升高(450~480℃),溶剂中氢的饱和程度增加,使氢的重新分配程度增加,即加氢液化过程逐步加深,此时主要发生分解作用及异构化作用,从而由高分子物质(沥青质)生成低分子量的产品(气体、汽油、柴油)。因此,在高温高压下进行煤的加氢可以把固态的煤转化为液态。煤加氢反应过程大致分为两个阶段。第一阶段是煤生成沥青质，它可溶于苯，这是煤的预加氢；第二阶段是沥青质进行加氢裂解，从而分子量减少，生成汽油、柴油或各种芳烃。

煤的间接液化的过程是将原料煤与氧气、水蒸气反应将煤全部气化，制得的粗煤气经变换、脱硫、脱碳制成洁净的合成气（$CO+H_2$），合成气在催化剂作用下发生合成反应生成烃类，烃类经进一步加工可以生产汽油、柴油和PLG等产品。间接液化对煤的要求：①煤的灰分要低于15%，当然，灰分越低也有利于气化，也有利于液化；②煤的可磨性要好，水分要低，不论采用哪种气化工艺，制粉是一个重要环节；③对于用水煤浆制气的工艺，要求煤的成浆性能要好，水煤浆的固体浓度应在60%以上；④煤的灰熔点要求为固定床气化要求煤的灰熔点温度越高越好，一般不小于1250℃；流化床气化要求煤的灰熔点温度小于1300℃。虽然间接液化对煤的适应性广些，不同的煤要选择不同的气化方法，但是对原煤进行洗选加工、降低灰分和硫分是必要的。

煤液化厂可与煤矿、电厂、焦化厂、合成氨厂、炼油厂联合，这是一条很有发展前途的煤综合开发应用的途径。

4. 洁净煤技术

（1）以洗选为源头的煤炭加工技术

煤炭加工是指在原煤投入使用前，以物理方法为主对其进行加工。这是合理利用煤的前提和减少燃煤污染的最经济的途径，主要包括煤炭洗选、型煤和水煤浆制备。常规的物理选煤可除去煤中60%的灰分和50%~70%的黄铁矿硫。型煤（如蜂窝煤）是具有发展中国家特点的洁净煤技术，它与烧散煤相比，可节煤20%~30%。水煤浆是新型的煤代油燃料，一般1.8~2.1t水煤浆可代替1t重油。

（2）以煤的气化为先导的煤炭转化技术

煤炭转化是指以化学方法为主将煤炭转化为洁净的燃料或化工产品的加工，包括煤炭焦化、汽化、液化和燃料电池。煤炭转化从以焦化为传统技术，发展为以汽化为先导，走燃料化工和煤深加工的技术路线。作为化工原料，煤化工在芳烃生产方面有石油化工所不具备的优势。

煤气化常用的方法有完全气化（产品以煤气为主）和温和气化（或称低温干馏，产品以半焦为主）。广义上说，煤的焦化（高温干馏）也是汽化的一种形式。

煤炭液化技术是将固体煤在适宜的反应条件下转化为洁净的液体燃料，工艺上有直接液化、间接液化和、油共炼。直接液化以重质产品为主，产品分布比较复杂。这种方法可以获得无硫锅炉燃料和溶剂精炼煤。间接液化是先进行煤气化，再将气体合成变为液体，主要目的是得到人造石油。

一般说来，目前煤炭焦化的技术成熟，综合利用比较好，气化发展很快。液化呼声很高，但距离工业化生产还有一段距离。一个国家在不同发展阶段，煤炭如何加工，加工深度如何，都应经过认真的技术、经济比较。

3.1.3 煤炭生产过程常见事故风险与防范措施

近年来，虽然煤矿死亡人数在逐年减少，但总的死亡人数仍居世界前列，如何将伤亡降到最低限度是目前必须攻克的难题。煤炭生产过程中主要有矿尘事故、水灾事故、火灾事故、瓦斯事故和顶板事故五大事故。其特点是突发性和严重性，发生时往往造成人员伤亡。

1. 矿尘事故

矿尘是在生产过程中所产生的各种矿物微细颗粒的总称，包括煤矿生产过程中产生的煤尘、岩尘。矿尘不但污染井下环境，还对人员的健康不利，在一定条件下，还会燃烧和爆炸。除此以外，还会加速机械设备的磨损，影响井下工作人员的视线。因此，应采取各种有效的排降措施，如加强通风、洒水降尘，将矿尘浓度控制在规定的浓度标准范围内。

2. 水灾事故

水灾事故是指地表水、采空区水、地质水、工业用水渗入或涌入露天矿坑或矿井巷道的水量超过矿山正常排水能力而造成的采矿场、巷道被水淹没的灾害。矿井透水是采掘工作面与地表水或地下水相沟通时，突然发生大量涌水，淹没井巷的事故。在矿山水灾中，矿井透水事故发生最多，后果最严重。矿井水害对煤矿安全生产的影响和危害很大，轻则使生产条件恶化，管理困难；重则造成伤亡或淹井事故。因此，在安全生产和管理方面，应该在保证排水系统可靠的前提下，加强采掘工作在探、放水的安全管理工作。严格执行"有疑必探，先探后掘"的方针，保障矿井安全。

3. 火灾事故

煤矿的火灾事故称为矿井火灾或矿内火灾或井下火灾，是指发生在煤矿井下巷道、工作面、硐室、采空区等地点的火灾。能够波及和威胁井下安全的地面火灾也称为矿井火灾，需要采取严格的防范措施。

矿井防、灭火工作是安全生产管理的重要内容，首先应改进开采技术措施，建立完善的通风系统；其次采取防止漏风和预防性灌浆、喷洒阻化剂、注入惰性气体等综合措施防止煤炭自燃；再次采用不燃性支护材料，杜绝或控制明火和电火花的产生，防止外因火灾发生。

4. 瓦斯事故

甲烷是一种无色、无味、无臭的气体，甲烷比空气轻，相对于空气的密度为 0.554。瓦斯爆炸是煤矿生产主要灾害之一。煤矿一旦发生瓦斯爆炸，危害十分严重，其爆炸时产生的高温、高压和有害气体可造成大量的人员伤亡。因此，防止瓦斯爆炸是安全管理的重点，其主要措施是加强矿井通风，防止瓦斯局部积聚，防止煤（岩）与瓦斯突出，防止火源引燃瓦斯。

5. 顶板事故

顶板事故是指随着煤矿工作面的开采，煤层上面的顶板岩层失去支撑力，发生了坍塌的事故。它是煤矿中最常见且最容易发生的事故，其发生次数、死亡人数都很多，在煤矿五大事故中排名首位。为防止顶板事故的发生，应制定和执行严格、合理的顶板安全管理措施；应建立顶板灾害发生的预警、预报系统；加强对顶板的支护；加强对采空区的观察，合理留设煤柱。

除上述五大事故以外，随着矿井开采深度不断增加，采空区面积增大，冲击地压的危险也将会更加突出,冲击地压又称岩爆,常伴有煤岩体抛出、巨响及气浪等现象。它具有很大的破坏性,也是煤矿的重大灾害之一,煤矿应采取有效措施防范采空区大面积冒顶引发地表塌陷,使地表水透入井下造成的水害。

3.1.4 煤炭生产事故案例

1. 陕西省铜川市乔子梁煤业"11·4"较大煤与瓦斯突出事故

2020年11月4日,陕西省铜川市乔子梁煤业有限公司乔子梁煤矿在工作面出现响煤炮、瓦斯忽大忽小频繁超限、片帮等现象后,在未认真分析、查明原因、采取有效防突措施的情况下,冒险组织掘进施工,综掘机割煤诱发煤与瓦斯突出,导致发生较大煤与瓦斯突出事故,造成8人死亡,直接经济损失1732.05万元。

事故原因分析:一是未按规定进行煤与瓦斯突出危险性鉴定;二是拒不执行监管监察指令;三是通风、管理混乱,未按设计施工瓦斯释放孔,也未按规定检查瓦斯和标校瓦斯传感器,事故区域未形成完整的通风、排水系统,设置简易木板风帐控制风流;四是不具备煤与瓦斯突出防治能力,矿井未配备通风、防瓦斯、防煤尘、防火(也称为"一通三防")、地质和防治水专业技术人员,从业人员安全风险意识差,不清楚煤与瓦斯突出预兆和瓦斯动力现象,不熟悉井下避灾路线。

2. 重庆市松藻煤矿"9·27"重大火灾事故

2020年9月27日,重庆能投渝新能源有限公司松藻煤矿井下二号大倾角运煤上山胶带出现异常情况,输运机运转监护工发现后,电话通知地面集控中心停止运输机运行,紧急停机后静止的胶带被引燃,之后与煤混合燃烧;火势蔓延烧毁了设备、破坏了通风设施,产生的有毒有害高温烟气快速蔓延至2324-1采煤工作面,最终导致重大事故,造成16人死亡、42人受伤,直接经济损失2501万元。

事故原因分析:一是松藻煤矿重效益轻安全,该矿职工已经检查出二号大倾角胶带问题和隐患,并向煤矿矿长等管理人员进行了报告,但该矿矿长为不影响正常生产未立即停产;二是矿井安全管理混乱,煤矿没有按规定统一管理、发放自救器,有的自救器压力不够;三是重庆能源集团督促煤矿安全生产监督以及管理责任落实不到位;四是重庆能投渝新能源有限公司安全管理弱化;五是带式输送机使用的胶带质量不合格,重庆能投集团物资有限责任公司存在物资采购制度不健全、采购询价和交货验收违规等问题。

3.2 石油工业

根据现代的石油生成理论,生物体中的有机质先要转化成一种特殊的有机质——"干酪根",再由干酪根转化成石油。这种转化要在一定的物理化学条件下才能实现,这个条件主要是地下温度。干酪根开始变成石油的温度范围大致是100~130℃,因为地下温度从浅到深是逐渐升高的,早先的沉积物不断被后来的沉积物所覆盖,埋藏也就越来越深,有机质只有在达到一定的埋藏深度时才能转化成石油。

19世纪末，以石油为燃料的各种内燃机、发动机的发明，使石油成为重要的动力原料。近代有机合成化工的发展更使石油成为重要的化工原料。由于石油在短期内容易大量开采，供应灵活，使用方便，用途广泛，因此在过去40年中，世界石油的增长速度是其他能源增长速度的总和的两倍。此间，一些工业国家的发展与廉价的石油有着直接的关系。另外，很多国际争端、冲突以至战争，也都与石油的占有、贸易和控制有着直接或间接的关系。

我国的石油产量在1949年时只有7万t，另有页岩油5万t。石油产地集中在我国西北部的玉门。新中国成立以来，石油工业取得了巨大进步，为国民经济发展做出了重大贡献。我国石油工业的发展概况如下：

1）20世纪50年代发展重点在西部，形成了甘肃、新疆、青海、四川等四大油气基地，使我国石油工业初具规模。

2）自20世纪50年代起，石油工业平均以20%以上的速度发展。

3）20世纪60年代开始，重点开发东部沿海地区。

4）1963年12月3日，我国需要的石油已经基本实现自给。

5）1966年12月31日，渤海湾第一口海上油井喷油，揭开了我国海上石油开采的新篇章。

6）1978年，我国原油产量突破1亿t大关，成为世界产油大国。

7）进入21世纪，我国开始大规模对西部地区石油进行勘探和开发。

8）2020年，我国原油进口量为54238.6万t，同比增长7.3%；进口金额为12217.6亿元，同比减少26.8%。

我国已经成为世界石油天然气资源大国；原油产量居世界第五位，天然气产量居世界第六位，已经成为世界石油天然气生产大国；我国已成为全球第二大石油消费国。全国原油产量1949年仅为12万t，2018年达到1.9亿t，增长1574.9倍，年均增长11.3%。2020年我国原油产量达到1.95亿t，同比2018年增长2.6%。自2011年国务院批准实施找矿突破战略行动以来，在开采消耗持续加大的情况下，主要矿产保有资源量普遍增长；至2021年，石油、天然气十年新增资源量分别为101亿t、6.85万亿m^3，约占新中国成立以来查明总量的25%、45%，发现17个亿吨级大油田和21个千亿立方米级大气田。

国家能源局公布的数据显示，2019年石油和天然气新增探明储量分别达到12亿t、1.4万亿m^3，同比增长25%和68%。但是，随着国民经济的发展，社会需求不断增加，原油和天然气的年产量增长已跟不上经济发展的需要，使中国成为石油进口大国。2020年以来，我国进口原油5.4亿t，同比增长7.3%，创造历史新高，预计今后进口数量将进一步增加。因此，着手解决油气供应不足的问题，首先要立足于开发利用自己的油气资源。根据我国已探明的石油、天然气资源状况和油田生产布局，石油工业应该坚持"稳定东部、发展西部"的方针。东部油田要依靠技术进步，提高资源采收率，并不断寻找新的储量，努力保持现有的产油能力，达到稳产的目标，以适应经济发展的需要。

石油中含碳80%~90%，氢10%~14%，其他元素占1%左右。它是几千种碳氢化合物（烃类）组成的混合物。将石油加热升温，某些组分就由液态变成气态而蒸馏出来（称为馏分），随着温度的不同，分馏产物也有所不同。各地采出来的原油成分不同，性状各异。外观上，由无色到黑色，由水样液体到柏油状固体都有，相对密度也不一样，因此对加工、运输过程和使用范围影响很大。

3.2.1 石油的勘探与油藏工程

1. 石油的勘探

为了开发油气田，必须对油气井进行寻找、发现和评价。这样一个连续过程称为石油勘探，它是石油工业中一个重要的基础环节。石油勘探涉及地层学、沉积学、古生物学、构造地质学、地球物理学、地球化学、地下流体力学等方面的问题，还包括钻井机械工程、测量、制图、电子仪器、计算机等多项专业技术的应用。石油勘探大致分为普查、详查、预探和详探几个阶段。石油勘探中常用地质勘探、地球物理勘探、地球化学勘探和钻井勘探等主要方法。

石油和天然气都是流体，只有在特定的地质结构中才能形成有开采价值的油、气田。比起煤矿来，油田延展的面积要小得多。石油、天然气的勘探也比煤要复杂得多。钻井是最后确定石油资源的唯一方法。为了提高钻井的命中率，一般在钻井勘探前，要在很大的范围内通过对地下结构的物理特性进行测量，来找到可能有油、气的地质结构。目前，人们已经掌握了用多种地球物理勘探方法来找石油，如磁力法、重力法、电测法、人工地震法、放射法等。根据对测量勘探所得数据的分析，找出可能有存油结构的地点，然后才能开始钻井。

当今油井的平均深度为1700m，有的超过1万m。中国钻井平均每米进尺成本在1万元以上。石油勘探的投资是很大的，有的甚至超过开发和炼制费用的总和。海底石油的勘探更需要综合运用现代化科技的最新成果。海底钻探比陆地钻探更困难，海底油井大都为3000m或更深。2万t排水量的平台可钻9000m深。大型平台造价很贵，有的高达数亿美元。如今，我国海洋油气开发从浅海走向深海，自我建造和开发能力已经跻身世界前列，其中有不少技术已经领先世界，如中国981深水半潜式钻井平台、中国蓝鲸一号深海钻井平台。

海底石油的开采过程包括钻生产井、采油气、集中、处理、贮存及输送等环节。海上石油生产与陆地上石油生产不同的是海上油气生产设备要体积小、重量轻、高效可靠、自动化程度高、布置集中紧凑。全海式生产处理系统包括油气计量、油气分离稳定、原油和天然气净化处理、轻质油回收、污水处理、注水和注气、机械采油、天然气压缩、火炬系统、贮油及外输系统等。

2. 油藏工程

油藏是由储油岩石和其岩隙间所含流体两者构成的统一体。油藏工程则是研究油藏储集层的物理性质。储集层中的油、气、水的物理化学性质以及油、气、水在储集层的流通孔道中的流态及其变化，用科学方法去预测和分析油藏在开采过程中所必须解决的储量、产量、压力、采收率和注采动态等问题，达到合理开发、提高油田最终采收率的目的。

储油层的基本物理特性有：有效孔隙度（m_e）、孔隙大小分布、储集层的渗透性、储集层的压缩性。

在掌握储集层物理特性基础上,需进一步掌握油气相态及油、气、水的性质。它关系着油藏中油、气、水分布如驱油能力的大小以及原油流动性的好坏,它对评价油藏开采价值、确定油藏储量和能够达到的采收率、确定开采工程中采油工艺的难易程度有着重要的影响。油气相态是指在一定压力、温度条件下,油气所存在的相状态。当气完全溶解于油时,呈单相存在;当压力降低时,油中溶解气析出,呈油气两相存在。研究油气相态及油气水物性的特性参数有:油层的饱和压力、地层油气的体积系数(b_o)、天然气体积系数(b_q)、地层油的压缩系数(β_o)、地层水的特性。

由于原油汇集于地下含油岩层的孔隙中,而含油岩层作为一种特殊岩石,其构造比较致密,如果要将其中的原油驱赶到井底位置,则需要采取一定的措施,如自喷驱油,注水和注蒸汽驱油等。驱油过程与驱油能量大小、驱油时的流动阻力、驱油介质、被驱油的性质以及储油层的空隙结构有关。驱油能量有重力能、弹性能与人工压力能三种。驱动方式分为:气顶驱、水压重力驱、溶解气驱、人工水(气)驱。驱动方式不同,其原油采收率也不同。水驱油田的原油采收率为30%~60%。

提高原油采收率的途径是增加驱油能量、改善驱油介质。主要方法有:注入活性水、注入增黏的水、注入泡沫剂驱油、热力驱油(热水、热蒸汽)。

3.2.2 石油的开采

1. 油田的开采

油田开采是在探明油藏工业价值之后,从油层的实际情况出发,根据油田的特性和油田能量来源,对油田进行开采的全过程。

(1) 划分开发层系

一般油田面积有几十到几百平方千米,世界上最大的油田面积在4000km²左右。在这样巨大的面积下面,埋藏着几十米甚至上百米厚的不同性质的油层,呈几层到几十层分布。开发多油层的油田,可根据油层性质,把特性相近的油层划为同一开发层系,整体划分为若干层组,用几套井网开发,减少层与层之间的矛盾,便于作业和管理,使油田开发更为合理。

(2) 选择采油方法

采油方法根据驱动原油进入采油井的主要能量形式和原油排出形式分为以下几个基本类型:

1) 自喷开采。如果井底原油所具有的压力足以克服在上升过程中的压力损耗,则井底的原油就会自动上升到地面,这就是自喷采油(图3-3)。原油之所以能够由井底喷到地面,主要是在两种力的作用下产生的,一种是油田本身原有的井底压力,另一种是在原油喷出过程中,由井孔中所逸出的气体膨胀力和夹带力。自喷井采油设备简单,管理方便,也最经济。

2) 激产开采。当井底油层的压力逐渐降低,达不到自喷条件时,则需要人工给井底的油流补充能量,以便将油采出地面。所采取的措施主要有:设法维持油层压力、改善原油的

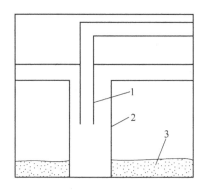

图 3-3 自喷井管柱结构图
1—油管 2—套管 3—油层

黏度和改善井底附近地层的渗透性等。

3）机械开采。机械开采又称井泵开采，所采用的有抽油机、抽油泵和沉潜式泵等，目前应用最广泛的是游梁式抽油机（图 3-4）。

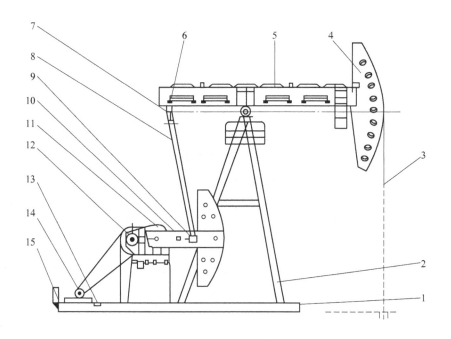

图 3-4 游梁式抽油机
1—底座 2—支架 3—悬绳器 4—驴头 5—游梁 6—横梁轴承座 7—横梁 8—连杆 9—曲柄销装置
10—曲柄装置 11—减速器 12—刹车保险装置 13—刹车装置 14—电动机 15—配电箱

（3）合理安排井网布局

合理的井网布局包括全部井数和井与井之间的相对位置两个方面。前者是指井网的密度，后者是指井的排列形式。

(4) 井场布置

井场布置包括井场装置、集输管线、输油泵站、矿场原油库等。自喷井的井场装置由采油树、油气分离器和原油加热保温的水套加热炉组成。原油喷出后通过集输管线输送到输油泵站，经油气分离器分离和原油脱水、脱硫、脱盐处理后，将原油经输油泵加压进入输油管线，送往油田上的原油库集中，再用输油管长距离输送到炼油厂，或用专用的油罐车经铁路外运。一般井场即由这几部分组成为一个基本生产单元，由若干个井场组成油区或油田。

2. 海洋石油钻采

(1) 海洋钻井特点

海洋石油开采与陆地石油开发有很多不同，它受风、海底土质条件、海水、波浪、雨袭、海流及冰等诸多因素的影响。不论是钻井装置还是钻井工艺都有其特殊性。

海上的构筑物受风影响比陆地大。风力是海构筑物的主要外力之一。海上钻井装置、采油平台、油底油管敷设必须考虑海底地形条件。从陆地表面至大洋海底的坡度是逐渐变化的。从岸边至海滩的地带为潮间带；从潮间带至水深200m左右的浅海海底为大陆架；从大陆架向外展伸，坡度变陡，此段斜坡为大陆坡；从大陆坡再向大洋深度延伸，海底趋于平缓，这就是大洋床。不同海底的承载能力不同。海底承载能力是指其所能承受垂向力和横向力的能力。钻井装置的垂向力决定于钻井装置的自重及装载，而横向力则由风、浪、水流而引起。海上钻井装置多为金属结构，海水对金属的腐蚀是一个突出的问题。

(2) 海洋钻井装置

一般在海洋钻井平台上安装钻机和采油装置，并附有生活设施。平台有固定式和移动式两类。固定式平台只适于浅海钻井，有普通钢质导管架式、重力型、深水全钢结构式和腿柱张紧式四种。移动式平台也有四种形式：沉淀式平台、自升式平台、半潜式平台和钻井船。沉淀式平台的总高度（不包括井架）大于工作地区水深，其上为甲板，下为浮箱，中连管柱。钻井时向浮箱中注水，使沉垫下沉到海底；钻毕将浮箱中的水排出，使沉垫升起。吃水较浅的平台可以拖航，一般用在水深20~30m的海区。自升式平台周边有3个以上的桩脚，桩脚的高度大于工作区的水深，可升降和支于海底。钻井时将平台顶起，高出海面；钻毕先将平台降到水面，收起桩脚便可拖航。半潜式平台的结构与沉淀式平台相似，高度（不包括井架）为40~50m。它在10~30m的浅水区可支于海底工作，在30~200m的深海区可在半潜状态下工作，用锚泊定位。钻井船形如普通船舶，一般用于水深200m以内的海区，浮在水面上工作，用锚泊定位等方法。有的钻井船采用动力定位的先进技术，即不用锚泊定位，而用一套声呐、电子和机械设备，自动测量和调节船位。

海洋钻井装置与陆地钻井装置的区别是：前者由于钻深井和超深井，为便于向海底下沉特殊井口设备，多采用大直径转盘和可移动转盘；同时，为适应波浪引起的船体（平台）升降运动，减少对钻杆柱的弯曲，采用具有万向铰接补心转盘。

(3) 海上钻采作业工艺流程

海上钻采的工艺流程主要包括地质调查、取定钻探井位、拖航和移位（有自航能力的钻井装置靠自身航行设备在海上移动；没有自航能力的则靠拖航移动）、船位保持、钻井作业、定井和采油。钻井作业的程序如下：

1) 下放井口盘。
2) 张紧导向绳，第一次开钻，打导管井段。
3) 下放永久导向架和导管固井。
4) 第二次开钻，打表管井段。
5) 下表层套管并固井。
6) 下放防喷器和隔水管组。
7) 第三次开钻，进行正式钻井作业。

钻完井之后，要进行油层测试，根据测试数据，对油田做出评价，建造采油平台（钻井平台），将采出的油气在平台上进行脱水和油气分离，将所采得石油暂存在平台的油罐之内，天然气一般在燃烧塔烧掉。原油由原油轮或油驳运回陆地。

3.2.3 石油的运输

1. 我国石油储备

我国国土辽阔，油品消费日增。我国在 2020 年总计进口了约 5.424 亿 t 原油，相当于约每日 1085 万桶，较 2019 年同期增长 7.3%。但我国原油和成品油的储存能力很小，不能适应各种情况的变化。故我国正在有计划地建立自己的战略石油储备，从长远来说，我国的石油储量肯定会与国际接轨。储存石油常用储油罐，大型储油罐容积可达几千立方米，作为生产和运输中转之用。储油罐顶部有通气管以备进出油品时吐纳空气，排出的罐内空气中含有油蒸气，造成储油损失。为了减少油的蒸发，储罐中油面可加浮盖，以减少油的蒸发面积。大量储油时，可用地下油库。今后要选择地质条件合适的地区，建设几个储存量在百万吨以上的地下原油库及一批储存各种油品的成品油地下库。

2. 石油运输特点与方式

（1）石油运输的特点

1) 石油运输的需求产生的原因是石油生产地和石油消费地分离。
2) 运输成本在原油成本中占相当大的比重。
3) 石油运输往往需要特定的容器，由此推动了管道运输的发展，但技术和经济限制了管道的普遍应用。
4) 油轮运输和管道运输是石油运输的主要方式，如果需要大量运输石油，应使两者结合起来。

（2）石油运输的方式

1) 海运——油轮运输。
2) 管道运输。
3) 河运。
4) 铁路运输。
5) 公路运输。

从经济来看，以上各种方式的运输成本相差很大，这里有一组国外数据可供参考：运油每吨·千米的费用，卡车为铁路运输的 3 倍，管道运输为铁路运输的 1/3，用船最便宜，只有铁路运输的 1/25。尤其巨型海运油轮运油量大（每次可达几十万吨），每吨运费很少。返程的压舱淡水在严重缺水的原油产地还可作为商品卖出好价钱。但水运原油需建专用码头，并有切实措施以防止海难出现严重污染。陆上大型油田常用管道输送原油到炼厂或港口。铁路、公路运油需用专用油罐车，每车运输量不大，适用于成品油零散运输，比较灵活。不同品种和质量的油品应分储、分运，不宜混输，以免使优质油品质受损。应尽可能采用密闭式输集系统，以减少油气损失和火灾事故。

相比之下，管道运输的以下优点尤其明显：
1）能长期稳定地运送石油和天然气，适应不同客户需要。
2）大口径、长距离高压输送，货运量大。
3）易于实现系统自动控制运行。
4）风险小、安全性高。
5）具有一定规模的货运量运输时，成本比其他运输方式要低。
6）资源占用少，劳动生产率高。

输油管一般为直径 50~300mm 的钢管焊接而成，近年也有采用塑料管道的。沿管线每隔一段需建增压泵站。

20 世纪 60 年代以来，各国都相继发展成品油管道输运，我国也对此予以重视。2013 年 10 月，我国最大的成品油管道——兰郑长成品油管道全线贯通，实现了产自新疆的成品油通过北疆管网、西部成品油管道与兰郑长成品油管道的接力运输，直达数千公里外的华中地区市场。从地缘分布来看，我国的原油管道主要依托上游油田、原油进口来源以及下游炼油厂形成了几大区域性的网络。截至 2020 年 2 月，全国已建、在建和规划中的各级原油干线共计 1090 条，所涉及管道包括我国进出口原油的国际管道、我国境内的省际干线、省内干线以及油气田集油和外输干线。我国成品油的运输长期依赖铁路运输和水运。据有关资料统计，目前我国成品油运输结构为铁路 43%、水路 37%、公路 17%、管道 3%，与美国铁路运输成品油只占总量 2%、管道输送占 80% 相比，差距很大。

3.2.4 石油的加工

1. 概述

由油井采出来的石油称为原油。原油本是上千种组分的混合物，若直接作为燃料燃用，不仅大部分有效成分被浪费，而且用途十分有限。因此，原油必须经过一系列加工，才能获得供各种运载工具和机械设备使用的多样石油产品。石油按其加工与用途来划分有两大分支：一是经过炼制生产燃料油、润滑油、石蜡、沥青、焦炭等石油产品；二是把经蒸馏得到的馏分油进行热裂解，分离出基本原料，再生产为各种石油化学制品。前一分支是石油炼制工业体系，后一分支是石油化工体系。通常把以石油、天然气为基础的有机合成工业，即石油和天然气为起始原料的有机化学工业称为石油化学工业，简称石油化工。炼制和化工二者是相互依存、相互联系的，是一个庞大而复杂的工业部门，其产品有数千种之多。它们的相互结合和渗透推动了石油化工的技术发展，是提高石油经济效益的主要途径。石油加工深度越高，经济效益越显著。如果以原油作燃料发电的经济效益为100，则炼成成品油的经济效益为140~220；加工成基本化工原料的经济效益为380~430；加工成合成材料的经济效益为1030~1560。

石油与天然气输送到炼油厂之后，即可进行分馏和加工。基本的加工工艺为：常压蒸馏、减压蒸馏、催化裂化、催化重整、加氢裂化、延迟焦化、炼厂气加工、石油产品精制等。

石油化工包括以下三大生产过程：基本有机化工生产过程，有机化工生产过程，高分子化工生产过程。基本有机化工生产过程是以石油和天然气为起始原料，经过炼制加工制得"三烯"（乙烯、丙烯、丁烯）、"三苯"（苯、甲苯、二甲苯）、乙炔和萘等基本有机原料。有机化工生产过程是在"三烯、三苯、乙炔、萘"的基础上，通过各种合成步骤制得醇、醛、酮、酸、醚、腈类等有机原料。高分子化工生产过程是在有机原料的基础上，经过各种聚合、缩合步骤制得合成纤维、合成塑料、合成橡胶等最终产品。

国外习惯上把石油化学品分为日用化学品和工业化学品。日用化学品包括药物、化妆品、清洗剂、涂料和肥料等，其销售总额占总化学品的40%~50%；工业化学品的销售额占石油化学品总销售总额的50%~60%。工业化学品又分为通用化学品、专用化学品和精细化学品等。

2. 炼油基本工艺和方法

炼油工艺过程随着原油成分、需求油品的种类以及技术、投资规模的差异，可以各式各样，但原理都是各种分离法和转化法的组合。不过不同的工艺、装备和规模，其加工深度是不同的，经济效益相差很大。

（1）石油加工的基本方法

1）蒸馏。蒸馏是指将原油加热，使之分离成气体和液体，气体再经冷凝液化，以期将沸点不同的成分分为数种馏分而分别加以回收。蒸馏是石油工业中极为重要和基本的炼油方法。从原油初馏到各种中间产品的再蒸馏，以及炼制过程中对所用各种溶剂的回收等，均需应用蒸馏操作。将蒸馏操作增加回流程序，即为精馏，所得到的产品质量规格更高。

2）裂解。裂解是原油炼制中的第二个主要程序，其重要性在于通过对分子施行"手术"，将一些由原油分馏出来但经济价值较低的馏分，变成价值较高的产品。例如，以廉价的渣油作原料，将其转化成轻质油品。原油馏分的裂解程序可根据操作条件的不同分为三大类：加热裂解、催化裂解及加氢裂解。加热裂解是指将重质原料（如减压馏分）加热到一定温度，使其发生分解反应，由大分子裂解成较小的分子。如果温度继续上升或受热时间延续，已分解的分子还会再度裂解为更小的分子。催化裂解可在触媒存在的条件下，降低裂解温度。加氢裂解则在催化裂解过程中同时介入氢化反应，其目的在于处理不适合触媒裂解法的加工对象，同时有脱硫及脱氮作用，使裂解产物与精制过程同时进行，因而其产品甚佳。

3）重整与异构化。重整是利用加热、加压、加氢或在媒剂的作用下，将汽油馏分中分子的结构变成异烷烃、环烷烃和芳香烃，以提高其辛烷值。因此，重整的主要目的在于改进汽油的品质，但并不增加其产量。异构化是借温度和媒剂的作用，将 4~8 个碳的烷烃变成对应的异烷烃。这些异烷烃有两个用途，一是用作烷化法的进料，二是用作汽油的掺配油，其目的都在于生产高辛烷值的汽油。

4）烷化与聚合。烷化是指将低分子量的烯烃与异烷烃作用，以形成高分子量的异烷烃的反应。烷化在炼油中之所以受到重视，是因为在裂解过程中，能产生许多含 3~4 个碳的烯烃异丁烷。烷化操作便是利用这些裂解的副产品，使其重新结合为汽油。聚合本质上与烷化类似，它是将丙烯或乙烯在高温高压下，使之产生聚合反应，而获得聚合汽油。

5）溶剂萃取。其原理是利用各种成分溶解度的不同，通过溶剂将有用成分提取出来或将有害、无效组分萃取出去，也称溶剂抽提。它适用于当蒸馏和精馏操作均困难或效率低的场合。如若有两种液体的混合液，它们的挥发度很接近，如果用普通的蒸馏方法将它们分离，需要用很多的分馏板，还需用很大的回流比。前者增加投资成本，后者增加操作成本。为了经济而有效地达到分离目的，常采用溶剂萃取法。

6）脱蜡。蜡直接影响油料的凝固点。蜡是合成洗涤剂的主要原料，故炼油时须将蜡与油分离。基本方法有三种：溶剂脱蜡，即溶剂萃取，用于制取润滑油；尿素脱蜡，将尿素与蜡形成络合物，以实现油、蜡分离，用以制取轻质油品，如煤油、轻柴油等；分子筛脱蜡，利用分子筛吸附不同烃的特性，将油、蜡分离，用于获得轻质油品。

（2）炼油工艺过程

石油产品大多是从原油中提取某一个馏分或将此馏分进一步分解加工制得的。按加工深度和加工性质可将炼油工艺装置分为以下两种：

1）一次加工。把原油蒸馏分为几个不同的沸点范围（即馏分），称为一次加工，如常压蒸馏、减压蒸馏及常减压蒸馏等。一次加工所获得的产品如汽油、煤油、柴油、润滑油等，称为直馏产品。

2）二次加工。将一次加工得到的馏分再加工成商品，称为二次加工，如催化裂化、加氢裂化、延迟焦化、催化重整、烷基化、加氢精制、电化学精制等。这类加工目的在于提高轻质油回收率，提高油品质量，增加油品品种以及提高炼油厂的经济效益。

（3）炼油设备及装置

炼油装置是由一定的单元设备按工艺需要组合成的。各种工艺装置的任务不同，所采用的设备也不同。但按作用可将炼油设备大致分为以下六种类型：

1）流体输送设备。流体输送设备用以输送各种液体（如原油、汽油、水等）和气体（石油气、空气等），以及用液体或气体作载体输送固体颗粒，使这些物料从一个设备到另一个设备，或者为了使其压力升高或降低，以满足炼油工艺的要求。在炼油厂里输送液体的机械主要是泵，输送气体的机械主要是压缩机、鼓风机等，此外流体输送设备还包括管线、阀门等。

2）加热设备。加热设备把油品加热到一定的温度，使油品汽化或为油品进行反应提供足够的热量和反应空间，通常采用的设备是管式加热炉。

3）换热设备。换热设备是把热量从高温流体传给低温流体的设备，也称为热交换器。

在炼油厂里使用换热器的目的是加热、冷凝、冷却油品，并从中回收热量，以节约燃料。换热器的种类较多，按照加热目的可分为加热器、换热器、凝汽器、重沸器等。

4）传质设备。传质设备用以进行精馏、吸收、解吸、抽提等过程，因为在这些过程中，物料发生质量的交换，所以称为传质设备。常用的传质设备是各种塔器，如精馏塔、吸收塔、解吸塔、抽提塔等。

5）反应设备。反应设备是指某种炼油工艺中进行化学反应的装置，如催化裂化、催化重整、加氢裂化、加氢精制等装置。

6）容器。容器是用以储存各种油品、石油气或其他物料的器具，其中储油罐的用量最大。

(4) 炼油工艺使用的催化剂与添加剂

1）催化剂。有的炼油工艺从原料到产品要经过化学变化，称为化学加工。若这种化学变化仅仅是靠加热而引起的称为热加工。热加工工艺发展较早，包括热裂化、热重整、焦化等。由于热加工产品质量低，目前大部分热加工已被催化加工所代替。在催化加工中均采用催化剂。催化剂是一种能促进化学反应而本身在反应前后不发生变化的物质。例如，做酒、酱油时要用曲，曲就是一种催化剂。在炼油工艺中采用催化剂可以促进油晶在加工过程中的变化，提高生产效率和改善产品质量，如催化裂化、催化重整等。炼油工艺所采用的催化剂绝大多数是某些金属或金属氧化物、金属盐类，如铂、镍、硅酸铝等。每一种催化工艺都有各自的催化剂。采用高效催化剂，一般不需要增加基建投资，是提高经济效益的最佳手段。

2）添加剂。炼油工艺中还常采用添加剂来改善油品的使用性能，提高产品质量。添加剂就是在成品油中加入极少量其他有效物质，借以提高油晶的某些性能。开发和采用高效添加剂是提高润滑油质量的有效途径。我国内燃机润滑油的品质目前较国外仍落后2~4个档次，对机械寿命影响较大，有待提高。

3. 炼油厂类型与生产安全

(1) 炼油厂的类型

根据炼油厂的主要产品，可分为以下三类：

1）燃料型炼油厂。主要生产汽油、喷气燃料、煤油、轻柴油、重柴油和锅炉燃料，还可以生产燃料气、芳烃和石油焦。这类炼油厂的特点是通过一次加工尽可能将石油中轻质的油品（如汽油、煤油和柴油）分馏出来；同时，利用有关的二次加工工艺以原油中的重质油和石油气为原料，使其转化为轻质燃料油。

2）燃料-润滑油型炼油厂。它除生产各种燃料外，还生产各种润滑油。这类炼油厂的特点是通过一次加工将原油中轻质油晶分馏出来，将余下的重质油品经过各种润滑油生产工艺，如溶剂精制、溶剂脱蜡、丙烷脱沥青或加氢精制等，生产出各种润滑油的基础油，再将基础油按不同比例加上添加剂，调制成各种润滑油。

3）燃料-化工型炼油厂。它以生产燃料油和化工产品为主，具有燃料型炼油厂的各种工艺。原油首先经过一次加工，分出其中轻质组分，余下的重质组分进一步通过二次加工转化为轻质组分。这些轻质组分一部分用作燃料油,一部分通过催化重整工艺、裂解工艺制取芳烃和乙烯等化工原料。这类炼油厂除具有燃料生产装置外,还包括一些化工装置,利用芳烃、烯烃等基础原料制取醇、酮、酸等基本有机原料及合成材料等化工产品。

(2) 炼油厂的安全生产

炼油厂的安全至关重要。防火和防燃气燃烧、爆炸是炼油厂生死存亡的大事。如发生事故往往会使整个车间瞬间毁掉,直接造成重大人员伤亡和资产毁损。因此,在设计、管理、工艺、操作和预防措施上严格防范是十分必要的。

炼油厂的平面布置必须考虑安全问题。装置应尽量露天布置,相邻装置之间要保持适当距离,要统一规划各装置和车间管线的进出方位,避免管线迂回或环绕装置而妨碍消防操作。全厂性管线凡与罐区无直接关系者,不应穿越罐区,以防发生火灾时灾情扩大。全厂性管线不应穿过装置,不同时开、停的装置应避免共同使用燃料油管、燃料气管和蒸气管等,否则一旦事故发生,会引起检修中的装置发生火灾爆炸,或迫使正在生产中的装置停产。厂区规划的总原则是远离火源,厂内铁路也不应靠近易燃装置。此外,还要有切实的防风暴、防雷击措施。

炼油厂的一切活动都要严格遵守规章,须知绝大多数事故都是违章造成的。工厂要设立专门机构,教育、组织、监督安全生产。对生产人员、生产纪律的要求是由生产规律的权威性决定的,当安全技术人员代表这一权威时,其就应该有无上的权威。

3.2.5 石油生产过程常见事故及其防范措施

在石油的生产、加工、储运乃至销售环节,通常都处于高温、高速、高压以及腐蚀的环境条件下进行操作,因此具有较多的危险因素存在。本节主要从化工生产过程中常见的事故类型、产生原因以及安全管理措施进行阐述。

1. 火灾爆炸事故

由于石油工业的原料和产品以液态、气态组分为主,大都具有易燃易爆性、毒性和腐蚀性,且生产工艺连续性强,工艺操作环境常为高温高压(或低温低压)等复杂条件,因此在石油化工等工业生产过程中容易因物料输送泄漏、意外点火、反应条件失控以及人员误操作等情况发生火灾、爆炸事故。预防发生火灾爆炸事故的具体措施主要有:在危险场所应严格控制火源;防止爆炸性混合气体的形成,切断爆炸传播途径;配备相应的消防器材,设置防火安全装置、自动报警系统及通风设备;严防生产设备的"跑、冒、滴、漏"等。

2. 泄漏事故

石油化工安全事故中,泄漏事故的发生主要是由于承载物品的容器出现破裂、管道及阀门失灵或由运输工具造成,最终造成有毒有害化学品出现点状、线状以及平面式泄漏,从而危害周围人员及环境。预防发生泄漏事故的具体措施有:职工要熟悉生产工艺流程和设备,了解、掌握泄漏产生的原因和条件;按照相关规范,对石油及化工产品储罐安装配置泄漏检测和冒顶报警装置;定期对装置进行全面检修,通过预防性地更换改进零部件、密封件,消除泄漏隐患等。

3. 中毒事故

石油化工行业工艺复杂，该行业的钻井、采油、炼油和化学生产加工过程中存在大量的化学物质，包括烃类化合物、硫化氢、硫醇、氨、苯及苯的同系物等，职业危害事故多发，常见的中毒事故有硫化氢中毒、甲苯中毒等。石油工业生产中预防中毒措施大体上可归纳为三个方面：严格控制排放量（其中包括防止泄漏），对生产流程及主要设备进行密闭，以及对含油污水进行处理等；及时排除聚集于工作场所的油气，主要是采取通风措施；对工作人员加强防毒知识教育，健全职业卫生制度，强调使用防毒用品等。

4. 静电事故

石油产品的电阻率很高。电阻率越高，积累电荷的能力越强。因此，石油产品在泵输送、灌装、装卸、运输等作业过程中，流动、喷射、冲击、过滤都会产生静电。此外，人员行走及穿、脱衣物等会产生静电，物体之间摩擦也会产生静电。防止发生静电事故的具体措施主要有：减少静电的产生与聚积；及时消散聚集的静电，严防静电放电现象，尤其是火花放电的产生；有针对性地制定和完善专项规范和规程等。

3.2.6 石油工业事故案例

1. 山东省青岛市"11·22"中石化东黄输油管道泄漏爆炸特别重大事故

2013年11月22日10时25分，位于山东省青岛经济技术开发区的中国石油化工股份有限公司管道储运分公司东黄输油管道泄漏，原油进入市政排水暗渠，油气在形成密闭空间的暗渠内积聚，遇火花发生爆炸，造成62人死亡、136人受伤，直接经济损失75172万元。

事故原因分析：一是中石化集团公司及下属企业安全生产主体责任不落实，隐患排查治理不彻底，现场应急处置措施不当；二是青岛市人民政府及开发区管委会贯彻落实国家安全生产法律法规不力；三是管道保护工作主管部门履行职责不力，安全隐患排查治理不深入；四是开发区规划、市政部门履行职责不到位，事故发生地段规划建设混乱；五是青岛市及开发区管委会相关部门对事故风险研判失误，导致应急响应不力。

2. 中石油大连石化"6·2"爆炸火灾事故

2013年6月2日14时27分许，中国石油天然气股份有限公司大连石化分公司（以下简称"大连石化公司"）第一联合车间三苯罐区小罐区939#杂料罐在动火作业过程中发生爆炸、泄漏物料着火，并引起937#、936#、935#三个储罐相继爆炸着火，造成4人死亡，直接经济损失697万元。

事故原因分析：一是中石油七建公司大连项目部在承揽939#储罐仪表维护平台更换项目后，非法分包给没有劳务分包企业资质的林沅公司，以包代管、包而不管，没有对现场作业实施安全管控；二是林沅公司未能依法履行安全生产主体责任，未取得劳务分包企业资质就非法承接项目；三是大连石化公司安全管理责任不落实，管理及作业人员安全意识淡薄，制度执行不认真、不严格，检测维修管理、动火管理和承包商管理严重缺失；四是中国石油天然气股份有限公司对大连石化公司安全生产工作监督管理不到位，对大连石化公司反复发生生产安全事故重视不够；五是大连市安监局对大连石化公司反复发生生产安全事故监管执法不严,危险化学品安全监管工作存在漏洞。

复 习 题

1. 煤炭分为哪几类?为什么?
2. 煤田的采掘方式有哪些?各有何特点?
3. 矿井中易产生哪些灾害?如何防范?
4. 煤有哪些转化技术?各有什么特点?
5. 简述油田的开采过程。
6. 简述海上钻井作业的工艺流程。
7. 石油运输的特点和方式是什么?请进行运输方式的优、缺点比较。
8. 石油加工的方法有哪些?简述炼油的工艺过程。

第4章 化学工业

4.1 概述

4.1.1 化学工业的分类

化学工业又称化学加工工业或制造工业，是依照化学原理与规律实现化学品生产的工业。或者说化学工业就是把天然矿物或其他化工原料，利用化学反应来改变物质结构、成分、形态而生产多种化学产品的工业部门。它是一个多行业、多品种、历史悠久、在国民经济中占重要地位的工业部门。

化学工业从产品角度划分，一般有以下几种分类方法：

（1）按生产制备的原料分类

可分为石油化学工业、煤化学工业、生物化学工业和农林化学工业。

（2）按产品的吨位分类

可分为大吨位产品和精细化学品两类。大吨位产品是指产量大、对国民经济影响大的一些产品，如氨、乙烯、甲醇；精细化学品是指产量小、品种多，但价值高的产品，如药品、染料等。此外还有"大宗专用产品"，如炭黑等，其产量大，但它的技术性能则根据要求而改变，因而价格随品质变化很大。

（3）按产品的化学特性分类

大致可分为无机化工和有机化工。无机化工又可分为基本无机工业、硅酸盐工业、无机精细化学品工业等；有机化工包括石油炼制、石油化工、基本有机化工、高分子化工、有机化学品工业、生物化学制品工业、油脂工业等。

（4）按产品的性质及加工过程比较相似的原则分类

1）化学肥料工业，其产品包括合成氨、氮肥、磷肥、钾肥、复合肥料、微量元素肥料等。

2）硫酸工业，其产品主要是硫酸产品。

3）制碱工业，其产品包括纯碱和烧碱等产品。

4）无机盐工业，其产品包括钡盐、铬盐、硼盐等各种无机盐，金属钠等单质，除硫酸、纯碱、烧碱以外的其他无机酸、无机碱等。

5）基本有机原料工业，其产品包括石油化工产品、重要的有机原料（如有机酸、酯、醚、酮和醛）等。

6）燃料化学工业，其生产包括煤的气化、干馏、液化及其副产品的加工、电石、石油炼制等。

7）国防化工业，其产品包括炸药及与核工业配套的化工产品。

8）化学农药工业，其产品包括杀虫剂、植物生长调节剂等。

9）合成树脂与塑料工业，其产品包括多种高分子聚合物，如聚氯乙烯以及各种日用及工程塑料制品等。

10）合成纤维工业，其产品包括聚酯类的涤纶、聚酰胺类的锦纶、聚乙烯醇类的维尼纶等。

11）橡胶工业，其生产包括天然橡胶的加工及产品的制造，合成橡胶的生产及产品的制造。

12）涂料及颜料工业，其产品包括颜料、油料、填充料、溶剂、油漆、建筑物的内外墙涂料等。

13）染料工业，其产品包括纺织、轻工、食品等多种用途的染料。

14）医药工业，其产品包括各种天然药物及合成药物。

15）信息记录材料工业，其产品包括感光材料、磁记录材料、片基、感光剂等。

4.1.2 化学工业特点

化工的产品种类繁多，据称世界上已经有化学物质登记的品种为500万种，各工业部门经常使用的化学物品有600万种。从总体上来看，化工产品具有品种多、生产方法和产品的多样性、复杂性、能耗大等特点，现就化工生产过程、工艺类型和管理的特点分述如下：

1. 化工生产过程

化工生产过程简称为化工过程。化工过程主要是由化学处理的单元反应过程（如裂解、氧化、羰基化、氯化、聚合、硝化、磺化等）和物理加工的单元操作过程（如输送、加热、冷却、分离等）组成。也就是说，在化工生产中，从原料到产品，物料需经过一系列物理的和化学的加工处理步骤。化工过程是以反应器为核心组织的。反应前物料需预处理，以满足主反应的工艺条件；反应后物料需通过分离、纯化等处理，以达到产品质量标准。

2. 化工工艺类型

（1）连续流程型

该类企业的主要特征是物料从原料进入后连续经过反应、换热、分离、流体输送等各类化工环节，直至生成最后产品。炼油、化肥、硝酸等企业即为典型的连续流程型化工企业。物料连续不断地流过装置，并以产品形式连续不断地离开生产装置，进入系统的原料和从系统中取出的产品总物料量相等，其设备中各点物料性质不随时间变化而变化。因此，连续过程多为稳态操作。

连续操作过程的特点是：生产系统中连续进料和连续出料，且进料与出料的质量相等，属于稳态操作过程；由于生产过程连续进行，设备利用率高，生产能力大，容易实现自动化操作；工艺参数稳定，产品质量有保证。但连续性生产过程的投资大，对操作人员的技术水平要求比较高。

（2）间歇生产型

该类企业的主要特征是物料加入某个复式反应器后，按一定的工艺条件，并经历一定时间在达到某要求指标后，再排出物料进行后续加工过程。如制药过程的生物反应发酵罐，高分子化工中的聚合过程，涂料生产过程等。这一类企业通常是按一定批量，有间断、周期地进行生产，故又称为批处理过程。这类设备的操作是间歇的，设备中各点物料性质将随时间变化而变化，在投料与出料之间，系统内外没有物料量的交换。间歇过程属于非稳态操作。

间歇操作过程的特点是：生产过程比较简单，投资费用低；生产过程中变化操作工艺条件、开车、停车一般比较容易；生产灵活性比较大，产品的投产比较容易；有些反应采用连续操作在技术上很难实现。例如，悬浮聚合中，由于反应物的物理性质或反应条件，在工业上很难采用连续操作过程，即使实现了连续操作过程也不合算。在有固体存在的情况下，化工单元操作的连续化比较困难，如粉碎、过滤、干燥等以间歇操作过程居多。根据间歇操作过程的特点，一般对小批量、多品种的医药、染料、胶粘剂等精细化学品的生产，其合成和复配过程较为广泛地采用这种操作方式。有些化工产品在试制阶段，由于对工艺参数和产品质量规律的认识及操作控制方法还不够成熟，也常常采用间歇操作法来寻找适宜的工艺条件。大规模的生产过程采用间歇操作的较少。

（3）连续与间歇相结合类型（半间歇操作或称半连续操作）

该类企业是连续与间歇相结合的方式进行生产，如连续流入的混合搅拌反应釜（CSTR）、煤造气炉、煤焦炉制气与联产甲醇等工艺。该生产类型操作过程是一次投入原料，连续不断地从系统取出产品，或连续不断地加入原料，在操作一定时间后一次取出产品；另一种情况是一种物料分批加入，另一种原料连续加入，根据工艺需要连续或间歇取出产物的生产过程。半间歇过程也属于非稳态操作，在分类时，也可将其列入间歇过程。

对某一生产过程而言，操作方式的选择一般是根据生产规模的大小，产品性能及市场等因素，并结合各种操作方式的特点来进行。连续操作过程一般适用于技术成熟的大规模工业生产，基础有机工业（如乙烯的生产）和基础无机工业（如合成氨的生产）都是技术成熟的大规模生产工业。

从总体上来看，化工生产的工艺过程主要基于连续生产过程，包含复杂的化学反应过程。当然，产品加工是连续进行、不能中断的，工艺过程的加工顺序一般是固定不变的，产品生产按照相对固定的工艺加工线路，通过一系列设备和生产装置进行加工，生产过程的刚性较强，物料流、能量流、信息流始终连续不间断地贯穿于整个生产过程，能量流在生产过程中交错使用，物料流需要循环、反复加工等，使得生产装置间存在十分强的耦合作用，且生产过程一般在高温、高压、低温、真空、易燃、易爆、有毒等苛刻的环境下运行，生产过程经常受到原料供应量、原料组分的变化、成品市场需求变化等干扰因素的影响，需要改变生产负荷，甚至需要调整生产过程的结构。生产过程具有明显的经济效益倍增特性，不合格的产品以及超量的环境排放，或者由于控制系统失灵而引起的生产装置停车，都将产生相当严重的经济后果。

3. 化工生产管理特点

化工工业以连续过程为主，通常以大批量、高强度、少品种的生产方式组织生产，这类企业生产符合标准的产品要满足平稳、安全、长周期、低消耗、高质量、低环境排放等多项要求。可见化工生产的过程控制技术是企业赢得竞争的主要因素，而化工过程对象特性复杂，精确机理建模十分困难，加之信息处理方式复杂，数据量及计算量大且有大量不确定因素等，因此，圆满解决生产过程的控制与决策问题通常会比较困难，这就给生产管理带来了压力。化工生产的管理特点有以下几个方面：

1）系统规模大、流程复杂、控制难度大。

2）产品品种固定，批量大。

3）生产设备投资高，而且按照产品进行布置，设备专用。

4）原材料和产品通常是液体、气体、粉状等，存储通常采用罐、箱、柜、桶等进行存储。

5）生产采用大规模生产方式，生产工艺技术成熟，生产过程多数是自动化。

6）年度生产计划和销售计划决定企业的物料平衡。

7）运输、环保、安全等问题较为复杂，对生产计划的约束较多。

8）化工生产过程条件变化大，高温可达1000℃以上，低温可达-200℃以下，高压可达几百兆帕，低压可至几帕，经常要处理强腐蚀性化合物，这种严峻的条件不但对设备的设计增加难度，更因为物质的物理化学性质的极端变化，需要掌握更多的规律性。

9）由于化学工业的复杂性，往往需要多学科的合作，成为知识密集型的生产部门，进而又导致资金密集，技术复杂更新又快，投资多，其中研究费用多，开发人员多。

4. 化工过程强化的新特点

所谓的化工过程强化就是在实现既定生产目标的前提下，通过大幅度减小生产设备的尺寸、减少装置的数目等方法来使工厂布局更加紧凑合理，单位能耗更低，废料、副产品更少。广义上说，过程强化包括新装置和新工艺方法两方面：一是生产设备的强化，包括新型反应器、新型热交换器、高效填料、新型塔板等；二是生产过程的强化，如反应和分离的耦合（如反应精馏、膜反应、反应萃取等）、组合分离过程（如膜吸收、膜精馏、膜萃取、吸收精馏等）、外场作用（离心场、超声、太阳能等），以及其他新技术（如超临界流体、动态反应操作系统等）的应用等。

化工过程强化是国内外化工界长期奋斗的目标，近年来更加引起了人们的重视。在美国等许多发达国家，化工过程强化被列为当前化学工程优先发展的三大领域之一。

目前各国都在根据自身特点和条件，加速对化工过程强化的研究。例如，美国的研究工作具有新颖性特点，英国侧重于基础研究，法国重视核领域和数学模型的研究，德国重视实验技术和工程研究，日本在生物工程和新材料的研究方面投入了很大的力量，加拿大和澳大利亚则以资源利用为研究重点等。我国化学工程研究和应用也取得了重大的进展。例如，石油工业的崛起大大推动了催化剂、反应工程和精馏技术的发展，核燃料后处理和湿法冶金的发展推动了溶剂萃取技术水平的提高等。

相对于传统的化工过程和设备，新装置和新工艺可大幅度提高生产效率、显著减小设备尺寸，降低能耗和减少废料的生成，并最终达到提高生产效率、降低生产成本，提高安全性和减少环境污染的目的。随着现代过程工业的发展和产品的不断更新，环境污染控制更为严格，并对过程的技术经济指标提出了越来越高的要求，这些都对化工过程的强化提出了更高的要求。

4.2 无机化工生产

无机化工是无机化学工业的简称，是以天然资源和工业副产物为原料生产硫酸、硝酸、盐酸、磷酸等无机酸，纯碱、烧碱、合成氨、化肥以及无机盐等化工产品的工业，包括硫酸工业、纯碱工业、氯碱工业、合成氨工业、化肥工业和无机盐工业，广义上也包括无机非金属材料和精细无机化学品，如陶瓷、无机颜料等的生产。

4.2.1 无机化工生产的特点

无机化工是以天然资源和工业副产物为原料，生产无机酸、碱、合成氨和化学肥料行业。与其他化工行业比较，无机化工具有以下特点：

1) 无机化工发展历史早。无机化工对人类的生存、生活和推动化工技术的发展曾起过重要作用。例如，合成氨生产过程需在高压、高温以及有催化剂存在的条件下进行，它不仅促进了这些领域的技术发展，也推动了原料气制造、气体净化、催化剂研制等方面的技术进步，而且对于催化技术在其他领域的发展也起了推动作用。

2) 无机化工产品都是用途广泛的基本化工原料，是其他各生产部门生存和发展的基础，它的应用渗透到各个领域。例如，硫酸工业仅有工业硫酸、蓄电池用硫酸、试剂用硫酸、发烟硫酸、液体二氧化硫、液体三氧化硫等产品；氯碱工业只有烧碱、氯气、盐酸等产品；合成氨工业只有合成氨、尿素、硝酸、硝酸铵等产品。但硫酸、烧碱、合成氨等主要产品都和国民经济各个部门有密切关系，其中，硫酸曾有"化学工业之母"之称，它的产量在一定程度上标志着一个国家工业的发达程度。

3) 无机与有机化工产品相比较，无机化工产品的品种较少，主要是无机酸、碱、盐类。化学合成和生产工艺技术过程也相对简单一些。

4) 新型无机化工产品的不断出现，逐渐形成新的无机化工材料工业。

4.2.2 无机化工的原料

无机化工的原料来源很广，大致可分为五大类：空气、水、化学矿物、化石燃料

（煤、石油、天然气等）及工业农业副产品。此外，很多工业部门的副产物和废物也是无机化工的原料。例如，钢铁工业中炼焦生产过程的焦炉煤气，其中所含的氨可用硫酸加以回收制成硫酸铵，黄铜矿、方铅矿、闪锌矿的冶炼废气中的二氧化硫可用来生产硫酸等。

矿物原料包括金属矿、非金属矿和化石燃料矿。金属矿多以金属氧化物、硫化物、无机盐类或复盐形式存在。非金属矿以各种各样化合物形态存在，其中含硫、磷、硼、硅的矿物储量比较丰富。合成氨的原料气就是借助煤、石油或天然气为原料，通过烃类与水蒸气的作用而得到氢。

我国用于化工生产的化学矿物资源丰富。新中国成立以来，通过大量地质勘探，已探明储量的有20多个矿种，如硫铁矿、自然硫、硫化氢气藏、磷矿、钾盐、钾长石、明矾石、蛇纹石、化工用石灰岩、硼矿、芒硝、天然碱、石膏、钠硝石、镁盐、沸石岩、重晶石、碘、溴、砷、硅藻土、天青石等。

化学矿物用途十分广泛，除用作生产化肥、酸、碱、无机盐的原料外，还可用于国民经济其他工业部门。例如，磷矿除用来制造磷肥和磷酸外，还可制得黄磷和赤磷，黄磷可制作农药，赤磷可制作火柴。磷矿还用于冶炼青铜、含磷生铁等。

4.2.3 无机化工产品

大宗的无机化工产品有硫酸、硝酸、盐酸、纯碱、烧碱、合成氨，以及由氮、磷、钾等合成的化学肥料。在化工产品中，化肥的产量居首位，其中以氮肥产量最高。无机化工产品的无机盐类众多，但生产规模有时不是很大，是一类通用性强的产品。它们是由金属离子或铵离子与酸根离子组成的物质，例如硫酸铝、硝酸锌、碳酸钙、硅酸钠、高氯酸钾、重铬酸钾、钼酸铵等，约有1300多种，多数为用途广泛的基本化工原料。

由于新型的无机化工产品不断出现，如各种无机试剂和高纯物、永磁材料和软磁材料、各种矿物质饮料添加剂、磷酸高温胶粘剂以及金属氧化物做成的催化剂等。这一新领域也成为人们研究的热门。

1. 硫酸、硝酸和盐酸

（1）硫酸

硫酸工业的主要产品有浓硫酸（H_2SO_4含量为93%~98%）、稀硫酸（75%~78%）、发烟硫酸（含游离SO_3，含量为20%~65%）及液体二氧化硫、液体三氧化硫和亚硫酸铵等。硫酸的最大用途是生产化学肥料，主要用于生产磷铵、重过磷酸钙、硫铵等，约消耗硫酸产量的一半。国外化肥用酸量约占总消耗量的40%，我国占60%。

（2）硝酸

硝酸是一种重要化工原料，在各类酸中，产量仅次于硫酸。工业产品分为浓硝酸（HNO_3含量为98%）和稀硝酸（HNO_3含量为45%~70%）。稀硝酸大部分用于制造硝酸铵、硝酸磷肥和各种硝酸盐。浓硝酸用于火炸药工业、有机合成工业和硝化纤维素的原料。在染料、制药、塑料、有色金属冶炼等方面也都用到硝酸。

(3) 盐酸

盐酸也是一种重要的基本化工原料，应用十分广泛。主要用于生产各种氯化物；在湿法冶金中用以提取各种稀有金属；在有机合成、纺织漂染、石油加工、制革造纸、电镀熔焊、金属酸洗中是常用酸；在有机药物生产中，用于制普鲁卡因、盐酸硫胺、葡萄糖等；在科学研究、化学实践中，它是用量最多的化学试剂之一。

2. 纯碱与烧碱

(1) 纯碱

纯碱学名为碳酸钠（Na_2CO_3），用途非常广泛，是一种重要的化工基本原料，也是家庭常用的一种物质，腐蚀性很弱，呈碱性。主要生产方法有氨碱法、侯氏制碱法和天然碱加工法等。目前，世界上生产的纯碱中，用氨碱法生产的约占68%，天然碱加工法约占25%，侯氏制碱法约占5%，其他方法约占2%。

(2) 烧碱

烧碱学名为氢氧化钠（NaOH），是化学工业的最基础产品之一，应用十分广泛。烧碱是一种常用的化工原料，对人体有很强的腐蚀性。当电解食盐水溶液时，氯气和烧碱按化学剂量数比例（35.5∶40）~（1∶1.13）联产出来，而市场需求却不一定符合这一比例，故氯与碱的平衡问题，往往成为氯碱生产中的关键问题之一。

3. 氨与尿素

(1) 氨

氨是一种含氮化合物，是化学工业中产量最大的产品之一。氨的用途很广，它是制造氨肥的主要原料，可以加工成各种氮肥和含氮复合肥料，如氨与二氧化碳合成尿素。

化肥是能够被作物吸收的养分。氮肥包括尿素、硝酸铵、氯化铵、硫酸铵、碳酸铵、硝酸钠等。尿素以其含氮量高，肥效好，长期使用不会恶化土壤，成本低等优点，成为深受农民喜爱的氮肥品种。

单元肥包含氮肥、磷肥和钾肥。多效肥又可分为混合肥和复合肥。复合肥是将几种养分以化合物形态结合在一起的肥料，因化学成分均匀，元素间彼此不会分离，所以是一种高养分的化肥，如磷酸铵类肥料、硝酸磷肥、偏磷酸钾、尿素磷胺等。

氨还是用途广泛的基本化工原料，在国民经济中起着重要的作用。氨与多种无机酸反应可以制成硫酸铵、硝酸铵、磷酸铵等，可用来制造硝酸、纯碱、氨基塑料、聚酰胺纤维、丁腈橡胶、磺胺类药物及其他有机和无机化合物。在国防和尖端科学部门，用氨来制造硝化甘油、硝化纤维、三硝基甲苯、三硝基苯酚等炸药，以及导弹、火箭的推进剂和氧化剂等。氨又是常用的冷冻剂之一。

(2) 尿素

尿素的化学名称为碳酰二胺，相对分子质量为60.06，分子式为$(NH_3)_2CO$。纯尿素呈白色、无嗅、无味，结晶为针状或棱柱状，熔点为132.7℃，超过熔点温度则分解，密度为0.335g/cm³，尿素易溶于水和液氨，其溶解度随温度的升高而增加，也能溶于醇类，几乎能与所有的直链有机化合物作用，如醇、酸、醛类等。尿素在水中进行水解反应，水解速度随温度的升高而加快,水解程度也增大。水解时,最初转化为氨基甲酸铵,然后形成碳酸铵,最后分解成氨和二氧化碳。

尿素是重要的化肥之一,其理论氮含量为46.6%,产品常为粒状固体,便于运输、储藏和使用。我国的尿素工业是新中国成立后才发展起来的。20世纪70年代后,随着合成氨工业的发展,引进和自行设计相结合,大、中型尿素工业也迅速发展起来。目前尿素工厂遍布全国,1995年尿素生产能力达2500万t,现在可达5800万t,产量达5000万t。

我国生产的尿素除80%作为化肥使用外,还可用作牛、羊等反刍动物的辅助饲料,在微生物的作用下,可将铵态氮转化为蛋白质。利用尿素对秸秆进行氨化处理,变得富于营养,易于消化吸收,增加畜类的肉产量和毛皮产量。

尿素不仅是一种不含污染的高效氮肥,对世界农业发展起着重要的作用,而且在工业上尿素也是一种化工原料,可用来合成三聚氰胺、合成脲醛树脂等。同时它在医药、纺织、造纸、染料和环境保护等方面都得到应用,对人类的生产、生活产生着重大影响。

4. 无机盐工业

所谓无机盐工业泛指以矿物为原料生产的、由金属离子或铵离子与酸根离子组成的物质,几乎包括除"三酸"(硫酸、硝酸、盐酸)、"两碱"(烧碱、纯碱)和无机非金属材料以外的所有无机化学品。

无机盐的品种多达1000种,应用面十分广泛,无论农业或工业,几乎没有一个行业可以离开它,而且一种行业往往需要多种无机盐产品。同样,无机盐产品还用于水质净化和电池工业领域。例如,碱式氯化铝用于净化饮用水,并可用作各种工业废水的处理剂等。

5. 无机非金属材料

无机材料中除金属以外的材料统称为无机非金属材料,传统上主要包括硅酸盐材料和碳素材料。其中,硅酸盐材料主要有水泥、玻璃、陶瓷和耐火材料四种,均以硅酸盐矿物为原料而制成;碳材料主要有人造石墨电极等。

(1)水泥

水泥是建筑材料的主导产品。普通水泥的主要成分是硅酸三钙($3CaO \cdot SiO_2$)、硅酸二钙($2CaO \cdot SiO_2$)、铝酸三钙($3CaO \cdot Al_2O_3$)和铁铝酸四钙($4CaO \cdot Al_2O_3 \cdot Fe_2O_3$)等。

(2)玻璃

玻璃有普通玻璃、石英玻璃、光学玻璃等。玻璃没有固定的熔点和沸点。

(3)比较水泥和玻璃的生产方法

水泥和玻璃的生产方法比较见表4-1。

表4-1 水泥和玻璃的生产方法比较

生产方法	干法或湿法生产	浮法生产
硅酸盐产品	水泥	玻璃
主要设备	水泥回转窑	玻璃窑
原料	石灰石和黏土	纯碱、石灰石、石英(过量)

(续)

反应原理	复杂的物理-化学变化	$Na_2CO_3 + SiO_2 \rightarrow Na_2SiO_3 + CO_2 \uparrow$ $CaCO_3 + SiO_2 \rightarrow CaSiO_3 + CO_2 \uparrow$
主要成分	$3CaO \cdot SiO_2$、$2CaO \cdot SiO_2$、$3CaO \cdot Al_2O_3$	Na_2SiO_3、$CaSiO_3$、SiO_2
反应条件	高温	高温

（4）陶瓷

陶瓷主要原料是黏土，制造的一般过程为混合、成型、干燥、烧结、冷却、陶器。其种类是根据原料、烧制温度划分为土器、陶器、瓷器、炻器等。硅酸盐的组成可以用氧化物形式来表示，如 $Al_2O_3 \cdot 2SiO_2 \cdot 2H_2O$。

（5）耐火材料

耐火材料一般是指耐火度在1580℃以上的无机非金属材料，包括天然矿石及按照一定的目的要求经过一定的工艺制成的各种产品，具有一定的高温力学性能、良好的体积稳定性，是各种高温设备必需的材料，有普通耐火材料、隔热耐火材料、不定形耐火材料等。

4.2.4 典型生产工艺

1. 硫酸生产工艺

（1）SO_2 的制备

首先以硫黄（单质硫）或硫铁矿为初始原料，制成含 SO_2 的原料气。以硫铁矿为原料的生产工艺中，硫铁矿在焙烧炉中于800~1000℃温度下通过空气燃烧，生成 SO_2 和 FeO。

（2）含 SO_2 原料气的净化

由硫铁矿燃烧得到的含 SO_2 原料气体中，含有矿物粉尘、氧化砷、二氧化硒杂质，在进入下一步工序前必须进行除尘和净化。

（3）SO_2 氧化为 SO_3

该反应仅在催化剂（V_2O_5）存在时才能获得满意的反应速率。由于是放热反应，所以在低温下会获得较好的三氧化硫平衡产率。但是反应温度过低又导致反应速率下降，所以一般选取催化剂正常工作所需的温度410~440℃作为反应温度。

（4）SO_3 的吸收

尽管硫酸最终按上述经过 SO_3 与水的结合生成硫酸，但生产中往往采用浓度为98.5%~99%的硫酸而不是水来吸收 SO_3。这是因为水蒸气与 SO_3 会在气相中生成硫酸，冷凝形成大量酸雾，造成操作条件恶化，吸收效率降低。用高浓酸吸引 SO_3 时，需要向循环酸中补充适量的水，以保持吸收用硫酸的浓度恒定并得到所要求规格的成品硫酸。

吸收操作过程为：首先用气体冷却器反应气体冷却至180~200℃，然后进入填料吸收塔，硫酸在塔中从上往下喷淋与反应气体逆向接触，使 SO_3 转化为硫酸。硫酸吸收剂在重新返回吸塔之前需用水或空气冷却器降温，移走吸收过程产生的热量。图4-1为硫酸生产工艺流程示意图。

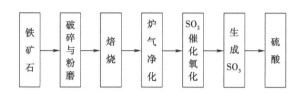

图 4-1　硫酸生产工艺流程示意图

2. 纯碱生产工艺

在工业上，纯碱在国民经济中占有重要地位，它和硫酸一样，也被列为国家重工业产品之一，也是重要的基本化工原料。生产纯碱有以下几种方法：

（1）路布兰法

古代制碱采用自然矿物或植物，但产量有限且品质不佳。1775 年，法国人路布兰以食盐、硫酸、石灰石为原料制得纯碱，其反应式如下：

$$2NaCl+H_2SO_4 =\!=\!= Na_2SO_4+2HCl$$

$$Na_2SO_4+2C+CaCO_3 =\!=\!= Na_2CO_3+CaS+2CO_2\uparrow$$

（2）氨碱法

1861 年，比利时人索尔菲创立了氨碱法，其化学反应如下：

$$NaCl+NH_3+CO_2+H_2O =\!=\!= NaHCO_3+NH_4Cl$$

$$2NaHCO_3 =\!=\!= Na_2CO_3+H_2O+CO_2\uparrow$$

由于索尔菲法的原料简单，成本低廉，产品较纯净，需要的劳动力较少，因此，当索尔菲法工业化后，许多国家就不再采用路布兰法了。

氨碱法由以下五步反应完成。图 4-2 为氨碱法生产纯碱的工艺流程示意图。

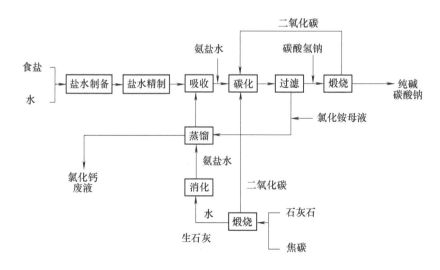

图 4-2　氨碱法生产纯碱的工艺流程示意图

第一步：石灰以碳酸钙（$CaCO_3$）为主要原料（如石灰石、白垩等），经过高温下的煅烧，分解和排出二氧化碳所得的产物，其主要成分是氧化钙（CaO）。碳酸钙的分解温度为825℃左右，是吸热反应。在实际生产中，为了加快石灰石的燃烧过程，常常控制在1000～1200℃或更高的温度。

第二步：锻炼后的生石灰呈块状，使用时使其与水发生反应并分散在水中，形成石灰乳。这一反应过程称为石灰的消化，是放热反应。

第三步：石灰乳与氯化铵（NH_4Cl）反应生成氨（NH_3），并由蒸氨塔将氨蒸出。该反应是氨碱法生产纯碱的五个主要反应即一组闭合循环反应中的一个。

第四步：精制盐水在吸氨塔中与氨气逆流接触，吸收氨成为氨盐水。再将氨盐水送至碳化塔，与碳化塔中来自石灰窑的二氧化碳气体反应，生成碳酸氢钠。

第五步：含有碳酸氢钠晶体的悬浊液在真空过滤机中过滤，得到的滤饼经过反复洗涤，然后进行煅烧，使碳酸氢钠分解而得到纯碱。

先将盐溶化成饱和盐水，精制、去除杂质，进入氨吸收塔，与来自蒸馏氨塔中含二氧化碳的氨气逆流接触，吸收氨成氨盐水。氨盐水送至碳化顶部，与塔中部的二氧化碳（来自石灰窑）气体反应，生成碳酸氢钠。含碳酸氢钠的悬浊液到转筒式过滤机过滤，得到的滤饼经洗涤后煅烧，碳酸氢钠分解得到纯碱。氨碱法有一定的缺点，其副产物是氯化钙，不仅有过半的原料未得到有效利用，而且还污染了环境。

（3）侯氏制碱法

1939—1942年，我国永利化学公司化学工程师侯德榜，在索尔菲法的基础上，研制出联合制碱法，即侯氏制碱法。侯氏制碱法是把氨气工业和制碱工业实行联合生产的方法。氨厂把它的产品（NH_3）、副产品二氧化碳（CO_2）提供给碱厂作为原料，碱厂则把氨转化为价值更大的氯化铵，而一些杂质（Mg^{2+}、SO_4^{2-}）等随同氯化铵一起离开了制碱生产循环系统而提高了碱的纯度。侯氏制碱法还由于本身采取了循环系统，从而使食盐也得到了充分利用。盐的利用率在95%以上。

侯氏制碱法与氨碱法的主要区别在于处理含氢氧化钠和氯化铵母液的结晶方法的不同，目前两种方法都在工业中应用。

3. 氨的合成工艺

氨的合成工艺是人类从自然界制取氨化合物的重要方法，氨还是进一步合成含氮物的最基本原料。自然界中天然含氨的化合物很少，已发现的有硝石，成分主要是硝酸钠。目前所用的氨都是人工合成，用氮和氢在一定的条件下直接合成氨，是当前世界上应用广泛、最经济的一种氨的合成方法。

（1）氨的性质

氨是无色、无毒、具有刺鼻气味和催泪性的强烈刺激性气体，氨的允许质量浓度为0.3mg/L，在空气中的爆炸极限为15.5%～28%。氨溶于水、乙醇及其他溶剂，氨在水中的溶解度随温度升高而下降，随压力的增加而上升，并放出大量的热。氨在高温时分解成氢和氮，在镍或铁等催化剂作用下，300℃开始分解，500～600℃时分解基本完全。

（2）合成氨的工艺过程

制取合成氨分两步：第一步是原料气的制备，即制取合成反应物氮和氢。这种制备法有：①以天然气为原料，先与水蒸气进行一段转化制取氢，再与空气进行二段转化制取氮；②以焦炭或无烟煤为原料，在煤气发生炉内进行化学反应制取 H_2 和 N_2；③以生油为原料抽取原料气，采用空气分离装置，使空气液化并分离出氮和氧。氧供重油气化使用，氮可用来洗涤杂质。第二步是将氮和氢合成氨。它是在合成塔内将氮、氢在一定温度、压力和催化剂作用下，直接合成氨并放出热量。反应式如下：

$$\frac{1}{2}N_2+\frac{3}{2}H_2 =\!=\!= NH_3+Q$$

该反应具有放热、可逆和体积收缩的特点，它与 SO_2 催化氧化的差别是转化率低，一些未反应的原料还需返回合成塔循环使用，故需要昂贵的设备和大量的动力。

合成氨工艺流程如图 4-3 所示。

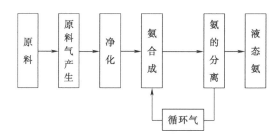

图 4-3 合成氨工艺流程

可以看出，造气过程是以水蒸气和空气作为汽化剂，进行气固反应，将原料煤气化，得到的混合气称为半水煤气，而只用水蒸气（无空气）作汽化剂得到的混合气称为水煤气。原料不论是煤、油、气，它们的主要成分都可用烃或元素碳表示。在高温条件下，碳或烃与水蒸气作用生成氢和一氧化碳。

含成氨的原料只需要氢和氮气，而制气得到的原料中却有大量一氧化碳，因为要通过变换工序使一氧化碳与水蒸气作用生成氢。

当然，原料气在进入合成工序前必须净化。净化的目的是除去对合成氨催化剂有害的杂质，如硫化物、一氧化碳和水分，而二氧化碳的存在会降低设备的生产能力，也应脱除。因此，净化过程包括脱硫、脱碳、脱一氧化碳和脱除水分四个过程。

（3）氨的合成的工艺条件

氢和氮在高温、高压和催化剂作用下，直接合成氨。这是一个放热、可逆反应，温度在 400℃、压强 30.4MPa 下，放热量为 56.8kJ/mol。影响平衡时氨浓度的因素有温度、压强、氢氮比和惰性气体含量等。由于受平衡限制，氨的合成率不高，有大量的 N_2、H_2 气体未反应，需循环使用，因此氨的合成是带循环系统的。另外，整个氨合成系统是在高压中进行，必须用压缩机加压。合成氨的催化剂以熔铁为主，另外添加 Al_2O_3 和 K_2O 等助催化剂。

4.3 有机化工生产过程

有机化学工业也称有机化工,它的产品大体可分为两大类。一类是基本有机原料,它是用以生产其他有机化工产品的基本原料。其中,乙烯的产量是世界各国用以衡量以石油、天然气为原料的基本有机化工发展规模的重要依据。另一类是有机化工产品,它们是由基本有机原料进一步加工而制得的。这类产品进一步加工后,可作为人们日常生活用品或其他部门的生产资料。有机化工的起始原料来自煤、石灰石、天然气、石油、生产废料和农林副产品等天然资源。通常把天然气、石油和煤称为基本有机化工的三大原料资源。化工的原料在特定的容器中通过一定的压力、温度、催化物质等特定条件下,生产成人们所需要的化工产品。以下介绍几种典型的有机化工生产过程。

4.3.1 烃类热裂解过程

1. 烃类热裂解的基本知识

(1) 概念

凡是有机化合物在高温下分子链发生断裂的过程称为裂解。烃类热裂解过程是指石油系烃类原料(如天然气、炼厂气、轻油、煤油、柴油、重油等)在高温、隔绝空气的条件下发生分解反应而生成碳原子数较少,相对分子质量较低的烃类,以制取乙烯、丙烯、丁烯等低级不饱和烃,同时联产丁二烯、苯、四苯、二甲苯等基本原料的化学过程。

如果单纯加热而不使用催化剂的裂解称为热裂解,使用催化剂的热裂解称为催化热裂解。使用添加剂的裂解,因添加剂的不同,有水蒸气热裂争,加氢裂解等。在石油化学工业中使用最广泛的是水蒸气热裂解,一般的裂解或热裂解若不加说明,均是指水蒸气热裂解。

(2) 工业应用

由于烃类热裂解过程可获得乙烯、丙烯和丁二烯等低级烯烃分子,而且这些分子中具有双键,化学性质活泼,能与许多物质发生加成、共聚、偶联、自聚等反应,生成一系列重要的产物,所以烃类热裂解过程是化学工业获取重要基本有机原料的主要手段。通过裂解过程获取的低级不饱和烃中,以乙烯最为重要、产量最大。乙烯是石油化学工业的龙头与核心,乙烯的产量已成为衡量一个国家石油化工发展水平的重要标志。烃类热裂解过程在国民经济建设和发展中具有十分重要的地位和作用。

(3) 基本原理

烃类热裂解反应过程十分复杂,即使是单一组分原料进行裂解,所得产物也很复杂,且随着原料组成的复杂化、重质化,裂解反应的复杂性及产物的多样性难于简单描述。为了对这样一个复杂系统有一概括的认识,可将复杂的裂解反应归纳为一次反应和二次反应。

一次反应即原料烃类经裂解生成乙烯和丙烯的反应。二次反应主要是指一次反应生成的乙烯、丙烯等低级烯烃进一步发生反应,可生成多种产物,甚至最后生成焦和碳。

在生产中希望发生一次反应,因为它能提高目的产物的收率(产物的生成量与关键组分的起始量之比），不希望发生二次反应，并应尽量抑制二次反应的生成，因为它降低目的产物的收率，而且生焦、反应增加，均会导致系统堵塞，或使设备发生事故。

2. 烃类热裂解一次反应

各种裂解原料中主要有烷烃、环烷烃和芳烃，在原料炼厂气中还含有少量的烯烃。

（1）烷烃热裂解的一次反应

1）脱氢反应。脱氢反应是C—H键的断裂反应，生成碳原子数相同的烯烃和氢。反应式如下：

$$C_nH_{2n+2} \Longleftrightarrow C_nH_{2n} + H_2$$

脱氢是可逆反应，在一定条件下达到动态平衡。

2）断链反应。断链反应是C—C键断裂的反应，产物分子中碳原子数减少。反应式如下：

$$C_{m+n}H_{2(m+n)+2} \Longleftrightarrow C_mH_{2m} + C_nH_{2n+2}$$

（2）环烷烃热裂解

环烷烃热裂解时，主要发生断链和脱氢反应。

带侧链的环烷烃首先进行脱烷基反应，脱烷基反应一般在长侧链的中部开始断链，一直进行到侧链为甲基或乙基，然后进一步发生环烷烃脱氢反应生成芳烃。环烷烃脱氢比开环生成烯烃容易。当裂解原料中环烷烃含量增加时，乙烯和丙烯收率会下降，丁二烯、芳烃收率则有所增加。

（3）芳烃的热裂解

芳烃的热稳定性很高，在一般的裂解温度下不易发生开环反应，而会发生两类反应：一是烷基芳烃的侧链发生断裂生成苯、甲苯、二甲苯等反应和脱氢反应；二是在较剧烈的裂解条件下，芳烃发生脱氢缩合反应。

3. 烃类热裂解二次反应

烃类热裂解二次反应远比一次反应复杂。它是原料经一次反应生成的烯烃进一步裂解为焦和碳的反应。

（1）烯烃经炔烃而生成碳

裂解过程中生成的目的物乙烯在900~1000℃或更高的温度下经过乙炔中间阶段而生成碳：

$$CH_2=CH_2 \xrightarrow{-H} CH_2=\dot{C}H \xrightarrow{-H} CH\equiv CH \rightarrow CH\equiv \dot{C} \xrightarrow{-H} \dot{C}\equiv \dot{C} \rightarrow C_n$$

C_n为六角形排列的平面分子。

（2）烯烃经芳烃而结焦

烯烃的聚合环化和综合，可生成芳烃，而芳烃在裂解温度下很容易被氢综合生成多环芳烃直至转化为焦。

（3）生碳结焦反应规律

1）在不同条件下，生碳结焦反应经历着不同的途径；在900~1000℃以上主要是通过生成乙炔的中间阶段，而在500~900℃主要是通过生成芳烃的中间阶段。

2）生碳结焦反应是典型的连串反应，随着温度的提高和反应时间的延长，不断释放出氢，残物（焦油）的氢含量逐渐下降，碳氢比、相对分子质量和密度逐渐增大。

3) 随着反应时间的延长，单环或环数不多的芳烃，转变为多环芳烃，进而转变为稠环芳烃，由液体焦油转变为固体沥青质，再进一步可转变为焦炭。

碳和焦的区别除了两者的形成过程不同外，氢含量也不同：碳几乎不含氢，焦含有微量氢（质量分数为 0.1%~0.3%）。

4. 烃类热裂解过程的工艺条件

影响裂解过程的工艺条件主要有反应温度、停留时间、烃分压和稀释剂等。

（1）反应温度

温度是影响烃类热裂解结果的一个极其重要的因素。从热力学分析可知，裂解反应需要吸收大量的热，只有在高温下，裂解反应才能进行。

（2）停留时间

在热裂解过程中，由于一次反应和二次反应的竞争，每一种原料在某一特定温度下裂解时，都有一个得到最大乙烯收率的适宜停留时间。停留时间过长，乙烯收率下降。由于二次反应主要发生在转化率较高的裂解后期，缩短停留时间，可抑制二次反应的发生，增加乙烯收率。

裂解过程中的温度和时间是影响乙烯收率的两个关键因素，并且二者相互制约，相互影响，缺一不可。高温时，停留时间必须短，反之亦然。

（3）烃分压和稀释剂

从热力学分析看，烃类裂解的一次反应大都是体积增大的反应，降低压力对一次反应平衡有利；而二次反应（聚合、脱氢、缩合等）都是分子数减少的反应，降低压力对其平衡不利，但可抑制结焦过程。从动力学分析看，一次反应（多为一次反应）和二次反应的反应速率高于一级反应的反应速率。要改变速率，就须改变反应物浓度。由于降低压力能使反应物浓度降低，而反应物浓度与反应速率成正比，故降低烃的分压对一次反应和二次反应均不利。由于反应级数的不同，改变压力（即改变反应物浓度）对反应速率的影响也不同，所以降低烃分压，有利于提高一次反应对二次反应的相对速率，也有利于提高乙烯的收率。因此，无论从热力学或动力学分析，降低烃分压对增加乙烯收率，抑制二次反应产物生成都是有利的。但由于高温裂解减压操作很不安全，工业上常采用加入稀释剂来降低烃分压。一般常用加水蒸气的方法来达到降低烃分压的目的。

5. 烃类热裂解工艺过程

（1）管式裂解炉

目前，国外一些代表性的裂解炉型有：美国鲁姆斯（Lummus）公司的 SRT（Short Residence Time）型炉；美国斯通韦勃斯特的超选择性 USC 型炉；日本三菱油化公司的倒梯台式炉等。尽管各家炉型各具特点，但都是为满足高温、短停留时间，低烃分压而设计的。国内大都采用的 Lummus 公司的 SRT 炉型和 Kellogg 公司 USRT 炉型。SRT 型裂解炉如图 4-4

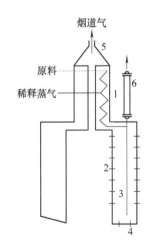

图 4-4 SRT 型裂解炉
1—对流室 2—辐射室 3—护管室
4—烧嘴 5—烟囱 6—急冷锅炉

所示,其辐射段炉管排布形式见表4-2。

表4-2 SRT-Ⅰ、Ⅱ、Ⅲ、Ⅳ型裂解炉辐射段炉管排布形式

炉 型	SRT-Ⅰ	SRT-Ⅱ(HC)	SRT-Ⅲ	SRT-Ⅳ
炉管排布形式	1P　　8~10P	1P 2P　3~6P	1P 2P 3P 4P	1P 2P　3~4P

（2）烃类热裂解过程工艺流程

烃类热裂解过程随原料不同,工艺流程也有所不同。

1）轻质烃为原料的工艺过程。轻质烃裂解时,裂解产物中重质馏分较少,尤其是以乙烷和丙烷为原料裂解时,裂解气中的燃料油含量甚微。其工艺流程示意图如图4-5所示。

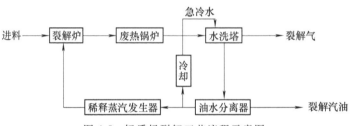

图4-5 轻质烃裂解工艺流程示意图

轻质烃原料裂解后,以废热锅炉回收热量,副产高压蒸气,裂解气冷却至200~300℃进入水洗塔。在水洗塔中,塔顶用急冷水喷淋冷却裂解气至40℃左右,送至裂解气压缩机。塔釜大部分水与裂解汽油进入油水分离器,裂解汽油经汽油气提塔气提而分离。从油水分离器中分离出温度约80℃的水分,一部分经冷却送至水洗塔塔顶为急冷水,另一部分则送稀释蒸汽发生器产生稀释蒸汽。急冷水除部分用冷却水冷却（或空冷）外,其余部分可用于分离系统工艺加热（如丙烯精馏塔再沸器加热）,以回收低品位热能量。

2）馏分油为原料的工艺过程。馏分油为原料裂解后所得裂解气中含有相当量的重质馏分,这些重质燃料油馏分与水混合后因乳化而难于进行油水分离,因此在冷却裂解气的过程中,应先将裂解气中的重质燃料油馏分分馏出来,然后将裂解气进一步送至水洗塔冷却,其工艺流程示意图如图4-6所示。

馏分油原料裂解后,高温裂解气经废热锅炉回收热量,再经急冷器用急冷油喷淋,降温至220~300℃,冷却后的裂解气进入油洗塔（或称预分馏塔）,塔顶用裂解汽油喷淋,温度控制在100~110℃,保证裂解气中的水分从塔顶带出油洗塔。塔釜温度则随裂解原料的不同而控制在不同的水平。石脑油（别名轻汽油、化工轻油）裂解时,釜温控制在180~190℃,轻柴油裂解时则控制在190~200℃。塔釜所得燃料油产品,部分经汽提并冷却后作为裂解燃料油产品,另一部分（称为急冷油）送至稀释蒸汽系统作为稀释蒸汽的热源,回收裂解气

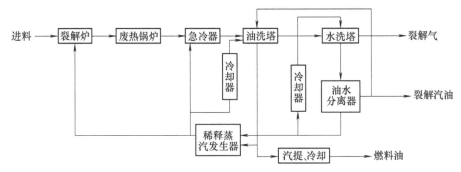

图 4-6 馏分油裂解工艺流程示意图

的热量。经稀释蒸汽发生系统冷却的急冷油,大部分送至急冷器以喷淋高温裂解气,少部分急冷油进一步冷却后作为油洗塔中段回流。

油洗塔塔顶裂解气进入水洗塔,塔顶用急冷水喷淋,裂解气降温至40℃左右送入裂解气压缩机。塔釜温度约为80℃,经油水分离器,水相部分(称为不急冷水)经冷却后送入水洗塔作为塔顶喷淋,另一部分则送至稀释蒸汽发生器产生蒸汽,供裂解炉使用。油相即裂解汽油馏分,部分送至油洗塔作为塔顶喷淋,另一部分则作为产品采出。

3) 裂解气分离。经热裂解过程处理后的裂解气,是含有氢和各种烃类(已脱除大部分C_5以上液态烃)的复杂混合物,此外裂解气中还含有少量硫化氢、二氧化碳、乙炔、乙烯、丙烯和水蒸气等杂质。裂解气分离的目的是除去裂解气中有害杂质,分离出单一烯烃或烃的馏分,为基本有机化学工业和高分子化学工业等提供原料。目前,国内外大型裂解气分离装置广泛采用深冷分离法。

深冷分离原理是利用裂解气中各组分相对挥发度不同,在低于-100℃以下将除氢和甲烷外的其余的烃全部冷凝,然后在精馏塔内进行多组分精馏分离,利用不同精馏塔,将各种烃逐个分离出来(图4-7)。其实质是冷凝精馏过程。

由于裂解气组成复杂,对乙烯、丙烯等分离产品纯度要求高,所以要进行一系列的净化与分离过程。净化与分离过程的流程排列是可以变动的,可组成不同的分离流程。各种不同分离流程均由气体的净化、压缩与冷冻及精馏分离三大系统组成。

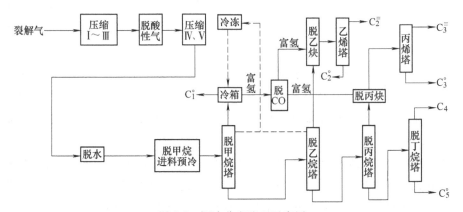

图 4-7 深冷分离流程示意图

气体净化系统的作用是为排除对后续操作的干扰和提纯产品而脱除杂质,用于产品精馏前的准备过程;压缩冷冻系统的作用是为后续分离创造必要条件,是保证系统;精馏分离系统的作用是获得合格单一的产品,是整个分离流程的核心。

裂解气深冷分离流程比较复杂,设备多,水、电的消耗量也比较大,一个生产流程的确定要考虑基建投资、能耗、运转周期、生产能力、产品质量、产品成本以及安全生产等多方面因素。

4.3.2 烃类的氧化过程

1. 氧化过程的基本知识

(1) 概念

氧化过程是以氧化反应为核心生产大宗化工原料和中间体的重要化工生产过程。反应产物最复杂的氧化过程是烃类的氧化过程。烃类的氧化过程分为完全氧化和部分氧化(即选择氧化)两大类。

1) 烃类的完全氧化过程。烃类化合物在氧气存在下进行反应,最终生成 CO_2 和 H_2O 的过程,称为完全氧化过程。完全氧化过程不仅消耗掉大量原料,得不到目的产物,而且过程中放出大量的热,使过程难以控制,给正常生产造成巨大的威胁,故应严格控制完全氧化过程的发生。

2) 烃类的部分氧化过程。烃类的部分氧化过程即选择性氧化过程,是指烃类及其衍生物中少量氢和碳原子与氧化剂(通常是氧)发生反应,而其他氢和碳原子不与氧化剂反应的过程。烃类的氧化产物都是通过部分氧化得到的,如醛、醇、酮、酯、酐都是在催化剂存在下进行选择氧化而生成的。

由于所用催化剂的类型和反应物系相态的不同,氧化过程分为均相催化氧化过程和非均相催化氧化过程。

1) 均相催化氧化过程。均相催化氧化过程以其高活性和高选择性受到关注,大多是气液相氧化反应,其特点是:①反应物与催化剂同相,不存在固体表面上活性中心性质及分布不均匀的问题,作为活性中心的过渡金属,特定活性高、选择性好;②反应条件缓和,反应较平稳,易控制;③反应设备简单,容积较小,生产能力较高;④反应温度通常不太高,反应热利用率较低;⑤对腐蚀性较强的体系要采用特殊材质;⑥催化剂多为贵金属,为降低成本必须回收利用。

2) 非均相催化氧化过程。非均相催化氧化过程在化学工业中占有重要的地位。非均相催化氧化主要是指气态原料在固体催化剂存在下,以气态氧作为氧化剂生产相应产品的过程。非均相催化氧化反应与均相催化氧化反应相比,主要有两大特点:反应过程复杂和传热问题突出。

非均相催化氧化的化学过程是在多相氧化催化剂上的化学过程,包括反应物与氧在催化剂上化学吸附,吸附物种间的反应转化为产物和产物自表面脱附等步骤。除了表面物理过程,如内孔的缓慢扩散和表面过热等不希望的效应外,表面化学过程是决定催化反应速度和方向的主要因素。

非均相催化氧化反应除主要应用在烃类的催化氧化外,在无机化学工业中也有应用,如硫酸生产过程中,二氧化硫氧化为三氧化硫,是在钒系催化剂存在下进行的气固非均相催化氧化反应,反应机理步骤与烃类非均相催化氧化反应基本相似。硝酸生产过程中的氨氧反应也是如此。

(2) 工业应用

氧化过程在化学工业中具有极其重要的作用,在化工生产的众多领域有着广泛的应用。据统计,全球生产的50%以上的主要化学品与选择性氧化过程有关。烃类通过选择性氧化可生产出比原料价值更高的化学品。通过氧化过程,不仅能生产含氧化合物,如醇、醛、酮、酸、酸酐、环氧化物、过氧化物等,还可生产无氧化合物,如丁烯氧化脱氢制丁二烯、丙烷(烯)氨氧化制丙烯腈、乙烯氧氯化制二氯乙烷等,这些产品有的是重要的有机化工原料和中间体,有的是合成橡胶、树脂和塑料的单体,还有的是用途广泛的溶剂,因此氧化过程在化学工业中占有十分重要的地位。

2. 乙烯催化氧化生产环氧乙烷过程

在银催化剂存在下,乙烯与气态氧作用生成环氧乙烷,是典型的非均相催化氧化反应过程。

(1) 反应原理

乙烯氧化过程按氧化程度可分为选择氧化(部分氧化)和深度氧化(完全氧化)。乙烯分子中的碳碳双键具有突出的反应活性,在一定的氧化条件下可实现碳碳双键的选择氧化而生成环氧乙烷。但在通常的氧化条件下,乙烯的分子骨架很容易被破坏,发生深度氧化而生成二氧化碳和水。实践证明,使用一般氧化催化剂,乙烯均被氧化成二氧化碳和水,只有在银催化剂条件下例外,故目前工业上乙烯环氧化制环氧乙烷的催化剂均为银。

乙烯和氧(空气或纯氧)在银催化剂条件下催化氧化合成环氧乙烷,同时副产 CO_2、H_2O 及少量甲醛和乙醛。

(2) 工艺条件

影响乙烯氧化过程的主要因素为温度、压力、空间速度、原料气纯度及配比。

1) 温度。完全氧化平行副反应是影响乙烯环氧化选择性的主要因素。适宜的反应温度与催化剂活性有关。权衡转化率和选择性之间的关系,工业上反应温度一般控制在220~260℃。

2) 压力。乙烯直接氧化的主副反应在热力学上都不可逆,因此压力对主副反应的平衡和选择性无显著影响,但加压可提高反应器的生产能力,且也有利于从反应气体产物中回收环氧乙烷,故工业上大多采用加压氧化法。但压力高,所需设备耐压程度高,投资费用增加,催化剂也易损坏。目前工业上采用的操作压力为2MPa左右。

3) 空间速度。空间速度是指每单位容积催化剂每小时投入的反应物的容积数(简称空速,量纲为时间的倒数)。空间速度的大小不仅影响转化率和选择性,也影响催化剂空时收率和单位时间的放热量,故必须全面衡量,目前工业上采用的混合气空间速度一般为

$7000h^{-1}$ 左右,也有更高的。单程转化的控制与所用氧化剂有关。当用空气作氧化剂时,单程转化率控制在 30%~50%,选择性达 70% 左右;若用纯氧作氧化剂,转化率控制在 12%~15%,选择性可达 83%~84%。

4)原料气纯度及配比。第一,纯度的影响:原料气中的杂质对氧化过程带来的不利影响主要有:一是催化剂中毒。例如,硫化物等能使银催化剂永久性中毒,乙炔能与银形成乙炔银,受热会发生爆炸性分解;二是选择性下降,如原料气中带有铁离子,会加速环氧乙烷异构化为乙醛的副反应,从而使选择性下降;三是反应热效应增大,如 H_2、C_3 以上烷烃和烯烃由于它们都能发生完全氧化反应而放出大量热量,使过程难控制;四是影响爆炸极限,例如,氩的存在会使氧的爆炸极限(质量分数)降低而增加爆炸危险性,氢也有相同效应。故原料气中上述各类有害杂质的含量必须严格控制。在原料乙烯中要求乙炔 $<1\times10^{-6}$ g/L、C_3 以上烃 $<1\times10^{-5}$ g/L、硫化物 $<1\times10^{-6}$ g/L、氢化物 $<5\times10^{-6}$ g/L、氯化物 $<1\times10^{-6}$ g/L。第二,配比的影响:对进反应器混合气体的组成要求也不同。用空气作氧化剂时,空气中有大量惰性气体氮存在,乙烯的质量分数以 5% 左右为宜,氧的质量分数为 6% 左右。当以纯氧化剂时,为使反应不致太剧烈,仍需采用稀释剂,一般是以氮作为稀释剂,进反应器的混合气中,乙烯的质量分数为 20%~30%。氧的质量分数为 7%~8%。二氧化碳对环氧化反应有抑制作用,但含量适当对提高反应的选择性有好处,且可提高氧的爆炸极限(质量分数),故在物质循环气中允许含有 9% 以下的二氧化碳。循环气中若含有环氧乙烷对反应也有抑制作用,并会造成氧化损失,故在循环气中的环氧乙烷应尽可能除去。

(3)工艺流程

乙烯的直接氧化过程可用空气或气氧气作为氧化剂。用空气进行氧化时,需要两个反应器才能使乙烯获得最大利用率。用氧气进行氧化则反应可一步完成,只需要一个反应器。乙烯直接氧化制环氧乙烷工艺流程示意图如图 4-8 所示。

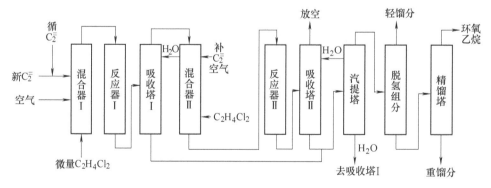

图 4-8 乙烯直接氧化制环氧乙烷工艺流程示意图

自高处吸入的空气经压缩机加压,碱洗及水洗净化,除去氯、硫等杂质,防止银催化剂中毒,然后按一定流量进入混合器。

纯度在 98% 以上的乙烯与循环乙烯混合,经压缩机加压后,进入第一混合器,再与空气、微量二氯乙烷［约（1~2）×10⁻⁶］充分混合，控制乙烯的质量分数为3%~3.5%。原料气与反应器出来的反应气体进行换热后，进入第一反应器。

反应器为列管式固定床反应器，管内充填银催化剂，管间走热载体。乙烯与空气中的氧在240~290℃、1~2MPa及催化剂的作用下，生成环氧乙烷和一些副产物。乙烯的转化率约为30%，选择性为65%~70%，收率约为20%。反应时所放出的热量由管间的载热体带走。

反应气与原料气经换热串联水冷却器、盐水冷却器，降低温度至5~10℃，然后进入第一吸收塔。塔顶部用5~10℃的冷水喷淋，吸收反应气中含有的环氧乙烷。从吸收塔顶出来的尾气中还含有很多未反应的乙烯，经泄压后，将其中85%~90%的尾气回压缩机的增压段增压后循环使用，其余部分送往第二混合器。

在第二混合器中通入部分新鲜乙烯、空气及微量二氯乙烷，控制乙烯的质量分数为2%，混合气体经预热后进入第二反应器。混合气中的乙烯和空气中的氧在220~260℃、1MPa左右压力下进行反应。乙烯的转化率为60%~70%，选择性为65%左右，收率在47%以上，反应后的气体经换热及冷却后进入第二吸收塔，用5~10℃低温水吸收环氧乙烷，尾气放空。

第一、二吸收塔中的吸液含2%~3%的环氧乙烷，经泄压后进汽提塔进行汽提，从塔顶得到85%~90%质量分数的环氧乙烷，送至精馏系统，先经脱轻组分塔除去轻馏分，再经精馏塔除去重组分，得到纯度为99%的环氧乙烷成品。

乙烷直接氧化法的产品质量高，对设备无腐蚀，但此法对乙烯的要求高，纯度必须在98%以上。

上述方法如果改用氧气进行氧化，操作条件基本相同，而反应可以一步完成，反应器和吸收塔各需要一个就行了。但是当用氧气代替空气时，生成 CO_2 较多，因此需要在吸收塔与环氧乙烷精制系统之间，添置一个 CO_2 吸收塔和一个 CO_2 解吸塔，以免影响产品的质量。

4.3.3 羰基化过程

1. 羰基化过程的基本知识

（1）概念

把在羰基金属配合物催化剂存在下有机化合物分子中引入羰基的反应都归纳于羰基合成化学的范畴，而引入羰基反应的生产过程称为羰基化过程。主要包括下述几类反应：氢甲酰化反应、不饱和化合物在水存在下的羰基化、不饱和烃在醇存在下的羰基化、乙炔在羧酸和卤化物及硫醇或胺存在下的羰基化、醇的羰基化（重要的是甲醇的羰基化反应）。

（2）工业应用

国外羰基合成普遍采用高压法合成醇类，但由于高压法副产物多，流程长，为简化流程，联邦德国 BASF 公司于1952年改为以五羰基铁作催化剂，由丙烯、一氧化碳和水一步合成丁醇的方法，此法即为雷普法，它只能生产丁醇，而不能生产辛醇。因产品单一，灵活性小，所以没有得到广泛的发展。美国埃索公司于1962年用钴-锌催化剂将丙烯与合成气一步合成辛烯醛,此法称为阿尔道克斯法。为了增加羰基钴的稳定性,降低反应压力,1996年美国壳牌公司采用有机磷改性羰基钴配合催化剂,由高级 α-烯烃进一步合成高级醇,此法即为低压法。

最初,羰基合成在工业上是用来生产合成洗涤剂所需的十二碳至十七碳的高级醇。目前已被广泛用来生产一系列含氧有机化工产品。烯烃甲酰化主要产品有丁醇、2-乙基己醇、异辛醇、异癸醇、异壬醛、十三醇、C7~C8 醇、C12~C18 醇等。

除烯烃外,醇类也是重要的羰基化原料,而甲醇的羰基化反应应用最早,也最广泛,是较为成熟和典型的羰基化反应类型之一。应用甲醇羰基化反应可合成诸如乙酸(酐)、甲酸、碳酸二甲酯、草酸和乙二醇等许多重要的有机化工产品,而且,甲醇可由煤或天然气为原料制得,因此甲醇的羰基化反应是以煤或天然气为原料发展碳化学品的重要手段。

此外,利用碳基化过程还可生产丙烯腈、dl-谷氨酸、丙烯酸等,它们是进一步生产医药、香料、农药、涂料、食品添加剂、特种涂料等的重要原料,因此,羰基化过程在众多领域有着广泛的应用前景。

(3) 基本原理

羰基化反应是典型的配位催化反应。现以烯烃的氢甲酰化反应为例讨论羰基化反应的原理。

烯烃与一氧化碳和氢的反应可按两种过程进行:

$$RCH=CH_2 + CO + H_2 \longrightarrow \begin{cases} R-CH_2-CH_2-CHO \\ R-CH(CHO)-CH_3 \end{cases}$$

但是,对于异构烯烃来说,可能因空间效应,醛基只加成到氢化程度最大的那个碳原子上。例如:

$$CH_3-C(CH_3)=CH_2+CO+H_2 \longrightarrow CH_3-CH(CH_3)-CH_2-CHO$$

一般来讲,只有由对称的、双键转移而并不产生异构体的烯烃(乙烯、环戊烯、环己烯)所得产品是单一的醛,而在大多数情况下都生成两个或更多的异构醛。在羰基合成反应条件下,可能伴随有许多副反应的产生。在羰基合成所得产物中,副产物的含量有时达 20%~30%。

2. 丙烯羰基化合成(丁)辛醇过程

采用丙烯为原料,在金属羰基配合物催化剂存在下进行氢甲酰化法合成丁辛醇,已在工业上广泛应用。

(1) 反应原理

以丙烯为原料氢甲酰化生产丁辛醇,主要包括三个反应过程:

1) 在金属羰基配合物催化剂存在下,丙烯氢甲酰化合成丁醛。

$$CH_3CH=CH_2+CO+H_2 \longrightarrow CH_3CH_2-CH_2CHO$$

2) 丁醛在碱性催化剂存在下缩合为辛烯醛。

$$2CH_3CH_2-CH_2CHO \xrightarrow{OH^-} CH_3CH_2CH_2CH=C(C_2H_5)CHO$$

3）辛烯醛加氢合成 2-乙基己醇。

$$CH_3CH_2CH_2CH=C(C_2H_5)CHO+H_2 \xrightarrow{镍催化剂} CH_3CH_2CH_2CH_2CH(C_2H_5)CH_2OH$$

若用氢甲酰化法生产丁醇，则只需氢甲酰化和加氢两个过程。上述三个过程，关键是丙烯氢甲酰化合成丁醛。

（2）生产的工艺条件

1）反应温度对反应速率、产物醛的正/异比率和副产物的生成量都有影响。温度升高，反应速率加快，但正/异醛比率降低，重组分和醇的生成量随之增加。

2）由烯烃甲酰化的速率方程式可知，提高一氧化碳分压，反应速率减慢，但一氧化碳分压太低，则金属羰基配合物催化剂易分解，析出金属，而失去催化剂活性，对反应不利。所以一氧化碳的分压及金属羰基的分压与金属羰基化合物的稳定性、反应温度和催化剂的浓度有关。氢分压增高，氢甲酰化反应速率加快，烯烃转化率提高，正/异醛比率也相应升高，也增加了醛加氢生成醇和烯烃加氢生成烷烃的反应。所以，工业上一般选用的最适宜氢分压 H_2/CO（摩尔比）为 1∶1 左右。

3）溶剂的主要作用表现三个方面：一是在溶解催化剂；二是当原料是气态烃时，使用溶剂可以使反应在液相中进行，对气-液间传质有利；三是作为稀释剂可以带走反应热。常用溶剂有：脂肪烃、环烷烃、芳烃、各种醚类、酯、酮和脂肪酸等，在工业生产中常用产品本身或其高沸点副产物作溶剂或稀释剂。溶剂对反应速率和选择性都有影响，而且原料在极性溶剂中的反应速率大于非极性溶剂。

3. 丙烯高压氢甲酰化法合成（丁）辛醇工艺过程

（1）丙烯高压氢甲酰化法合成丁醛

由德国鲁尔化学公司开发，用羰基钴为催化剂的高压羰基合成法（简称鲁尔法）曾经是应用最广泛的方法，其工艺流程如图4-9所示。

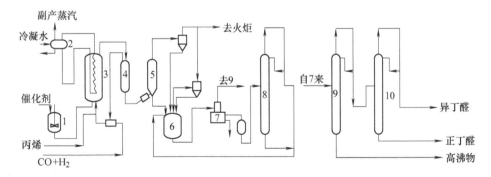

图4-9 鲁尔法羰基合成制丁醛工艺流程示意图

1—钴浆催化剂悬浮液储罐 2—汽包 3—羰基合成反应器 4—高压分离器 5—脱钴水解器
6—低压分离器 7—离心机 8—有机物回收塔 9—醇醛分离塔 10—醛分离塔

丙烯、合成气及钴浆催化剂悬浮溶液，汇合后进入羰基合成反应器，反应产物经高压分离器进行气液分离，气体分离器循环利用（循环气约占新鲜原料合成气的1/3），液体进脱钴水解器。由于羰基钴配合物在高温、低一氧化碳分压下不稳定，进入脱钴器和通入蒸汽后，羰基钴迅速分解成金属钴沉淀。部分 $HCo(CO)_4$ 水解生成甲酸钴溶于水中。从水解器顶部分出的气体主要是合成气和有机轻组分，经冷凝、分离，不凝气送火炬，凝结物回低压分离器。水解器底部出来的液体送低压分离器，在低压下分出部分轻组分后再送入离心机。离心分离后将物料分成三部分。顶部油相（羰基合成液），中层是水相（含有甲酸钴），底部是钴浆。钴浆送钴回收系统，水相进有机物回收塔，塔顶蒸出少量羰基本成粗产品，送回低压分离器。塔釜得到浓缩液（甲酸钴），也送钴回收系统。离心后的油送醇醛分离塔，塔釜出醇、酯和高沸物，塔顶出正丁醛和异丁醛，进入醛分离塔，塔顶得异丁醛，塔釜得正丁醛。

（2）丁醇和2-乙基己醇（辛醇）的生产

由丁醛生产丁醇和2-乙基己醇（辛醇）的流程如图4-10所示，包括缩合与加氢两部分。

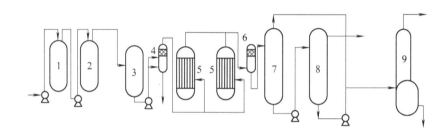

图4-10 由丁醛生产丁醇和2-乙基己醇（辛醇）流程示意图
1、2—缩合反应器 3—辛烯醛层析器 4—蒸发器 5—加氢转化器 6—加氢产品储槽
7—预精馏塔 8—精馏塔 9—间歇蒸馏塔

1）正丁醛缩合制辛烯醛。纯度为99.86%的正丁醛由正丁醛塔相继进入两个串联的缩合反应器，在120℃、0.5MPa压力下用2%氢氧化钠溶液为催化剂，缩合生成缩丁醇醛，同时脱水得辛烯醛。为保证每个反应器内各物料能充分均匀混合，两个反应器间有循环泵输层，有机物层是辛烯醛的饱和水溶液，直接送去加氢。

2）辛烯醛加氢制2-乙基己醇（辛醇）。由缩合工序来的辛烯醛进入蒸发器，气态辛烯醛与氢混合后，进入列管式加氢转化器，管内装填铜基加氢催化剂，在180℃、0.5MPa条件下反应，产品为2-乙基己醇（辛醇）。若需生产丁醇，则将丁醛直接送到蒸发器，气态丙醛在115℃、0.5MPa条件下加氢即可。

粗2-乙基己醇先送入预精馏塔，塔顶蒸出轻组分（含水、少量未反应的辛烯醛、副产物和辛醇）送到间歇蒸馏回收有用组分。塔底是辛醇和重组分，送精馏塔，塔顶得到高纯度辛醇。塔底排出物为辛醇和重组分的混合物，进入间歇蒸馏塔，做进一步处理。间歇蒸馏塔根据加料组不同可分别回收丁醇和水、辛烯醛、辛醇。剩下的重组分定期排放并作燃料使用。

预精馏塔、精馏塔和间歇蒸馏塔都在真空下操作。

粗丁醇的精制与辛醇基本相同。分别经预精馏塔和精馏塔后，塔底得混合丁醇，再进入异构物塔，塔顶得异丁醇，塔底得正丁醇。来自预精馏塔的少量轻组分和来自精馏塔的重组分也都送到间歇蒸馏塔以回收轻组分、水和粗丁醇。

4.3.4 聚合过程

1. 聚合过程的基本知识

（1）概念

聚合过程一般是以小分子化合物为原料通过聚合反应制备高分子化合物（简称高聚物）的过程。这种高聚物是由许多相同的、简单的结构单元通过共价键重复连接而成的大分子所组成，相对分子质量高达 $10^4 \sim 10^6$。最简单的聚合物是由一种结构单元重复多次形成的。

合成聚合物的原料称为单体。一种单体聚合而成的聚合物称为均聚物，这类聚合物在单体的名称前冠以"聚"而成为其聚合物的名称。如苯乙烯的聚合物为聚苯乙烯，聚乙烯、聚丙烯分别是乙烯和丙烯的聚合物。两种以上单体共聚而成的聚合物称为共聚物。苯分醛树脂、脲醛树脂、乙丙橡胶、ABS 树脂等均为共聚物。

在聚合过程中，通常用聚合度 DP（Degree of Polymerization）表示聚合物分子中所含单元的数目。若只含有一种单体单元的聚合物分子（如聚苯乙烯、聚乙烯等），$DP = n$；而对含有两种单体单元（如聚酰胺-66）的聚合物分子中，则 $DP = 2n$。常见聚合物的聚合度为 200~2000，相当于相对分子质量为 $2 \times 10^4 \sim 2 \times 10^5$，天然橡胶和纤维素往往超过此值。

（2）工业应用

人们利用聚合过程合成了大量品种繁多、性能优异的高分子聚合物，以塑料、合成纤维、合成橡胶产量最大，且最重要，被称为三大合成材料，还可制成涂料、黏合剂、离子交换树脂等材料。合成材料的主要特点是原材料丰富；用化学合成方法进行生产；品种多，性能优，可适应特殊要求；加工成型方便，可制成各种开关的材料与制品，因此，合成材料已成为近代各技术部门不可缺少的材料，广泛应用于国民经济的各个领域。目前，绝大多数的天然材料都有相应的高分子材料来代替，如以塑代钢、木、皮革、人造大理石，以合成黏合剂代替骨胶与虫胶，以合成纤维代替棉、毛、丝、麻等。高分子材料质轻、透明、不生锈、易加工，可制成各种异型材与制品，如膜、板、管、棒、线材等，还可与其他材料制成复合材料及改性材料，具有天然材料不可替代的优点。

（3）基本原理

主要依据以下两个方面：

1）聚合反应。由低分子单体合成聚合物的反应称为聚合反应。可分为加聚反应和缩聚反应。前者是指以含有重键的低分子化合物为单体，在光照、加热或引发剂、催化剂等作用下，打开重键而相互加成聚合成高分子化合物的反应；后者是指以具有两个或两个以上官能团的低分子化合物为单体，通过这些官能团的反应，逐步缩合形成高分子化合物的反应。

2）聚合的实施方法。在聚合物生产中，以自由基聚合占领先地位，目前仍占较大比重。自由基聚合的实施方法主要有四种，即本体聚合、乳液聚合、悬浮聚合及溶液聚合。其中，有些方法也可用于缩聚和离子聚合。它们的配方、聚合机理、生产特征、产物特性不尽相同。

2. 高压法生产聚乙烯（LDPE）过程

（1）反应原理

乙烯高压法中的聚合反应属于自由基型聚合反应，反应过程包括链引发、链增长、链终止和链转移。低密度聚乙烯的工业生产通常采用高压气相本体聚合法，该法是生产低密度聚乙烯最重要的方法，因此低密度聚乙烯在历史上又称作高压聚乙烯。它以纯度达99.95%的乙烯为原料，以微量氧、偶氮化合物、有机或无机过氧化物作引发剂，在气相高压下进行自由基加聚反应。聚合时压力为100~350MPa，聚合温度为150~330℃。因其反应温度较高，易发生链转移，故产物为支链较多的线型大分子。聚合度主要由反应压力、反应温度、引发剂用量、分子量调节剂等所支配。

（2）反应条件

有温度、反应压力、引发剂三个方面：

1）温度。乙烯在高压下的聚合温度随引发剂的不同而改变。用氧引发时，其聚合温度应高于230℃；若用有机过氧化物引发，聚合温度可降至150℃左右。聚合反应温度一般控制在130~280℃范围。

2）反应压力。增加压力有利于链增长反应，而对链终止反应影响不大。因为在高压条件下乙烯被压缩为气密相状态，实质是增加了乙烯的浓度，即增加了自由基或活性增长链与乙烯分子的碰撞机会，所以增加压力，聚乙烯的产率和平均分子量都增加，故一般聚合反应压力在100~350MPa范围。

3）引发剂。乙烯高压聚合需加入自由基引发剂，工业上常称为催化剂。所用的引发剂主要是氧和过氧化物。早期工业生产主要用作为引发剂。但在200℃以下时，氧是乙烯聚合阻聚剂，不会引发聚合。氧的引发温度在230℃以上，因此反应温度必须高于200℃。

工业上常用的过氧化物引发剂为：过氧化乙酸叔丁酯、过氧化十二烷酰、过氧化苯甲酸叔丁酯、过氧化3,5,5-三甲基乙酰等。此外还有过氧化碳酸二丁酯、过氧化辛酰等。

（3）工艺过程

图4-11为乙烯高压聚合生产流程示意图。该流程既可用于釜式聚合反应器，也适用于管式聚合反应器。

来自乙烯精制车间的新鲜原料乙烯（压力为3.0~3.3MPa）与来自低压分离器的循环乙烯经一次压缩至25MPa左右，然后与来自高压分离器的循环乙烯混合进入二次压缩机。二次压缩机的最高压力因聚合设备的要求而不同。管式聚合反应器要求最高压力达300MPa或更高些，釜式聚合反应器要求最高压力为250MPa。经二次压缩达到反应压力的乙烯冷却后进入聚合反应器。工业上有两种不同形式的聚合反应器：釜式聚合反应器和管式聚合反应器，引发剂则用高压泵送入乙烯进料口，或直接注入聚合设备。反应物料经适当冷却后进入高压分离器，减压至25MPa。未反应的乙烯与聚乙烯分离并经冷却脱去蜡状低聚物以后，回

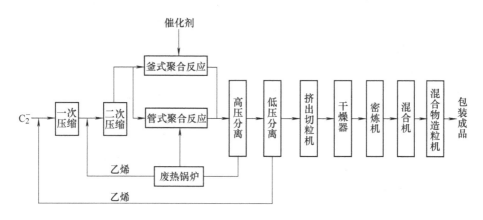

图 4-11 乙烯高压聚合生产流程示意图

到二次压缩机吸入口，经减压后循环使用。聚乙烯则进入低压分离器，减压到 0.1MPa 以下，使残存的乙烯进一步分离。乙烯循环使用。聚乙烯树脂在低压分离器中与抗氧化剂等添加剂混合后经挤出切粒，得到粒状聚乙烯，被水流送往脱水振动器，大部分水分离后，进入离心干燥器，以脱除表面附着的水分，经过振动筛筛去不合格的粒料后，成品用气流输送至计量设备计量，混合后为一次成品，再次进行挤出、切粒、离心干燥，得到二次成品。二次成品经包装出厂为商品聚乙烯。

4.4 有机化工合成材料

有机化工的合成材料是一种高分子化合物制成的新型材料，其中最主要的产品是合成树脂及塑料、合成橡胶、合成纤维，通称三大合成材料。此外还有涂料、黏合剂、合成纸、合成木材及各种助剂、溶剂、增塑剂、防老剂、阻燃剂等。这类产品进一步加工后，可作为人们日常生活用品和其他生产部门的生产资料；由于这些材料具有很多优越性能，如质轻、比强度大、绝热、电绝缘、抗腐蚀等，并且可以按照使用要求调节各种性能和加工成任意形状。因此，当今的合成材料不仅是金属、木材、棉花、羊毛、皮革等天然材料的代用品，而且成为广泛用于国民经济各部门独特的、不可缺少的材料。

4.4.1 合成树脂和塑料

合成树脂是指用人工合成方法将小分子（称作单体）聚合成的高分子化合物，可用于制造塑料、合成纤维、涂料和黏合剂等。它能进行塑造成型加工，成型后所得不同形状的最终产品具有适宜的刚性和韧性。合成树脂种类繁多，目前尚无统一的分类方法，通常按加热时的变化将其分为热塑性树脂和热固性树脂两大类。

塑料是以有机高分子化合物为原料的制品。它是在一定的外力作用下能够成型，当外力的作用停止后，仍能保持其改变后的形状的材料。塑料的品种很多，目前世界上塑料品种有

300种以上，常用的也有50种以上。塑料按应用功能可分成三大类（图4-12）：第一类是通用塑料，它们原料来源丰富，价格便宜，加工成型方便，产量大，应用面广，如聚乙烯、聚丙烯、聚氯乙烯、聚苯乙烯、聚氨酯等热塑性塑料，还有酚醛树脂、脲醛树脂、环氧树脂、不饱和树脂等热固性塑料；第二类是工程塑料，它们的综合性能（机械性能、耐高低温性能、电性能等）好，可代替金属作结构材料，其中聚酰胺（尼龙）、聚碳酸酯、聚甲醛、改性聚苯醚及热塑性聚酯树脂为五大通用工程塑料；第三类是功能性塑料，它们产量较小，具有某种特殊的优异功能，如耐高温、耐腐蚀、耐辐射、导电、导磁等，这类塑料有聚酰亚胺、聚芳砜、聚苯硫醚、聚醚酮等。目前世界通用塑料的产量占塑料总产量的90%以上。

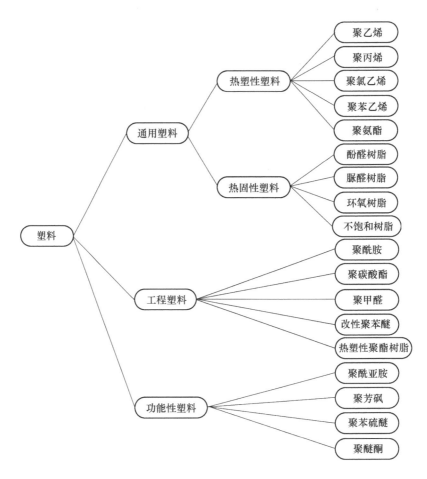

图4-12 塑料的分类及组成

合成树脂及塑料在三大合成材料中应用最早、范围最广、品种最多、产量最大，目前约占合成材料总量的70%。世界塑料工业的发展极为迅速，在20世纪60年代的10年中，产量提高了3倍，平均每年递增16%；20世纪70年代后虽受到西方世界能源危机影响，发展速度有所波动，但仍以7.3%的速度增长。

不同的塑料都是以各种合成树脂加上用来改善性能的各种配合剂制成。组成塑料的成分

大致如下:

(1) 树脂

树脂是具有可塑性的高分子化合物。树脂是组成塑料的基本成分,并起着黏合其他配合剂的作用。树脂的性质以及它的塑料中的含量,对塑料的力学、化学、物理性能,均起着决定性的作用。树脂在塑料中的含量一般在 40%~100%。

(2) 填料

用以降低塑料成本、提高强度、改善工艺性能和物理性能。常用的有机填料为木粉、棉花、棉布、木材原片、线等;无机填料为石棉、玻璃纤维、云母、高岭土、石英粉等。填料用量一般为 20%~50%。

(3) 增塑剂

增塑剂用以降低塑料的脆性和硬度,增进其可塑性、流动性和柔软性。应选择无色无毒、挥发度低且又能与树脂混溶的物质为增塑剂,最常用的有邻苯二甲酸二丁酯、邻苯二甲酸二辛酯等。

(4) 着色剂

为使塑料具有一定色泽,常用有机染料或无机颜料为着色剂。所用着色剂应具有在塑料加工成型温度下稳定不变、容易着色和在空气中不褪色等特性。

(5) 其他配合剂

其他配合剂有润滑剂、硬化剂、光稳定剂、热稳定剂、阻燃剂、抗氧化剂、抗静电剂等。

用不同的树脂和配合剂,可以制成不同特点的塑料品种。各品种又可通过共混、共聚、增强等方法改善其性能,以满足各种不同的使用要求。塑料的品种很多,已工业化生产的合成树脂就有四五十种,但世界产量在 200 万 t 以上的只有 6 种通常塑料,即热塑性聚乙烯、聚丙烯、聚氯乙烯、聚苯乙烯、热固性酚醛和氨基树脂。在国外,热塑性塑料比热固性塑料发展快,在塑料中聚烯烃类(包括聚乙烯、聚丙烯、聚丁烯)的产量为总产量的 30%,其中以聚乙烯产量最大,约占总产量的 25%。

4.4.2 合成橡胶工业

橡胶在国民经济各部门应用非常广泛,在交通运输中,用作各种车辆和飞机轮胎及减振零件;在农业中,用作排灌管带;在工业中,用作运输带和密封件;在国防工业中,如坦克、军舰、超声速飞机、火箭等也需大量橡胶配件。此外,它还用于制造日用品、医疗卫生用品等。

一般来说,天然橡胶综合物理性能较好,加工性能好,易混料,黏合性好。合成橡胶不仅可以不受自然条件限制,原料丰富,适于大规模生产,而且其中很多品种性能已与天然橡胶相近(称为通用合成橡胶),成本比天然橡胶低。有些品种还具有天然橡胶所没有的特殊性能(特种橡胶),可以满足某些工业和尖端技术的特殊要求。因此,合成橡胶近年来发展迅速。在合成橡胶中,目前以丁苯橡胶产量为最大,其次是顺丁橡胶和异戊橡胶。

最早的合成橡胶是以煤和农副产品为主要原料的。近20多年来，石油工业的发展开辟了新的丰富而又廉价的原料途径。当前，国外生产橡胶最基本的原料几乎全部来自石油。石油加工时可获得大量气体和液化产品，通过进一步的加工、提纯、转化，形成合成橡胶的单位，主要有丁二烯、异戊二烯、异丁烯、丙烯腈、丙烯、乙烯等。这些小分子单位再经过均聚或共聚，生成具有弹性的高分子聚合物，即橡胶。

虽然合成橡胶相对于基本有机化工原料已是化学工业进一步产品，但在整个国民经济的分类中，它还只能算是原材料，其为社会服务的最终形态是橡胶制品。橡胶制品工业又称橡胶加工工业，它以橡胶为基本原料，加上其他辅助原材料，经过加工制成各种橡胶制品，如轮胎、胶带、胶鞋、胶布、橡胶杂品及乳胶制品等，分为8大类5万多个品种牌号，既包括生产资料，又包括生活资料。橡胶制品所用的原材料除橡胶外，还有增强剂、防老化剂、保进剂、着色剂等配合剂，以及用橡胶纤维、化学纤维、钢丝、铜丝等制造的帆布、帘子线等骨架材料。所以，在大力发展合成橡胶的同时，要同步、配套地发展其他原材料。作为向社会提供的最终产品，橡胶制品工业一定要注意提高产品的设计水平，采用国际先进标准，大力发展创制具有竞争性的新品种、新样式。以轮胎为例，其生胶消耗量占全行业生胶消耗量的40%。我国目前生产的绝大部分还是普通轮胎，行驶里程最高虽可达 10 万 km 以上，但胎体坚固性不够，一次翻新率不到80%，而国外接近100%。我们的翻新次数大多为一两次，而国外为两三次。在品种方面，用尼龙或钢丝为帘子线的子午胎比用棉帘丝的普通胎行驶里程（加上翻新）高 2~3 倍，可以节约汽油用量 6%~7%，国外已普遍采用；而我国目前半数轮胎的骨架材料仍用棉帘线，子午胎技术尚未完全掌握，故应抓紧开发，并实行优质优价，鼓励发展。要做到这些，除注意充实科研、设计力量外，还要注意研究和采用先进的工艺、装备，改进测试和控制手段，并在政策上限制和淘汰那些盲目发展、粗制滥造的小厂，引导扶持那些有条件的企业走向专业化，发展有特色的生产，形成一个优势互补、大中小结合的产业结构，这样才能保证我国的橡胶制品工业实现现代化，满足各行各业发展的需要。此外，有机合成材料对农业增产的作用是很显著的，大大改变了人们对自然条件的依赖。例如，塑料薄膜用于育秧棚、温室以及护根保墒、土壤熏蒸杀虫消毒的覆盖；塑料管道用于排水和灌溉，在国外已相当普遍；橡胶制品如拖拉机轮胎、胶管是农业机械化、水利化不可缺少的；合成纤维渔网，不仅可以减少晒网、补网的大量劳动，还可以提高捕鱼的效率和产量。

在工业、交通运输中，合成材料的应用更为广泛。塑料和橡胶在电器、电子行业作为绝缘材料和封装材料是绝不可少的；在机械制造中，用合成材料制造某些零件，如无声齿轮、尼龙轴瓦、胶管、运输带、传送带，以及汽车、飞机中的大量内饰零件，比传统的材料在性能和工艺上更为适合。塑料在建筑中的应用也越来越多，有些国家已占到塑料消费总量的20%~30%；合成材料还是化学工业中不可缺少的防腐蚀材料。

要在军事工业和高技术领域取得突破，离开合成材料的高度发展，是不可能实现的。飞机、舰船、火箭、导弹、人造卫星、宇宙飞船等，都使用了大量的质轻、强度高、耐高温、耐低温、耐蚀、耐辐射的新型合成材料。合成材料还制成了人造角膜、人造心脏瓣膜、人造血管、人工肾、人工皮组织、黏合剂以及牙科防龋涂料等，在医学上给人体修复开辟了更加广阔的前景。

此外，黏合剂和涂料也是国民经济各部门不可缺少的配套材料。在制造飞机、导弹、火箭时，如以耐高温聚合物为主体的结构型黏合剂取代对金属工件的铆接、焊接、栓接等传统工艺，可以减轻机体质量的20%~25%，并可提高结构强度，降低成本。涂料除有装饰作用外，还有保护作用，如钢铁的防锈、舰船的防海水腐蚀和海生物附着、流体输送泵和管道的防腐耐磨处理等，应用量大、面广，降低了损耗，也就等于增加了产量。

合成材料与人民日常生活更为密切，如化纤面料的服装、塑料日用品、容器及各种包装材料都是合成材料制成的。它们使人民生活更加方便、更加丰富多彩。

4.4.3 阻燃高分子材料

人类最早对阻燃的尝试是企图降低天然纤维素材料（如棉花及木材）的可燃性。有关这方面资料最早见于希腊人Herodotus在公元前450年所做的记载。他指出，希腊人将木材浸于硫酸铝钾溶液中，可赋予木材一定程度的阻燃性。大约200年后，罗马人改进了这一处理过程，在硫酸铝钾浸液中加入醋，提高了木材的阻燃耐久性。公元前1世纪，古罗马记载了阻燃技术在军事上的应用，如以矾液处理木城堡以御火攻，采用以头发增强的黏土做成的涂层来保护围城塔，以免被纵火材料毁坏。17世纪，德国人以黏土和石膏的混合物处理帆布，制得了一种"不燃"布用作剧院的窗帘。1735年，英国Wyld获得了以矾液、硼砂及硫酸亚铁阻燃处理木材和纺织品的专利。

有关阻燃科学和理论的基础研究，始于法国的Gay-Lussac。1821年，他研究降低剧院窗帘的可燃性时发现，硫酸、盐酸和磷酸的铵盐对亚麻具有很好的阻燃性，而采用氯化铵、磷酸铵和硼砂的混合物，则可以显著提高阻燃效率。这个研究成果现在仍然是实用的。由此可见，现代阻燃化学的基本原理在19世纪初叶即已有所发展，而当时采用的阻燃工艺一直沿用到20世纪前期。随后，英国的Versmann和Oppenheim研究了包括磷酸铵、硫酸铵、锡酸钠、氯化铵及若干混合物在内的40余种物质对纤维素的阻燃性，并开发了一种由氧化锡沉淀于织物上赋予织物阻燃性的工艺，获得英国专利。1908年，英国的Engelard和Day用天然橡胶与氯气反应制得阻燃氯化橡胶，开创了以化学方法阻燃改性高聚物的先河。

合成高聚物的出现对阻燃技术的发展具有深远的意义。因为在此以前使用的无机盐阻燃剂，在基本上是疏水性的高聚物中用途甚为有限。所以，阻燃技术的近代发展集中在研制与高聚物相容的永久性阻燃剂。目前人们已经制得了很多类型的用于高聚物的阻燃剂。阻燃高聚物领域内的重要进展主要体现在如下几方面：

1）耐久性阻燃织物。
2）氯化石蜡、氧化锑和黏合剂用于处理帆布。
3）含氯不饱和树脂的生产（反应型阻燃剂）。
4）添加型和填料型阻燃剂的应用。

5）膨胀型阻燃系统的发现。

6）无卤阻燃高分子材料的兴起。

7）具有本质阻燃性高聚物的研制。

现在有多种技术，可赋予高分子材料以阻燃性，它包括接枝改性和交联改性技术、抑制降解及氧化技术、催化阻燃技术、气相阻燃技术、隔热炭化层技术、冷却降温技术等。这些技术中最有使用价值的和目前已获得大规模工业应用的方法是在被阻燃材料混配时加入添加型阻燃剂或在合成高聚物时加入反应型阻燃剂。

阻燃剂是用以提高材料的抗燃性，即阻止材料被引燃及抑制火焰传播的助剂。阻燃剂主要用于阻燃合成和天然高分子材料（包括塑料、橡胶、纤维、木材、纸张、涂料等）。

理想的阻燃剂应当高效、低毒、与被阻燃材料的相容性好、不易迁移、具有足够的热稳定性、不致过多恶化基材性能、对紫外线及光的稳定性优良，且价格适中。但要同时满足上述条件几乎是不可能的，所以选择阻燃剂时，大多是在满足基本要求的前提下，在其他要求间折中和求得最佳的平衡。

按阻燃剂与被阻燃基材的关系，阻燃剂可分为添加型及反应型两大类，目前使用的阻燃剂85%为添加型，仅有15%为反应型。前者多用于热塑性高聚物，后者多用于热固性高聚物。

按阻燃元素种类，阻燃剂可分为卤系（溴系及氯系）、有机磷系及卤-磷系、磷-氮系、氮系、硅系、锑系、铝-镁系、无机磷系、硼系、钼系、锡系等。其中，前五类属于有机类，后几类属无机类。近年来，出现了一类新的"膨胀型阻燃剂"，它们是磷-氮化合物或混合物。人们较少采用单一的阻燃剂，往往是采用多种阻燃剂的复配系统，以发挥协同阻燃效应或同时提高材料的多种阻燃性能。

4.5 化工单元操作的危险性分析

化工单元操作是指各种化工生产中以物理过程为主的处理方法，主要包括加热、冷却、加压操作、负压操作、冷冻、物料输送、熔融、干燥、蒸发与蒸馏等。

4.5.1 加热

加热包括管道气加热、蒸汽或热水加热、载体加热以及电加热等。

1）温度过高会使化学反应速度加快，若是放热反应，当放热量增加，一旦散热不及时，则会温度失控，发生冲料，甚至会引起燃烧和爆炸。

2）升温速度过快不仅容易使反应超温，还会损坏设备。例如，升温过快会使带有衬里的设备及各种加热炉、反应炉等设备损坏。

3）当加热温度接近或超过物料的自燃点时，应采用惰性气体保护；若加热温度接近物料分解温度，此生产工艺称为危险工艺，必须设法改进工艺条件，如负压或加压操作。

4.5.2 冷却

在化工生产中，把物料冷却在大气温度以上时，可以用空气或循环水作为冷却介质；冷却度在15℃以上，可以用地下水；冷却温度在0~15℃，可以用冷冻盐水。还可以借沸点较低的介质的蒸发从需冷却的物料中取得热量来实现冷却，常用的介质有氟利昂、氨等。此时，物料被冷却的温度可达-15℃左右。

1）冷却操作时，冷却介质不能中断，否则会造成积热，系统温度、压力骤增，引起爆炸。开车时，应先通冷却介质；停车时，应先停物料，后停冷却系统。

2）有些凝固点较高的物料，遇冷易变得黏稠或凝固，在冷却时要注意控制温度，防止物料卡住搅拌器或堵塞设备及管道。

4.5.3 加压操作

凡操作压力超过大气压的都属于加压操作。加压操作所使用的设备要符合压力容器的要求，加压系统不得泄漏，否则在压力下物料以高速喷出，产生静电，极易发生火灾或爆炸。所用的各种仪表及安全设施（如爆破泄压片、紧急排放管等）都必须齐全好用。

4.5.4 负压操作

负压操作即操作压力低于大气压的操作。负压系统的设备和压力设备一样，必须符合强度要求，以防在负压下把设备抽瘪。负压系统必须有良好的密封，否则一旦空气进入设备内部，形成爆炸混合物，易引起爆炸。当需要恢复常压时，应待温度降低后，缓缓放进空气，以防自燃或爆炸。

4.5.5 冷冻

在工业生产过程中，蒸气、气体的液化，某些组分的低温分离，以及某些物品的输送、储藏等，常需将物料降到比水或周围空气更低的温度，这种操作称为冷冻或制冷。

一般说来，冷冻程度与冷冻操作技术有关，凡冷冻范围在-100℃以内的称为冷冻；而-200~-100℃或更低的温度，则称为深度冷冻（简称深冷）。

1）某些制冷剂易燃且有毒，如氨。应防止制冷剂泄漏。

2）对于制冷系统的压缩机、冷凝器、蒸发器以及管路，应注意耐压等级和气密性，防止泄漏。

4.5.6 物料输送

在工业生产过程中，经常需要将各种原材料、中间体、产品以及副产品和废弃物，由前一个工序输往后一个工序，由一个车间输往另一个车间，或输往储运地点，这些输送过程就是物料输送。

1）气流输送系统除本身会产生故障之外，最大的问题是系统的堵塞和由静电引起的粉尘爆炸。

粉料气流输送系统应保持良好的严密性。其管道材料应选择导电性材料并有良好的接地，如采用绝缘材料管道，则管外应采取接地措施。输送速度不应超过该物料允许的流速，粉料不要堆积管内，要及时清理管壁。

2）用各种泵类输送易燃或可燃液体时，流速过快能产生静电积累，易引发火灾或爆炸，故管内流速不应超过安全速度。

3）输送有爆炸性或燃烧性物料时，要采用氮、二氧化碳等惰性气体代替空气，以防造成燃烧或爆炸。

4）输送可燃气体物料的管道应经常保持正压，防止空气进入，并根据实际需要水封或安装逆止阀和阻火器等安全装置。

4.5.7 熔融

在化工生产中常常需将某些固体物料（如苛性钠、苛性钾、萘、磺酸等）熔融之后进行化学反应。碱熔过程中的碱屑或碱液飞溅到皮肤上或眼睛里会造成灼伤。

碱融物和磺酸盐中若含有无机盐等杂质，应尽量除掉，否则这些无机盐因不熔融会造成局部过热、烧焦，致使熔融物喷出，容易造成烧伤。

熔融过程一般在 150~350℃ 下进行，为防止局部过热，必须不断地搅拌。

4.5.8 干燥

干燥是利用热能使固体物料中的水分（或溶剂）除去的单元操作。干燥的热源有热空气、过热蒸汽、烟道气和明火等。

干燥过程中要严格控制温度，防止局部过热，以免造成物料分解爆炸。在过程中散发出来的易燃易爆气体或粉尘，不应与明火和高温表面接触，防止燃爆。当气流干燥时应有防静电措施，当滚筒干燥时应适当调整刮刀与筒壁的间隙，以防止火花。

4.5.9 蒸发

蒸发是借加热作用使溶液中所含溶剂不断气化，以提高溶液中溶质的浓度，或使溶质析出的物理过程。蒸发按其操作压力不同可分为常压、加压和减压蒸发。

凡蒸发的溶液皆具有一定的特性。溶质在浓缩过程中可能有结晶、沉淀和污垢生成，这些都能导致传热效率的降低，并产生局部过热，促使物料分解、燃烧和爆炸，因此要控制蒸发温度。为防止热敏性物质的分解，可采用真空蒸发的方法，降低蒸发温度，或采用高效蒸发器，增加蒸发面积，减少停留时间。

4.5.10 蒸馏

蒸馏是借液体混合物各组分挥发度的不同，使其分离为纯组分的操作。蒸馏操作可分为间歇蒸馏和连续蒸馏；按压力分为常压、减压和加压（高压）蒸馏。

在安全技术上，对不同的物料应选择正确的蒸馏方法和设备。在处理难于挥发的物料时（常压下沸点在150℃以上）应采用真空蒸馏，这样可以降低蒸馏温度，防止物料在高温下分解、变质或聚合。

在处理中等挥发性物料（沸点为100℃左右）时，采用常压蒸馏。

对沸点低于30℃的物料，则应采用加压蒸馏。

4.6 典型化学反应的危险性分析

原国家安全生产监督管理总局分别在2009年和2013年颁布了《首批重点监管的危险化工工艺目录》和《第二批重点监管危险化工工艺重点监控参数、安全控制基本要求及推荐的控制方案》，并对首批重点监管危险化工工艺中的部分典型工艺进行了调整，一共涉及18种重点监管的危险化工工艺。包括光气及光气化工艺、电解工艺（氯碱）、氯化工艺、硝化工艺、合成氨工艺、裂解（裂化）工艺、氟化工艺、加氢工艺、重氮化工艺、氧化工艺、过氧化工艺、胺基化工艺、磺化工艺、聚合工艺、烷基化工艺、新型煤化工工艺、电石生产工艺和偶氮化工艺。下面着重介绍其中的几类。

4.6.1 电解工艺（氯碱）

1. 工艺简介

电流通过电解质溶液或熔融电解质时，在两个极上所引起的化学变化称为电解反应。涉及电解反应的工艺过程为电解工艺。许多基本化学工业产品（氢、氧、氯、烧碱、过氧化氢等）的制备，都是通过电解来实现的。

2. 工艺危险特点

电解食盐水过程中产生的氢气是极易燃烧的气体，氯气是氧化性很强的剧毒气体，两种气体混合极易发生爆炸，当氯气中含氢量达到5%以上，则随时可能在光照或受热情况下发生爆炸；如果盐水中存在的铵盐超标，在适宜的条件（pH<4.5）下，铵盐和氯作用可生成氯化铵，浓氯化铵溶液与氯还可生成黄色油状的三氯化氮。三氯化氮是一种爆炸性物质，与许多有机物接触或加热至90℃以上以及被撞击、摩擦等，即发生剧烈的分解而爆炸；电解溶液腐蚀性强。液氯的生产、储存、包装、输送、运输可能发生液氯的泄漏。

3. 安全控制措施

电解槽应设置温度、压力、液位、流量报警和联锁装置，电解供电整流装置与电解槽供电的报警和联锁装置，并设置紧急联锁切断装置；事故状态下氯气吸收中和系统、可燃和有毒气体检测报警装置等。

4.6.2 硝化工艺

1. 工艺简介

硝化反应是有机化合物分子中引入硝基（—NO$_2$）的反应，最常见的是取代反应。硝化方法可分成直接硝化法、间接硝化法和亚硝化法，分别用于生产硝基化合物、硝胺、硝酸酯和亚硝基化合物等。涉及硝化反应的工艺过程为硝化工艺。

2. 工艺危险特点

反应速度快，放热量大。大多数硝化反应是在非均相中进行的，反应组分不均匀分布容易引起局部过热，导致危险。尤其在硝化反应开始阶段，停止搅拌或由于搅拌叶片脱落等造成搅拌失效是非常危险的，一旦搅拌再次开动，就会突然引发局部激烈反应，瞬间释放大量的热量，引起爆炸事故；反应物料具有燃爆危险性；硝化剂具有强腐蚀性、强氧化性，与油脂、有机化合物（尤其是不饱和有机化合物）接触能引起燃烧或爆炸；硝化产物、副产物具有爆炸危险性。

3. 安全控制措施

设置反应釜温度报警和联锁装置、自动进料控制和联锁装置、紧急冷却系统、搅拌稳定控制和联锁系统、分离系统温度控制与联锁装置、塔釜杂质监控系统、安全泄放系统等。

4.6.3 裂解（裂化）工艺

1. 工艺简介

裂解是指石油系的烃类原料在高温条件下，发生碳链断裂或脱氢反应，生成烯烃及其他产物的过程。产品以乙烯、丙烯为主，同时副产丁烯、丁二烯等烯烃和裂解汽油、柴油、燃料油等产品。

烃类原料在裂解炉内进行高温裂解，产出组成为氢气、低/高碳烃类、芳烃类以及馏分为288℃以上的裂解燃料油的裂解气混合物。经过急冷、压缩、激冷、分馏以及干燥和加氢等方法，分离出目标产品和副产品。

在裂解过程中，伴随缩合、环化和脱氢等反应。由于所发生的反应很复杂，通常把反应分成两个阶段。第一阶段，原料变成的目的产物为乙烯、丙烯，这种反应称为一次反应。第二阶段，一次反应生成的乙烯、丙烯继续反应转化为炔烃、二烯烃、芳烃、环烷烃，甚至最终转化为氢气和焦炭，这种反应称为二次反应。裂解产物往往是多种组分混合物。影响裂解的基本因素主要为温度和反应的持续时间。化工生产中用热裂解的方法生产小分子烯烃、炔烃和芳香烃，如乙烯、丙烯、丁二烯、乙炔、苯和甲苯等。

2. 工艺危险特点

在高温（高压）下进行反应，装置内的物料温度一般超过其自燃点，若漏出会立即引起火灾；炉管内壁结焦会使流体阻力增加，影响传热，当焦层达到一定厚度时，因炉管壁温度过高，而不能继续运行下去，必须进行清焦，否则会烧穿炉管，裂解气外泄，引起裂解炉爆炸；如果由于断电或引风机机械故障而使引风机突然停转，则炉膛内很快变成正压，会从窥视孔或烧嘴等处向外喷火，严重时会引起炉膛爆炸；如果燃料系统大幅度波动，燃料气压力过低，则可能造成裂解炉烧嘴回火，使烧嘴烧坏，甚至会引起爆炸；有些裂解工艺产生的单体会自聚或爆炸，需要向生产的单体中加阻聚剂或稀释剂等。

3. 安全控制措施

设置裂解炉进料压力、流量控制报警与联锁装置、紧急裂解炉温度报警和联锁装置、紧急冷却系统、紧急切断系统,反应压力与压缩机转速及入口放火炬控制,再生压力分程控制,设置滑阀差压与料位控制、温度超驰控制、再生温度与外取热器负荷控制、外取热器汽包和锅炉汽包液位的三冲量控制、锅炉的熄火保护装置、机组相关控制装置、可燃与有毒气体检测报警装置等。

4.6.4 加氢工艺

1. 工艺简介

加氢是在有机化合物分子中加入氢原子的反应,涉及加氢反应的工艺过程为加氢工艺,主要包括不饱和键加氢、芳环化合物加氢、含氮化合物加氢、含氧化合物加氢、氢解等。

2. 工艺危险特点

反应物料具有燃爆危险性,氢气的爆炸极限为 4%~75%,具有高燃爆危险特性;加氢为强烈的放热反应,氢气在高温高压下与钢材接触,钢材内的碳分子易与氢气发生反应生成碳氢化合物,使钢制设备强度降低,发生氢脆;催化剂再生和活化过程中易引发爆炸;加氢反应尾气中有未完全反应的氢气和其他杂质在排放时易引发着火或爆炸。

3. 安全控制措施

设置温度和压力的报警和联锁装置、反应物料的比例控制和联锁系统、紧急冷却系统、搅拌的稳定控制系统、氢气紧急切断系统,加装安全阀、爆破片等安全设施,设置循环氢压缩机停机报警和联锁装置、氢气检测报警装置等。

4.6.5 氧化工艺

1. 工艺简介

氧化为有电子转移的化学反应中失电子的过程,即氧化数升高的过程。多数有机化合物的氧化反应表现为反应原料得到氧或失去氢。涉及氧化反应的工艺过程为氧化工艺。常用的氧化剂有:空气、氧气、双氧水、氯酸钾、高锰酸钾、硝酸盐等。

2. 工艺危险特点

反应原料及产品具有燃爆危险性;反应气相组成容易达到爆炸极限,具有闪爆危险;部分氧化剂具有燃爆危险性,如氯酸钾、高锰酸钾、铬酸酐等都属于氧化剂,如遇高温或受撞击、摩擦以及与有机物、酸类接触,皆能引起火灾爆炸;产物中易生成过氧化物,化学稳定性差,受高温、摩擦或撞击作用易分解、燃烧或爆炸。

3. 安全控制措施

设置反应釜温度和压力的报警和联锁装置,反应物料的比例控制和联锁及紧急切断动力系统,紧急断料系统,紧急冷却系统,紧急送入惰性气体的系统,气相氧含量监测、报警和联锁装置,安全泄放系统,可燃和有毒气体检测报警装置等。

4.6.6 过氧化工艺

1. 工艺简介

向有机化合物分子中引入过氧基（—O—O—）的反应称为过氧化反应，得到的产物为过氧化物的工艺过程为过氧化工艺。

2. 工艺危险特点

过氧化物都含有过氧基（—O—O—），属含能物质，由于过氧键结合力弱，断裂时所需的能量不大，对热、振动、冲击或摩擦等都极为敏感，极易分解甚至爆炸；过氧化物与有机物、纤维接触时易发生氧化、产生火灾；反应气相组成容易达到爆炸极限，具有燃爆危险。

3. 安全控制措施

设置反应釜温度和压力的报警和联锁装置，反应物料的比例控制和联锁及紧急切断动力系统，紧急断料系统，紧急冷却系统，紧急送入惰性气体的系统，气相氧含量监测、报警和联锁装置，紧急停车系统，安全泄放系统，可燃和有毒气体检测报警装置等。

4.6.7 磺化工艺

1. 工艺简介

磺化是向有机化合物分子中引入磺酰基（—SO_3H）的反应。磺化方法分为三氧化硫磺化法、共沸去水磺化法、氯磺酸磺化法、烘焙磺化法和亚硫酸盐磺化法等。涉及磺化反应的工艺过程为磺化工艺。磺化反应除了增加产物的水溶性和酸性外，还可以使产品具有表面活性。芳烃经磺化后，其中的磺酸基可进一步被其他基团［如羟基（—OH）、氨基（—NH_2）、氰基（—CN）等］取代，生产多种衍生物。

2. 工艺危险特点

反应原料具有燃爆危险性；磺化剂具有氧化性、强腐蚀性；如果投料顺序颠倒、投料速度过快、搅拌不良、冷却效果不佳等，都有可能造成反应温度异常升高，使磺化反应变为燃烧反应，引起火灾或爆炸事故；氧化硫易冷凝堵管，泄漏后易形成酸雾，危害较大。

3. 安全控制措施

设置反应釜温度的报警和联锁装置、搅拌的稳定控制和联锁系统、紧急冷却系统、紧急停车系统、安全泄放系统、三氧化硫泄漏监控报警系统等。

4.6.8 聚合工艺

1. 工艺简介

聚合是一种或几种小分子化合物变成大分子化合物（也称高分子化合物或聚合物，通常分子量为 $1\times10^4 \sim 1\times10^7$）的反应，涉及聚合反应的工艺过程为聚合工艺。聚合工艺的种类很多，按聚合方法可分为本体聚合、悬浮聚合、乳液聚合、溶液聚合等。

2. 工艺危险特点

工艺危险有：聚合原料具有自聚和燃爆危险性；如果反应过程中热量不能及时移出，随物料温度上升，发生裂解和暴聚，所产生的热量使裂解和暴聚过程进一步加剧，进而引发反应器爆炸；部分聚合助剂危险性较大。

3. 安全控制措施

设置反应釜温度和压力的报警和联锁装置、紧急冷却系统、紧急切断系统、紧急加入反应终止剂系统、搅拌的稳定控制和联锁系统、料仓静电消除、可燃气体置换系统、可燃和有毒气体检测报警装置、高压聚合反应釜设有防爆墙和泄爆面等。

4.6.9 偶氮化工艺

1. 工艺简介

合成通式为 R—N═N—R 的偶氮化合物的反应为偶氮化反应，其中 R 为脂烃基或芳烃基，两个 R 基可相同或不同。涉及偶氮化反应的工艺过程为偶氮化工艺。脂肪族偶氮化合物由相应的肼经过氧化或脱氢反应制取。芳香族偶氮化合物一般由重氮化合物的偶联反应制备。

2. 工艺危险特点

部分偶氮化合物极不稳定，活性强，受热或摩擦、撞击等作用能发生分解甚至爆炸；偶氮化生产过程所使用的肼类化合物高毒，具有腐蚀性，易发生分解爆炸，遇氧化剂能自燃；反应原料具有燃爆危险性。

3. 安全控制措施

设置反应釜温度和压力的报警和联锁装置，反应物料的比例控制和联锁系统，紧急冷却系统，紧急停车系统，安全泄放系统，后处理单元配置温度监测、惰性气体保护的联锁装置等。

4.6.10 新型煤化工工艺

1. 工艺简介

新型煤化工工艺是指以煤为原料，经化学加工使煤直接或者间接转化为气体、液体和固体燃料、化工原料或化学品的工艺过程。主要包括煤制油（甲醇制汽油、费-托合成油）、煤制烯烃（甲醇制烯烃）、煤制二甲醚、煤制乙二醇（合成气制乙二醇）、煤制甲烷气（煤气甲烷化）、煤制甲醇、甲醇制醋酸等工艺。

2. 工艺危险特点

反应介质涉及一氧化碳、氢气、甲烷、乙烯、丙烯等易燃气体，具有燃爆危险性；反应过程多为高温、高压过程，易发生工艺介质泄漏，引发火灾、爆炸和一氧化碳中毒事故；反应过程可能形成爆炸性混合气体；多数煤化工新工艺反应速度快，放热量大，造成反应失控；反应中间产物不稳定，易造成分解爆炸。

3. 安全控制措施

设置反应器温度、压力报警与联锁装置、进料介质流量控制与联锁装置、反应系统紧急切断进料联锁装置、料位控制回路、液位控制回路、H_2/CO 比例控制与联锁装置、NO/O_2 比例控制与联锁装置、外取热器蒸汽热水泵联锁装置、主风流量联锁装置、可燃和有毒气体检测报警装置、紧急冷却系统、安全泄放系统。

4.7 化工企业事故案例

1. 江苏响水天嘉宜化工有限公司"3·21"特别重大爆炸事故

2019年3月21日14时48分，位于江苏省盐城市响水县的天嘉宜化工有限公司发生特别重大爆炸事故，造成78人死亡、76人重伤，640人住院治疗，直接经济损失198635.07万元。调查认定，江苏响水天嘉宜化工有限公司"3·21"特别重大爆炸事故是一起长期违法储存危险废料导致自燃进而引发爆炸的特别重大生产安全责任事故。

事故原因分析：一是企业主体责任不落实，诚信缺失和违法违规问题突出；二是有关部门落实安全生产职责不到位，对非法违法行为打击不力，监管执法宽松，造成监管脱节，防范化解重大风险措施不深入、不具体；三是地方党政领导干部安全生产责任制落实不到位，安全发展理念不牢，红线意识不强。

2. 齐鲁天和惠世制药"4·15"重大着火中毒事故

2019年4月15日15时10分左右，位于山东省济南市历城区的齐鲁天和惠世制药有限公司在对冻干粉针剂生产车间地下室的冷媒水（乙二醇溶液）系统管道改造过程中发生重大事故，造成10人死亡、12人轻伤。经调查，直接原因是管道改造作业过程中，违规进行动火作业，电焊或切割产生的焊渣或火花引燃现场的堆放的冷媒增效剂（主要成分是氧化剂亚硝酸钠，有机物苯并三氮唑、苯甲酸钠），瞬间产生爆燃，放出大量氮氧化物等有毒气体，造成现场施工和监护人员中毒窒息死亡。

事故原因分析：一是事故企业安全生产主体责任不落实，对外派项目部管理严重缺失，对施工人员的安全生产教育培训不到位，现场施工人员严重违章操作；二是当地相关部门未依法认真履行属地监管职责，专项整治工作存在漏洞盲区，对相关企业违法违规问题失察；三是地方党政领导干部安全生产责任制落实不到位，安全发展理念不牢，红线意识不强。

复习题

1. 什么是化学工业？它是如何分类的？
2. 化工生产有什么特点？如何进行生产管理？
3. 简述化学工业在国民经济中的地位。
4. 简述无机化工生产的特点。
5. 分别叙述硫酸、纯碱和氨的生产工艺，并指出各自的特点。

6. 什么是有机化工？它与无机化工比较有什么特点？
7. 举例说明热裂解、氧化、羰基化的生产过程。
8. 简述有机化工合成材料的组成及发展前景。
9. 化学工业的主要风险是什么？如何预防？
10. 列举 2~3 个危险工艺及其危害后果。

第 5 章 建筑工程

5.1 概述

5.1.1 建筑业的内涵

1. 概念

建筑业是国民经济的一个物质生产部门，是从事建筑安装工程的产业部门，其业务范围不仅包括建造房屋和构筑物，而且包括各种设备的安装工程。建筑业为社会提供诸如工厂、矿井、铁路、公路、桥梁、港口、机场、仓库、管线、住宅以及各种公用建筑与设施，是最终产品行业。从建筑业的含义来看，分为"狭义建筑业"和"广义建筑业"，狭义建筑业主要包括建筑产品的生产（即施工）活动，广义的建筑业则涵盖了建筑产品的生产以及与建筑生产有关的所有的服务内容，包括规划、勘察、设计、施工及安装，建筑环境的运营、维护及管理，以及相关的咨询和中介服务等，反映了建筑业整个经济活动空间。本章所涉及的建筑业是狭义建筑业，也就是建筑施工活动。其实，无论是狭义还是广义，建筑业作为国民经济的支柱产业，从国家整体经济发展状况来看，起着举足轻重的作用。

2. 特点

建筑生产是综合加工，具有生产周期长、分阶段进行的特点，各阶段生产的物质成果也不同。从生产角度来看，建筑业具有生产过程的流动性，产品的个体性、单件性、空间上的固定性为特点，明显区别于其他物质生产部门，加之建筑产品形体庞大，生产周期长，消耗人力、物力、财力多，一次投资数量大，由此带来其生产组织的许多特点。

3. 行业分工

建筑业一般做如下专业分工：建筑物和构筑物的建造工程，机构设备和管道的安装工程，房屋建筑物、构筑物的维修工程以及罐、槽、箱等大型非标准件的现场制作。在建筑物、构筑物实地建造以前，还必须进行勘察设计。由于各国的社会劳动分工、生产社会化程度以及建筑业发展的历史进程各不相同，各国建筑业所包含的范围也有区别。在我国及西方国家，建筑业被划入第二产业，一般包括建筑设计、施工，以及和建筑有关的科研。建筑配件生产虽然也属于第二产业,但被划入加工工业,而不属于建筑业。至于有关工程项目的管理、咨询服务部门,则被划入第三产业。在我国,由于一般实行的是以建设单位为主进行投资和承包的体制,所以建设的规划设计、可行性研究由建设单位负责,建筑业只负责工程项目的设计和施工。当然,建筑业也可接受建设单位的委托进行勘察、规划和可行性研究。

对建筑的理解,不能停留在单项工程的生产经营和实地建造,而应从社会整体、从国民经济整体认识。从单项工程来说,建筑活动是对建筑物、构筑物的经营建造;由单项工程组成群体建筑,形成城镇居民点、商业区以至营业生产基地等社会形式;在区域经济规划指导下,又由小区、城市扩展为各具特色的经济区,这就由点扩展到面;在国家宏观指导下,大小不同各具特色的经济区,通过水路、陆路和航空交通及电信网络,形成国民经济的立体结构。因此,这一点对于建筑业的生产活动,是至关重要的。

5.1.2 建筑业作用与前景

建筑业的发展与整个国家的经济发展、人民生活的改善有着密切的关系。在西方经济发达国家,建筑业与钢铁、汽车工业并列为三大支柱产业。建筑工业作为重要的物质生产部门,在社会生产总值中,占有相当大的份额。新中国成立以后,我国将建筑业与工业、农业、交通运输业、商业全称为五大物质生产部门。目前,我国正处于从低收入国家向中等收入国家发展的过程中,建筑业的增长速度很快,对国民经济增长的贡献也很大。

建筑业在国民经济中的作用,总体来说,从城市化进程来看,社会对住宅的需求量很大,建筑业的市场空间相当大;建筑业是最富有吸纳农村剩余劳动力的行业,在当前我国面临突出的"就业问题""三农问题"形势下,建筑业发展对促进国民经济发展、农村劳动力转移和社会稳定起着无法替代的基础性作用。具体表现在以下几个方面:

第一,建筑业是国家工业建设和城市建设的主力军,承担着工业项目和民用建筑的勘察、设计施工、设备安装任务。住宅、公用设施的建设费用中,90%以上属于建筑施工安装费用。即使在化工业项目的总投资中,建设业完成的施工,设备安装费用也占60%左右。这些建筑产品构成重要的生产资料,在各行各业中起着固定资产的作用。

第二,建筑业是劳动密集型行业,在解决农民工就业问题上起着重要作用。目前建筑业吸纳农村富余劳动力近3000万人,占全行业职工总数的76%;全国进城务工的农村富余劳动力,1/3集中在建筑工业。建筑业为转移农村富余劳动力、加快城镇化进程、富裕农民、发展地方经济做出了突出贡献。

第三,建筑业带动相关产业。建筑业的生产带动相关产业的影响较大,其波及效果系数为1.1~1.3,从而促进了建材、冶金、有色、化工、轻工、电子、森工、运输等50多个相关产业的发展。建筑业物资消耗占全国总消耗量的比例分别占钢材的25%、木材的40%、水泥的70%、玻璃的76%、塑料的25%、运输量的28%,其容纳的就业人数占全社会劳动者人数的5%左右。每增加1亿元的建筑产值,就可带动其他产业增值约1.68亿元,从而带动了经济的发展。

第四,建筑业能及时反映国家经济发展状况。由于建筑业在国民经济中的特殊地位,在市场经济的条件下,它最能灵敏地反映国民经济的繁荣和萧条。当国民经济各个行业处于繁荣期时,全社会对固定资产和住宅消费的需求增加,建筑业自然同样处于兴旺时期;当国民经济处于萧条期时,工厂开工不足,固定资产大量闲置,私人资本投资锐减,建筑业的任务来源减少,从而处于衰落时期。而且,建筑业反映国民经济的繁荣和萧条还有个重要特征:建筑业的萧条先于国民经济萧条的"低谷",建筑业的复苏又滞后于国民经济的全面复苏。建筑业对整个国民经济可产生很大的相关效应,通过扩大或压缩固定资产投资规模来实现其对国民经济的这种调节作用。

第五,建筑业的生产改善了工作和生活环境,满足了人民日益提高的物质、文化生活的需要。衣、食、住、行是人类生活的基本需要。在这四大生活要素中,"住"所需要的房屋建筑是由建筑业建造的;"行"的基本条件如铁路、公路、码头、桥梁等,也是由建筑业开拓建造的。人类不仅居住、休息需要空间,而且劳动、工作也需要空间。此外,随着人民生活水平的提高,越来越多地需要各种各样的文化、娱乐、体育场所。所有这些空间都是通过建筑设计的创造劳动和建筑施工实现的,是建筑业所创造的人工环境。

第六,建筑业有着走向国际创收、创汇的巨大潜力。随着我国改革开放的不断深入,我国在国际建筑承包市场中也具有很大的潜力。通过走向国际承包市场,既能发展经济,扩大影响,又可以带动资本、技术、劳务、设备及商品输出创收外汇。建筑业在国家出口创汇方面的贡献非常突出。因此,国家将建筑业作为国民经济重要支柱产业之一,加以引导、扶持。

总之,建筑业与整个国民经济的发展和人民生活的改善有着密切的关系,成为各行各业发展的基础性先导行业,建筑业在国民经济中占有举足轻重的地位。建筑业被列为国家大力振兴的重点行业,并要使之尽快成为带动整个经济增长、结构升级的支柱产业。

5.1.3 建筑工程的分类与特点

1. 建筑工程的分类

建筑工程主要由四部分组成,一是包括铁路、公路、码头、机场等在内的交通设施工程;二是包括电站、厂房等在内的工业设施工程;三是包括堤坝、给水排水等在内的水利市政设施工程;四是包括剧院、体育馆、图书馆、教学楼、办公楼、旅馆、住宅等在内的公用和民用建筑工程,即土木建筑工程。

由于我国行业管理和学科分类的要求不同,把广义的土木建筑工程中的专业性很强的工程又单独划分为若干专业建筑工程,如水利工程、矿山建筑工程等。本章所论述的是狭义的土木建筑工程,主要是指房屋建筑工程和桥梁、道路工程。

建筑工程的对象是营造建筑物和构筑物。对于建筑物来说,一般分为工业建筑和民用建筑。工业建筑提供工业生产用的建筑物,包括各种车间及仓库等,而民用建筑泛指供人们生活起居和进行社会活动的一切非工业建筑。

具体包括以下几类:

1) 居住建筑类,包括住宅、宿舍、旅馆等建筑。

2）办公建筑类，如办公楼、写字楼等。

3）教育建筑类，如教学楼、实验室等。

4）文体建筑类，如文化馆、影剧院、图书馆、俱乐部、大会堂、体育馆、游泳馆等。

5）医疗福利建筑类，如医院、疗养院、福利院等。

6）交通邮电建筑类，如各种火车站、汽车站、轮船客运站、候机厅以及邮电局、电信局用房等。

7）商业金融建筑类，如银行、储蓄所，各类商店、商场、饮食店、浴室及各类服务业门市建筑等。

8）其他建筑类，如司法建筑、消防站、急救站、加油站、公共厕所以及其他不同于以上各类的民用建筑。

作为建筑物而言，一般应包括四个主要部分：与地基相连的基础工程、建筑结构工程、建筑围护和装饰工程及相应的建筑设备工程。

一般把营造建筑物和构筑物的活动称为工程建设，又把工程建设的任务称为工程建设项目。工程建设项目是作为工程建设投资和管理的对象而存在的。它是一次性的建设任务，需要经过项目决策、规划、设计、施工安装、竣工验收及交付使用等阶段才能完成和实现。

2. 建筑工程的特点

建筑工程的任务是设计和建造各种建筑物或构筑物，一般称之为建筑产品。它与其他工业生产的产品相比，具有特有的一系列技术经济特点，这主要体现在产品本身和建造（生产）过程及管理上。

（1）建筑产品的特点

建筑产品除了有各自不同的性质、用途、功能、设计、类型、使用要求外，还具备如下共同特点：

1）建筑产品固定。建筑物和构筑物都是建在指定的地点，并与地基固定在一起，使得建成后建筑产品一般是无法移动的。不同的地点、地形和地质条件就不一样，故每个建筑物或构筑物都要重新进行地基与基础设计，地基与基础是关系到建筑物和构筑物是否安全可靠的重要因素，必须精心设计、施工或处理。

2）建筑产品的多样性。建筑产品不同于其他工业产品，由于用户对建筑产品使用要求，功能、规模、结构形式、风格、舒适程度和美观的要求不同，以及环境、地点、经济条件等方面的约束，使得每个产品都要根据不同的要求单独设计、单独建造，使得建筑产品多种多样。

3）建筑产品形体庞大。一是占地面积大，平面尺寸大；二是竖向尺度高。截至2022年，世界上最高的建筑物已突破800m。因此无论规划、设计、施工的周期都很长，并且建成后又不能替换和解体，故对设计质量和施工质量要求都很高。

4）建筑产品涉及的工程技术复杂。由于建筑物或构筑物和地基连在一起，又承受各种荷载的作用，以及艺术风格、建筑功能、结构构造、所用建筑材料、装饰做法等方面都涉及复杂的工程技术问题。很多问题不是仅靠理论求解就可以解决的，需要试验并借助于经验。

因此，对设计和施工的技术和质量标准，以及对从业人员都提出了很高的要求。

5）建筑产品作为商品具有先交易、后生产的特点，因此必须监造。

（2）建筑工程建设的特点

除了建筑产品的特点外，建筑工程也具有自己的建设特点，具体如下：

1）工程建设周期长。由于建筑产品庞大，技术复杂，建筑中需要投入大量的劳动力、材料、机械等，因而与一般工业产品相比，其建设周期长。因此，如何合理设计、合理施工、精心组织、缩短建设周期并及早发挥投资效益，是工程建设所要解决的重要问题之一。

2）工程建设施工的单件性。由于建筑产品的特点，建筑产品的生产不同于一般工业产品，可以定型设计、批量生产，而是在选定的地点上单独设计和单独施工。即使是选用标准设计、通用构件或配件，但由于建筑产品所在地区的自然技术、经济条件的不同，使建筑产品的结构或构造、建筑材料、施工组织和施工方法等也要因地制宜加以修改，从而使各建筑产品生产具有单件性。

3）建筑产品生产的流动性。建筑产品的地点固定性决定了建筑生产的流动性。一般工业产品是在固定的工厂、车间内进行生产的，而建筑产品是在不同的地区，或不同的现场，或同一现场不同的单位工程，或同一单位工程而不同的部位上组织工人、机械围绕同一建筑产品进行流动的作业，故具有流动性。建筑产品的生产多为露天作业，受环境和自然条件的影响大。

4）建筑产品的生产复杂性。由于建筑产品的结构特征和功能要求及材料多样的技术特点，加之地基及外部环境的影响，使得其生产过程复杂，其质量控制难度大，涉及许多门学科知识和工程技术，使得建筑产品的生产具有复杂性。

（3）土木建筑工程建筑管理的特点

把土木建筑工程的产品看成一个项目，因此土木建筑工程建设管理具有项目管理的特点，其特点如下：

1）管理的针对性。因为土木建筑工程具有明确的建设目的、内容和任务量，具有明确的建设时间和预定的竣工日期，同时有确定的投资额以及质量标准，所以土木建筑工程的管理应具有针对性。应针对不同的项目制订不同的管理实施方案，采取不同的管理方法和手段，以确保该工程项目能在预定的质量、工期和投资目标内建成投入使用。

2）管理的系统综合性。土木建筑工程的管理是一个多目标的管理，涉及质量、工期和投资三大目标，并且影响因素多且经常变化，参加工程建设的单位多、专业也多，而工程建设又是一个过程，分成若干阶段。如何有效地进行系统管理、统筹管理和科学管理，实现工程建设的目标，是土木工程建设管理所要重点解决的课题。

3）管理的一次性。由于土木建筑工程项目是一次性的，故针对不同的项目，不论是设计、施工、监理，包括项目法人，都要重新组织，制订新的设计、施工、监理和管理方案，配备相应的管理班子。而项目完成后，该项目的班子就没有必要存在了。一次性的管理不便于积累经验，故项目控制任务量大。

5.2 建设程序与施工项目管理

5.2.1 建设项目的科学管理

任何一个项目运作,都必须进行科学管理。建设项目是指将一定量的投资,经过决策、设计、施工等的一系列程序,在一定约束下形成固定资产,并产生效益为目标的建设性事业。它既包括新建、扩建等扩大生产能力等的基本建设项目,又包括以节约、增加产品品种、提高质量、治理"三废"、劳动安全为主要目的的技术改造项目。建设项目的特点一般是规模较大,工作综合性强,涉及面很广。尤其基本建设项目,因其项目服役时间长、占用资金多、影响面大,更须谨慎从事。例如,建设一个核电站、一座大型水坝、一个大型钢铁联合企业这样的项目,如果没有严密的计划和科学的组织领导,没有集中、统一的指挥,没有各部分在时间和空间上的协调一致,没有严格的监督,没有科学的管理,是无法顺利进行的。就一个具体项目而言,要想获得较好的投资效果,必须瞻前顾后,统筹安排。首先要掌握项目所在地的水文地质、矿藏资源、气象条件,才能进行精心设计,精心施工。同时,要妥善解决原材料、燃料、能源的供应,废弃物的排放,生产协作和交通运输的配套等。

对建设项目进行科学管理,首先要强调项目建设的集中性。基本建设对于国民经济的现在和将来,起着举足轻重的作用,若不进行集中管理,很容易造成考虑不周和规模失控。只有按照总体规划、建筑物的设计与施工计划进行建设,并合理地使用经济资源,才能达到科学管理的目的。

建立项目科学管理的办法,主要是建立一套科学的管理体制,有一套严格的程序,将程序的科学性与建设的综合性统一,将其落实在人的素质上,并使人们能自觉地遵守法律和合理的规章制度。我国现在已经有一系列关于基本建设和建造活动中应该遵守的法律法规,如《建筑法》《土地管理法》《民法典》《统计法》《会计法》《审计法》《环境保护法》《城市规划条例》《建设工程质量监督管理条例》和《外汇管理条例》等。这些法律、法规、条例,必将在我国社会主义建设中发挥积极作用。

5.2.2 建设程序

建筑生产是一个多环节、多因素、影响长远的复杂动态系统,为了确保工程建设的经济效益和社会效益,各国都规定了严格的建设程序。

建设程序在国内习惯称为基本建设程序,是指基本建设全过程中各项工作必须遵循的先后顺序。它是指基本建设全过程中各环节、各步骤之间客观存在的不可破坏的先后顺序,是由基本建设项目本身的特点和客观规律决定的;进行基本建设,坚持按科学的基本建设程序办事,就是要求基本建设工作必须按照符合客观规律要求的一定顺序进行,正确处理基本建设工作中从制订建设规划、确定建设项目、勘察、设计、施工、安装,直到竣工验收交付使用等各个阶段、各个环节之间的关系，达到提高投资效益的目的，这是关系基本建设工作全局的一个重要问题，也是按照自然规律和经济规律管理基本建设的一个根本原则。

西方国家的项目建设分为两个时期（投资前期和投资时期）共五个阶段（机会研究、可行性研究评价、项目设计、签订施工安装合同和试生产）。建设程序十分重视投资决策，特别是可行性研究和技术经济论证，做得非常认真细致。他们用于可行性研究、规划和设计的时间一般占整个建设时间的三分之一，甚至二分之一。这样做的目的是建设项目的投资决策稳妥可靠，项目建成后可取得良好的经济效益。另外，在采购设备材料和组织管理过程中，采用国际公开招标的方式，可以通过竞争采购到廉价优质的产品和技术，降低了生产成本。

我国的建设项目建设程序分为三个建设时期共六个阶段，三个建设时期分别为建设前期、施工准备时期和建设时期；六个阶段分别为项目建议书阶段、可行性研究（论证）阶段、设计工作阶段、建设准备阶段、建设实施阶段和竣工验收阶段。

（1）项目建议书阶段

项目建议书是业主单位向国家有关部门提出的要求建设某一建设项目的建议文件，是对建设项目的轮廓设想，是从拟建项目的必要性及大方面的可能性加以考虑的。在客观上，建设项目要符合国民经济长远规划，符合部门、行业和地区规划的要求。

（2）可行性研究阶段

可行性研究是指在项目决策前，通过对项目有关的工程、技术、经济等各方面条件和情况进行调查、研究、分析，对各种可能的建设方案和技术方案进行比较论证，并对项目建成后的经济效益进行预测和评价的一种科学分析方法，由此考查项目技术上的先进性和适用性，经济上的盈利性和合理性，建设上的可能性和可行性。当项目建议书经批准后，应紧接着进行可行性研究。可行性研究的主要任务是通过多方案比较，提出评价意见，推荐最佳方案。

可行性研究的内容可概括为市场（供需）研究、技术研究和经济研究三项。具体来说，工业项目可行性研究的内容是：项目提出的背景、必要性、经济意义、工作依据与范围、对需求的预测和拟建规模、资源材料和公用设施情况、建厂条件和厂址方案、环境保护、企业组织定员及培训、实际进度建议、投资估算数和资金筹措、社会效益及经济效益。在可行性研究的基础上，编制可行性研究报告。承担可行性研究工作的单位必须是经过资格审定的规划、设计和工程咨询单位，要有承担相应项目的资质。

可行性研究报告经批准后，是初步设计的依据，不得随意修改和更改。如果在建设规模、产品方案、建设地区、主要协作关系等方面有变动以及突破投资控制数额时，应经原批准机关同意。

按照现行规定，大中型和限额以上项目可行性研究报告经批准之后，项目可根据实际需要组成筹建机构，即组织建设单位。但一般改、扩建项目不单独设立筹建机构，仍由原企业负责筹建。

（3）设计工作阶段

一般项目进行两阶段设计，即初步设计和施工图设计。技术上比较复杂而又缺乏设计经验的项目，在初步设计阶段后加技术设计。

1）初步设计是根据可行性研究报告的要求所制订的具体实施方案。目的是阐明在指定的地点、时间和投资控制数额内，拟建项目在技术上的可能性和经济上的合理性，并通过对工程项目所做出的基本经济规定，编制项目总概算。

初步设计不得随意改变被批准的可行性研究报告中所确定的建设规模、产品方案、工程标准、建设地址和总投资等控制指标。如果初步设计提出的总概算超过可行性研究报告总投资的10%以上或其他主要指标需要变更时，应说明原因和计算依据，并报可行性研究报告审批单位同意。

2）技术设计是根据初步设计和更详细的调查研究资料编制的，进一步解决初步设计中的重大技术问题，如工艺流程、建筑结构、设备选型及数量确定等，以使建设项目的设计更具体，更完善，技术经济指标更好。

3）施工图设计完整地表现建筑物外形、内部空间分割、结构体系、构造状态、建筑群的组成和周围环境的配合，具有详细的构造尺寸。它还包括各种运输、通信、管理系统、建筑设备的设计。在工艺方面，应具有确定各种设备的型号、规格及各种非标准设备的制造加工图。在施工图设计阶段应编制施工图预算。

（4）建设准备阶段

1）建设开工前的准备。主要内容包括征地、拆迁和场地平整；完成施工用水、电、路等工程；组织设备、材料订货；准备必要的施工图；组织招标投标（包括监理、施工、设备采购、设备安装等方面的招标投标）并择优选择施工单位，签订施工合同。

2）项目开工审批。建设单位在工程建设项目已批准，建设资金已经落实，各项准备工作就绪后，应当向当地建设行政主管部门或项目主管部门及其授权机构申请项目开工审批。

（5）建设实施阶段

1）项目新开工建设时间。开工许可审批之后即进入项目建设施工阶段。开工之日按统计部门规定是指建设项目设计文件中规定的任何一项永久性工程（无论生产性或非生产性）第一次正式破土开始施工的日期。公路、水库等需要进行大量土、石方工程的，以开始进行土方、石方工程作为正式开工日期。

2）年度基本建设投资额。国家基本建设计划使用的投资额指标是以货币形式表现的基本建设工作，是反映一定时期内基本建设规模的综合性指标。年度基本建设投资额是建设项目当年实际完成的工作量，包括用当年资金完成的工作量和动用库存的材料、设备等内部资源完成的工作量；而财务拨款是当年基本建设项目实际货币支出。投资额是以构成工程实体为准，财务拨款是以资金拨付为准。

3）生产或使用准备。生产准备是生产性施工项目投产前所要进行的一项重要工作。它是基本建设程序中的重要环节，是衔接基本建设和生产的桥梁，是建设阶段转入生产经营的必要条件。使用准备是非生产性施工项目正式投入运营使用所要进行的工作。

生产准备工作的内容根据企业的不同而异，总体来说，包括组织管理机构，制定管理制度和有关规定；招收并培训生产人员，组织生产人员参加设备的安装、调试和工程验收；签订原料、材料、协作产品、燃料、水、电等供应及运输的协议；进行工具、器具、备品、备件的制造或订货；其他必需的生产准备。

(6) 竣工验收阶段

在竣工阶段的验收要求如下：

1) 竣工验收的范围。根据国家规定，所有建设项目按照上级批准的设计文件所规定的内容和施工图的要求全部建成，工业项目经负荷试运转和试生产考核能够生产合格产品，非工业项目符合设计要求，能够正常使用，都要及时组织验收。

2) 竣工验收的依据。按国家现行规定，竣工验收的依据是经过上级审批机关批准的可行性研究报告、初步设计或扩大初步设计（技术设计）、施工图和说明、设备技术说明书、招标投标文件和工程承包合同、施工过程中的设计修改签证、现行的施工技术验收标准和规范以及主管部门有关审批、修改、调整文件等。

3) 竣工验收的准备。一是整理技术资料。各有关单位（包括设计、施工单位）应将技术资料进行系统整理，由建设单位分类立卷，交生产单位或使用单位统一保管。技术资料主要包括土建方面、安装方面及各种有关的文件、合同和试生产的情况报告等。二是绘制竣工图。竣工图必须准确、完整、符合归档要求。三是编制竣工决算。建设单位必须及时清理所有财产、物资和未花完或应收回的资金，编制工程竣工决算，分析预（概）算执行情况，考核投资效益，报规定的财政部门审查。竣工验收必须提供的资料文件，一般非生产项目的验收要提供以下文件资料：项目的审批文件、竣工验收申请报告、工程决算报告、工程质量检查报告、工程质量评估报告、工程质量监督报告、工程竣工财务决算批复、工程竣工审计报告、其他需要提供的资料。

4) 竣工验收的程序和组织。按国家现行规定，建设项目的验收根据项目的规模大小和复杂程度可分为初步验收和竣工验收两个阶段进行。规模较大、较复杂的建设项目应先进行初验，然后进行全部建设项目的竣工验收。规模较小、较简单的项目，可以一次进行全部项目的竣工验收。

建设项目全部完成，经过各单项工程的验收，符合设计要求，并具备竣工图表、竣工决算、工程总结等必要文件资料，由项目主管部门或建设单位向负责验收的单位提出竣工验收申请报告。竣工验收的组织要根据建设项目的重要性、规模大小和隶属关系而定，大中型和限额以上基本建设和技术改造项目，由国家发展和改革委员会或由其委托项目主管部门、地方政府部门组织验收，小型项目和限额以下基本建设和技术改造项目由项目主管部门和地方政府部门组织验收。竣工验收要根据工程的规模大小和复杂程度组成验收委员会或验收组。验收委员会或验收组负责审查工程建设的各个环节，听取各有关单位的工作总结汇报，审阅工程档案并实地查验建筑工程和设备安装，并对工程设计、施工和设备质量等方面做出全面评价。不合格的工程不予验收；对遗留问题提出具体解决意见，限期落实完成。最后经验收委员会或验收组一致通过，形成验收鉴定意见书。验收鉴定意见书由验收会议的组织单位印发各有关单位执行。

生产性项目的验收根据行业不同有不同的规定。工业、农业、林业、水利及其他特殊行业，要按照国家相关的法律、法规及规定执行。上述程序只是反映项目建设共同的规律性程序，不可能反映各行业的差异性。因此，在建设实践中，还要结合行业项目的特点和条件，有效地去贯彻执行基本建设程序。

5.2.3 施工项目管理

1. 施工项目管理的全过程

施工项目管理的对象是施工项目生命周期各阶段的工作。施工项目生命周期可分为五个阶段，构成了施工项目管理有序的全过程。

（1）投标、签约阶段

业主单位对建设项目进行设计和建设准备，具备了招标条件以后，便发出招标通知（或邀请函），施工单位收到通知，做出投标决策直至中标签约。这是施工项目生命周期的第一阶段，称为立项阶段。该阶段的最终管理目标是签订工程承包合同。这一阶段主要进行以下工作：建筑施工企业从经营战略的高度做出投标决策，编制投标书；从多方面收集大量有关信息；中标后，则与招标方进行谈判，依法签订工程承包合同。

（2）施工准备阶段

合同关系正式确立以后，施工单位便应组建项目经理部，由其负责与企业经营层、管理层和业主单位进行配合，进行施工准备，使工程具备开工和连续施工的基本条件。

这一阶段主要进行以下工作：

1）成立项目经理部，根据工程管理的需要建立机构，配备管理人员。

2）编制施工方案并组织设计，以指导施工准备和施工。

3）制订施工项目管理规划，以指导施工项目管理活动。

4）进行施工现场准备，使现场具备施工条件，以利于进行文明施工。

（3）施工阶段

这是一个自开工至竣工的实施过程。在这一过程中，项目经理部既是决策机构，又是责任机构。经营管理层、业主单位、监理单位的作用是支持、监督与协调。这一阶段的目标是完成合同规定的全部施工任务，达到验收、交工的条件。

（4）验收、交工与结算阶段

其目标是对项目成果进行总结、评价，对外结算债权、债务，结束交易关系。

（5）用后服务阶段

这是施工项目管理的最后阶段，即在交工验收后，按合同规定的责任期进行用后服务、回访与保修，其目的是保证使用单位正常使用，发挥效益。

2. 施工项目管理的内容

在施工项目管理的全过程中，为了取得各阶段目标和最终目标的实现，在进行各项活动中，必须加强管理工作。

（1）施工项目的组织机构管理

施工项目组织机构管理与企业组织机构管理是局部与整体关系。组织机构设置的目的是进一步充分发挥项目管理功能，提高项目整体管理水平，以达到项目管理的最终目标。高效的组织体系和组织机构的建立是施工项目管理成功的组织保证。首先要做好组织准备，建立一个能完成管理任务，令项目经理指挥灵便、运转自如、工作高效的组织机构——项目经理部。组织系统能否正常运转，首先要看项目部领导核心——项目经理。选择什么人担任项目经理，看施工项目的需要，不同的项目需要不同素质的人才。项目经理应具备一定的基本素质：领导才能、政治素质、理论知识水平、实践经验、时间观念。

（2）施工项目质量管理

1）建立质量保证体系，使施工企业依据质量保证模式，编写质量手册，制定质量方针、技师目标，使之更具有指令性、系统性、协调性、可操作性、可检查性。

2）实行人、材料、施工机械的控制，提高建设人员的责任感，树立质量第一的观念；对建筑材料的质量实行严格的控制；实现施工机械化，对施工项目的进度、质量有着直接的影响。

3）控制施工环境与施工工序。根据工程项目的特点和具体条件，应对影响质量的环境因素，采取有效的措施严加控制，尤其是施工现场，应建立文明施工和文明生产的环境，保持材料工件堆放有序，道路畅通，为确保质量和安全创造良好的条件。应采用数理统计方法对工序质量进行控制，通过对工序部分检验的数据进行统计、分析，来判断整个工序的质量是否稳定、正常，其步骤为：实测—分析—判断。因此，要严格遵守工艺流程，控制工序活动条件的质量，及时检查工序活动效果，设置质量控制点，以便在一定时期内、一定条件下进行强化管理，使工序始终处于良好的受控状态。

（3）施工项目的成本管理

施工项目的成本是指以施工项目作为成本核算对象的施工过程中所耗费的生产资料转移价值和劳动者的必要劳动所创造的价值和货币形式。施工项目的成本分为预算成本、计划成本、实际成本。预算成本是反映各地区建筑业的平均水平，根据施工图和工程量计算规则计算出来的工程量，以及有关取费标准得出。计划成本是指项目部按计划期的有关资料，在实际成本发生前计算的成本。实际成本是施工项目在施工期内实际发生的各项生产费用的总和。实际成本与计划成本比较可揭示成本的节约或超支，说明经营效果。实际成本和预算成本比较，可反映项目的盈亏情况。

1）制定施工项目成本管理的措施。施工项目成本的控制，不仅是专业成本人员的责任，也是项目管理人员，特别是项目部经理的责任。要按照自己的业务分工负责，围绕生产经营这个中心开展工作。要建立以项目经理为核心的项目成本控制体系，实行项目经理负责制，就是要求项目经理对施工进度、质量、成本、安全和现场管理标准化全面负责，特别要把成本的控制放在首位。

2）建立项目成本管理责任制。项目管理人员的成本责任不同于工作责任，工作责任完成不等于成本责任完成。如：单方强调质量，忽视了成本；单方做到供货及时，但忽视昂贵的价格等。因此，在完成工作责任的同时，还应考虑成本责任的实施，进一步明确成本管理责任，使每个管理者都有成本管理意识，做到精打细算。

（4）施工项目安全生产与文明施工的管理

所谓施工项目安全管理就是施工项目在施工过程中，组织安全生产的全部活动，通过对生产因素的具体控制，使生产因素不安全的行为和状态减少或消除，不引发事故，从而保证施工项目的正常运行。

5.3 建筑工程常用施工方法

建筑施工技术是一门研究建筑工程施工中各主要工种工程的施工工艺、技术和方法的学科，它包括土方工程、桩基础工程、砌筑工程、钢筋混凝土工程、预应力混凝土工程、结构安装工程、防水工程、装饰工程等。

5.3.1 建筑施工规范

建筑施工规范和规程是我国建筑界常用的标准，由国务院有关部委批准颁发，作为全国建筑界共同遵守的准则和依据，它分为国家、行业、地方、企业四级。

建筑施工方面的规范非常多，例如，与建筑物验收相关的有：《土方与爆破工程施工及验收规范》《建筑地基基础工程施工质量验收标准》《砌体结构工程施工质量验收规范》《混凝土结构工程施工质量验收规范》《钢结构工程施工质量验收标准》等。这些规范是国家级的，标准代号为GB×××。

5.3.2 土方工程分类及施工特点

1）工业与民用建筑工程中土方工程一般分为四类：①场地平整；②基坑（槽）及管沟开挖；③土方开挖；④土方填筑。

2）土方工程的特点：①面广量大、机械施工多；②施工条件复杂，土方工程多为露天作业，施工受当地气候条件影响大，且土的种类繁多，成分复杂，工程地质及水文地质变化多，也对施工影响较大。

土方工程包括一切的挖掘、填筑和运输等过程以及排水、降水和土壁支撑等辅助工程。在土方工程施工之前，必须计算土方工程量。一般采用具有一定精度而又和实际情况近似的方法进行计量。土方工程的准备工作及辅助工作是保证土方工程顺利进行所必不可少的，包括场清理、排除地面水以及土壁支撑等。

土方工程的施工过程尽量采用机械施工，以减轻繁重的体力劳动和提高施工速度。土方开挖根据土质不同及土方量的多少可用推土机、铲运机、挖掘机等机械设备。填土可采用人工填土和机械填土。填土后要进行压实，填土压实的方法有碾压、夯实和振动压实等几种，可根据实际进行选择采用。

5.3.3 砌筑工程的施工方法

砌筑工程是指用砂浆和普通黏土实心砖、空心砖、硅酸盐类砖、石材和各类砌块组成砌体的工程。其中，砖砌体广泛应用于民用住宅工程，而砌块还应用于框架结构的填充墙。

砖石结构在我国有着悠久的历史。"秦砖汉瓦"在我国古代建筑中占有重要的地位；它具有取材方便、保温隔热、隔声、耐火、造价低廉和施工简单等特点；但是，由于各种砌体均由手工砌筑，生产效率低、工期长、劳动强度高，难以适应建筑工业化的需要，且烧黏土砖需占用大量农田，能源消耗高，因此砌筑材料的改进是目前墙体改革的重点。

1. 砌筑材料

主要是砖、石或砌块以及砌筑砂浆。

2. 砌砖工程

（1）砖砌体的组砌形式

砖砌体搭砌时应上下错缝，内外搭砌，以保证砌体的整体性及稳定性。

（2）房屋建筑砖墙砌筑的具体做法

1）抄平：砌砖墙前，先在基础面或楼面上按标准的水准点定出各层标高，并用水泥砂浆或C10细石混凝土找平。

2）放线：建筑物底层墙身可按龙门板上轴线定位钉为准拉麻线，沿麻线挂下线锤，将墙身中心轴线放到基础面上，并据此墙身中心轴线为准弹出纵横墙身边线，并定出门窗洞口位置。为保证各楼层墙身轴线的重合，并与基础定位轴线一致，可利用预先引测在外墙面上的墙身中心轴线，借助于经纬仪把墙身中心轴线引测到楼层上去，或用线锤挂，对准外墙面上的墙身中心轴线，从而向上引测。轴线的引测是放线的关键，必须按图样要求尺寸用钢皮尺进行校核。然后，按楼层墙身中心线，弹出各墙边线，划出门窗洞口位置。

3）摆砖样：按选定的组砌方法，在墙基顶面放线位置试摆砖样（生摆，即不铺灰），尽量使门窗垛符合砖的模数，偏差小时可通过竖缝调整，以减小斩砖数量，并保证砖及砖缝排列整齐、均匀，以提高砌砖效率。摆砖样在清水墙砌筑中尤为重要。

4）立皮数杆：立皮数杆可以控制每皮砖砌筑的竖向尺寸，并使铺灰、砌砖的厚度均匀，保证砖皮水平。皮数杆上划有每皮砖和灰缝的厚度，以及门窗洞、过梁、楼板等的标高。它立于墙的转角处，其基准标高用水准仪校正。若墙的长度很大，可每隔10~20m再立一根。

5）砌砖：宜采用一铲灰、一块砖、一挤揉的"三一"砌砖法，即满铺、满挤操作法。砌砖一定要跟线，"上跟线，下跟棱，左右相邻要对平"。水平灰缝厚度和竖向灰缝宽度一般为10mm，但不应小于8mm，也不应大于12mm。

5.3.4 混凝土工程的施工方法

混凝土工程施工包括骨料加工，混凝土拌制、运输、浇筑、养护等内容。

1. 骨料加工

混凝土骨料包括天然骨料和人工骨料两种。前者的加工程序有：开采→筛分→冲洗→堆存；后者的加工程序有：开采→破碎→筛分→冲洗→堆存。

2. 混凝土拌制

1）配料要求准确。规范规定，配料的重量允许偏差为：水泥、水及外加剂为1%，骨料为2%。

2）混凝土的拌和可用人工拌和及机械拌和两种方法。前者主要适用于零星、分散的少量混凝土的拌和。混凝土搅拌机按其搅拌原理可分为强制式和自落式两类。

3. 混凝土运输

1）要求混凝土的运输必须保证混凝土不发生离析，不漏浆，不初凝，有规定的坍落度，并且在运抵仓面后混凝土还能有足够的有效浇筑时间。所以，运输时间应尽量短，运输工具行驶平稳，应防晒、防雨、防风、防冻，转运次数要少，自落高度要小，落差大时，要设置溜槽、溜管等缓降装置。

2）混凝土的运输可分为垂直运输和水平运输两类。运输工具和机械可根据运输量、运距及设备条件合理选用。

4. 混凝土浇筑

混凝土浇筑包括仓面准备、入仓铺料、平仓振捣和养护几个环节。所谓浇筑仓面的准备工作是指地基表面处理和施工缝处理。入仓铺料则是混凝土是采取分层铺料方式浇筑的。其方式有以下三种，即平层铺料法、阶梯铺料法和斜层铺料法。每层混凝土的铺料厚度要根据振捣器可振深度、混凝土供料强度、坍落度等因素确定。通常层厚为25~40cm，当不采用振捣器组时，可达70~80cm。混凝土铺料对供料强度有一定的要求，应保证每一浇筑层在初凝之前就能被覆盖上一层混凝土，并振实为整体。平仓振捣包括平仓和振捣两个环节，平仓是指将卸入仓内成堆的混凝土，按要求厚度摊平的过程。振捣混凝土应按一定的顺序和间距插点，均匀地进行，防止漏振和重振，棒头应垂直插入，插入下层混凝土5cm左右，以加强层间结合，每点振捣至混凝土面停止下沉、表面泛浆且不再冒气泡（加气混凝土应不再大量冒气泡。若不再冒气泡，则已过振，含气量将不足）即可。时间过短，则达不到密实要求；过振将使粗骨料过度沉落，形成人为的上、下分层现象，导致层内上、下强度分布不均。振捣时应不碰模板、钢筋和预埋件，以免引起位移、变形、漏浆以及破坏已初凝的混凝土与钢筋粘结。养护则是指在砌砖施工后采取的一种保持混凝土适当的温湿条件，促进混凝土的凝结硬化。

5. 混凝土冬期施工

混凝土冬期施工实际上是指低温季节的混凝土施工。混凝土冬期施工的主要任务是保温防冻。根据当地气象资料确定，当室外日平均气温连续5d稳定低于5℃时，砌体工程应采取冬期施工措施。在冬期施工期限以外，如果当日最低气温低于0℃时，也应按冬期施工措施进行。

混凝土冬期施工措施归纳起来有三类：蓄热法、外部加热法和掺外加剂法。

5.4 建筑机械设备与施工技术

5.4.1 概述

建筑机械是工程建设和城乡建设所用机械设备的总称,在我国又称为"建设机械""工程机械"等,它由挖掘机械、铲土运输机械、压实机械、工程起重机械、桩工机械、路面机械、混凝土机械、混凝土制品机械、钢筋及预应力机械、装修机械、高处作业机械等多种机械组成,这与我国的建筑机械制造发展密切相关。建筑工程机械制造业是专用设备制造业的重要组成部分。建筑工程机械制造业的发展与国民经济现代化发展和基础设施水平息息相关,建筑工程机械制造是否先进发达,直接影响到交通运输建设、农林水利建设、工业与民用建筑、重大国防建设等领域的发展。在发展相关产业中,建筑工程机械产品具有重要的、不可替代的作用。

目前,我国的建筑工程机械行业已基本形成了一个完整的体系,能生产挖掘机械、铲土运输机械、压实机械、混凝土机械等4000多种规格的产品。改革开放以来,工程机械行业的经济结构和运行机制发生了重大变化,行业规模有了很大发展,形成了包括国有、集团、民营在内的多种经济成分并存发展与相互促进的企业所有制格局,满足市场需求和企业竞争能力得到了明显增强。

5.4.2 分类

建筑机械是指建筑施工所用的各种机械。我国根据生产和传统的习惯,把建筑机械和筑路机械以及其他工程建设用的机械统称为工程机械。主要产品有铲土运输机械、挖掘机械、工程起重机械、桩工机械、压实机械、钢筋与混凝土施工机械、路面施工机械、凿岩机械与风动工具。

国内建筑施工部门仍将上述产品统称为建筑机械。此节简单介绍土方工程机械、起重机械和桩工机械。

土方工程机械是对土壤进行搬移作业的机械,有推土机、铲运机、挖掘机等。

起重机械用来安装工业与民用建筑的房屋构件、吊运各种建筑材料及安装各种设备等。它是建筑工程必不可少的一种重要的建筑机械。建筑起重机械是指各类塔式起重机、门式起重机、施工升降机、物料提升机、高处作业吊篮和整体提升脚手架。

建筑工程的桩基有预制桩与灌注桩两种形式,所用的材料为钢筋和混凝土。桩工机械是应上述两种桩的工艺要求而出现的施工机械,有打桩机械、成孔机械和钻孔机械等。打桩机械可以将各种预制桩打入设计的持力层上,打入的方法有捶击、振动、静压等。成孔机械是按桩的截面尺寸、深度要求在桩位上钻孔,然后浇入混凝土,使其凝结硬化成桩。钻孔机械方式有机械螺旋钻孔、冲击头冲击地坪成孔等。

5.4.3 建筑施工新技术

在建筑工程施工的过程中，大致可以分为地基基础工程、主体结构工程、装饰装修工程，在这些分部工程中都有新的施工技术被广泛应用，例如水泥粉煤灰碎石（CFG）桩复合地基技术、钢筋连接施工技术、预应力混凝土施工技术、滑模施工技术等。

1. 水泥粉煤灰碎石桩复合地基技术

在进行地基处理时，新的水泥粉煤灰碎石桩施工技术具有施工简单，材料成本较低，施工速度也快的优点，在一些基础承载力较小的工地已经基本取代了混凝土灌注桩，这种新型的桩基施工技术能更好地控制质量，避免因地基承载力不足出现质量问题。

2. 钢筋连接施工技术

目前运用较广泛、可靠性较高的钢筋连接技术主要包括挤压套筒连接技术和螺纹咬合连接技术两种。直螺纹接头连接是较新的钢筋连接技术。直螺纹的接头分为"Ⅰ"型、"Ⅱ"型、"Ⅲ"型三种不同形式。在直螺纹接头连接的施工中，对于标准头，要把装好连接套筒一端的钢筋拧到被连接钢筋上，套筒外露的丝扣要小于一个整扣；对于加长丝头，首先要把锁紧螺母和标准套筒按一定顺序拧在加长丝头钢筋的一侧，然后把待连接钢筋的标准丝头拧在其后，接着把套筒拧回标准丝头那一侧，最后将螺母与标准套筒拧紧锁定。与挤压套筒连接技术相比，螺纹连接技术施工效率更高，受环境影响较小，适用范围更广。

3. 预应力混凝土施工技术

在建筑工程的施工中，经常会出现混凝土裂缝的质量问题，通过预应力混凝土施工技术可以显著改善这个问题。具体的做法是在对一些常见部位进行混凝土施工时，为了避免混凝土出现应力裂缝，提前给混凝土施加一个预应力，这个应力可以通过操作台施加或者通过钢筋与混凝土的连接传递，这样提前张拉后，在后期使用过程中，混凝土在荷载的作用下要先消除压力，才会慢慢受到拉力作用，这样可以有效避免混凝土构件受拉裂缝的产生。

4. 滑模施工技术

在对一些大型高层建筑进行模板施工时，由于其竖向结构高度较高，模板施工较为复杂，对于支撑体系的要求也较高，为了提高施工效率，保证施工安全，滑模施工技术被广泛应用到高层建筑模板施工中，在具体的施工中先通过液压滑模装置安装在首层或者首段结构，进行第一层模板的施工，待首层混凝土浇筑完成后，通过液压系统慢慢提升整个模板体系，这样既节省了材料，也提高了施工效率，是一种值得大力推广的先进的施工技术。

5.5 施工项目的质量安全管理

5.5.1 施工项目质量问题

1. 施工项目质量问题的特点

施工项目质量问题具有复杂性、严重性、可变性和多发性的特点，具体如下：

(1) 复杂性

施工项目质量问题的复杂性,主要表现在引发质量问题的因素复杂,从而增加了对质量问题的性质、危害的分析、判断和处理的复杂性。

(2) 严重性

施工项目质量问题,轻者影响施工顺利进行,拖延工期,增加工程费用;重者给工程留下隐患,成为危房,影响安全使用或不能使用;更严重的是引起建筑物倒塌,造成人民生命财产的巨大损失。

(3) 可变性

许多工程质量问题,还将随着时间的推移而不断发展变化。在分析、处理工程质量问题时,一定要特别重视质量事故的可变性,及时采取可靠的措施,以免事故进一步恶化。

(4) 多发性

施工项目中有些质量问题,就像"常见病""多发病"一样经常发生,而成为质量通病,如屋面、卫生间漏水;抹灰层开裂、脱落;地面起砂、空鼓;排水管道堵塞;预制构件裂缝等。另外,有一些同类型的质量问题,往往重复发生,如雨篷的倾覆,悬挑梁、板的断裂,混凝土强度不足等。因此,吸取多发性事故的教训,认真总结经验,是避免事故重演的有效措施。

施工质量是否合格,直接关系到建筑物的安全,因此必须严格控制质量关。

2. 施工项目质量问题分析、处理的目的及程序

(1) 施工项目质量问题分析、处理的目的

1) 正确分析和妥善处理所发生的质量问题,以创造正常的施工条件。

2) 保证建筑物、构筑物的安全使用,减少事故的损失。

3) 总结经验教训,预防事故重复发生。

4) 了解结构实际工作状态,为正确选择结构计算简图、构造设计,修订规范、规程和有关技术措施提供依据。

(2) 施工项目质量问题分析、处理的程序

事故发生后,应及时组织调查处理,确定事故的范围、性质、影响和原因等,并将调查结果整理、撰写成事故调查报告。其内容包括:①工程概况,重点介绍事故有关部分的工程情况;②事故情况,事故发生时间、性质、现状及发展变化的情况;③是否需要采取临时应急防护措施;④事故调查中的数据、资料;⑤事故原因的初步判断;⑥事故涉及人员与主要责任者的情况等。

(3) 质量问题不进行处理的论证

施工项目的质量问题并非都要处理,即使有些质量缺陷,也可以针对工程的具体情况,经过分析、论证,做出无须处理的结论。总之,对质量问题的处理,也要实事求是,既不能掩饰,也不能扩大,以免造成不必要的经济损失和延误工期。无须进行处理的质量问题常有以下几种情况:

1) 不影响结构安全、生产工艺和使用要求。例如,有的建筑物在施工中发生了错位,

若要纠正，困难较大，或将造成重大的经济损失。经分析论证，只要不影响工艺和使用要求，可以不做处理。

2）检验中的质量问题，经论证后可不做处理。例如，混凝土试块强度偏低，而实际混凝土强度经测试论证已达到要求，就可不做处理。

3）某些轻微的质量缺陷，通过后续工序可以弥补的，可不处理。例如，混凝土墙板出现了轻微的蜂窝、麻面，而该缺陷可通过后续工序抹灰、喷涂、刷白等进行弥补，则无须对墙板的缺陷进行处理。

4）对出现的质量问题，经复核验算，仍能满足设计要求者，可不做处理。例如，结构断面被削弱后，仍能满足设计的承载能力，但这种做法实际上在挖设计的潜力，因此需要特别慎重。

（4）质量问题处理的鉴定

质量问题处理是否达到预期的目的，是否留有隐患，需要通过检查验收来得出结论。事故处理质量检查验收，必须严格按施工验收规范中有关规定进行，必要时还要通过实测、实量，荷载试验，取样试压，仪表检测等方法来获取可靠的数据，这样才可能对事故得出明确的处理结论。

事故处理结论的内容有以下几种：①事故已排除，可以继续施工；②隐患已经消除，结构安全可靠；③经修补处理后，完全满足使用要求；④基本满足使用要求，但附有限制条件，如限制使用荷载，限制使用条件等；⑤对耐久性影响的结论；⑥对建筑外观影响的结论；⑦对事故责任的结论等。

此外，对一时难以得出结论的事故，还应进一步提出观测检查的要求。

事故处理后，还必须提交完整的事故处理报告，其内容包括事故调查的原始资料、测试数据，事故的原因分析、论证，事故处理的依据，事故处理方案、方法及技术措施，检查验收记录，事故无须处理的论证，以及事故处理结论等。

5.5.2 解决质量安全问题的途径

应该说，工程质量和安全的解决是一个社会综合治理的问题，在国际上称为"3E"管理，即工程（Engineering）、教育（Education）和管理（Enforcement）。经验证明，只抓一个"E"是不能解决工程质量和安全问题的。

1. 工程的途径

尊重工程的规律是保证质量和安全的基础。工程的概念可概括为人们综合应用科学理论和技术投入手段，在改造客观世界中所进行的具体实践活动及其取得的实际成果。许多发达国家和地区，凡重大工程立项，都依法由政府直接委派本国或本地区著名大学的教授和行业专家组成审查委员会把关，对不合格的设计和施工方案有权予以否决，在机制上为工程的安全性提供了保障。

建筑工程的质量和寿命与建材产品的质量有着直接的关系。有的施工单位用低强度等级水泥建设相同强度要求的混凝土结构，各种材料用量都要相应增加，甚至因建筑自重增加，连地基都要相应增大，而寿命反而缩短。近年来，全世界混凝土工程界一致认为，在设计时不仅要考虑强度指标，更重要的是要考虑工程的耐久性，这对建材产品性能提出了更高的要求，也是在建材方面为工程的安全性提供保障的一个重要途径。

2. 教育的途径

工程质量和安全与从业人员素质关系极大，因此教育必须加强。这里教育的概念应该是全方位的，上至总工程师、项目负责人，下至工人班组和个人，都需要加强工程质量和安全教育。特别是在对三维立体、施工过程安全控制、耐久性、材料的时间和温度效应等概念认识不清或认识不足，都会演化为安全隐患。

工程质量和安全教育的重点对象是施工现场的管理人员，这要与施工体制改革中学习先进工程管理方法结合起来。现代大工程虽然经层层承包，施工现场仍必须井然有序，确保安全。因此，对施工人员进行安全教育是首要的任务，同时要进行安全宣传工作，结合工程技术的特点，按照安全教育培训的方法，对施工人员进行全面、系统的教育，提高施工人员的业务素质，按规范要求施工，以确保建筑工程施工质量的安全可靠。

3. 强制性管理措施

法律法规属于社会学范畴，但对工程质量和安全是十分重要的。这也说明工程自身正进入更加成熟的阶段，即社会工程学阶段。工程师不仅要学会与社会、政府主管部门对话，而且要学会利用社会的、政府的力量和组织促进工程的实践。这是一个世界的潮流，整个科学技术领域已不再仅靠分析来解决问题，系统的思想已深入人心。

我国目前还缺乏保证工程质量和安全的成套法规，这无疑是应该抓紧建立与健全的，并且要将其建立在科学研究的基础上的。除进行工程的研究外，还应有心理学等方面的研究，其应用效果同样是十分显著的。从某种意义上说，加强执法管理更为重要，特别在当前更有现实意义。

因此，坚持质量安全问题就是要坚持安全管理原则，即坚持安全与生产同步，管生产必须抓安全，安全寓于生产之中，并对生产发挥促进与保证作用；坚持建筑施工过程控制人的不安全行为与物的不安全状态，避免产生管理上的缺陷；制定建筑施工安全管理措施，加强施工项目的安全管理，制定确实可行的安全管理制度和措施。同时要落实安全责任，实施责任管理，加强安全教育，例行安全检查。

5.6 建筑工业化

5.6.1 建筑业发展

工业革命导致了建筑从传统手工业形式走向工业化，从而产生了具有划时代意义的现代建筑。随着信息时代的到来，在建筑呈现多元化发展的同时，以高技术为代表的第二代机器美学使建筑出现的工业化倾向，是对现代建筑的继承和发展。

法国是世界上推行建筑工业化最早的国家之一。它于20世纪50—70年代走过了一条以全装配式大板和工具式模板现浇工艺为标志的建筑工业化道路,有人将其称为第一代建筑工业化,在这一阶段进行了大规模成片住宅建设,在城市周围建成了许多新居住区,以解决人们的住房问题。与此相应,出现了许多"专用建筑体系"进行建筑施工,但不同体系出自不同厂商,各建筑体系的构件互不通用。为适应社会的发展,法国于1977年成立了构件建筑协会(ACC),作为推动第二代建筑工业化的调研和协调中心,以发展建筑通用体系。1978年该协会制订尺寸协调规则。同年,法国住房部提出以推广"构造体系"(System Construction),作为向通用建筑体系过渡的一种手段。所谓构造体系,其实是一种以尺寸协调规则为基础的构件目录,它是由施工企业或设计事务所提出的,由一系列能相互替换的定型构件组成主体结构体系。建筑师可以采用其中的构件,像搭积木一样组成多样化的建筑(积木式体系)。由工程师、建筑师和经济师三方面人员组成的评审委员会,对构造体系进行审批。到1981年,法国已选出25种构造体系,年建造量约为1万户。

1982年,法国政府调整了技术政策,推行构件生产与施工分离的原则,发展面向全行业的通用构配件的商品生产。法国认为,要求所有构件都做到通用是不现实的,因此准备在通用化上做些让步,也就是说,一套构件目录只要与某些其他目录协调,并组成一个"构造逻辑系统"即可,这一组合不仅在技术上、经济上可行,还应能组成多样化的建筑。每个"构造逻辑系统"形成一个软件,用电子计算机进行管理,不仅能进行辅助设计,而且可快速提供工程造价。

进入20世纪90年代,随着建筑工业不断取得进步,房屋建筑的设计考虑采用工业化构件,信息科学的发展加速了信息和设计的管理,为建筑设计打开了新路子,提供了新的设计工具,建筑工业化不断发展,如今法国建筑工业化仍在继续向合理化前进。

我国的建筑业发展非常迅速,"十五"期间的2001—2005年,我国建筑业总产值年平均增长率为22.5%。仅2005年,全国建筑业企业完成建筑业产值就超过34552亿元,比上年同期增加5530.65亿元,增长19.1%;完成竣工产值22072.96亿元,比上年同期增加1086.59亿元,增长8.9%。

2005年,我国建筑业产业规模继续扩大,生产形势保持快速发展的势头,各项指标再创新高。建筑业结构调整步伐加快,生产方式变革逐步展开,市场竞争仍然激烈。全国建筑业企业全年完成建筑业总产值达到34745.79亿元,比上年增长19.7%;完成竣工产值22072.96亿元,增长8.9%;实现增加值10018亿元,按可比价格计算比上年增长11.9%。

经过"十一五""十二五"和"十三五"期间的快速发展,我国建筑业有了突飞猛进的发展。2020年建筑业增加值占国内生产总值的比例创历史新高,达7.2%,全年全社会建筑业实现增加值72996亿元,比上年增长3.5%,增速高于国内生产总值1.2个百分点。2020年建筑业总产值达到263947亿元,比上年增长6.2%,总产值增速比上年提高了0.5个百分点;按建筑业总产值计算的劳动生产率再创新高,达到人民币42.3万元/人,比上年增长5.8%。

5.6.2 建筑工业化的含义和基本内容

1. 定义

所谓建筑工业化就是按照最终产品的需要,把相关的科研、设计、材料、构配件生产、机构装备、施工方法以及组织管理等各个方面的工作,组成一个整体,形成不同的建筑体系,做到批量生产、商品经营,也就是用标准化、工厂化、机械化、科学化的成套技术来改造建筑业传统的生产方式,将其转发移到现代大工业生产的轨道上来。当实现了在工厂运用先进手段大批量生产构配件,在现场进行机械化装配施工及科学的方法进行组织管理时,就能有效地提高劳动生产率,加快建设速度,改善劳动条件,提高产品质量、降低工程成本,以此取得最佳的经济效益和社会效益。这一方针的生命力已被实践证明,建筑工业化是不可逆转的潮流。

2. 基本内容

建筑工业化的基本内容,可以概括为"四化",即建筑设计标准化、构配件预制工厂化、施工机械化和组织管理科学化。建筑物中,支承荷载的部分称为结构,结构又由构件连接而成。基础、柱梁、楼板、屋架等都是构件。与之对应,非承重的建筑零件,如门、窗、内外墙面的装饰面板、隔断墙、各种供水、供电、供暖、下水、通风设备等,统称为设备。在传统的施工中,构配件的预制工作放到专门的工厂中进行,然后送到施工现场进行安装。这种做法,正如汽车制造业中将汽车的各种零件在不同工厂、不同车间、不同生产机床上同时加工制造,然后配套选用,集中到总装车间组装成车一样。这样一来,汽车制造业中最有成就的两条基本经验——互换性和流水生产线,就引入了建筑业。构配件工厂生产效率高、质量好;现场安装机械化,施工速度快,受季节影响小,还可简化施工现场。这便是建筑工业化最早的思路。事实证明,这种做法是成功的,现在仍是建筑工业化中的一个重要分支。

当然,建筑工业化绝不能简单地理解为就是预制装配化,建筑业更强调从实际出发。预制装配的方法虽然当组织得好时可以产生很高的生产率,但是,生产基地一次投资大,因此要求有周密的生产规划,保证预制加工企业在合理的运输半径内有较大、较稳定的工程量,并进行大批量的连续生产。否则,预制厂生产能力得不到充分发挥,反而会带来很大的经济损失。另外,建筑形式多样化的问题也有待于解决。

为了解决这些矛盾,除了使各种预制装配的建筑体系更加完善外,还发明了其他工业化施工方法,以适应不同情况的要求。例如,采用工具式模板快速现浇重型柱子、大楼板、钢筋混凝土层架的工艺,适应性就较大;结构上既要减轻质量,又要保证有足够的强度和刚度,因此大多采用承重横墙现浇,外墙预制;也有的采用电梯井、楼梯井等筒体结构现浇,其他主体结构预制的方法。

装修、设备等工程不但在用工和造价上占有很大比重,而且往往成为拖延工期的主要原因。这方面的改进,主要有两点:一是采用大量材料、新工艺使装修施工简化;二是在工业化建筑体系中,尽量将装修和设备工程与结构工程相结合,在工厂中预制完成。搞得比较好的建筑工业化结构体系,不仅预制大型墙板,而且门窗、内外饰面也在工厂装上墙板;不仅将房屋的构配件和水、暖、电、燃气、卫生等设备元件与配件进行配套的定型生产,而且扩大了组装范围,如对厨房、卫生间等比较定型的部分,将构件与配件、主体结构与装修工程、设备工程都结合在一起,成为一个整体或盒子构件,运到施工现场进行整体吊装。基础工程因地基条件不同而难以统一处理,因此装配式基础应用较少,仅限于低层建筑,大多数工程仍通过机械化施工的办法予以解决。

专业化、联合化的原则同样适用于建筑业,并已在提高生产率、缩短工期、提高工程质量和降低成本等方面显示出成效。不过实践也表明:这一效果,只有在设计标准化、统一化、具有足够的工作量并合理地建立专业化建筑机构、妥善地组织它们之间协作的前提下,才能充分地得以发挥;相反,不仅要在经济上出现不合理的现象,而且会引起生产过程中的混乱。

以上各项措施,如果再加上改进劳动组织,采用流水作业法和网络法,并利用计算机来安排工程进度、检查计划执行情况,及时调整工程进展中的不协调,改善工程管理工作,便可大大节约用工、缩短工期、降低造价,使建筑生产的面貌得到明显的改善。

5.6.3 建筑工业化的发展

建筑工业化是我国建筑业的发展方向。近年来,随着建筑业体制改革的不断深化和建筑规模的持续扩大,建筑业发展较快,物质技术基础显著增强,但从整体看,劳动生产率提高幅度不大,质量问题较多,整体技术进步缓慢。为确保各类建筑最终产品特别是住宅建筑的质量和功能,优化产业结构,加快建设速度,改善劳动条件,大幅度提高劳动生产率,使建筑业尽快走上质量效益型道路,成为国民经济的支柱产业。我们主要吸取我国几十年来发展建筑工业化的历史经验,以及国外的有益经验和做法;考虑我国建筑业技术发展现状、地区间的差距,以及劳动力资源丰富的特点;适应发展建筑市场和继续深化建筑业体制改革的要求;重点是房屋建筑,特别是量大面广、对提高人民居住水平直接相关的住宅建筑。

1. 重大技术发展趋势

建筑工业化有着非常深刻而广泛的内涵,绝非上述一个大型预制墙板建筑工业化施工所能概括的。建筑工业化是建筑业在生产技术乃至经营管理上的一次革命,它使材料设计、生产、施工、科研、管理等各个环节都发生了深刻的变革。主要重大技术有:

(1) 发展新型建筑材料

各国的经验表明,仅仅依靠传统材料不可能实现高度的建筑工业化,往往都是建筑工业化对建筑材料提出新的要求,这些要求达到以后,建筑工业化的一些设想才成为可能。这些年来,随着建筑工业化的发展,开发了大量轻质高强度的结构材料,如高效能的保温、隔热、防水材料、美观耐用、便于施工的装修材料,并从自然材料发展到工业制品,从单体材料发展到复合材料,其主要目的是减少现场作业,提高运输和吊装效率。

(2) 发展建筑机械制造业

建造工业化发展较快的国家,都有自己相当强大的建筑机械制造工业,包括现场施工机械和后方工厂的成套设备,以形成强大的物质技术基础。建筑工业化对建筑机械的要求是很高的，它不是将机械简单随便地组合，而是根据施工工艺、工程对象、劳动组织、施工场地、经济核算以及社会分工协作条件等多种要求和因素，将各工序的施工机械按顺序有机地组合在一起，以实现先后衔接，相互配合，使之成为综合性的成套生产系统。

（3）建立规模化的预制加工业

建筑工业化要求不断提高预制加工程度，构配件尽量在工厂内用先进设备进行生产，即使主体结构采用现场浇筑的工程，其混凝土也采用集中搅拌、加工和管理，这样会比分散进行具有更多的优越性。随着建筑工业化的发展，一些国家的构配件和各种制品的预制加工已逐步从施工企业中分离出来，成为一个独立的工业部门，像其他工业一样，走向工业化，实现流水线生产，从而大大提高了劳动生产率。

（4）采用先进的混凝土施工技术

推广复合叠合楼板技术；组织工具式悬挑外脚手架技术的研发；研发轻质、高强、大流动度、免振捣自密实且具有良好体积稳定性及耐久性的混凝土，研究和应用轻骨料混凝土，开发纤维混凝土、聚合物混凝土、水下不分散混凝土；开发以各种工业废渣（如矿渣、粉煤灰、硅灰等）为原材料的活性矿物掺合料及各种混凝土外加剂及其应用技术；开发固体建筑废弃物再生利用技术，利用固体建筑废弃物中的碎砖、混凝土、路面沥青等制造人造再生材料。

（5）推选建筑设计标准化和工业化建筑体系

建筑工业化要求建筑业的产品尽量像其他工业部门的产品一样进行重复的批量生产，并实现专业化、联合化经营。这使建筑设计、材料选用、构配件生产、现场施工等各方面的依赖关系更加密切。与其他工业相比，建筑形式多样化的问题更为突出。为解决标准化与多样化的矛盾，世界上已由预制大板建设体系为主的专用体系（又称第一代建筑现代化）向通用体系（又称第二代建筑现代化）转化。其特点是将建筑按结构、围护、隔断、设备等不同功能划分为各种部件，形成规格化、系列化、通用化的产品系列，组织专业化、社会化生产，商品化供应。为此，要相应加强建筑业标准化工作，使所有的设计、生产、施工等部门都遵循全国统一制定下的有关尺寸、节点、公差及质量的规则标准。这样就可以逐步做到生产、施工效率与设计多样化的统一。

2. 展开建筑工业化研究工作和采用现代化管理体制

建筑工业化对科研工作提出了更高的要求，可以说，建筑工业化每项新的进展都与科研取得的相应突破是分不开的。过去，往往注意专业性而忽略综合性研究，因此今后须进行一定规模的试验性建造。此外，还要重视技术信息工作和建筑队伍的教育培训，特别要加强综合性教育，使施工人员全面掌握建筑工业化的内在联系。

现代工业生产的组织管理是一门科学，在建筑部门更为错综复杂，如不认真对待，就会影响到建筑工业化的实现。特别应该注意的是，不可忽视其他工业部门所提供的物质技术条件在促使建筑工业化和各方面协调发展中所起的作用。此外，一些建筑工业化搞得较好的国家，表现出很强的集中均势，大力发展综合性建筑企业，经营范围也扩大为从计划、设计、施工、安装、试车，一直到所谓"交钥匙工程"。构配件供应上集中人力、物力建立水平较高的后方工厂，同时配备运输设备和吊装队伍，将构件生产、运输、吊装的整个过程都由统一的机构进行调度和管理，以获得更大的经济效益。

5.7 建筑行业安全生产

5.7.1 建筑行业事故类型

我国的经济快速发展，城市建设速度越来越快，在这样的背景下建筑行业迅速发展，大量的建筑工程施工问题应运而生。从建筑物的建造过程以及建筑施工的特点可以看出，施工现场的操作人员随着从基础、主体、屋面等分项工程的施工，要从地面到地下，再回到地面，再上到高处。经常处在露天、高处和交叉作业的环境中。

由于建筑业是劳动密集型产业，机械化程度较低。同时，建筑业产品是固定的，人员是流动的，经常出现一个工地一批作业人员，施工完成了，人员转至下一处工地，导致作业人员的专业知识和岗位技能得不到有效的提升，而这些岗位人员的文化程度较低，专业技能培训又不足，职业化程度低，难以实施严格、科学的管理，导致建筑业常见的事故发生。

目前，我国的建筑业出现的高处坠落、物体打击、机械伤害、触电事故、坍塌这五大伤害所造成的生产安全事故累计占建筑安全事故总数的90%以上。其中，建筑施工高处坠落事故，由于事故发生频率高，死亡率大，因而位居建筑施工"五大伤害"之首。在建筑工程的实施过程中，最重要的是要保证施工现场的安全，因此，必须严格加强建筑工程施工现场的安全管理。

5.7.2 建筑施工常见事故及其防范措施

1. 高处坠落

建筑工程高处作业指的是在一定高度位置进行施工作业，坠落高度基面2m以上的坠落事故均称为高处坠落。根据《建筑施工高处作业安全技术规范》中的内容，高处坠落事故的施工作业类型可分为很多种，包括悬空作业、临边作业、攀登作业、操作平台、洞口作业等。从发生事故的类型看，高处坠落事故最易在建筑安装登高架设作业过程中与脚手架、吊篮处，使用梯子登高作业时以及悬空高处作业时发生。其次在"四口、五临边"处，由轻型屋面处坠落。

针对高处坠落事故风险，应加强施工环境控制，增设监控监测设施，做好施工现场作业人员的个人安全防护措施，开展安全教育与应急演练，有效预防事故风险。

2. 物体打击

物体打击是指失控物体的惯性力造成的人身伤亡事故。在建筑工程中物体打击事故是指建筑施工过程中的工具、材料、构件等在高处下落以及崩块锤击等对人体造成的伤害，但不包括因爆炸引起的物体打击。物体打击不但能直接导致人身伤亡，而且会对建筑物、构筑物、管线设备、设施等造成损害。

严格遵守有关操作规程，安装防护设施，防止上层物体坠落到下层。在施工过程中，应及时制定地下工程、隧道及竖井工程施工时的安全技术措施，确保围堰稳定和提升及掘进设备的安全，隧道及竖井工程施工时，必须设置安全避险棚，以防万一。同时严格要求施工人员做好自身保护，佩戴安全帽、安全带等。对危险性较大的悬空作业、起重机械安装和拆除等危险作业实施重点监控。

3. 机械伤害

建筑施工是一个较为复杂的过程，在不同的施工阶段需要采用不同的施工机械进行作业。机械性伤害主要是指机械设备运动（静止）部件、工具、加工件直接与人体接触引起的夹击、碰撞、剪切、卷入、绞、碾、割、刺等形式的伤害。各类传动机械的外露传动部分（如齿轮、轴、履带等）和往复运动部分都有可能对人体造成机械伤害，不包括车辆、起重机械引起的伤害。建筑施工过程易发生机械伤害的危险源有：风钻、潜工钻、切断机、弯曲机、搅拌机、钻床、刨床、圆盘锯、千斤顶、挖土机、压路机等施工机具等。

施工机具（附件）、劳保防护用品应具有生产许可证、产品合格证及检测合格证明，并对其品种规格等指标进行抽样检查。施工机具安装，按规定应进行验收的，必须按程序进行，并验收合格。所有施工机具应进行可靠固定，不作业时必须切断电源。在施工机具容易造成飞溅物的作业区域采取隔离措施或躲避措施或有安全距离。

4. 触电事故

从近几年的电气安全事故的统计资料分析，发现大部分电气事故都是由于施工人员的安全意识薄弱，在导管穿线、配电箱安装、电气系统调试等施工环节中存在违章操作、野蛮施工等因素引起的。在建筑工程中常见的触电伤害事故有：起重机械臂杆或其他导电体搭碰高压线事故，带电电线断头、破口的触电，挖掘作业损坏埋地电线触电，电动设备漏电，雷击设备电闸箱、控制箱等。

针对触电事故风险，应及时检查施工作业人员安全防护用品的质量是否合格。施工现场的外脚手架，临设和塔式起重机等与外电线路达不到最小安全操作距离时应采取增设屏障、遮栏、围栏或保护网等外电防护措施。在潮湿、粉尘或有爆炸危险气体的施工现场必须使用密闭式和防爆型电气设备。电箱门要装锁，保持内部线路整齐，按规定配置保险丝，检查是否严格按"一机、一箱、一闸、一漏"配置。

5. 坍塌事故

近年来，全国发生的坍塌事故不在少数，而坍塌事故因其承重结构的特殊性，一旦发生事故，往往造成群死群伤。坍塌事故是指建筑物、构筑物、堆置物倒塌以及土石塌方引起的事故，适用于因设计或施工不合理造成的倒塌，以及土方、砂石、煤等发生的塌陷事故，如建筑物倒塌、脚手架倒塌、挖掘沟坑洞时土石的塌方等事故。建筑施工中经常发生的坍塌事故大致有：基坑坍塌、脚手架坍塌、模板坍塌、拆除工程的坍塌等，坍塌事故一旦发生，对于施工单位以及施工工人来说都会造成无法估量的损失。

建筑企业应依法强化主体安全责任落实，将责任具体到人，这样当发生坍塌事故时，就能避免出现责任人相互推诿的现象。坚持安全检查的制度化和规范化，提高施工人员的安全意识，及时地消除施工现场的不安全行为，以此避免建筑工程坍塌事故的发生。

5.7.3 建筑施工安全事故案例——丰城发电厂冷却塔施工平台倒塌事故

2016 年 11 月 24 日，江西丰城发电厂三期扩建工程发生冷却塔施工平台坍塌特别重大事故，造成 73 人死亡、2 人受伤，直接经济损失 10197.2 万元。调查认定，江西丰城发电厂"11·24"冷却塔施工平台坍塌特别重大事故是一起生产安全责任事故。

事故原因分析：丰城发电厂三期扩建工程项目的施工单位在 7 号冷却塔第 50 节筒壁混凝土强度不足的情况下，违规拆除第 50 节模板，致使第 50 节筒壁混凝土失去模板支护，不足以承受上部荷载，从底部最薄弱处开始坍塌，造成第 50 节及以上筒壁混凝土和模架体系连续倾塌坠落。坠落物冲击与筒壁内侧连接的平桥附着拉索，导致平桥也整体倒塌。

同时，施工单位还存在管理问题。例如，7 号冷却塔施工单位河北亿能公司未按规定设置独立安全生产管理机构，安全管理人员数量不符合规定要求；未建立安全生产"一岗双责"责任体系，未按规定组织召开公司安全生产委员会会议，对安全生产工作部署不足。公司及项目部技术管理、安全管理力量与发展规模不匹配，对施工现场的安全、质量管理重点把控不准确；公司派驻的项目经理长期不在岗，安排无相应资质的人员实际负责项目施工组织；公司未要求项目部将筒壁工程作为危险性较大分部分项工程进行管理，对项目部的施工进度管理缺失。对施工现场检查不深入，缺少技术、质量等方面内容，未发现施工现场拆模等关键工序管理失控和技术管理存有漏洞等问题；项目部指定社会自然人组织劳务作业队伍挂靠劳务公司，施工过程中更换劳务作业队伍后，未按规定履行相关手续；对劳务作业队伍以包代管，夜间作业时没有安排人员带班管理。项目部长期任由劳务作业队伍凭经验盲目施工，对拆模等关键工序的管理失控，在施工过程中不按施工技术标准施工，实际形成了劳务作业队伍自行决定拆模和浇筑混凝土的状况；未按施工质量验收的规定对拆模工作进行验收，违反拆模前必须报告总承包单位及监理单位的管理要求；对筒壁工程混凝土同条件养护试块强度检测的管理缺失，大部分筒节混凝土未经试压即拆模；在上级公司提出加强冬期施工管理的要求后，项目部未按要求制定冬期施工方案；在 2016 年 11 月 22 日气温骤降、外部施工条件已发生变化的情况下，项目部未采取相应技术措施。现场施工管理混乱，安全教育培训不扎实，安全技术交底不认真，未组织全员交底，交底内容缺乏针对性；在施工现场违规安排垂直交叉作业，未督促整改劳务作业队伍习惯性违章、施工质量低等问题；安全技术措施存在严重漏洞，项目部未将筒壁工程作为危险性较大分部分项工程进行管理；筒壁工程施工方案存在重大缺陷，未按要求在施工方案中制定拆模管理控制措施，未辨识出拆模作业中存在的重大风险。

复 习 题

1. 什么是建筑业？它是如何分工的？它在国民经济中的地位如何？
2. 建筑产品和建筑工程是否相同？为什么？

3. 国内与国外在建设工序方面有什么区别?
4. 试述土方工程的分类和施工特点。
5. 简述混凝土工程的操作方法。
6. 如何进行施工质量分析及建筑生产安全事故处理?
7. 简述建筑业的发展趋势。
8. 试述建筑行业常见的生产安全事故及其预防措施。

第 6 章 机械工业

6.1 概述

　　机械工业也称机械制造业，是制造机械产品的工业部门，它在国民经济的发展中起着极为重要的作用，它是国民经济的支柱产业，是实现现代化的基石，也是现代社会和现代文明发展的动力。随着先进制造业基地建设的不断推进，重点产业引领增长，机械工业的内涵发生了很大的变化，专用机械设备的生产制造越来越细化，例如建筑、矿山、食品、汽车制造等产业的生产机械制造对产业发展越来越重要。

　　我国机械工业经过半个多世纪的艰苦努力、曲折前进，从修配到制造，从仿造简单产品到制造大型尖端设备，从制造单机到制造大型成套设备，取得了令人瞩目的成就。根据《国民经济行业分类》标准，我国的制造业和工业体系基本涵盖了所有工业门类，形成了门类基本齐全、具有较大规模和相当水平、综合实力比较雄厚的工业体系。

　　当然，也应该看到，我国机械制造业还存在着两大薄弱环节。一是重大技术装备的设计、制造和成套水平不高，一些技术含量高的大型成套设备和精密产品，如精密仪器仪表、数控机床、集成电路专用设备、大型轧机、大型石油化工设备等，我国的生产水平还不高，有的还要受制于国外。二是零部件、元器件等中间产品缺乏规模竞争力，一些产品的生产还停留在组装进口零件的水平上。制造技术和装备制造业是一个发展中大国最重要的关键技术和支柱产业，强大的装备制造业是我国在复杂多变的国际风云中保持独立自主地位的重要保证。

1. 机械制造业

　　制造是指人们按自己的需求，充分运用知识和技能，借助于手工或工具，采用有效方法将原材料加工成为最终物质产品。机械制造业是将制造资源通过机械制造过程转化为可供人们使用的工业产品的行业。机械制造业一般分为：消费品制造业和装备制造业，轻型制造业和重型制造业，民用制造业和军用制造业，传统制造业与现代制造业四大类。在制造范围方面涉及机械制造、汽车制造、电子、化工、仪器仪表、航空航天设备、交通运输设备、旅游设备、轻工食品设备等国民经济的大量行业。

2. 机械工业

机械工业一般是制造业中从事机械设备或机械装置生产的行业，包括各种机械、工具、仪器仪表等行业。人们常把机械工业称为国民经济的装备部门。它的综合经济技术水平表现在两个方面：一是机械工业在国民经济发展中的权重，特别表现在其生产规模以及为国民经济提供机械产品的数量和质量；二是机械工业本身的技术、经济和组织管理水平，特别表现在生产中的拉动消耗和扩大再生产的能力。

3. 机械工程

机械工程是与人类社会活动关系十分密切，应用非常广泛的一门学科，是为国民经济建设和社会发展提供各类机械装备和生产制造技术，以创造物质财富和提高文明水准为目标的重要学科。机械工程科学由机械学与机械制造科学组成。机械学是对机械进行功能综合并定量描述及控制其性能的基础技术学科。机械制造科学是接受设计输出的指令和信息，并加工出合乎设计要求的产品的过程。在科学与技术的发展史上，机械工程科学是生产活动最为关注的学科，第一次工业革命、第二次工业革命乃至当前的信息革命，无不直接或间接地同机械工程的发展有密切关系。随着机械工程学科及其相关学科的飞速发展和交叉、渗透，极大地充实和丰富了本学科基础，拓宽和发展了学科研究领域，并促进机械产品日益向精密化、高效化、自动化、智能化以及高技术集成化等方向迅猛发展。

机械工程的服务领域广阔而多面，凡是使用机械、工具，以至能源和材料生产的部门，都需要机械工程的服务。各个工程领域的发展都要求机械工程有与之相适应的发展，都需要机械工程提供必需的机械。现代机械工程有五大服务领域。

第一，研制和提供能量转换机械，包括将热能、化学能、原子能、电能、流体压力能和天然机械能转换为适合于应用的机械能的各种动力机械，以及将机械能转换为所需的其他能量（电能、热能、流体压力能、势能等）的能量变换机械。

第二，研制和提供从事各种服务的机械，包括农业、林业、牧业、渔业机械和矿山机械，以及第二产业的各种重工机械和轻工机械。

第三，研制和提供从事各种服务的机械，包括交通运输机械，物料搬运机械，办公机械，医疗机械，通风采暖和空调设备，除尘、净化、消声等环境保护设备等。

第四，研制和提供家庭和个人生活的应用机械，如洗衣机、钟表、照相机、运动器械等。

第五，研制和提供各种机械武器，如军用火炮、火箭、飞机、航空航天设备。

不论服务于哪一领域，机械工程的工作内容基本相同，主要有：建立和发展机械工程的工程理论基础。例如，研究力和运动的工程力学和流体力学，研究金属和非金属材料的性能及其应用的工程材料学，研究热能的产生、传导和转换的热力学，研究各类有独立功能的机械元件的工作原理、结构、设计和计算的机械原理和机械零件学，研究金属和非金属的成形和切削加工的金属工艺学和非金属工艺学等。

机械制造业的发展趋势有以下几个方面：

1）柔性化、灵捷化、智能化和信息化。柔性化——使工艺装备与工艺路线能适应于生产各种产品的需要。灵捷化——使产品推向市场准备时间最短，使工厂机械灵活转向。智能化——柔性自动化的重要组成部分，它是柔性自动化的发展和延伸。信息化——机械制造业将不再由物质和能量借助于信息的力量生产出价值，而是由信息借助于物质和能量的力量生产出价值，因此信息产业和智力产业将成为社会的主导产业，机械制造业也将是由信息主导的，并采用先进生产模式、先进制造系统、先进制造技术和先进组织合理方式的全新的机械制造业。

2) 21世纪初机械制造业的重要特征表现在它的全球化、网络化、虚拟化以及环保协调的绿色制造等。人类不仅要摆脱繁重的体力劳动，而且要从烦琐的计算分析等脑力劳动中解放出来，以便有更多的精力从事高层次的创造性劳动。智能化促进柔性化，它使生产系统具有更完善的判断与适应能力。

3) 人工智能与机械工程之间的关系近似于脑与手之间的关系，其区别仅在于人工智能的硬件还需要利用机械制造出来。过去，各种机械离不开人的操作和控制，其反应速度和操作精度受到进化很慢的人脑和神经系统的限制，人工智能将会消除这个限制。计算机科学与机械工程之间的互相促进，平行前进，将使机械工程在更高的层次上开始新的一轮大发展。

6.2 机器与机械系统

6.2.1 机器

机器一般可视为主要由原动机、工作机、传动装置、控制系统及一些辅助装置等部分构成。

1. 原动机

原动机又称动力机，是机械设备中的重要驱动部分。原动机泛指利用能源产生原动力的一切机械。一般来说，它是把其他形式的能转换为机械能，按利用的能源分，有热力发动机、水力发动机、风力发动机和电动机等，是现代生产、生活领域中所需动力的主要来源。原动机的动力输出绝大多数呈旋转运动的状态，输出一定的转矩。

2. 工作机

工作机是用来完成机器预定功能的组成部分。一部机器可以只有一个执行部分，也可以把机器的功能分解成好几个执行部分。

3. 传动装置

传动装置用来连接原动机部分和执行部分，它将原动机的运动形式、运动及动力参数转变为执行部分所需的运动形式、运动及动力参数。例如，把旋转运动转换为直线运动，把高转速变为低转速，把小转矩变为大转矩等。

在生活中，机器是具有一定用途、功能的机械设备和机电一体化设备，机器实际上是一个机械系统。所谓机械系统就是任何机械产品都是由若干个零部件及装置组成的一个特定系统，即是一个由确定质量、刚度及阻尼的若干个物质所组成的，彼此间有机联系，并能完成特定功能的系统。各种机械零件是组成机械系统的基本要素。

6.2.2 机器的用途与性能

要认识机器，应从了解机器用途入手，任何一种产品都是为了满足人们的某种使用目的的。

机器的功能是某产品使用中表现出来的具体功用，是以社会需要为前提的。顾客购买的不是产品本身，而是产品所具有的功能，即说明了"功能"是产品的核心和本质。因此，产品设计最主要的工作就是要进行产品功能原理的构思。功能是系统必须实现的任务。每个机械产品系统都有自己的功能，大致分为必要功能与非必要功能。必要功能又可分为基本功能和附加功能。在机器产品设计中，基本功能必须保证，在设计中不能改变。附加功能可随技术条件或结构方式的改变而取舍或改变；而非必需功能，则可有可无。

同样用途、同样基本功能的机器，仍存在许多差别，归纳起来主要集中在"规格"与"性能"的差异上。机器的规格和性能也是机器的功能。产品的"规格"反映了该产品适合的工作能力范围，产品"性能"粗略地反映了产品的"工作能力"与"工作质量"方面的差异，常用一系列"技术指标"将其反映出来。机器工作时，功率、力、速度、尺寸范围都反映了机器设备的"工作能力"和"工作质量"的内容应视不同机器的要求不同而有所不同。机床加工零件的尺寸精度及加工表面粗糙度则是反映机床工作质量的重要指标。汽车的工作质量有舒适性、安全性、稳定性、制动性、经济性等。任何机器产品的生产按规定都有一定的质量指标。机器除上述功能外，还必须保证安全性、经济性、环境保护性等功能。机器的功能要求大致可归结为以下几点：

1) 运动要求。速度、加速度、调速范围、行程、运动轨迹、运动的精确性。
2) 动力要求。传递功率、转矩、力、压力等。
3) 可靠性和寿命要求。机器和零部件执行功能的可靠性，零部件的耐磨性和使用寿命等。
4) 安全性要求。包括强度、刚度、稳定性、热力学、摩擦学、振动及操作人员安全性等。
5) 体积和质量要求。如尺寸、质量、功率质量比等。
6) 产品造型要求。外观、色彩、装饰、形体及比例、人-机-环境协调性与宜人性。
7) 环境保护要求。噪声、振动、防尘、防毒、"三废"排放等。
8) 经济性要求。含设计制造的经济性、使用与维修的经济性。

一般来说，一台机器设备功能要求越多，则产品设计越复杂，安全性也就要求越高，产品成本也就越高。因此，在确定产品功能时，应保证产品的基本功能，满足使用功能，剔除多余功能，各种功能的最终取舍应按技术可行性分析、安全性分析、经济性分析三方面综合确定。

6.2.3 机器的结构与组成

1. 机器结构

机器的功能与性能的实现是靠机器的结构来保证的。任何一种机器，从它所完成的功能角度来看，主要是由动力系统，传动系统，执行系统，操作系统和控制系统，支撑系统及润滑、冷却与密封系统组成。其中，传动系统、执行系统构成了机械运动系统。各组成系统体现出机器的不同功能。任何机器产品都离不开机械系统，即各组成系统都是由若干个零部件及装置组成的一个特定系统。

2. 机器组成

从机器的制造、装配的角度看机器的组成，任意一种机器大致都可以按以下的顺序进行分解：机器—部件—总成—组件—零件。机器都包含以下三个部分：

1）驱动装置。常称为原动机，它是机器的动力来源，常用的有电动机、内燃机、液压缸和气动缸等，以各种电动机的应用最为普遍。

2）执行装置。处于整个传动路线的终端，按照工艺要求完成确定的运动，是直接完成机器功能的部分。例如，牛头刨床的执行装置是前端夹持着刨刀的滑枕和夹持工件的工作台。

3）传动装置。介于驱动装置和执行装置之间，将原动机的运动和动力传递给执行装置，并实现运动速度和运动形式的转换。

多数原动机是做回转运动，转速比较高，很多常见的卷入事故伤害是由原动机回转运动导致的；而机器的执行部分则可能有各种运动形式，运动速度也各不相同，如回转、往复摆动、往复移动、间歇运动、沿特定轨迹的运动，这就需要实现运动形式转换的各种机构，例如撞击、挤压等事故伤害，往往在执行部分发生较多。许多机器还需要执行装置可以有多种不同的速度，这就需要实现速度变换的机构，变速的实现是需要控制装置的，它的作用是控制机器各部分的运动。要控制，就需要有传感器，它的作用是测量机器中运动构件的真实运动情况，并将测量结果随时反馈给控制系统，然后控制系统发出指令，对伺服电动机的运动加以调节。

机器人是现代机器的典型。如果将传统机器的三个组成部分形象地比喻为人的心脏、躯干和手，那么现代机器有了控制装置和传感器就是增添了大脑和眼睛。对一些复杂设备，在一个部件总成内涉及的配套分部件很多，因此部件、组件分解层次也会多一些。

6.2.4 机械加工工艺

1. 生产过程和工艺过程

生产过程是指把材料转变为成品的全过程。机械工厂的生产过程一般包括原材料的验收、保管、运输、生产技术准备、毛坯制造、零件加工（含热处理）、产品装配、检验及涂装等。

把生产过程中改变生产对象的形状、尺寸、相对位置和物理、力学性能等，使其成为成品或半成品的过程称为工艺过程。工艺过程可根据其具体工作内容分为铸造、锻造、冲压、焊接、机械加工、热处理、装配等不同的工艺过程。

生产过程和工艺过程的共同特点是：它们都是通过各种劳动形式使原材料或生产对象向

着预期的成品（或半成品）转变的动态过程。这个动态过程不仅表现为物质的变化和流动的过程，也反映了信息和能量的变化和流动的过程。

2. 工艺系统和生产系统

把工艺过程看作物质流动、信息流动、能量流动的综合动态过程，是在时间上的一种描述。对于物质流来说，这种物质的流动还必须存在于一定的空间，也就是工艺系统。一般把机械加工中由机床、刀具、夹具和工件组成的相互作用、相互依赖，并具有特定功能的整体，称为机械加工工艺系统，简称为工艺系统。对信息流和能量流来说，同样以工艺系统为其存在的空间。

制造企业是社会生产的基层单位，应根据市场供销情况以及自身的生产条件，决定自己生产的产品类型和产量，制订生产计划，进行产品设计、制造和装配等，最后产出产品。所有这些生产活动的总和，就是一个具有输入和输出的生产系统。

6.2.5 机械加工过程及其组成

1. 加工工艺过程

机械制造工艺是将各种原材料、半成品加工成机械产品的方法和过程，是机械工业的基础技术之一。机械制造工艺的内涵可以用机械制造工艺流程图表示（图6-1）。

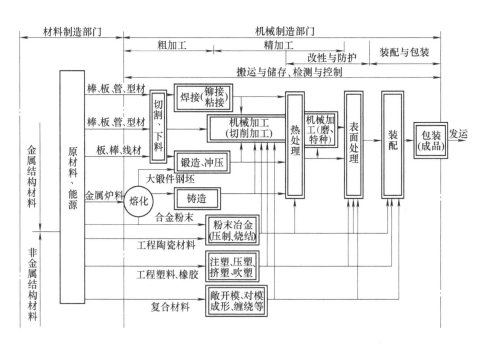

图6-1 机械制造工艺流程图

从图中可见，机械制造加工工艺流程主要由原材料和能源供应、毛坯和零件成形、零件机械加工、材料改性与处理、装配与包装、搬运与储存、检测与质量监控、自动控制装置与系统八个工艺环节组成。按其功能不同，主要分为三类。第1类是直接改变工件的形状、尺寸、性能以及决定零件相互位置关系的加工过程，如毛坯制造、机械加工、热处理、表面处理、装配等，它们直接创造附加价值；第 2 类是搬运、储存、包装等辅助工艺过程，它们间接创造附加价值；第 3 类如检测、自动控制等，它们并不独立构成工艺过程，而是通过提高前两类工艺过程的技术水平及质量来发挥作用。

2. 加工工艺组成

机械加工工艺过程是由工序、工步、进给等不同层次的单元所组成：

（1）工序

一个或一组工人在一个工作地点，对一个或同时几个工件所连续完成的那一部分工艺过程称为工序。当加工对象（工件）更换时，或设备和工作地点改变时，或完成工艺工作的连续性有改变时，则形成另一道工序。这里所谓连续性是指工序内的工作需连续完成。

工序是工艺过程划分的基本单元，也是制订生产计划、组织生产和进行成本核算的基本单元。同时，工序也可以说是机械加工工艺中开展风险分析的基本单元。

（2）工步与复合工步

在加工表面、切削刀具和切削用量（仅是指转速和进给量）都不变的情况下，所连续完成的那部分工艺过程，称为一个工艺。有时为了提高生产效率，经常把几个待加工表面用几把刀具同时进行加工，这也可看作一个工步，称为复合工步。

（3）进给

在一个工步内，有些表面由于余量太大，或由于其他原因，需用同一把刀具对同一表面进行多次切削。这样，刀具对工件的每一次切削就称为一次进给，如图 6-2 所示。

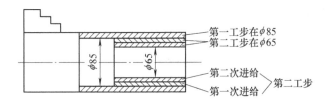

图 6-2 以棒料制造阶梯轴

（4）安装

为完成一道或多道工序的加工，在加工前对工件进行的定位、夹紧和高速作业称为安装。采取一定的方法确定工件在机床上或夹具中占有确定位置的过程称为定位。在一道工序内，可能只需要一次安装，也可能进行数次安装。

（5）工位

采用转位（或移位）夹具、回转工作台或在多轴机床上加工时，工件在机床上一次装夹后，要经过若干个位置依次进行加工，其相对于刀具或设备的固定部分所占据的一个位置，称为工位，如图 6-3 所示。

越是先进的机械加工工艺过程，工序、工步、进给、安装、工位调整等自动化程度越高

（例如数控机床），按编程人员所编程序指令进行自动加工，在生产过程中也就越不需要人的频繁操作，也就减少了操作人员的风险。但仍会由于有保养、维修、处理故障等人工作业，这类作业人员的固有风险也是综合风险显著提高，可能造成机床发生伤害事故。例如，2013年12月，深圳的一家企业员工在操作数控机床时，突然被机器卷入，当场死亡。根据涉事企业的视频记录和人员介绍，机床运行时候，防护门未关闭，作业人员将手伸入防护门是事故的直接原因。

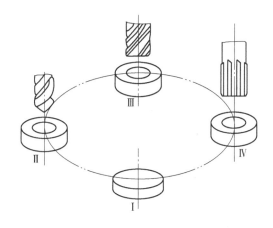

图 6-3 多工位加工

6.2.6 机电一体化

机电一体化是建立在机械技术、微电子技术、计算机技术和信息处理技术、自动控制技术、传感器与测试技术、电力电子技术、伺服驱动技术、系统总体技术等现代高科技群体基础上的一种高新技术，是机械和电子的统一。随着计算机技术的迅猛发展和广泛应用，机电一体化技术获得前所未有的发展。现在的机电一体化技术是机械和微电子技术紧密结合的一门技术，它的发展使冷冰冰的机器有了人性化、智能化，现代化的自动生产设备几乎可以说都是机电一体化的设备。机电一体化技术的发展和应用，减少了机器中机构的数目和复杂程度，提高了生产效率。机电一体化也符合我国安全科技的"机械化换人、自动化减人"的工作方针，对我国降低工业风险，减少生产经营类企业伤亡事故，提高一线企业人员的幸福感，起到重要作用。

机电一体化技术的主要特征如下：①机械结构简单；②加工精度高；③工艺过程实现了柔性化；④操作自动化；⑤调整维护更加方便。

随着机电一体化相关技术的快速发展，机电产品的外观更加人性化、功能更加强大、体积更小，重量更轻、可靠性更高等。与传统的机电产品相比，机电一体化产品具有的优势如下：

（1）功能增强并且应用广泛

机电一体化产品最显著的特点就是突破了原来传统机电产品的单技术和单功能的局限性，将多种技术与功能集成于一体，使其功能更加强大，而且能适应于不同的场合和不同的领域，满足用户需求的应变能力较强。

（2）精度大大提高

机电一体化技术简化了机构，减少了传动部件，从而使机械磨损、配合及受力变形等所引起的误差大大减少，同时由于采用计算机检测与控制技术补偿和校正因各种干扰造成的动态误差，从而达到单纯用机械技术所无法实现的工作精度。

(3) 安全性和可靠性提高

机电一体化产品一般具有自动监控、自动报警、自动诊断、自动保护、安全联锁控制等功能。这些功能能够避免人身伤害和设备事故的发生，提高了设备的安全性和可靠性。

(4) 改善操作

机电一体化产品采用计算机程序控制和数字显示，具有良好的人机界面，减少了操作按钮及手柄，改善了设备的操作性能，减少了操作人员的培训时间，从而大大简化操作。

(5) 提高柔性

所谓柔性是指利用软件来改变机器的工作程序，以满足不同的需要。例如，工业机器人具有较多的运动自由度，手爪部分可以换用不同的工具，通过改变控制程序改变运动轨迹和运动姿态，以适应不同的作业要求。

数控机床是数字控制机床（Computer Numerical Control Machine Tools）的简称，是一种装有程序控制系统的自动化机床。该控制系统能够逻辑地处理具有控制编码或其他符号指令规定的程序，并将其译码，用代码化的数字表示，通过信息载体输入数控装置。经运算处理由数控装置发出各种控制信号，控制机床的动作，按设计图要求的形状和尺寸，自动地将零件加工出来。数控机床较好地解决了复杂、精密、小批量、多品种的零件加工问题，是一种柔性的、高效能的自动化机床，代表了现代机床控制技术的发展方向，是一种典型的机电一体化产品。数控机床与传统机床相比，具有以下一些优点：

(1) 具有高度柔性

在数控机床上加工零件，主要取决于加工程序，它与普通机床不同，不必制造、更换许多模具、夹具，不需要经常重新调整机床。因此，数控机床适用于所加工的零件频繁更换的场合，即适合单件、小批量产品的生产及新产品的开发，从而缩短了生产准备周期，节省了大量工艺装备的费用。

(2) 加工精度高

数控机床的加工精度一般可达 0.05~0.1mm，数控机床是按数字信号形式控制的，数控装置每输出一脉冲信号，则机床移动部件移动一脉冲当量（一般为 0.001mm），而且机床进给传动链的反向间隙与丝杆螺距平均误差可由数控装置进行补偿，因此，数控机床定位精度比较高。

(3) 加工质量稳定、可靠

加工同一批零件，在同一机床，在相同加工条件下，使用相同刀具和加工程序，刀具的走刀轨迹完全相同，零件的一致性好，质量稳定。

(4) 生产率高

数控机床可有效地减少零件的加工时间和辅助时间，数控机床的主轴转速和进给量的范围大，允许机床进行大切削量的强力切削。数控机床移动部件的快速移动、定位及高速切削加工，极大地提高了生产率。另外，与加工中心的刀库配合使用，可实现在一台机床上进行多道工序的连续加工，减少了半成品的工序间周转时间，提高了生产率。

（5）改善劳动条件

数控机床加工前是经调整好后，输入程序并启动，机床就能自动、连续地进行加工，直至加工结束。操作者要做的只是程序输入、编辑，零件装卸，刀具准备，加工状态观测，零件检验等工作，劳动强度大幅降低，机床操作者的劳动趋于智力型工作。

（6）利用生产管理现代化

数控机床的加工，可预先精确估计加工时间，对所使用的刀具、夹具可进行规范化、现代化管理，易于实现加工信息的标准化。其已与计算机辅助设计与制造（CAD/CAM）有机地结合起来，是现代化集成制造技术的基础。

尽管数控设备具有以上的先进性，为生产加工带来清洁和安全、舒适的环境，但是就像所有设备一样，其并不能完全脱离人。大量机械部件的维护工作还是需要人的参与，这就带来了作业风险，数控机床的伤害事故多数来源于维护工作或者间歇工作期间，常见的数控设备维护工作包括以下内容：

（1）刀库及换刀机械手的维护

①用手动方式往刀库上装刀时，要保证装到位，检查刀座上的锁紧是否可靠；②严禁把超重、超长的刀具装入刀库，防止机械手换刀时掉刀或刀具与工件、夹具等发生碰撞；③采用顺序选刀方式须注意刀具放置在刀库上的顺序是否正确，其他选刀方式也要注意所换刀具是否与所需刀具型号一致，防止换错刀具导致事故发生；④注意保持刀具的刀柄和刀套的清洁；⑤经常检查刀库的回零位置是否正确，检查机床主轴回换刀点位置是否到位，并及时调整，否则不能完成换刀动作；⑥开机时，应先使刀库和机械手空运行，检查各部分工作是否正常，特别是各行程开关和电磁阀能否正常动作。

（2）滚珠丝杠副的维护

①定期检查、调整丝杠螺母副的轴向间隙，保证反向传动精度和轴向刚度；②定期检查丝杠支撑与床身的连接是否松动以及支撑轴承是否损坏，若有问题要及时紧固松动部位，更换支撑轴承；③采用润滑脂的滚珠丝杠，每半年清洗一次丝杠上的旧油脂，更换新油脂，用润滑油润滑的滚珠丝杠，每天机床工作前加油一次；④注意避免硬质灰尘或切屑进入丝杠防护罩和工作过程中碰击防护罩，防护装置一旦有损坏，要及时更换。

（3）主传动链的维护

①定期调整主轴驱动带的松紧程度，防止各种杂质进入油箱，每年更换一次润滑油；②保持主轴与刀柄连接部位的清洁，及时调整液压缸和活塞的位移量；③及时调整配重。

（4）液压系统维护

①定期过滤或更换油液；②控制液压系统中油液的温度；③防止液压系统泄漏；④定期检查清洗油箱和管路；⑤执行日常点检查制度。

（5）气动系统维护

①清除压缩空气的杂质和水分；②检查系统中油雾器的供油量；③保持系统的密封性；④注意调节工作压力；⑤清洗或更换气动元件、滤芯。

6.3 机械产品的制造

6.3.1 完成加工的基本要素

机械产品的制造与冶金、炼油、化工等过程型生产不同，属于加工装配类型的生产，离散性较强。机械产品包罗万象，差别极大。机械产品尽管其形式、功能、产量千差万别，却都有一个共同的特征，就是作为机械工业最终产品的整机，都是由零件组装而成的。所以，机械产品的制造，首先就是零件、元器件的制造，也就是加工的过程。完成加工的最基本要素是材料、设备和工人。

1. 材料

材料是基础，它提供了加工对象，其质量优劣决定着产品的先天基础和加工的难易程度。材料一般由供应部门根据生产的情况采购供给。各种材料的使用分为以下几个方面：

1）金属材料。以铁制材料为主，包括一定材质的锭材、型材、板材、线材和管材等。金属材料加工构成了机械制造企业生产加工的主体，一般要经过毛坯制备、粗加工、精加工和热处理等工序制成零件，然后送到装配车间组装成部件和产品。

2）非金属材料。包括玻璃、塑料、橡胶、油漆、化学药品（多用于表面处理）等。这类材料有些需要做进一步加工，有些则不需要加工；有些是直接组装到产品上的，有些则只用于产品的加工过程；有些是用于特定的产品上的，有些则可用于其他产品的生产。

3）外购零部件。外购零部件是由其他厂家生产的产品，在其他厂家为产品，而在本企业则为原材料。外购零部件一般不需要加工就可直接用于成品的组装。由于它们不是本企业的产品，对其质量的判断就特别重要。

2. 设备

设备一般包括加工设备、夹模具和检测设备。加工设备一般分为热加工设备、冷加工设备和装配设备。热加工设备主要用于毛坯的生产和零件的热处理，一般包括对金属材料进行加热的加热炉、用于压力成型的锻压设备、用于制作铸造砂型的设备以及用于制作铸模的设备等，热加工设备一般能耗都比较高，通用性比较强，成本比较高。

冷加工设备主要用于对毛坯进行粗、精加工。冷加工设备从单体角度看，一般由床体、动力系统、装夹系统和刀具系统组成，按其功能分为车床、铣床、刨床、磨床、钻床等。能够满足多种零件加工要求的机床称为通用机床，只能进行某些特定零件加工的机床称为专用机床，将不同的工艺组合在一起的机床称为组合机床，使用计算机程序控制的机床称为数控机床。专用机床、组合机床的效率要高于普通机床，但成本比较高，适用性也要差一些。一般情况下，专业性比较强的企业，专用机床和组合机床多一些。数控机床自动化程度比较高，工人的劳动强度比较低，是现代机械生产设备的发展方向。刀具是冷加工设备的重要组成部分，刀具在生产中会发生磨损，因而需要经常更换，夹具是将工件固定在机床上以便加工的部件。更换刀具和夹具都要消耗时间，因而合理选择和改良刀具及夹具对提高生产效率具有重要的意义。

装配是机械产品生产的最后环节，也是形成机械产品质量的关键环节之一。在传统的机械制造中，装配一般都是由手工完成的，即使使用机械，也主要是起重机和传送带，起搬运零部件的作用。在现代机械工业中，装配机械的使用越来越多，不仅减轻了工人的劳动强度，也使产品的质量更加稳定。但是，从目前的情况看，装配机械还不能完全取代工人的手工劳动。

检测设备主要用于对产品质量的检测，在机械工业中使用得比较多的是物理检测，分为外观检测和性能检测。外观检测是通过对产品的物理外观（精度、粗糙度、有无加工缺陷等）的测量来对产品的质量进行评定，一般不需要特别的设备。性能检测是将产品置于某种设定的极端环境下工作，以检测产品的质量。这种检测需要专用的设备和场地，有些设备还比较昂贵。检测设备的水平代表了该企业产品质量的保证程度。

辅助设备一般包括运输储藏系统、动力传输系统、供水系统、通风系统、照明系统、通信系统等。这些系统是为了保证生产的正常进行而建立的，它们一经建立，就相对固定下来，其更新周期也比较长。

3. 工人

工人是生产中的主体。机械制造企业中，工人通过操作机器设备来完成对零部件和产品的加工，工人是根据设备的要求来组织的。一般情况下，从事热加工生产的工人是多人共用一台（组）机器来进行生产，从事冷加工生产和装配的工人则是一人使用一台或者多台机器来进行生产。工人的劳动既受机器的制约，也受生产流程的制约。基于这个工艺组织性质，有以下统计特点：热加工的事故起数要低于冷加工事故起数，但是热加工的单次事故伤害程度要高于冷加工的单次事故伤害程度。在机械制造企业中，工人的分工更细，对工人的技术要求也更高，不同的生产环节，工人操作的机器不同，他们的劳动强度和生产效率也不同，对他们的技术要求也不同。在现代机械制造中，机器越来越多地替代工人的手工劳动，但在相当长的时期内，还无法完全取代工人的劳动。工人的技术能力对企业的生产水平有重要的影响。因此，在机械制造行业，技术工人仍然是企业的宝贵财富。

6.3.2 机械产品的生产过程

图 6-4 为机械产品生产过程示意图。分为生产准备、毛坯制备、零件加工和装配试车四个阶段。工人分别在这四个阶段利用设备对材料进行加工，最后将加工出来的零件组装成完整的产品。这四个阶段依次进行，前一阶段的产品在后一阶段就成为材料（加工对象），前一阶段生产的完成是后一阶段生产进行的前提。而在每一个阶段内部，不同零件的生产往往是并行进行的。由于各个阶段中各个零件、各个工艺流程的生产效率不同，完成该零件生产所需的时间也不相同，所以各工序之间要保持一定的比例关系。一般这种比例关系是通过设备的数量关系来实现的。在采用流水线生产的企业，这种比例关系尤为明显。

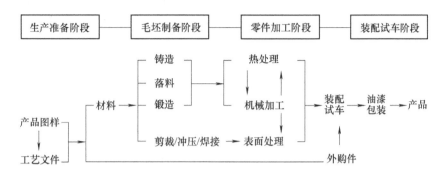

图 6-4 机械产品生产过程示意图

6.4 机械制造加工的危险因素及安全管控

第三次工业革命后,机械化、自动化及信息化已成为工业领域主要生产方式,对于减轻劳动强度、提高劳动生产率、改善劳动环境、降低生产成本等具有非常重要的意义。然而,伴随着机械的大量使用,由于人的不安全行为、机械的不安全状态或恶劣的工作环境,人们在与机械打交道的过程中时常会发生各种事故,直接影响着人体健康,或造成人身伤亡和财产损失,机械安全问题日趋凸显。近年来,装备自动化水平不断提升,工业机器人在生产中得到了广泛应用,如何正确并恰当地处理人机协作的安全性,成为未来一段时间内的难题。我国一直致力于机械设备本质安全设计、安全防护技术以及安全控制系统的研究,机械安全风险评估的广泛应用对提升机械设备的安全水平起到了重要的作用。

6.4.1 机械设计的基本危险因素

在所有安全生产事故中,机械制造业事故数量占相当高的比例,要做到预防事故的发生,首先要考虑到机械设备的危险因素,才能做到机械设计的基本安全,实现本质安全的目的。

1. 一般机械设备危险

一般机械设备危险主要针对设备的相对运动部分,例如静止的机座和传动机构、高速运动的工件和刀具等。如果设备有缺陷、防护装置失效或操作不当,则随时可能造成人身伤亡事故。

2. 传动装置的危险

机械传动分为齿轮传动、链传动和带传动。由于部件不符合要求,如机械设计不合理,传动部分和凸出的转动部分外露、无防护等,可能把手、衣服等绞入其中,造成伤害。链传动与传送带传动中,传送带轮容易把工具或人的肢体卷入;当链和带断裂时,容易发生接头抓带人体,传送带飞起伤人事故。2010年,某矿保运队检修输送带收尾时,启动带式输送机前没有按照操作规程,未提醒周围人员离开转动部位,导致一员工手臂被启动的带式输送机卷入机头滚筒，造成右上肢从肘关节处完全断裂。2005 年，某炼铁厂供料车间，一传送带工在机头用铁铲清理粘结矿料，不慎触及运转的传送带，被卷入夹在传送带与溜斗之间，导致死亡。

3. 冲剪压机械的危险

冲剪压机械都具有一定啮合部位，其啮合部位是最危险的。由于这类设备多为人工参与操作，操作人员容易产生疲劳和厌烦情绪，发生人为失误，如进料不准造成原料飞出、模具移位、手进入危险区等，极易发生人身伤害事故。冲床用于金属成型、冲压零部件等。它的危险性在于手工将被加工材料送到冲头和模具之间，当冲头落下时，手在危险区域内，造成伤害。2016 年，某员工在没有停止冲压机的情况下，打开侧面出料口防护挡板，抬高挡板，用手取出卡料，导致右手中指被冲压机模具压伤。

剪床（剪板机）类用于剪切金属板材或型材等，其危险性与冲床相似，在送剪切材料时，手误入到上、下做直线运动的刀具下面而发生伤害。所以，须装设防护挡板，使手在送料时，不能进入到刀具下方。2008 年 8 月 20 日，华中某制桶厂冲压车间开卷下料工序，发生一起剪板机操作事故，操作工踩下脚踏开关，刀架却不下落，检查后发现电磁铁动铁心与离合器拉杆之间的连接销脱落，就蹲到机床下用双手拉拉杆，剪下这张料。下一张料放到机床上后，该工人蹲到机床下用手拉拉杆，因没系衣服扣子，衣角被齿轮卷住，其忙用手去拉衣襟，右手被带入两齿轮之间，造成右手食指一节半、中指两节半、无名指和小指各三节被齿轮挤掉，右小臂尺骨骨折。

4. 切削机床的危险

机床一般是指高速旋转的切削机械，也有完成水平或者垂直运动的设备，例如刨床、插床等。它们危险性很大，表现在以下几个方面：

1) 其旋转部分，如钻头、车床旋转的工件卡盘等，一旦与人的衣服、袖口、长发、围在颈上的毛巾、手上的手套等缠绕在一起，就极易发生人身伤亡事故。2002 年，陕西省一煤机厂一名工人在摇臂钻床上进行钻孔作业。测量零件时，没有关停钻床，只是把摇臂推到一边，就用戴手套的手去搬动工件，这时，飞速旋转的钻头绞住了该工人的手套，拽着其手臂往钻头上缠绕，等其工友听到喊声后关掉钻床，该工人的手套、工作服已被撕烂，右手小拇指也被绞断。上海市某纺织厂也曾经发生过一起这样的事故。一名挡车女工没有遵守厂里的规定，把头巾围到领子里上岗作业，当她接线时，纱巾的末端嵌入梳毛机轴承的细缝里，纱巾被迅速绞入，导致该女工的脖子被猛地勒在纺纱机上；后虽立即停机，但该女工还是失去了宝贵的生命。2009 年，某厂铆工段一工人在使用卷板机作业，检查滚筒轴承和齿轮部位，打开了安全防护罩，在未停机状态为齿轮润滑，啮合处将工具和该工人的右手带入，该工人将被绞碾粉碎的手拽掉，才保住性命。

2) 操作者与机床意外碰撞。如由于滑倒、绊倒、操作方法不当、用力过猛产生惯性、使用工具规格不合适，均可能使操作者撞到机床的运动部件上，产生伤害。每年有数千起事故是由于意外撞击产生的。地面有残留的润滑油品或机油、违规蹬踏不稳定构件、作业现场零件混乱等，都可能造成人员失稳，产生撞击。2007 年某月，某厂一工人在金属车间 10m

立式车床作业时,从旋转的转盘向工件上攀爬,在工件上不慎滑倒,使身体夹在固定的刀架和运动工件之间,胸部受挤压,抢救无效死亡。

3) 操作者站的位置不当,就可能会受到机械运动部件的撞击。例如,站在平面磨床或牛头刨床运动部件的运动范围内,就可能被平面磨床工作台或牛头刨床滑枕撞伤。

4) 刀具伤人。如高速旋转的砂轮片或铣刀削去手指甚至手臂。2007年,某厂一名砂轮机操作工人未使用夹板对砂轮进行保护,并且未试运转便投入生产,更换新砂轮不到2min,砂轮崩裂为3块飞出,其中1块砸到头上,当场死亡。1991年,某铆车间一名工人在操作手提式气动砂轮机打磨产品焊口时发生砂轮炸裂事故,直径为150mm的砂轮炸成5块,其中1块击中该名工人的左腿,造成左小腿胫骨粉碎性骨折。

5) 飞溅的赤热钢屑、刀屑划伤和烫伤人体,飞溅的磨料和崩碎的切屑易伤及人的眼睛。金属加工切削的铁屑温度很高,飞出对人体受害处多为眼睛、面部、手指和脚部。机械制造行业发生的工伤事故中,最突出的伤害是机床加工切削的铁屑割破操作者的手指或烫伤面部。例如,有的车工,当工件刚刚加工完毕,操纵手柄还未停稳时,就用手拿切削下来的铁屑,结果车床反转,使细长卷曲的铁屑顺着夹盘工件旋转而涌了出来,把作业者的手指割破。即使车床停稳,也不可用手拿铁屑,因为刚切削下来的铁屑温度很高,可烫伤人的皮肤。应当使用专用的钩子钩铁屑。有的车工在进行高速切削加工时忽视安全,怕麻烦、图方便而不戴防护眼镜,不采用专用钩子钩铁屑等不安全行为,常常导致工伤事故。有的操作者穿凉鞋、拖鞋上车床工作,致使脚后跟的动脉血管或脚筋被切削下来的铁屑割断。这类事故也屡见不鲜。所以,在机械加工生产场地,穿戴好工作服和防护器具、处理好切削下来的铁屑以及边角余料是很重要的。

6) 工作现场环境不好,例如照明不足、机床布置不合理、通道狭窄以及零件、半成品堆放不合理等都可能造成对操作者的伤害。

7) 冷却液对皮肤的侵蚀,噪声对人体危害等。机加冷却液主要为了提高加工精度,减少工具的磨损,同时防锈、防霉、环保、安全、利于清洗等。含有碱类物质会产生有腐蚀性伤害,含有亚硝酸钠有导致癌症的危害性,切削油能够引起皮肤过敏等。

6.4.2 机械设备危险的防护措施

1. 机械传动机构危险的防护

引起这类伤害的是做回转运动的机械部件。它们具有相互配合的运动副。相对回转运动的辊子夹口引发的带入或卷入,将人的四肢卷进运转中的咬入点,如轴类运动零部件(联轴器、主轴、丝杠等)上的凸出形状、做旋转运动的机械部件的开口部分。从业人员进入工作岗位时,由于着装不规范、违反操作规程、作业环境脏乱差等导致旋转部件将人体某一部分或衣物(如头发、饰物、手套、肥大衣袖)随回转件卷入或绞绕,继而使人产生伤害。传动装置要求遮蔽全部运动部件,以隔绝身体任何部分与之接触。按防护部分的形状、大小制成的固定式防护装置,安装在传动部分外部,就可以防止人体接触机器的转动危险部位。主要防护措施如下:

1）机器的传动带、齿轮及联轴器等旋转部位安装防护罩或防护壳，对操作人员进行安全隔离。

2）凡距离地面高度不足 2m 的链传动，必须安装防护罩；在通道上方时，下方必须有防护挡板，以防链条断裂时落下伤人。

3）传动带的危险部位采用防护罩，尽可能立式安装。传动带松紧要适当。

当被卷入机械设备而造成撕裂伤应采取以下急救措施：①必须及时对伤者进行抢救，采取止痛及其他对症措施；②用生理盐水冲洗有伤部位，涂抹红汞后用消毒大纱布块、消毒棉花紧紧包扎，压迫止血；③使用抗生素，注射抗破伤风血清，预防感染；④送医院进一步治疗。

2. 冲剪压机械危险的防护

剪切与挤压是在机械伤害中最典型的事故伤害。这类伤害是由机械设备零部件做横向或垂直的往复直线运动，当人体或人体的某部分进入设备工作区，被夹进两个部件的接触处，导致人受到挤压的伤害。若两个具有锐利边刃的部件，在一个或两个部件运动时会产生剪切作用，人的肢体伸入两个接触部件（如各类冲压机床的移动工作台、剪切机的压料装置和刀片、压力机的滑块等），就可能被切断。发生断手、断指等严重情况时，对伤者伤口要进行包扎止血、止痛、进行半握拳状等功能固定，迅速将伤者送医院抢救。

冲剪压设备首先要有良好的离合器和制动器，使其在启动、停止和传动制动上十分可靠；其次要求机器有可靠的安全防护装置，安全防护装置的作用是保护操作者的肢体进入危险区时，离合器不能合上或者压力滑块不能下滑。常用的安全防护装置有安全按钮、双手多人启动按钮、光电式或红外线安全装置等。主要预防措施如下：

1）设备运转时禁止不规范操作。

2）更换零件、检修设备、保养清洁等应停机操作。

3）采用机械防护装置来防止设备对人的肢体伤害，如机械式防护装置控制式防护装置和接触式防护装置等。

4）对机械进行清理积料、捅卡料、传送带上腊等作业，严格遵循停机断电、挂警示牌制度。

3. 金属切削机床危险的防护

对机床危险的防护，除要求设备有设计合理、安装可靠和不影响操作的防护装置，如防护罩，防护挡板和防护栏之外；还要求安装保险装置，如超负荷保险装置、行程保险装置、制动装置、防误操作的顺序动作装置等；还要有电源切断开关。除此之外，生产现场应有足够的照明，每台机床应有适宜的局部照明，并保持一定的安全距离。对可能产生严重噪声机床，还应采取降低噪声的措施。

（1）碰撞和冲击风险

物体在重力或其他外力的作用下产生运动，在极短的时间内与人体相互作用并产生碰撞，碰撞前后物体的动量及能量发生改变，使巨大的能量作用于人体。若作业人员操作不规范、违反操作规程，使得机械设备、零部件等物件在短距离运输过程中路线规划不合理、运行速度快,即使发现危险信号及时停车,但物件仍具有较大的惯性,撞到人员,使人体直接接受物体的冲击造成伤害。此外,若使用不规则的放置方式,且作业人员未能准确地判断现场情况,也会导致物件的突然倾倒、碰撞、挤压人体。当设备处于维修期间内,若未断拉电源,也没有悬挂相应的指示牌,其他操作人员不知情的情况下启动机械,则会导致维修人员和运动机器部件碰撞或者和固定建筑物等相撞,对人造成冲击伤害,导致事故的发生。

主要预防措施如下:

1)作业时放置醒目的作业标识牌,告知非作业人员远离作业区。

2)运输过程中应将物件安置好,规整地摆放到运输装置上,并且事先给出具体的运输路线方案。

3)规范作业人员的操作,避免由于失误带来的不必要伤害。

(2) 物件甩出风险

物件加工过程中,由于发生断裂、松动、脱落或弹性位能等机械能释放,导致物件失控而飞甩或反弹,对人造成伤害。如车床、铣床等加工设备未按规定进行检测,旋转卡盘易与车刀发生碰撞,车刀碎块飞出伤人;若加工使用的刀具、夹具等存在设计缺陷,将会导致工件、刀具碎块飞出,当加工作业面工件、工具摆放不合理,作业面不整洁,也会导致工件、工具倾倒,甚至工具件接触高速旋转机器部位而飞出。旋转轴遭到破坏而引起装配在其上的带轮、飞轮等运动零部件脱落,此时,零部件具有很高的速度向外飞出,若保护罩螺栓松动或脱落,被紧固的运动零部件由于弹性元件的位能而引起弹射(弹簧、带等断裂),对作业人员产生伤害。主要预防措施如下:

1)确保设备不超过其规定运动量程,在规定的条件下使用。

2)严格执行定期检测检查,更换失效、不稳定的零部件,加装安全保护装置和停车联锁装置,避免造成更严重的后果。

3)保持作业环境整齐清洁,严禁作业面脏乱差,手持工具和零星物料应放在工具袋内。

(3) 切割和擦伤风险

这类伤害是最常见的伤害,主要是指人体某一部分接触到运动或静止机械的尖角、棱角、锐边、粗糙表面等发生的划伤或割伤等机械伤害。人们在加工过程中使用手最为频繁,在物料从粗糙品制成成品的过程中,人可能接触到切削刀具的锋刃,零件表面的毛刺,工件或废屑的锋利飞边,机械设备的尖棱、利角、锐边,粗糙的表面(如砂轮、毛坯件)等,无论物体的状态是运动还是静止的,这些由于形状产生的危险都会构成潜在的危险。主要预防措施如下:

1)规范操作规程,加强从业人员的安全教育培训,提高安全意识。

2)选择相应的操作作业手部防护用品,并检查防护用品的保护效果。

3)对物件粗糙表面进行磨平处理,防止割伤手。

4. 作为操作机床的工人操作要求

1)按要求着装:敞开的衣服必须扣好、袖口扎紧、长发要塞在帽子内,在有转动部分的机床上工作时绝不能戴手套。

2）测量工作尺寸时应停车测量，并把刀架移到安全位置。

3）工件和刀具装卡要牢固，刀头探出部分要满足安全要求。

4）切削下来的带状切屑、螺旋切屑应使用钩子及时清除，切勿用手拉。

5）禁止把工具、量具、夹具和工件放在床身或变速箱上，防止落下伤人。

6）当切削铸铁和黄铜一类材料时，要防止灼热切屑飞出伤人，应戴好防护镜和使用透明挡板等防护装置。

7）操作磨床时，应注意砂轮的选用和砂轮的安装要求，防止砂轮碎裂，飞出伤人。

6.4.3 机械设备本质安全技术

机械设备本质安全是指机械设备在设计阶段采取措施，消除机械危险，达到安全使用标准。它也称为直接安全技术措施，设计者在设计阶段采取措施来消除机械危险，例如避免锐边、尖角和凸出部分，保证足够的安全距离，确定有关物理量的限值，使用本质安全工艺过程和动力源。

机械本质安全具有以下特征：机械设备在预定使用条件下，除了具有稳定、可靠、正常的安全防护功能外，其设备本身还具有自动保障人身安全的功能与设施，当操作者的误操作或者判断错误时，可使人身不受伤害，生产系统和设备仍能保证安全。

本质安全最早起源于20世纪50年代世界宇航技术的发展，其目的在于通过设计等手段使生产设备或生产系统本身具有安全性，即使在误操作或者发生故障的情况下，也不会造成事故。"本质安全"和"安全"的区别在于"本质"二字。"本质"在《辞海》中的解释是事物本身所固有的根本属性。常规的安全管理是通过外界约束来降低风险的，一旦外部约束失去，就会转变为"危险"，可能导致事故发生；本质安全不依赖于外部约束，而是依赖自身特性来实现降低风险的目的，即使外部约束失去，安全措施也不会失效，不会转化为"危险"，不会导致事故发生。

在实际监管过程中，许多企业在事故发生后往往把安全责任推到操作者身上，将操作不当作为事故发生的主要原因。殊不知，操作者按要求进行准确操作固然重要，但过分强调人的因素，将降低事故发生率的期望完全寄托于操作者身上，是极其错误和危险的。提升机械设备的本质安全才是消除安全隐患的根本，在设备进行设计之初，就应对各种因素进行综合考虑和深入分析。

以农业机械的本质安全为例，我国农业农村经济发展取得巨大成绩的同时带动了农机行业的飞速发展，农机作业安全也受到越来越多的重视。管理部门统计农机事故时，对农机事故的分类通常有以下三种方法：

（1）按照事故发生的产品门类划分

将农机事故分为拖拉机事故、联合收获机事故、其他农业机械事故（包括微耕机、机耕船事故，脱粒机、粉碎机事故，卷帘机事故）。这种分类方法可以明确农机事故发生频率较高的产品门类，重视这类机具的设计、制造和监管，提醒用户在使用过程中对这类机具的使用安全提高警惕。

(2) 按照事故中人员伤亡和经济损失的程度划分

将农机事故分为特别重大农机事故、重大农机事故、较大农机事故和一般农机事故。这种分类方式体现了与国家行政法规的一致性和事故称谓的统一性，直观地显示出事故的严重程度，有助于管理部门处理农机事故。

(3) 按照事故发生地点进行划分

将农机事故分为两大类。一类为农机道路交通事故，即农业机械在允许机动车通行的地方发生的事故，是驾驶者因疲劳驾驶、酒后驾驶、超载等人为过错或遇到突发情况造成的事故；另一类为农机作业事故，即农业机械在其主要活动场所例如农村机耕路、田间作业场所、场院和固定作业场所等发生的事故。这种分类方法有利于政府部门划分事故处理的职责归属问题。

从农机设计的源头杜绝安全隐患是农业机械发展到今天不能回避的重要课题。在人-机-环复杂系统中，农机安全问题不是"人"单方面因素引起的。农业生产特点也决定了环境因素必然影响农机安全性，即农机的安全性是环境、机具、人三因素综合作用的结果。其中，机具设计与农机事故的关联性是人们容易忽视的问题。在农机设计中，保证使用者的安全也是设计者关注的问题，但仅从机械性能的角度关注安全性是远远不够的。例如，人的意外或者误操作表面上看源于人的疏忽或过错，本质上却是由于农机设计缺陷而导致。因此，要提高农业机械的安全性，将机具设计得更加完善，必然要将"环境"和"人"的因素结合起来研究，所以"机具"因素就成为一个综合的问题。

6.5 机械伤害事故案例

1. 违章作业引发装置失效事故

2000年10月，某纺织厂职工朱某与同事一起操作滚筒烘干机进行烘干作业，朱某在向烘干机放料时，被旋转的联轴节挂住裤脚口摔倒在地，旁边的同事听到呼救声后，马上关闭电源，使设备停转，才使朱某脱险。但朱某腿部已严重擦伤。引起该事故的主要原因是烘干机电动机和传动装置的防护罩在上一班检修作业后没有及时罩上而引起的。2001年，四川某木器厂，木工用平板刨床加工木板，李某进行推送，另有一人接拉木板，在快刨到木板端头时，遇到节疤，木板抖动，由于李某疏忽且这台刨床的刨刀没有安全防护装置，李某的右手脱离木板，直接按到了刨刀上，瞬间李某的四个手指被刨掉。

以上两个事故都是由人的不安全行为（违章作业）、机械的不安全状态（失去了应有的安全防护装置）和安全管理不到位等因素共同作用造成的，暴露出从业人员安全意识低是造成伤害事故的根源。

2. 检修操作不规范事故

2008年2月，某化工厂电仪车间维修仪表工张某和李某接受检查维修成品车间2#高炉炉顶超压放散阀任务后，2人立即带上工具，赶到检修现场。当班操作工杨某与赵某将控制系统由自动改为手动，并进行了自动阀开关阀门、手动阀开关阀门试验。试验完成后，确定了故障检修点，张某与杨某口头约定不再启动自动阀门。这时，张某开始检修，李某负责监护。23时15分，高炉原料罐已装好原料向炉内放料开车，于是，操作工杨某就按照常规操作流程将系统由手动改为自动，将自动放散阀自动关闭，致使液压缸推杆下移，将正在检修该阀门的张某的左手手指截断4根，仅剩大拇指，张某虽被及时送医院救治，但落下了终身残疾。

电仪车间仪表工张某严重违反设备安全检修规程。检修作业不办证，也不挂"禁止启动"警示牌，只是与操作人员口头协议交代一下了事。操作人员在接到开车指令后操作失误，致使张某受到伤害，是此次事故发生的主要原因。同时检修作业监护人没有尽职尽责，违章作业、违章操作没有及时制止，没有起到一个监护员的作用，是发生此次事故的重要原因。

3. 大庆某腈纶厂机械伤害事故

2012年12月，某车间进行打包作业。启动打包机过程中，排料门发生堵塞，机器出现故障报警。班长刘某赶到现场指挥处理故障，故障排除后，预压头下降过程中堵塞卡死，打包机再次停机。预压头上部积存的短纤维基本清除后，班长刘某在操作盘上进行开机操作，但未能升起预压头，此时工人邢某站在监视窗前方的叉车上观察，刘某告诉邢某不要移动，刘某自己去二层关闭风线阀门，切断打包机动力源。电源切断的一瞬间，邢某被升起的预压头带入打包机内，刘某急忙按下"预压启动"按钮，将预压头降下来，在班组其他成员的帮助下，将邢某从监视窗中救出，但邢某终因伤势过重，抢救无效，于当日死亡。

邢某安全意识淡薄，未按照腈纶厂打包机装置操作规程清理堵塞物作业程序进行作业，在未确认可靠停机的状态下，盲目冒险将身体探入监视窗内执行清理作业，被突然动作的预压头带入打包机内造成胸腹部复合损伤，送医院抢救无效死亡，是造成这起事故的直接原因。

4. 全自动丝网印刷机挤压事故

2021年8月，某公司员工程某操作7号全自动丝网印刷机进行生产作业，使用胶带封堵网板上漏料的小孔，他先是双手伸入网板与工作台面之间进行作业，之后将头部也伸入进去，误碰网板托架按钮，造成网板托架突然下降，将其颈部挤压在网板托架和工作台面之间。15min后，员工陆某至7号全自动丝网印刷机取油墨时发现程某被挤压住，将网板托架上升后将程某救出。程某经医院抢救无效死亡，该事故造成直接经济损失107万元。

该起事故的直接原因是程某安全意识淡薄，将头部伸入网板托架与工作台面之间进行作业，误碰网板托架按钮，网板托架下降后将其挤压死亡。事故的发生也暴露出该公司未按规定对员工进行安全教育培训，未消除全自动丝网印刷机作业时存在的事故隐患，现场安全管理、事故隐患排查不到位等生产问题。

复 习 题

1. 简述机器的结构与组成。
2. 简述机械加工工艺和工艺过程组成。
3. 什么是机电一体化？它有什么特征？
4. 讨论数控机床的安全性和风险性。
5. 简述机械设备的本质安全的含义。

第 7 章 电力工业

7.1 概述

电力工业就是把不同形式的能量转换成电能，再以电磁场为载体，通过输电、变电与配电系统经电网输送给用户的工业部门。它是国民经济的一个重要的能源工业部门，是一个技术密集型的行业。在工程上，它叫作电气工程，也称电力系统。在电力系统中电能的产生、输送和使用是连续而不分割的生产系统，分别称为发电系统、输电系统、配（用）电系统。发电系统包括发电厂的电气部分和动力部分。输电系统是将发电机产生的电能输至负荷中心，它由发电机、变压器、输电线路及综合电力负荷组成。其中，仅含变压器和输电线路（即变换和输送电能设备）部分，称为输电网络。配电系统的功能是将送至负荷中心的电能经过配电变压器和配电线路再变压，分配给电力用户的设备，使其消耗电能，其中不含电力负荷的部分称为配电网络。图 7-1 为电力生产流通过程示意图。

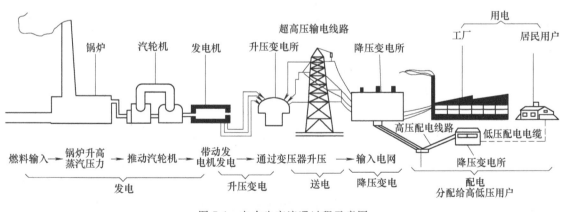

图 7-1 电力生产流通过程示意图

7.1.1 电力工业的发展

电力工业是国民经济发展中最重要的基础能源产业，是国民经济的第一基础产业，是世界各国经济发展的优先发展重点。作为一种先进的生产力和基础产业，它不仅关系国家经济安全，而且与人们的日常生活、社会稳定密切相关。

1. 电力工业发展情况

1949 年年底，全国发电装机容量仅有 184.86 万 kW，年发电量为 43.1 亿 kW·h，分别为世界第 21 和 25 位。新中国成立以来，我国电力在规模和数量上飞速提升，我国火电机组最大单机容量从几万千瓦时到十几万千瓦时，再到百万千瓦时，直到 2014 年全国单机容量最大的火电机组——新疆农六师煤电有限公司二期 110 万 kW 工程 5 号机组投产，我国火电单级进入超百万时代。

在水电建设方面，我国于 20 世纪 70 年代末—20 世纪 80 年代末，先后规划了 12 大水电基地，包括黄河上游、金沙江、大渡河、乌江、湘西等水电基地，规划总装机容量为 2.1 亿 kW。在全球 20 大已建和在建水电站中，我国占 11 席，可见我国是一个水电大国。

我国在风、光伏、核电方面也有了巨大发展，2012 年和 2015 年分别取代美国和德国成为世界第一风电装机大国和太阳能发电装机大国。

近年来，我国发电装机保持增长趋势。2010—2020 年，我国发电装机累计容量从 10.62 亿 kW 增长到 22 亿 kW。2015 年后，我国装机增速呈下降趋势，至 2020 年陡然回升，最主要原因是风电、太阳能发电等新能源新增装机创历史新高。

从我国近年来电力生产行业总发电量来看，根据国家统计局发布的《国民经济和社会发展统计公报》，2015 年以来，我国电力生产行业总发电量呈现稳步增长趋势。2015 年，全国发电量为 58145.73 亿 kW·h；2016 年，全国发电量为 61331.60 亿 kW·h，同比增长 5.48%；2017 年，全国发电量为 66044.47 亿 kW·h，同比增长 7.68%；2018 年，全国发电量为 71661.33 亿 kW·h，同比增长 8.50%；2019 年，全国发电量为 75034.28 亿 kW·h，同比增长 4.71%；2020 年，全国发电量为 77790.6 亿 kW·h，同比增长 3.67%。

从我国的用电规模来看，全社会用电量呈现增长趋势，2015—2020 年，全社会用电量逐年增长，2015 年全社会用电量约为 5.74 万亿 kW·h；2016 年全社会用电量约为 6.02 万亿 kW·h，同比增长 4.88%；2017 年全社会用电量约为 6.45 万亿 kW·h，同比增长 7.14%；2018 年全社会用电量约为 6.99 万亿 kW·h，同比增长 8.37%；2019 年全社会用电量约为 7.33 万亿 kW·h，同比增长 4.86%；到 2020 年年底，全社会用电量约为 7.62 万亿 kW·h，同比增长 3.95%。

虽然近年来我国将重点发展核电、新能源发电，但目前火力发电规模依然占比非常大，我国仍以火力发电（简称火电）为主要发电发电方式。2020 年，在我国发电结构中，有 69% 的发电量来自于火电，但是从 2014—2020 年的发电量结构变化能够看出我国火电发电占比是逐渐下降的，2020 年火电装机比例较 2011 年下降了 15.7 个百分点，风电、光伏、核能等其他能源发电占比逐渐升高，风电、太阳能发电装机比例上升了近 20%，发电装机结构进一步优化。水电、风电、光伏、在建核电装机规模等多项指标保持世界第一。

截至 2020 年年底，全国全口径火电装机容量为 12.5 亿 kW、水电装机容量为 3.7 亿 kW、核电装机容量为 4989 万 kW、并网风电装机容量为 2.8 亿 kW、并网太阳能发电装机容量为 2.5 亿 kW、生物质发电装机容量为 2952 万 kW。

2. 电力行业发展趋势

电力行业为我国国民经济的重要支柱，我国电力需求量随着国家产业的发展而持续增长。鉴于环境问题，清洁能源发电已经成为我国电力行业的主要发展趋势：①随着新能源加速发展和用电特性的变化，系统对调峰容量的需求将不断提高，我国具有调节能力的水电站少，气电比低，煤电是当前最经济可靠的调峰电源，煤电市场定位将由传统的提供电力、电量的主体电源，逐步转变为提供可靠容量、电量和灵活性的调节型电源，煤电利用小时数将持续降低；②2021 年，"十四五"规划提出发展低碳电力，就要通过能源高效利用、清洁能源开发、减少污染物排放，实现电力行业的清洁、高效和可持续发展。

7.1.2 电力工业在国民经济发展中的地位

根据电能在国民经济中的地位和作用、其本身的发展规律，电力工业的主要性质表现在如下几方面：

1）电力需求平均增长速度超前于国民经济平均增长速度的客观规律，决定了电力工业是一种具有先行发展性质的基础产业。只有这样，才能保证向国民经济提供充足的电力，促进国民经济持续、稳步发展。

2）电力应用的广泛社会性和不可缺少性，决定了电力工业是一种具有社会公用服务性质的公用事业行业。所以，要认真贯彻"人民电业为人民"的宗旨，搞好用电服务，不断改善和提高服务质量，充分发挥电能的社会经济效益。

3）电能是一种无形的、不能储存的优质二次能源，电能的生产与消费瞬间同时进行，决定了电力工业是一种具有与电力需求直接对应性质的供需一体化产业。

4）电网将一次能源转换成为电能，同时直接将电能输送、分配和销售给分散的大量的各种类型电力用户，决定了电力工业是一种具有转换性质的能源转换产业，为能源联合提供了条件。

5）电能生产、输送、分配工艺技术复杂，自动化程度高，需要庞大的先进发电、输变电和配电设备与设施，需要大量资金，决定了电力工业是一种技术和资金密集型的产业。

因此，电力企业需要有先进科学技术装备，才能不断地满足国民经济发展的需要。由各发电站组成的电力系统，在技术和经济上都可以收到很大的效益，主要表现在以下几个方面：

1）减少系统中的总装机容量。由电力系统供电的各用户的最大负荷并不是同时出现的，因此，系统中综合最大负荷总是小于各用户最大负荷的总和。由于系统综合最大负荷降低，就可以相应地减少系统的总装机容量。为了保证对用户可靠地供电，无论是孤立电站还是电力系统，都需要检修和事故备用容量。在孤立电站中，备用容量不应小于电站最大机组容量（可能达到电站总容量的 30%~40%）。而在电力系统中，所有发电站连接在一起并列运行，备用容量只需系统总容量的 20%，其中，负荷备用 2%~5%，事故备用 10% 左右，检修备用8%左右。显然，此时电力系统的备用容量比各孤立电站备用容量的总和少，即总装机容量又可以减少。

2）可以装设大容量机组。组成电力系统后，由于总负荷的增大，因此可以装设大容量机组。大容量机组效率高，每千瓦投资以及维护费用都比多台小机组经济得多。但是，电力系统中所采用的最大机组容量，以不超过总装机容量的15%~20%为宜。

3）能够充分利用动力资源，提高技术与经济效益。

7.1.3 电能与其他工业生产的区别

电能的生产与其他工业生产有着以下显然不同的特点：

（1）电能不能大量储藏

电力系统中发电站负荷的多少，决定于用户的需要，电能的生产和消费时时刻刻都是保持平衡的。电能的生产、分配和消费过程的同时性，使电力系统的各个环节形成了一个紧密的有机联系的整体，其中任一台发、供、用电设备发生故障，都将影响电能的生产和供应。

（2）电力系统的电磁变化过程非常迅速

电力系统中，电磁波的变化过程只有千分之几秒，甚至百万分之几秒；而短路过程发电机运行稳定性的丧失则在十分之几秒或几秒内即可形成。为了防止某些短暂的过渡过程对系统运行和电气设备造成危害，要求能进行非常迅速和灵敏的调整及切换操作，这些调整和切换，靠手动操作是不能获得满意效果的，甚至是不可能的，因此必须采用各种自动装置。

（3）电力工业和国民经济各部门之间有着极其密切的关系

电能供应不足或中断，将直接影响国民经济各个部门的生产，也将影响人们的正常生活。因此，要求电力工业必须保证安全生产和成为国民经济中的先行工业，必须有足够的负荷后备容量，以满足日益增长的负荷需要。

7.2 发电厂类型及生产过程

火力发电是电力发展历史上最早实际应用的发电技术，并在发展中不断创新。火力发电厂是利用煤、石油和天然气等化石燃料燃烧时产生的热能，通过动力机械转换成电能的工厂。

发电厂的生产过程是引导一次能源转化为二次能源的能量转化过程。发电厂按能源利用种类不同可分为火力发电厂、水力发电厂、核能发电厂、新能源发电厂。我国电力工业发展的基本方针是重点发展电网，积极发展水电，优化发展火电，适当发展核电，因地制宜发展新能源发电，开发和节约并重，高度重视环保，提高能源利用效率。实现这一方针，可使我国发电能源的结构趋于合理。

7.2.1 火力发电

利用煤、石油和天然气作燃料进行能量转换，通过发电动力装置（包括电厂锅炉、汽轮机和发电机及其辅助装置）转换成电能的一种发电方式，称为火力发电。火力发电以燃煤发电机组为主（约占85%），电煤消耗大。在所有发电方式中，火力发电是历史最久的，也是最重要的一种。

最早的火力发电是1875年在巴黎北火车站的火电厂实现的。随着发电机、汽轮机制造技术的完善，输变电技术的改进，特别是电力系统的出现以及社会电气化对电能的需求，20世纪30年代以后，火力发电进入大发展的时期。火力发电机组的容量由200MW级提高到300~600MW级（20世纪50年代中期），到1973年，最大的火电机组达1300MW。大机组、大电厂使火力发电的热效率大为提高，每千瓦的建设投资和发电成本也不断降低。到20世纪80年代后期，世界最大的火电厂是日本的鹿儿岛火电厂，容量为4400MW。但机组过大又带来可靠性、可用率的降低，因而到20世纪90年代初，火力发电单机容量稳定在300~700MW。

1. 火力发电的分类

1) 根据发电机组或火力发电厂容量等级，现阶段我国单机容量为6MW以下，全厂容量为25MW以下的电厂称为小型发电厂；单机容量为6~100MW，全厂容量为25~250MW的称为中型发电厂；单机容量为100MW以上，全厂容量为250MW以上的称为大型发电厂。根据进入汽轮机的蒸汽初参数，可分为中低压（3.43MPa以下）电厂、高压（8.83MPa以下）电厂、超高压（12.75MPa）电厂、亚临界压力（16.18MPa）电厂、超临界压力（21.54MPa）电厂。

2) 火力发电按其作用不同可分为单纯供电的和既发电又供热的两种。

3) 按原动机不同可分为汽轮机发电、燃气轮机发电、柴油机发电。

4) 按所用燃料不同主要分为燃煤发电、燃油发电、燃气发电。

为提高综合经济效益，火力发电应尽量靠近燃料基地建设。在大城市和工业区则应实施热电联供。

2. 火力发电系统的组成

火力发电系统主要由燃烧系统（以锅炉为核心）、汽水系统（主要由各类泵、给水加热器、凝汽器、管道、水冷壁等组成）、电气系统（以汽轮发电机、主变压器等为主）、控制系统等组成。前两者产生高温高压蒸汽，电气系统实现由热能、机械能到电能的转变，控制系统保证各系统安全、合理、经济运行。

火力发电的重要问题是提高热效率，办法是提高锅炉的参数（蒸汽的压强和温度）。20世纪90年代，世界最好的火电厂能把40%左右的热能转换为电能，大型供热电厂的热能利用率也只能达到60%~70%。此外，火力发电大量燃煤、燃油，造成环境污染，也成为日益引人关注的问题。

发电煤耗是火力发电厂重要指标之一。2003年，我国平均供电煤耗为397g/(kW·h)，个别电厂达 345g/(kW·h)，世界先进水平为 300g/(kW·h)。火电厂排烟的粉尘、SO_2、排渣，对环境造成严重的污染。推行火电环保技术，引进和消化国外先进技术和循环流化床技术和脱硫技术，适时适量建设天然气发电厂，以满足环保和调峰的需要。

3. 火力发电厂的生产过程

火力发电厂的生产过程实质上是四个能量形态的转变过程，即化石燃料的化学能经燃烧转变为热能，这个过程在蒸汽锅炉或燃气轮机的燃烧室中完成；热能转换机械能，这个过程通过蒸汽轮机或燃气轮机完成；发电机组引导机械能转变为电能。图 7-2 为凝汽式燃煤电厂生产过程示意图。

图 7-2 中给出了火力发电厂生产过程中的一些主要设备。火力发电厂生产过程是由铁路或公路将原煤运送到电厂储煤，再用输煤带运输机将煤送到煤斗。原煤从煤斗落下由给煤机送入磨煤机磨成煤粉，同时送入热空气来干燥和输送煤粉，形成煤粉、空气混合物，经分离器分离后，合格的煤粉经排粉机送入输粉管，通过燃烧器喷入锅炉的炉膛中燃烧。燃烧燃料所需的热空气由送风机送入锅炉的空气预热器中加热，预热后的热空气，经风道一部分送入磨煤机作干燥以及送粉之用，另一部分直接移至燃烧器进入炉膛、水冷壁管、过热器、省煤器和空气预热器，同时逐步将烟气的热能传给工质（水）及空气，自身变成低温烟气，经除尘器净化后的烟气由引风机抽出，经烟囱排入大气。煤燃烧后生成灰渣，其中大的灰渣因自重从气流中分离出来，沉降至炉膛底部的冷灰斗中形成固态渣，最后由排渣装置排入冲渣沟，再由灰渣泵送至灰渣场。大量的细小灰粒（飞灰）则经除尘分离后送到冲渣沟，余气进入烟囱。

锅炉的给水进入省煤器预热至接近饱和温度，后经蒸发器受热面加热为饱和蒸汽，再经过热器加热成为过热蒸汽（称为主蒸汽）。由锅炉过热器出来的主蒸汽经主蒸汽管道送入汽轮机膨胀做功，冲击汽轮机，从而带动发电机发电。经过以上流程，就完成了蒸汽热能转变为机械能、电能，以及锅炉给水供应的过程。可以看出，火力发电厂是由炉、机、电三大部分和各自相应的辅助设备及系统所组成的复杂的能源转换的动力厂。

4. 主要设备

（1）电厂锅炉

1）电厂锅炉简史。在发电设备制造史上，20 世纪 50 年代以前，电厂锅炉的发展一直落后于汽轮发电机的发展，这限制了机组容量的提高。最初，电厂采用火管锅炉。这种锅炉容量小，压力低，效率低，适应不了电厂对动力日益增长的需求，因而被水管锅炉代替。水管锅炉经历了由直水管向弯水管形式的发展，后者与锅炉机组配套，是电厂锅炉发展史上的一大进步。随着材料、制造工艺、水处理技术、热工控制技术的进步，20 世纪 30 年代，当时的德国和苏联开始应用直流锅炉；20 世纪 40 年代，美国开发了多次强制循环锅炉；到 20 世纪 80 年代，世界上最大的单台多次强制循环锅炉已可与 100 万 kW 机组匹配，西欧发展了低倍率强制循环锅炉，最大的单台容量可配 60 万 kW 机组。在直流锅炉与强制循环锅炉的基础上，又出现了复合循环锅炉。20 世纪 80 年代，世界上最大的单台锅炉可配 130 万 kW 机组的直流锅炉。这些巨型锅炉满足了大型机组一机一炉单元制（即单元机组）的需要。

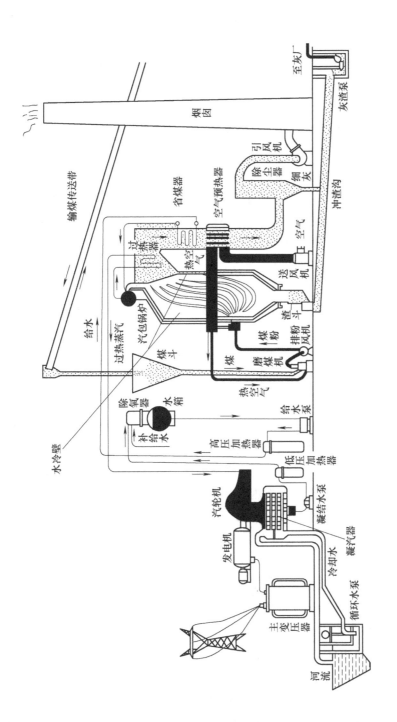

图 7-2 凝汽式燃煤电厂生产过程示意图

运行要求对电厂锅炉的发展影响很大。为了适应昼夜负荷的变化和周六、周日的停机,甚至每天都要启停的运行方式的特殊需要,又开发出尖峰负荷锅炉和变压运行锅炉。

我国在 20 世纪 50 年代前不能制造电厂锅炉。1953 年成立了第一家锅炉厂(上海锅炉厂),1955 年生产了第一台我国自行制造的中压链条锅炉,蒸发量为 40t/h。1958 年,哈尔滨锅炉厂试制成 230t/h 的高压电厂锅炉。20 世纪 80 年代末已能制造 1000t/h 的垂直上升管直流锅炉,以及为 30 万 kW 机组和 60 万 kW 机组配套的电厂锅炉。

2)电厂锅炉的结构。以燃煤锅炉为例进行介绍,电厂锅炉本体由炉膛、燃烧器、水冷壁、过热器、省煤器、空气预热器以及钢架炉墙等组成。此外,还有重要的辅助设备,如制粉设备、除灰设备、除尘装置、自动控制装置与仪表、阀门等,现代化电厂锅炉还应用工业电视和计算机。电厂锅炉的具体构造依不同锅炉而异。

3)电厂锅炉的分类方式有多种,有以下几种情况:按所用燃料分类有燃煤锅炉、燃油锅炉、燃气锅炉;按燃烧方式分类有层燃炉、室燃炉、旋风炉、沸腾燃烧锅炉(即流化床燃烧锅炉);按蒸汽压力分类有中压锅炉、高压锅炉、超高压锅炉、亚临界压力锅炉、超临界压力锅炉;按工质(水)在锅炉中的流动方式分类有自然循环锅炉、强制循环锅炉、直流锅炉、复合循环锅炉。

4)锅炉机组的组成。主要由燃烧设备、燃料及煤粉制备设备、受热器、过热器、再热器等组成。煤粉燃烧设备由炉膛、燃烧器(喷热器)、点火装置三部分构成。锅炉用燃料——煤的品种不同,发热量不同,为考核企业对能源的消耗,常用标准煤的概念。标准煤定义为:低位发热量为 29.310kJ/kg(7000kcal/kg)的煤。

5)锅炉机组中的能量转换过程。火力发电厂锅炉(蒸汽发生器)是燃烧燃料,把燃料的化学能转换成热能的能量转换过程。锅炉机组的产品是高温高压的蒸汽。在锅炉机组中的能量转换包括三种过程:燃料的燃烧过程、传热过程和水的汽化过程。燃料(煤)和空气中的氧在锅炉燃烧室中混合,氧化燃烧,生成高温烟气。高温烟气通过锅炉的各种受热面传热,将热能传给锅炉的工质——水,水吸热后汽化变成饱和蒸汽,饱和蒸汽进一步吸热变成高温的过热蒸汽,这就是传热与水的汽化过程。

6)火力发电厂锅炉的容量用额定蒸发量表示。额定蒸发量是指在额定蒸汽压力、蒸汽温度规定的锅炉效率和经水温度,使用设计燃料下运行时所必须保证的最大连续蒸发量,以每小时所产生的以吨计的蒸汽量来表示(t/h)。锅炉的参数一般是指锅炉的容量、蒸汽压力、蒸汽温度、给水温度。蒸汽压力和温度是指过热器主汽阀出口处的蒸汽压力和温度,压力单位是 MPa,温度单位是℃或 K。

7)锅炉的安全和经济指标一般用连续运行小时数、事故率、可用率、热效率、煤耗等指标来评价:

① 运行小时数是指两次检修之间运行的小时数。

② 事故率是指总事故停用时数占总运行时数与总事故停用时数之和的百分比,如下式所示:

$$事故率 = \frac{总事故停用时数}{总运行时数 + 总事故停用时数} \times 100\%$$

③ 可用率是指总运行时数与总备用时数之和占统计时间总时数的百分比,如下式所示:

$$可用率 = \frac{总运行时数+总备用时数}{统计时间总时数} \times 100\%$$

④ 热效率 η 是指锅炉每小时的有效利用热量 Q_1(水和蒸汽吸收的热量)占耗用燃料供热量 Q_0 的百分比,如下式所示:

$$\eta = \frac{Q_1}{Q_0} \times 100\%$$

⑤ 煤耗是指电厂单位发电量对应的锅炉所消耗的燃烧量,单位为 g/(kW·h)。国际上先进指标为 300g/(kW·h)。

(2) 汽轮机

1) 简述。汽轮机是使用电站锅炉产生的过热蒸汽冲动汽轮机叶片,并使之转动,从而带动汽轮机和汽轮发电机发电的一种动力机械。它是发电设备中的原动机。汽轮机本体主要由静子和转子两大部分组成。静子包括汽缸、隔板、静叶栅、进排汽部分、轴承以及轴承座等。转子包括主轴、叶轮、动叶片(或直接装有动叶片的鼓形转子、整锻转子)和联轴器等。在汽轮机中,一对静叶栅和其后的动叶栅,以及有关的结构部分,组成将蒸汽热能转变成机械功的基本单元,称为汽轮机的级。由级的多少分为单级和多级汽轮机。为了保证安全和有效工作,汽轮机还配置有调节安全系统、油系统及各种辅助设备。

2) 工作原理。来自锅炉的高温高压蒸汽,经主汽阀和调节阀进入汽轮机内,依次流过一系列环形配置的喷嘴(或静叶栅)和动叶栅而膨胀做功,其热能转变成推动汽轮机转子旋转的机械能,从而驱动发电机(或其他机械)。膨胀做功后的蒸汽由排气部分排出机外,被引入凝汽器而凝结,凝结水再经泵送至加热器中加热,作为锅炉给水循环使用。

3) 种类和型号。汽轮机按工作原理不同分为冲动式汽轮机和反动式汽轮机;按热力特性不同分为凝汽式汽轮机、背压式汽轮机、前置式汽轮机、抽气式汽轮机等;按汽流方向不同分为轴流式汽轮机、辐流式汽轮机、周流(网流)式汽轮机;按用途不同分为电站汽轮机、热电汽轮机或工业汽轮机、船用汽轮机等。

汽轮机具有单机功率大、效率较高、运转平稳和使用寿命长等优点。汽轮机的主要用途是作为发电用的原动机。汽轮机必须与锅炉(其他蒸汽发生器)、发电机(或其他被驱动机械)、凝汽器、加热器、泵等协调配合工作,总是和其他机械组成成套设备。

(3) 内燃机

1) 简述。内燃机是一种动力机械,它是通过使燃料在机器内部燃烧,并将其放出的热能直接转换为动力的热力发动机。广义上的内燃机不仅包括往复活塞式内燃机、旋转活塞式发动机和自由活塞式发动机,也包括旋转叶轮式的燃气轮机、喷气式发动机等,但通常所说的内燃机是指活塞式内燃机。

活塞式内燃机以往复活塞式最为普遍。活塞式内燃机将燃料和空气混合,在其气缸内燃烧,释放出的热能使气缸内产生高温高压的燃气。燃气膨胀推动活塞做功,再通过曲柄连杆机构或其他机构将机械功输出,驱动从动机械工作。

2）组成。往复活塞式内燃机的组成部分主要有曲柄连杆机构、机体和气缸盖、配气机构、供油系统、润滑系统、冷却系统、起动装置等。

3）分类。往复活塞式内燃机根据不同特征可进行如下分类：按使用燃料不同，可分为汽油机、柴油机和煤气机等。按完成一个工作循环的冲程数，可分为二冲程和四冲程内燃机。按冷却方式，可分为水冷式和风冷式内燃机。按发动机的气缸数，可分为单缸和多缸内燃机。按燃料在气缸内着火方式不同，可分为压燃式和点燃式内燃机。按气缸排列形式不同，可分为直立式、对置式、平卧式和V形内燃机。按进气方式不同，可分为增压式和非增压式内燃机。按用途不同，可分为拖拉机用、汽车用、工程机械用、内燃机车用、船用、农用、固定用、发电用等内燃机。

4）性能。内燃机性能主要包括动力性能和经济性能。动力性能是指内燃机发出的功率（转矩），表示内燃机在能量转换中量的大小。标志动力性能的参数有转矩和功率等。经济性能是指发出一定功率时燃料消耗的多少，表示能量转换中质的优劣。标志经济性能的参数有热效率和燃料消耗率。

内燃机未来的发展将着重于改进燃烧过程，提高机械效率，减少散热损失，降低燃料消耗率；开发和利用非石油制品燃料、扩大燃料资源；减少排气中有害成分，降低噪声和振动，减轻对环境的污染；采用高增压技术，进一步强化内燃机，提高单机功率；研制复合式发动机、绝热式涡轮复合式发动机等；采用微处理机控制内燃机，使之在最佳工况下运转；加强结构强度的研究，以提高工作可靠性和寿命，不断创制新型内燃机。

（4）燃气轮机

1）简述。燃气轮机是以连续流动的气体为工质带动叶轮高速旋转，将燃料的能量转变为有用功的内燃式动力机械，是一种旋转叶轮式热力发动机。

燃气轮机的工作过程是最简单的，称为简单循环；此外，还有回热循环和复杂循环。燃气轮机的工质来自大气，最后又排至大气，是开式循环；还有工质被封闭循环使用的闭式循环。燃气轮机与其他热机相结合的称为复合循环装置。

2）工作过程。燃气轮机的工作过程是，压气机（即压缩机）连续地从大气中吸入空气并将其压缩；压缩后的空气进入燃烧室，与喷入的燃料混合后燃烧，成为高温燃气，随即流入燃气透平中膨胀做功，推动透平叶轮带着压气机叶轮一起旋转；加热后的高温燃气的做功能力显著提高，因而燃气透平在带动压气机的同时，尚有余功作为燃气轮机的输出机械功。燃气轮机由静止起动时，需用起动机带动旋转，待加速到能独立运行后，起动机才脱开。

3）组成。燃气轮机由压气机、燃烧室和燃气透平机（燃气轮机）等组成。压气机有轴流式和离心式两种。轴流式压气机效率较高，适用于大流量的场合。在小流量时，轴流式压气机因后面几级叶片很短，效率低于离心式。功率为数兆瓦的燃气轮机中，有些压气机采用轴流式加一个离心式作末级，因而在达到较高效率的同时缩短了轴向长度。

燃烧室和涡轮机不仅工作温度高，还承受燃气轮机在起动和停机时因温度剧烈变化引起的热冲击，工作条件恶劣，故它们是决定燃气轮机寿命的关键部件。为确保有足够的寿命，这两大部件中工作条件最差的零件（如火焰筒和叶片等），须用镍基和钴基合金等高温材料制造，还须用空气冷却来降低工作温度。

4）安全调节系统。对于一台燃气轮机来说，除了主要部件外还必须有完善的调节保安系统，此外还需要配备良好的附属系统和设备，包括起动装置、燃料系统、润滑系统、空气滤清器、进气和排气消声器等。

5）类型和优点。燃气轮机有重型和轻型两类。重型的零件较为厚重，大修周期长，寿命可达 10 万 h 以上。轻型的结构紧凑而轻，所用材料一般较好，其中以航机的结构为最紧凑、最轻，但寿命较短。与活塞式内燃机和蒸汽动力装置比较，燃气轮机的主要优点是小而轻。对于单位功率的质量，重型燃气轮机一般为 2~5kg/kW，而航机一般低于 0.2kg/kW。燃气轮机占地面积小，当用于车、船等运输机械时，既可节省空间，也可装备功率更大的燃气轮机以提高车、船速度。燃气轮机的主要缺点是效率不够高，在部分负荷下效率下降快，空载时的燃料消耗量大。

燃气轮机的未来发展趋势是提高效率、采用高温陶瓷材料、利用核能和发展燃煤技术。提高效率的关键是提高燃气初温，即改进透平机叶片的冷却技术，研制能耐更高温度的高温材料。其次是提高压缩比，研制级数更少而压缩比更高的压气机。再次是提高各个部件的效率。按闭式循环工作的装置能利用核能，它用高温气冷反应堆作为加热器，反应堆的冷却剂（氦或氮等）同时作为压气机和透平的工质。

当然，火力发电除拥有上述设备外，还有发电厂的电气设备，以及电气二次系统等。

7.2.2 水力发电

天然的水流所蕴藏的位能或动能统称为水能或称水力资源。水力是一种宝贵的自然资源，是取之不尽用之不竭的可再生能源，而且是洁净的能源。利用水能的最普遍的形式是建设水电站，利用水流的流量和落差发电，或称为水力发电。世界各国竞相优先开发水力发电，作为电力工业的重要组成部分。

1. 概述

我国是一个水力资源非常丰富的国家，水能资源居世界首位。水电是一种可再生能源，是集一次能源和二次能源于一身，而且技术成熟、发电成本低廉、污染问题少的发电方式。

水力发电就是利用水力（具有水头）推动水力机械（水轮机）转动，将水能转变为机械能，如果在水轮机上接上另一种机械（发电机），随着水轮机转动，便可发出电来的发电形式，这时机械能又转变为电能。水力发电在某种意义上讲是水的势能变成动能，又变成电能的转换过程。

据全国普查资料显示，全国水能蕴藏量达 6.76 亿 kW，约占全世界的 1/6。截至 2020 年年底，我国水电装机约为 3.7 亿 kW，约占全国发电总装机容量的 19%；发电量约为 12000 亿 kW·h，占全部可再生能源发电量的 60% 以上。水电仍是可再生能源发电的主力军。河流水资源利用是一项巨大的系统工程，可建水电站，在防洪、灌溉、航运、供水、旅游、水产养殖等多方面发挥作用，因此要综合考虑水资源综合效益。

2. 水力资源的开发方式和水电站类型

水力资源的开发方式是按照集中落差而选定的，大致有四种基本方式：①堤坝式，即拦河建高坝获得落差的发电方式；②引水式，即利用河流的坡降，通过引水道发电方式；③混合式，即引水和大坝两种方式结合的发电方式；④抽水蓄能式，即具有上部蓄水库和下部蓄水库，利用夜间或节假日等剩余电能通过水泵将水投到上部蓄水库，在用电高峰时间利用上部蓄水库的水发电方式。但这几种开发方式还要各适用一定的河段自然条件。另外，按用水方式分类有：①径流式水电站，即不调节河水流量，利用原状河水的发电方式；②调节水池式水电站，即根据一昼夜或一周内的负荷变化调节河水流量的发电方式；③水库式水电站，即根据季节变化调节河水流量的发电方式；④抽水蓄能式水电站，即用水泵抽水蓄能的发电方式。

3. 水力发电的基本生产过程

水力发电是利用江河水流高低之差的位能进行发电。构成水能的基本条件，是河水的流量和落差。落差是河段中水流降落的高度，也称水位差或水头。流量和落差大小决定水能大小，水电站的发电力（kW）约为利用流量（m^3/s）与利用水头（m）乘积的 8 倍。水力发电的基本生产过程大体可划分为四个阶段：

1) 集中能量阶段，即取得河川的径流。河川的径流是由集水面积、降水量及其他影响径流的因素综合决定的。集水面积不是地理面积，而是能源，相当于火电站的采煤和运煤。所以，集水面积内的一切变化都很重要。水电站除了不可改变的流量损失外，应设法减少其他流量损失，以提高流量利用效率。

2) 输入能量阶段，即集中水头和流量，并输送水能至水电站。由于水流通过一系列的水工建筑物——壅水坝、进水口、水工闸门、输水建筑物等，把水能送至水电站机组，沿途有各种水压和流量的损失，使水电站机组净得的输入能量减少，因此水工建筑物对水电站运行的经济性有极大的影响，是电站运行征税过程中的主要水能问题之一。

3) 变换能量阶段，即将水能转变为电能。厂房和动力设备是组成第三阶段的主要部分。水能通过水轮机转换为机械能，而后驱动发电机发出电能。

4) 输出能量阶段，即变换电能的参数送到用户。此阶段包括从发电机发出的电能经过输、变、配电站后送出的整个过程。

4. 水电站的构成

水电站由水工建筑物、水轮发电机组以及变电站和送电设备组成。

（1）水工建筑物

水工建筑物包括大坝、引水建筑物和泄水建筑物等。大坝又称拦河坝，是水电站的主要建筑物，它的作用是挡水，使水位提高，积蓄水量，集中上游河段的落差形成一定水头和库容的水库，水轮发电机组从水库取水发电。大坝可分为混凝土坝和土石坝两大类。混凝土坝分为重力坝、拱坝和支墩坝三种。土石坝分为土坝、堆石坝、土石混合坝，又统称当地材料坝。大坝的选型要根据坝址的自然条件、建筑材料、施工现场、导流、工期、造价等进行综合比较后确定。引水建筑物包括组成建筑物的进水口、拦污栅、闸门等以及组成输水建筑物的渠道、隧洞、调压室、压力管道等。泄水建筑物主要包括溢洪坝、溢流坝、泄水闸、泄洪隧道及底孔等，用于泄洪、放空水库、冲砂、排水和排放漂水等。厂房是安装水轮发电机组及其配套设备的场所。根据自然条件、机组容量和电站规模不同，厂房可分为地面厂房、地下厂房和坝内厂房几种。

（2）水轮发电机组

水轮发电机组由水轮机与发电机的轴相连，水轮机接受水的位能和动能，转换为旋转的机械能，驱动发电机发电。水轮机按工作原理可分为冲击式水轮机和反击式水轮机。冲击式水轮机的转轮受到水流的冲击而旋转，此水流的压力不变，转轮将水流的动能转换为旋转的机械能。反击式水轮机的转轮接受水流的反作用力而旋转，此水流的位能和动能都在改变，但主要是位能转换为旋转的机械能。冲击式水轮机可分为切击式和斜击式两种。切击式水轮机转轮圆周布置多种水斗，喷嘴将水的位能变为动能，形成高速水流，沿转轮圆周的切线方向射向双U形水斗中部，水流在水斗中折转向两侧排出；斜击式水轮机的转轮圆周密布叶片，喷嘴出来的高速水流从转轮一侧倾斜冲击叶片，使转轮旋转，水流经转轮上的叶折转后从另一侧流出。反击式水轮机由带有导叶的进水装置和具有数个叶片的转轮组成，可分为混流式、轴流式、斜流式和贯流式几种。在混流式水轮机中，水流径向流入导叶再进入转轮，然后轴向流出转轮。在轴流式水轮机中，水流径向进入导叶，倾斜于主轴某一角度流入转轮。在贯流式水轮机中，水流沿轴向流进导叶和转轮。

各式水轮机的使用水头和比转速见表7-1。

表7-1 水轮机的使用水头和比转速

类别			使用水头/m		比转速/(r/min)
			小型	大、中型	
冲击式	切击式		>100	>300	10~35（单喷嘴）
	斜击式		20~300	—	30~70
反击式	轴流式	定桨式	3~70		200~800
		转桨式	3~80		200~800
	贯流式	定桨式	<20		600~1000
		转桨式	<20		600~1000
	混流式		5~200	30~700	50~300
	斜流式	定桨式	40~120		150~350
		转桨式	40~120		150~350

比转速是几何相似的水轮机在1m水头下发出1kW功率时的转速。定桨式的转轮叶片为固定的，转桨式的转轮叶片可以绕叶片轴旋转。

从表7-1中可以看出，混流式水轮机适用的水头范围大，广泛用于大、中型水电站。

水轮发电机的特点是：①转速较低，一般均在750r/min以下，有的每分钟只有几十转；②由于转速低，故磁极数较多；③结构尺寸和重量都较大；④大、中型水轮发电机一般采用竖轴。

水轮发电机主要由定子、转子、推力轴承、机架、冷却系统和励磁系统等组成。定子是产生电能的部件,由绕组、铁芯和机壳组成。转子是产生磁场的转动部件,由支架、轮环和磁极组成。推力轴承是承受竖轴转子(水轮机和发电机)的重量和水轮机轴向推力的部件。大、中型水轮发电机一般采用空气冷却,部分采用水冷却。目前,国外投入运行的大型水轮发电机采用水冷却。

(3) 水电站的电气设备

电气部分主要有电气主接线、主变压器、高压断路器、高压隔离开关等设备。

水电站主接线中,高压侧接线方案采用较多。高压侧接线分为不带母线的接线与带母线柱接线两类,将发电机与变压器连接起来。

主变压器是水电站中的一个重要电气设备。主变压器从结构形式来分,有普通、自耦、单相、三相、双线圈、三线圈等几种;从调压方式分为有载调压和无载调压两种;从冷却方式分为风冷、强迫油循环风冷和强迫油循环水冷等几种。水电站主变压器低压侧电压与发电机连接,其低压侧电压与发电机电压相同。

高压断路器是重要的控制电器。其按装设地址不同分为户内与户外两种;按灭弧压原理与绝缘介质的不同分为油断路器(多油与少油断路器)、空气断路器、六氟化碳断路器。

高压隔离开关主要用来隔离电源、倒闸操作、断开和接通小电流电路。其按安装地点不同,分为户内式和户外式;按绝缘支柱数目不同,分为单柱式、双柱式和三柱式,各电压等级都有可选设备;按有无接地闸刀,可分为无接地闸刀、一侧有接地闸刀、两侧有接地闸刀三种;按动触头运动方式不同,可分为水平旋转式、垂直旋转式、摆动旋转式和插入式;按操作机构不同,分为手动、电动和气动。

5. 水力发电的主要危险因素分析与预防措施

水力发电企业中的主要建筑物和设备危险如下:

(1) 大坝

作为水电站最重要的建筑物,大坝的安全状态对水电站的生产及效益具有最为直接的影响,还直接关系着下游河段百姓的生命及财产安全,因此对其进行安全管理十分重要。

(2) 隧洞

水电站隧洞由导流兼泄洪洞、发电洞组成。隧洞洞身均采用钢筋混凝土衬砌,对岩体进行固结灌浆,并在顶拱 120° 范围内进行回填灌浆。监管不善将造成隧洞衬砌遭受破坏等事故。

(3) 厂房

影响水电站厂房安全的危险、有害因素主要来源包括不可预见的自然灾害及战争等不可抗力、超期服役、混凝土开裂、长期渗流、混凝土强度及基础处理未达到设计要求、长期作用下厂房基础与混凝土性状改变。

(4) 水轮机组等设备

水轮机组、进水阀系统、变压器等,应严格操作规程,及时排查事故隐患,做到风险有效管控,实现生产安全的目的。

7.2.3 核能发电

1. 概述

世界上有比较丰富的核资源，核燃料有铀、钍、氘、锂、硼等。其中，世界上铀的储量约为 417 万 t。地球上可供开发的核燃料资源可提供的能量是矿石燃料的十多万倍。核能应用作为缓和世界能源危机的一种经济有效的措施有许多的优点。其一，核燃料具有许多优点，如体积小而能量大，核能比化学能大几百万倍；1000g 铀释放的能量相当于 2400t 标准煤释放的能量；一座 100 万 kW 的大型烧煤电站，每年需原煤 300 万~400 万 t，其运输需要 2760 列火车，相当于每天 8 列火车，同时要运输 4000 万 t 灰渣。同功率的压水堆核电站，一年仅消耗铀含量为 3% 的低浓缩铀燃料 28t，换算成 1kW 发电的经费约为 0.001 美元，这和目前的传统发电成本比较，便宜许多；而且，由于核燃料的运输量小，所以核电站可就近建在最需要的工业区附近。核电站的基本建设投资一般是同等火电站的 1.5~2 倍，不过它的核燃料费用却要比煤便宜得多，运行维修费用也比火电站少，如果掌握了核聚变反应技术，使用海水作燃料，则更是取之不尽，用之方便。其二，核能发电污染少。火电站不断地向大气里排放二氧化硫和氧化氮等有害物质，同时煤里的少量铀、钛和镭等放射性物质，也会随着烟尘飘落到火电站的周围，污染环境。而核电站设置了层层屏障，基本上不排放污染环境的物质，就是放射性污染也比烧煤电站少得多。据统计，核电站正常运行的时候，一年给居民带来的放射性影响，还不到一次 X 光透视所受的剂量。其三，核能发电安全性强。从第一座核电站建成以来，全世界投入运行的核电站事故率较低。随着压水堆的进一步改进，核电站有可能会变得更加安全。

2. 简史

1951 年美国首次利用核能发电。1954 年，苏联的第一座核电厂开始向电网送电，随后核电在全球范围内高速发展。根据英国石油公司（BP）的报告，在福岛核事故发生（2011 年）前的 2010 年，世界核电发电总量为 27672.25 亿 kW。美国是世界最大的核电发电国，2010 年占世界核电总量的 30.7%；法国和日本分居世界第二和第三位，2010 年分别占世界核电总量的 15.5% 和 10.6%。2011 年，日本福岛核电站事故发生后，世界核电工业遭遇沉重打击。2012 年，全球核电发电量出现了有史以来最大规模的下滑。全世界对核电安全性的审视再度兴起，全球核电工业进入滞缓发展阶段，直到 2013 年后世界核能产量才出现缓慢回升的趋势。但截至目前，全球核能消费量仍低于 2010 年的水平。根据国际能源署（IEA）发布的《2021 年全球能源回顾》报告，由于 2020 年疫情导致全球电力需求下降，再加上核电机组大修临时停堆和部分机组永久关闭，2020 年全球核能发电量为 25530 亿 kW，比 2019 年下降了约 4%，降幅最大的是日本（-33%）、欧盟（-11%）和美国（-2%）。核电对全球电力供应的贡献从 1996 年的峰值 17.5% 降至 2020 年的 10.1%。尽管近年来核电工业发展速度放缓，但 IEA 预测，核电仍将是发达国家最大的低碳电力来源，2021 年出现微增。2021 年，全球核电容量最大的十个国家依次是美国（91.5GW，1GW = 100 万 kW）、法国（61.3GW）、中国（50.8GW）、日本（31.7GW）、俄罗斯（29.6GW）、韩国（24.5GW）、加拿大（13.6GW）、乌克兰（13.1GW）、英国（8.9GW）和西班牙（7.1GW）。

根据中国核能行业协会公布的数据，截至 2021 年 12 月 31 日，我国运行核电机组共 53 台（不含台湾地区），额定装机容量为 54646.95MW，2021 年全国累计发电量为 81121.8 亿 kW·h，运行核电机组累计发电量为 4071.41 亿 kW·h，占全国累计发电量的 5.02%。预计到 2030 年这一比例达到 10%，2050 年装机容量超过 4 亿 kW，核电将成为我国的主要能源之一。

3. 原理

核能发电的能量来自核反应堆中可裂变材料（核燃料）进行裂变反应所释放的裂变能。裂变反应是指铀 235、钚 239、铀 233 等重元素在中子作用下分裂为两个碎片，同时放出中子和大量能量的过程。反应中，可裂变物的原子核吸收一个中子后发生裂变并放出两三个中子。若这些中子除去消耗，至少有一个中子能引起另一个原子核裂变，使裂变自持地进行，则这种反应称为链式裂变反应。实现链式反应是核能发电的前提。

核能发电的关键系统是反应堆系统。反应堆主要由堆芯、反射屏、屏蔽层等组成。

堆芯又称活性区，是反应堆核心部分。堆芯一般包含有核燃料元件、慢化剂、冷却剂、控制棒及其他结构元件。核燃料加工成一定形状（棒状、板状、管状），按一定方式排列在堆芯中，用包壳保护燃料免受腐蚀和防止放射性裂变。在热中子反应堆内裂变反应主要由热中子引起，所以在堆内要有慢化剂，以便把裂变时放出来的高能中子慢化成热中子。冷却剂的作用是把堆芯中燃料核裂变时产生大量热能带出反应堆，经一回路中的蒸汽发生器将热量传给二回路工质，工质蒸发，推动动力机械做功。控制棒可以控制核裂变反应率。堆芯外周围有反射层，其作用是减少中子向堆芯外部泄漏，减少核燃料的装重量。为防止堆内中子和 γ 射线向外泄漏，在反射层外部设有屏蔽层以保障安全。反应堆种类很多，可按用途、中子能量、慢化剂、冷却剂等不同角度进行分类。

4. 分类

反应堆按用途可分为动力堆、生产堆、特殊用途堆。动力反应堆是核电厂的关键设备。按引起核燃料裂变的中子能量可分为快中子堆、热中子反应堆。按所使用的慢化剂与冷却剂种类分为：①轻水堆，轻水既作慢化剂又作冷却剂，根据水的工作条件分为压水堆与沸水堆；②重水堆，重水作慢化剂，沸腾轻水作冷却剂。轻水堆是目前核电厂采用的最主要的堆型。按产生蒸汽的方式不同，分为压水型反应堆和沸水型反应堆两种。

（1）压水堆核电站

压水堆核电站主要由核反应堆、一回路系统、二回路系统及其他辅助系统组成。图 7-3 所示为压水堆核电站主要系统原理流程。

核反应堆是核电站动力装置的重要设备，其中装有一定数量的核燃料，核燃料在进行核裂变过程中放出的热能由流经反应堆内的冷却剂带出反应堆，送往蒸汽发生器，将热量传递给在管外流动的给水，使它变成蒸汽。低温的冷却剂再由主循环泵重新泵入反应堆内，形成一个密闭的循环回路，称为一回路。在此，蒸汽发生器作用类似于火力发电厂中的锅炉，因此后面的回路（二回路）基本上与火力发电装置相似，也由汽轮发电机组、冷凝器、凝结

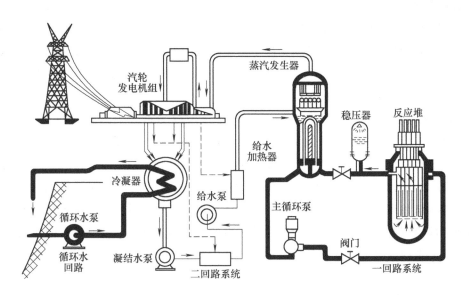

图 7-3 压水堆核电站主要系统原理流程

水泵、给水加热器、给水泵等设备组成。核电站厂房一般由一回路厂房、二回路厂房、一回路辅助厂房、输配电厂房、循环水泵房及"三废"处理厂房组成。

(2) 重水堆核电站

以重水为减速剂的反应堆称为重水堆,重水堆的冷却剂可用轻水、重水、有机物质或 CO_2 气体。重水堆以天然铀作燃料,重水的中子慢化能力比普通水高 300 倍,重水堆可有效地利用核燃料。同容量的重水堆核电站比轻水堆核电站使用天然铀用量减少 20%~30%。

(3) 快中子增殖堆核电站

快中子反应堆是指平均能量为 0.1MeV 以上的快中子引起核裂变反应的反应堆,简称为快堆。在快中子反应堆中,核燃料每俘获 1 个中子发生裂变时,平均可释放 3 个中子,除需 1 个中子用来维持链式裂变反应外,余下的中子可以使 U238 转变为易裂变的 Pu239,其转换比可以大于 1 (称增殖比)。由于快堆具有增殖能力,通常称为快中子增殖反应堆。这种反应堆的铀资源利用率高,燃料成本低。世界各国都把快中子反应堆列为首要发展对象,是核动力的基础。快中子增殖反应堆有液态金属冷却快中子增殖堆和气体冷却快中子增殖反应堆。

液态金属冷却快中子增殖堆以钠作冷却剂。钠是碱金属,对中子的吸收和慢化作用小,有优异的传热能力(沸点为 883℃),可使冷却回路在低压高温下工作,是较理想的快堆冷却剂。

气体冷却快中子增殖反应堆的冷却剂惰性气体氦气。氦气的化学稳定性好,不易与中子发生作用,在气冷快堆的工作压力和工作温度范围内不发生相变,不存在与相变有关的热工、水力不稳定问题。但氦气传热性较液体冷却剂差,使用中必须将氦气加压到 8~10MPa,并增加流速,提高传热能力。

5. 核电站的安全

1）核电站在设计上所采取的安全措施。为了确保压水反应堆核电站的安全，从设计上采取了所能想到的最严密的纵深防御措施。为防止放射性物质外逸，设置了四道屏障：①裂变产生的放射性物质90%滞留于燃料芯块中；②密封的燃料包壳；③坚固的压力容器和密闭的回路系统；④能承受内压的安全壳。

2）在出现可能危及设备和人身安全的情况时采用多重保护措施：①进行正常停堆；②因任何原因未能正常停堆时，控制棒自动落入堆内，实行自动紧急停堆；③当因任何原因控制棒未能插入时，高浓度硼酸水自动喷入堆内，实现自动紧急停堆。

3）核电站在管理方面采取的安全措施。核电站有着严密的质量保证体系，对选址、设计、建造、调试和运行等各个阶段的每一项具体活动都有单项的质量保证大纲。另外，还实行内部和外部监查制度，监督检查质量保证大纲的实施情况和是否起到应有的作用。核电站工作的人员的选择、培训、考核和任命有着严格的规定。领取操作员证书后才能上岗，还要进行定期考核，不合格者将被取消上岗资格。

4）核电站发生自然灾害时能安全停闭。在核电站设计中，始终把安全放在第一位，在设计上考虑了当地可能出现的最严重的地震、海啸、热带风暴、洪水等自然灾害，即使发生了最严重的自然灾害，反应堆也能安全停闭，不会对当地居民和自然环境造成危害。在核电站设计中，甚至考虑了厂区附近的堤坝坍塌、飞机坠毁、交通事故和化工厂事故之类的事件。例如，一架喷气式飞机在厂区上空坠毁，而且碰巧落到反应堆建筑物上，设计要求这时反应堆还是安全的。

5）核电站的纵深防御措施。核电站的设计、建造和运行，采用了纵深防御的原则，从设备上和措施上提供多层次的重叠保护，确保放射性物质能有效地包容起来，不发生泄漏。纵深防御包括以下五道防线：

① 精心设计，精心施工，确保核电站的设备精良。有严格的质量保证系统，建立周密的程序，严格的制度和必要的监督，加强对核电站工作人员的教育和培训，使人人关心安全，人人注意安全，防止发生故障。

② 加强运行管理和监督，及时正确处理不正常情况，排除故障。

③ 设计提供多层次的安全系统和保护系统，防止设备故障和人为差错酿成事故。

④ 启用核电站安全系统，加强事故中的电站管理，防止事故扩大。

⑤ 厂内外应急响应计划，努力减轻事故对居民的影响。

有了以上互相依赖、互相支持的各道防线，核电站是非常安全的。

6. 核电链与煤电链的安全性比较

根据有关资料介绍，现将核电生产链与煤电生产链对环境产生的影响进行简单对比，供大家参考。

（1）对公众健康的影响

从对公众产生的辐射照射看，煤电链约为核电链的50倍。就非辐射对健康的危害而言，采用健康危害评价方法，煤电链比核电链高1个数量级。

(2) 对环境的影响

对煤电链,在正常情况下就可观察到排出 SO_2 和 NO_x 等气体对森林、农作物等的明显影响。对核电链,除切尔诺贝利等少数事故外,未发现可察觉的影响。固体废物占地面积,煤电链约为核电链的 2.1 倍。地表塌陷,煤电链约为核电链的 630 多倍。

(3) 对工作人员健康的影响

从辐射照射看,煤电链约为核电链的 10 倍;从尘肺发生情况看,煤矿为铀矿的 5 倍;从急性事故死亡率看,煤电链约为核电链的 60 倍。可见核电生产是一种安全的工业。

(4) 温室气体排放系数

我国煤电链温室气体排放系数约为等效二氧化碳 $1.3×10^3 g/(kW·h)$,核电链温室气体排放系数等效二氧化碳 $13.7 g/(kW·h)$。煤电链温室气体排放系数为核电链的 100 倍。

核电站的"三废"治理设施与主体工程同时设计,同时施工,同时投产,其原则是尽量回收,把排放量减至最小。核电站的固体废物完全不向环境排放,放射性液体废物转化为固体也不排放;像工作人员淋浴水、洗涤水之类的低放射性废水经过处理、检测合格后排放;气体废物经过滞留衰变和吸附,过滤后向高空排放。我们在积极发展核电的同时,要牢固树立安全发展的理念。核安全是核工业的生命线,要继续贯彻"安全第一、质量第一"的方针,要努力营造核安全文化氛围,狠抓设计、制造、建设和运营全过程质量管理,进一步强化核安全监督,切实做好核事故应急准备工作。

7.2.4 风能发电

1. 风电生产的概况

风力发电经历了从独立系统到并网系统的发展过程。大规模风力田的建设已成为发达国家风电发展的主要形式。目前,风力田建设投资已降至 1000 美元/kW,低于核电投资,且建设时间可少于一年,其成本与煤电成本接近,因而具有很大的竞争潜力。目前世界上最大的风电场是洛杉矶附近的特哈查比风电场,装机容量超过 50 万 kW,年发电量为 14 亿 kW·h,约占世界风力发电总量的 23%。

风力发电是我国早已开始进行的一项研究。目前,国内最著名的风力发电场有四个,分别是新疆达坂城风力发电场、内蒙古辉腾锡勒风电场、浙江临海括苍山风电场以及甘肃酒泉千万千瓦级风力电场,它们每年给我国所提供的电力量十分庞大。想要进行风力发电,对于位置要求是很高的,需要了解当地常年风源情况,年平均风速不能小于 6/s。最好是靠近海边,同时在位置较高的地方,周围空旷的面积一定要大,具备敷设电网的条件。

我国海上风能资源丰富,具备大规模发展海上风电的资源条件。根据全国风能资源普查成果,全国 50m 以内水深海域海上风电开发潜力约为 7 亿 kW。其中,5~25m 水深海域、50m 高度海上风电开发潜力约为 2 亿 kW;5~50m 水深海域、70m 高度海上风电开发潜力约为 5 亿 kW,海上风电施工市场前景十分广阔。自我国第一个海上风电项目上海东海大桥项目机组全部并网以来,经过多年的发展,海上风电发展积累了丰富的技术经验,如今,我国近海海上风电已进入规模化发展阶段。根据《关于印发"十四五"可再生能源发展规划的通知》，推动山东半岛、长三角、闽南、粤东、北部湾等千万千瓦级海上风电基地开发建设，推进一批百万千瓦级的重点项目集中连片开发，结合基地开发建设推进深远海海上风电平价示范和海上能源岛示范工程。推进漂浮式风电机组基础、远海柔性直流输电技术创新和示范应用，力争"十四五"期间开工建设我国首个漂浮式商业化海上风电项目。在广东、广西、福建、山东、江苏、浙江、上海等资源和建设条件好的区域，结合基地项目建设，推动一批百万千瓦级深远海海上风电示范工程开工建设，2025年前力争建成1~2个平价海上风电场工程。结合山东半岛、长三角、闽南、粤东和北部湾等重点风电基地开发，融合区域储能、海水淡化、海洋养殖等发展需求，在基地内或附近配套建设1~2个海上能源岛示范工程。统筹海上风电与油气田开发，形成海上风电与油气田区域电力系统互补供电模式，逐步实现海上风电与海洋油气产业融合发展。

2. 风电的生产类型和主要设备

风能发电可分为两类：一类是用于孤立用电的中小容量的风能发电机组，容量为几百瓦到几千瓦；另一类是容量较大的风能发电机组，容量为几十千瓦至一百千瓦以上。小容量机组多采用直流发电机组——蓄电池的配套装置，以适应多变的风速，对外提供恒定的电压，在无风时可用蓄电池供电。容量较大的风能发电厂，大多与当地供电系统并列运行，在无风时改用当地其他电厂供电。

风能发电装置主要由风轮机、传动变速机构、发电机等组成。风轮机是发电装置的核心。它的式样很多，大体上分为桨叶绕水平轴转动和绕垂直轴转动两种形式。用于发电的主要是绕水平轴转动的翼式风轮机，桨叶有双叶式、三叶式和多叶式三种。

3. 风电企业存在的安全风险与预防措施

风电企业存在的安全风险有高处坠落、物体打击、触电和机械伤害等。在安全生产管理过程中，存在着安全措施不到位，锁扣、安全帽佩戴不规范，检修前未将相关设备停电，风速超过12m/s未能禁止爬塔作业（晃动严重）等，以致造成不必要的安全生产事故的发生。

2018年，全球风电行业共发生278起与船舶相关的事故及危险，其中34%为高风险潜在事故。全球海上风电健康与安全组织会员企业通过实践工作指南来提升安全性、广泛提升船舶技术，以及提高船员的能力等措施，有效减少了相关事故的发生。另外，2018年，全球海上风电领域发生了66起高处坠物事故，较2017年降低60%。风电机组设计的优化，以及日益完善的工具固定装置，降低了高处坠物事故发生的概率。41%的高处坠物事故为险肇事故，另外的59%则为高危事故，这意味着高处坠物是海上风电产业的一个重大安全威胁。可见，国外的风电企业由于多年的发展，安全生产过程管理方法都比较前位，已经形成了一套安全生产管理体系。

当发生过叶轮整体或叶片坠落后，可飞行1600多m，叶片还可穿过建筑物屋顶及墙壁。因此，一些国家已经承认风电场会产生严重的公共安全风险，或导致公共安全事件。

造成风电企业安全生产事故的主要原因有：对安全生产的认识不到位，缺乏做好安全生产工作的责任感和紧迫感；运维管理薄弱；海上建设施工安全工作不到位。

预防风电企业安全生产事故的主要措施有：严格审查外包单位及人员的资质和能力，切实保证必要的安全投入,加强人员培训,切实提升企业本质安全水平;严格落实参建单位安全责任,规范电力工程建设程序,加强施工安全风险管控,加强电力工程质量监督管理,坚决杜绝重特大事故的发生;积极应对台风、暴雨等自然灾害影响,加强与气象部门、海事部门的信息沟通,及时掌握天气变化情况,确保海上风电建设和运行安全。

7.2.5 其他新能源发电

新能源发电是指将太阳能、风能、海洋能、生物质能、地热与煤层气等能源转化成电能。新能源发电方式逐步增多,将出现崭新的局面。

1. 太阳能发电

美国是世界上太阳能发电技术开发较早的国家,太阳能槽式发电系统已经积累了10多年联网营运的经验,1×10^4 kW 塔式和 5~25kW 盘式太阳能发电系统正处于示范阶段。法国、西班牙、日本、意大利等国太阳能发电的应用也有一定发展。太阳能光伏发电最早用于缺电地区,从20世纪80年代开始,联网问题得到很高的重视。目前,在世界范围内已建成多个兆瓦级的联网光伏电站,光伏发电总装机容量约为1000MW。根据国家能源局统计数据,截至2017年12月底,我国光伏发电新增装机容量5300万 kW,其中光伏电站为3300万 kW,累计装机容量已达1.3亿 kW,其中光伏电站为1亿 kW。

太阳能是太阳辐射出来的能量,它是一种取之不尽、用之不竭的清洁能源。太阳能的利用主要有太阳能光发电(利用光电效应把太阳能转换为电能)、太阳能热力发电两种形式。

(1)太阳能的收集和蓄能

使用集热器收集太阳能,把太阳能转化为载热介质的热能,是热电转换的第一步。集热器分为平板型和聚集型两种。热力发电中多用聚集型,固定球面反射镜及活动接收器的集热器是典型的聚集型集热器。接收器形式很多,分为空腔型与外部受光型两种。图 7-4 为塔式太阳热力发电厂的外观图与系统图。它的集热器采用中心接收定日镜阵聚光系统,可获得大功率的高温聚光系统。

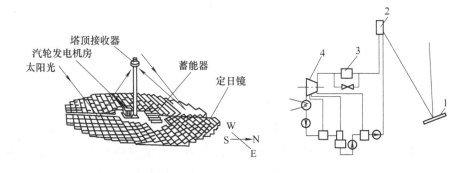

图 7-4 塔式太阳热力发电厂的外观图与系统图
1—定日镜 2—接收器 3—蓄能器 4—汽轮机

该系统由相当数量的定日镜及高数十米至数百米的接收塔构成。定日镜的作用是把太阳能的直接辐射都反射到吸收塔顶的接收器，将太阳能传给汽轮机发电机房，进行发电。由于天气变化，太阳能辐射强度很不稳定，因此太阳能电厂必须有蓄能装置以保证连续发电。蓄能方式有热蓄能、化学蓄能、电蓄能、机械蓄能四种。

（2）太阳能热发电系统

太阳能热发电系统中汽轮机部分与火力发电厂基本相同，只是用太阳能集热器和蓄能器替代了锅炉。

2. 地热发电

地热发电的相关技术已经基本成熟，进入了商业化应用阶段。美国拥有世界上最大的盖塞斯地热发电站，装机容量达 2080MW。菲律宾的地热发电装机容量也高达 1050MW，占该国电力装机总容量的 15%。目前全世界地热发电站约有 300 座，总装机容量接近 1×10^4MW，分布在 20 多个国家，其中美国占 40%。地热资源有水热资源、地压资源、干热岩、熔岩地热资源四种。目前地热资源的利用主要是水热资源的开发。水热资源分为蒸汽地热田和热水地热田。热水地热田开采出的介质是液态水，水温多在 60~120℃，可直接用于供热，也可用减压、扩容法发电。蒸汽地热田井口喷出介质的状态分为干蒸汽田和湿蒸汽田。蒸汽田特别适用于发电，是非常有开采价值的地热资源。

地热发电的基本形式有干蒸汽田情况下的发电方式、热水田和湿热汽情况下的发电方式。地热发电要先打地热井。从地热井开采出的地热水或蒸汽分别经减压扩容器（热水情况下）或汽水分离器后进入汽轮机膨胀做功，带动发电机发电。地热发电系统中的抽气器的任务比发电厂任务重。但凝汽器易被地热中 H_2S 腐蚀及结垢。

3. 海洋能发电

目前，世界各地已建成许多潮汐电站，其中规模最大的是法国的郎斯电站，装机容量为 240MW。规模较大的还有加拿大的安那波利斯电站、我国浙江江厦潮汐电站（图 7-5）和幸福洋电站、俄罗斯的基斯洛电站等。

4. 生物质能发电

城市垃圾发电是 20 世纪 30 年代发展起来的新技术，最先利用垃圾发电的是德国和美国。目前，美国垃圾焚烧发电约占总垃圾处理量的 40%，已建立了几百座垃圾电站，其中底特律市拥有世界上最大的日处理垃圾 4000t 的垃圾发电厂。日本城市垃圾焚烧发电技术发展更快，垃圾焚烧处理的比例已接近 100%。

5. 煤层气发电

煤层气就地发电技术是煤层气开发利用的一项新兴技术，该技术对煤矿的安全高效生产、环境保护、煤层气能源有效利用有着重要的现实意义，澳大利亚在此领域居世界领先地位。所谓煤层气是一种工业废物和对煤矿安全生产具有潜在威胁的有害气体，以甲烷为主，通常是通过瓦斯抽放系统和矿井通风系统排放到大气中，危害人类、影响环境。而煤层气就地发电技术不仅能收集抽放的甲烷，也能收集一部分通风气体中的甲烷，用于就地发电，带来了可观的社会效益和经济效益。

第 7 章 电力工业

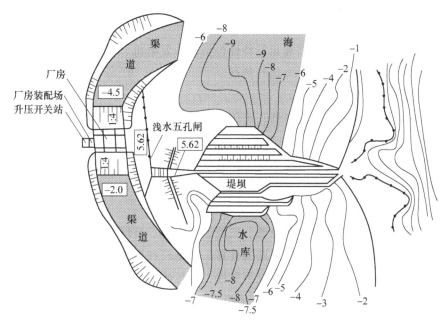

图 7-5　浙江江厦潮汐电站工程布置示意图（单位：m）

7.3 输、配电系统

7.3.1 概述

20 世纪出现的大规模电力系统是人类工程科学史上最重要的成就之一，是由发电、输电、变电、配电和用电等环节组成的电力生产与消费系统。它的功能是将自然界的一次能源通过发电动力装置转化成电力，再经输电、变电和配电将电力供应到各用户。现代电力系统正向着"互联大系统"方向发展。系统互联的目的主要是提高经济性和安全可靠性。经济性伴随电力市场的发展得到进一步强化，它一方面促进了电力系统向着互联方向发展，另一方面又促使输电线路传送的功率越来越接近其极限值，从而严重影响系统的安全可靠性。在一个市场化的大型互联电力系统中，如何在经济性和安全可靠性之间寻找最佳的系统运行方式，无疑是系统运行人员非常关心的问题。

7.3.2 输电系统

输电系统是电力系统的主体，承担着各类发电厂中发电机生产电能、远距离输送电能、各级电压等级间电能电压的变换等重大使命。输电系统的功能是将发电厂产生的电能变压，输送至负荷中心。它由发电机、变压器、输电线路及综合电力负荷组成。其中，仅含变压器和输电线路的部分为输电网络。

输电系统要保证系统正常运行，需要认真研究和解决系统正常运行状态、正常运行的调整和控制。应避免故障状态，保持输电系统的稳定性。

1. 数学模型与运行特性

输电系统中各元件的数学模型和运行特性包括同步发电机、电力变压器、输电线路、电力负荷、输电网络的计算模型和基本运行特性。

（1）同步发电机组运行特性

同步发电机的数学模型及运行特性，可用电压方程、相量图和等值电路描述。同步发电机组可用稳态（同步）参数与暂态参数来表示计算模型。在发电机组铭牌上标示出的额定参数有额定有功功率 P_{GN}、额定电压 U_{GN}、额定功率因数 $\cos\varphi_N$，在额定状态下的视在功率 S_{GN} 和无功功率 Q_{GN}。

（2）变压器的基本运行特征

输电系统中的变压器有双绕组变压器、三绕组变压器、自耦变压器。变压器有电阻、电抗、电导、电纳四个参数来进行等值电路的计算。发电厂和变电所中设置的电力变压器为多台变压器并联运行。并联运行可提高供电可靠性、运行的经济性，利于安排检修。并联变压器在全年运行中，其功率损耗、电能损耗是相当可观的，约占电网总损耗的 50%。变压器运行的合理组合是降低网耗的有效措施。变压器功率损耗与变压器运行电压平方成正比，与变压器通过负荷功率无关，称为变压器的固定损耗。当变压器带上负荷后，其绕组损耗占的比重较大。多台变压器并联运行有利于降低损耗，当变电所负荷较轻时，铁芯损耗比较大，停运某些变压器更为有利。

（3）输电线路基本运行特性

输电线路按结构可分为架空线路与地下电缆两大类。架空线路比地下电缆线路费用低，维护检修方便。

架空线路结构由导线、接闪器、杆塔、绝缘子和金具等组成。两基相邻杆之间水平距离称为线路档距。在档距导线最低点和悬挂点之间垂直距离称为弧垂。档距大小决定于导线允许的弧垂和对地面距离，弧垂大小决定于导线允许的拉力和档距。

（4）电力负荷的运行特性

电力系统中所有电能用户的电气设备消耗功率的总和称为系统的电力负荷。这些电器设备大致分为异步电动机、同步电动机、电热电炉、整流设备、照明设备等若干类。输电系统中各发电厂和变电所母线上的负荷都是综合用电负荷。对某一时刻，系统用户（工、农、商、邮电等各行业）所消耗功率相加，称为系统的综合用电负荷。综合用电负荷加上同一时刻电力电网中损耗的功率，即为该时刻系统中各发电厂应供应的功率之和，称为系统的供电负荷。供电负荷再加同一时刻各发电厂本身消耗的功率，即为该时刻系统中各发电机应该发出的功率总和，称为系统的发电负荷。

电力负荷运行具有两大特性：一是负荷功率随时间变化的特性；二是负荷功率随系统频率和电压变化的特性。

输电网络在运行过程中，总要发生功率损耗、电能损耗和电压降落。输电网络的这些固有特性是分析输电系统运行状态、制订合理运行方式、考查系统经济性和电能质量必须掌握的基本要素。

2. 输电系统故障与稳定性

输电网络中的潮流按自然分布，有时会危及系统的安全运行及降低电能质量或影响系统运行的经济性，故提出了对输电网络潮流进行调整控制的问题，输电系统有功功率和频率的调整控制、输电系统无功率和电压调整控制。

输电系统运行过程，时常发生短路故障，短路是指输电系统正常运行以外的相与相之间或相与地之间短接。短路故障是电气设备截流部分的绝缘损坏。电网发生故障，将给国民经济和人民生产带来巨大损失，如美国2002年发生大停电事故。在三相系统中，可能发生的短路有三相短路、两相短路、两相接地短路和单相接地短路。单相短路最常见。除短路故障外，还有断线故障。

在输电系统中，使并联运行的所有发电机保持同步是输电系统保持正常运行的一个重要标志。输电运行中受到大的或小的干扰后，能否继续保持发电机同步运行的问题，称为输电系统的稳定性问题。为便于研究，一般净输电系统稳定性问题分为静态稳定性与暂态稳定性。系统在实际运行过程中会受到大的或小的干扰，如短路故障。系统在受到各种干扰后，同步发电机组经过一段运动变化后仍能恢复同步运行，则系统就是稳定的，否则就是不稳定的。

7.3.3 配电系统

1. 配电系统的组成

配电系统是现代电力系统中的重要组成部分。它主要由不同电压等级的配电线和变电所、开闭所、配电室等环节组成。

配电系统在电力系统中主要起分配电能的作用，即从电厂或输电网枢纽变电站中获得电能，然后把电能分配到不同电压等级的用户。

配电系统按电等级来分类，可分为高压配电系统，电压为 35~110kV；中压配电系统，电压为 6~10kV；低压配电系统，电压为 220~380V。按供电区的功能分为城市配电网、农村配电网、工厂配电网。配电系统因主要供给一个地区用电，因而又称为地方电网。它最大特点是作为电力网的末端而直接和用户相接，敏锐地反映着用户在安全、优质、经济等方面的用电要求。

电力工业的投资按发电、输电、配电成比例分配。目前，我国三者投资比例尚不够合理。发达国家的投资大体上是电网投资大于电源投资，配电网投资又大于输电网投资。我国是电源投资大于电网投资，配电网投资又小于输电网投资，曾造成全国配电网出现过载现象。

2. 配电系统的运行特点

配电系统的运行是指所属不同电压等级的线路、变电站、配电室的运转过程。配电系统电压等级低，供电范围小，但与用户直接相连，是供电部门对用户服务的窗口，因而配电运行有以下特点和基本要求：

1）10kV 中压配电网在运行中，负荷节点多，一般无实时记录，无法应用传统潮流分析计算程序，要求建立新的数学模型和计算方法。

2）随着铁路电气化和用户电子设备大量使用，配电网中有大量的谐波源、三相电压不平衡、电压内变等污染，要求准确测量和计算配电网中的谐波分布，以采取有效措施抑制配电网运行中的谐波危害。

3）配电运行要采取不影响城市绿化及能防火、防爆、防噪声等技术和组织措施，以便减少配电网运行对环境的污染。

4）配电系统运行要提高自动化、智能化水平，满足用户对供电可靠性和电压质量的要求。

5）电力公司应加强管理，提高电网运行经济性，降低配电成本，降低配电运行线损和年运行费用。协助用户搞好优化用电、节约用电，提高对用户的服务质量并降低供电企业的成本。

3. 配电系统的规划设计要求

配电网规划设计的主体是配电网的结构的确定，应根据规划区的经济状况和负荷情况合理选择和具体确定电压等级、供电可靠性、接线方式、点线配置等技术原则。容载比是配电网供电能力的主要技术经济指标之一。变电容载比是配电网变电容量在满足供电可靠性基础上与对应的负荷之比值。它是规划设计时布点安排变电容量的依据，220kV 电网的容载比为 1.6~1.9，35~110kV 电网为 1.8~2.1。配电电网结构应标准化，结构力求简单化，采用无功补偿、无功就地平衡。

配电网规划设计的主要内容有：①分析配电网布局与负荷分布情况；②负荷预测（电量与功率预测）；③确定规划的各期目标、电网结构原则、供电设施标准化；④进行电量和电力（有功、无功功率）平衡，提出对供电电源点的建设要求；⑤确定变电所的布点与布局；⑥确定无功补偿容量与布局；⑦确定调度、通信、自动化的规模与要求；⑧估算规划投资重要设备的规范和数量；⑨估算规划将取得的经济效益和扩大供电能力后的社会经济效益；⑩编制配电网规划地理接线图（包括现状图）以及编制规划说明书。

4. 电力负荷预测

电力负荷预测是配电系统规划的基础工作，国内外对远景电力负荷预测的方法有直观分析法、需求叠加法、回归分析法、灰色理论法等，可分别预测出第一产业、第二产业、第三产业生产用电量。

配电系统电压等级（电网额定电压）分别为 0.22kV、0.38kV、6kV、10kV、35kV、110kV、220kV。

5. 配电系统的可靠性和经济指标

配电系统可靠性指标有：①系统平均停电率；②用户平均停电率；③系统平均停电持续时间；④用户平均停电持续时间；⑤平均供电可靠率；⑥平均供电不可靠率。

配电网经济指标有：①一次性投资（综合造价）；②年运行经费；③资金的时间效益；④年费用；⑤抵偿年限。

6. 配电系统接地方式

选择配电系统中性点的接地方式是一个综合性问题，它与电压等级、单相接地短路电流、过电压水平、保护配置有关。中性点接地方式分为有效接地与非有效接地两大类。有效接地配电网的特征是零序电阻与正序电阻之比小于或等于1，零序电抗与正序电抗之比为正值不大于3。

我国110kV配电网接地方式多采用直接接地方式。35kV配电网当单相接地故障电流不大于10A时，中性点采用不接地方式，否则用消弧线圈接地方式。10kV配电网大部分采用中性点不接地方式。低压配电网接地方式采用中性点直接接地方式，接地保护分为"接零"（TN）、"接地"（TT）两种形式。

7.4 电力行业常见事故及其管控措施

电力工业作为关系国计民生的基础产业，其安全性直接关系到国民经济发展和人民生命财产安全。由于作为电力工业源头的发电厂设备众多、生产过程复杂、技术工艺先进，属于资金密集型和技术密集型产业，和人员相对密集型产业。安全生产风险相对较大，特别是火力发电机组大容量、高参数的发展趋势以及化学环保处理过程中危险化学品的大量使用，生产过程中大量高温高压蒸汽管道、高转速机械设备、长期存在的易燃易爆有毒有害物质，使火力发电生产过程中存在大量危险因素与危险源。电力行业生产中常见的事故类型有触电、机械伤害、高温灼烫、火灾爆炸。本节主要对火力发电工业生产过程中常见的事故类型、产生原因及安全管理措施进行详细阐述。

1. 触电

火力发电厂或其他发电厂在发电、输电、变电过程中总是伴随着高压电流和大功率电动机的使用与检修，这些过程都易导致触电事故的发生。火电生产安全事故中的触电事故有很多，引发触电风险的起因也有很多种，就触电风险来说，可分为高压电源、低压电源、感应电压以及电气设备等方面。预防触电事故的主要措施有：加强对员工的安全教育培训，严格落实保证现场作业安全的技术及防范措施，严格履行工作票制度，规范作业现场安全围栏设置，绝缘工器具的配备、试验、管理必须符合规定及要求等。

2. 机械伤害

机械伤害是指由机械设备运动部件与人体接触引发的伤害。火电生产系统主要由自动化机械生产设备组成，所以在整个火电生产系统中充斥着大量机械设备，机械伤害风险主要存在于生产系统设备维修、气动工具及电动工具使用等生产作业流程中，职工在生产过程中稍有疏忽便会产生机械伤害风险。机械伤害事故的形式有机械与员工身体接触而产生的夹击、碰撞、打击、剪切、卷入、绞、碾、擦、割、刺等伤害。预防机械伤害事故的主要措施有：加强安全工作规程的培训和学习，严格加强检修作业现场的安全监督管理及正确操作检修工具，严格"两票"制度的执行、监督管理，加大反"三违"活动的力度，转动机械和传动装置的外露部分应装设可靠防护罩，严格控制劳务派遣人员，现场作业防护用具（绝缘手套、护目镜、绝缘鞋、棉质长袖工作服等）的配备、穿着、使用必须符合规定。

3. 高温灼烫

电力企业职工会因为高温、高压以及辐射等因素影响，在生产作业中存在受到灼烫伤的风险。可以说，灼烫伤风险也是电力企业较为常见的一种生产安全风险，其起因集中在高温、高压以及辐射等几个常见的方面。预防高温灼烫事故的主要措施有：高温作业的劳动保护设施、设备要按规定、规范配备齐全；做好危险点预测预防；严禁无票作业，安全交底双方签字后方可开工；强化高温危险源的辨识工作，制定可靠的作业指导书；提高从业人员面对突发事件的应急处置能力；严禁在有压力的汽、水、油管道和容器设备上作业；热力系统中的设备检修前将检修的设备和连接的管道、设备等隔断，被隔断的阀门应上锁并挂上警告牌；检修时人不正对出气口，防止水汽冲出伤人。

4. 火灾爆炸

发电企业电缆、燃料系统、除灰系统、变压器、汽轮机组、煤场等都有发生火灾的危险，某些区域的油罐区、锅炉、氢站、蒸汽管道等有发生爆炸的危险。若这些区域发生的火灾或爆炸事故，不仅会给电力企业带来巨大的经济损失，也会造成非常严重的人员伤亡。为此，火灾爆炸风险预控是火力发电生产系统安全风险预控的关键内容。预防火灾爆炸事故的主要措施有：易燃易爆区域、制氢、燃油及润滑油设备检修需动火时，要办理动火工作票，并按规定要求认真落实安全措施；锅炉、燃料输煤系统架空电缆上的粉尘应定期清扫；靠近带油设备的电缆沟盖板应密封；给煤系统内应合理设置防火防爆装置，处理积粉人员注意穿着防静电服装；燃油系统设备应采用防爆性能高的产品，在油罐附近设置防火堤，设置高温报警装置监测油料的温度，卸油区域接地点的设置要具备防静电性和防雷电性；汽轮机油系统应设置超速危急遮断系统，减少阀门接头等附件，法兰垫禁止使用橡胶垫、塑料垫，或其他不耐油、不耐高温的材料；除尘系统的电气设备及灰斗采取防爆措施，各金属部件采取静电接地等消除静电措施。

7.5 电力企业事故案例

1. 湖北省当阳市"8·11"重大高压蒸汽管道裂爆事故

2016年8月11日，湖北省某热电联产项目在试生产过程中，14时49分，锅炉高压主蒸汽管道上的一体焊接式长径喷嘴（企业命名的产品名称，是一种差压式流量计，以下简称事故喷嘴）裂爆，导致重大高压蒸汽管道裂爆事故，造成22人死亡、4人重伤，直接经济损失约2313万元。

事故的直接原因：安装在锅炉高压主蒸汽管道上的事故喷嘴是质量严重不合格的产品，其焊缝缺陷在高温高压作用下扩展，局部裂开，出现蒸汽泄漏，形成事故隐患。相关人员未及时采取停炉措施消除隐患，焊缝裂开面积扩大，剩余焊缝无法承受工作压力，造成管道断裂、爆开，大量高温、高压蒸汽骤然冲向仅用普通玻璃进行隔断的集中控制室以及其他区域,造成重大人员伤亡。同时,存在管理不严,员工安全意识不强,采购劣质产品,厂房设计不符合标准规范要求,人员聚集的集中控制室失去安全防护作用,管道检验、检测没有按标准规范进行,监管缺失等问题。

2. 上海电力检修工程有限公司"1·10"触电事故

2017年1月10日13时33分,上海电力检修工程有限公司职工陈某在某6kV开关室进行检修工作时,发生触电生产安全责任事故,造成1人死亡,直接经济损失145万元。

事故的直接原因:陈某作为辅助工,在没有明确接到任务分工安排及交代安全注意事项的前提下擅自对断路器小室进行保洁工作,且在清洁过程中违规打开了正常状态下起屏护作用的金属挡帘,导致触碰带电接线端而发生触电事故。从管理角度看,这是一起工人安全意识淡薄,违规作业事件;同时,上海电力检修工程有限公司及工作负责人桂某分别负有对作业现场安全管理不到位和现场监护不到位的责任。

复 习 题

1. 什么是电力工业?它在国民经济发展中有什么作用?
2. 电能与其他工业的区别是什么?
3. 简述火力发电的分类及其发电系统的组成。
4. 简述火力发电的主要设备及生产过程。
5. 简述水电站的种类及水力发电的基本生产过程。
6. 简述核能发电的原理及生产流程。
7. 简述新能源的种类及其特点。
8. 简述输电系统和配电系统的运行特点。
9. 电力生产过程中如何采取防灾措施?
10. 简述电力行业常见的事故风险及其预防措施。

第8章 冶金工业

8.1 概述

金属作为主要的结构材料和功能材料,用以制造工业装备的各种机件,也是建筑的主材料之一。工业发展,首先要求冶金工业发展。世界上工业发达国家,一般都拥有较大规模的现代化冶金工业,许多发展中国家在保护国家资源、发展民族经济的进程中,也都十分重视发展冶金工业。钢铁是冶金工业中的典型代表,是国民经济基础产业部门之一。新中国成立以来,我国对钢铁工业的发展十分重视,一直把钢铁工业放在优先发展的地位,取得了很大成绩,相继恢复和建成了鞍钢、武钢、首钢等一大批大中型企业和地方骨干企业,初步形成了可以进行矿山采掘、炼铁、炼钢、轧钢、各种铁合金冶炼及金属生产的一系列较为完整的工业体系。钢铁工业实现了从小到大、从弱渐强的历史性转变,我国成为世界钢铁生产和出口第一大国,为推动我国工业化、现代化进程做出了重大贡献。1949—1957年我国钢铁工业进入初步发展时期,1958—1977年我国钢铁工业进入曲折发展时期,1978—1992年我国钢铁工业进入体制调整与快速发展时期,1993—2018年我国钢铁工业进入市场体制下的收敛增长时期。我国早已是世界第一大钢铁生产国,尤其是2010年以来,我国钢铁工业的快速增长是驱动全球钢铁产业发展的主要动力,全球粗钢产量增量绝大部分由我国贡献。根据数据显示,2020年我国生铁产量为88752.4万t,粗钢产量为105299.9万t,钢材产量为132489.2万t。

8.1.1 冶金工业生产特点

冶金工业是从矿石和其他含金属的原材料中抽取金属的工业,包括采矿、选矿、冶炼、加工。由于社会对金属的需求是多方面的,因此必须开采和冶炼多种金属及其合金。冶金工业分为黑色冶金和有色冶金两大类,不论是哪一类,其生产工艺都有以下共同的特点:

1. 高温连续生产

冶金生产一般是在高温下进行的物理化学反应和金属加工变形,具有高温熔炼、高温加工等特点，因此生产过程组织必须充分考虑利用热能，要求连续生产，要求前后工序设备能力上协调，在制品在数量、时间上紧密衔接，如铁水炼钢、热锭连轧等。

2. 矿石品位低，消耗量大

我国铁矿石品位一般为35%~40%，炼一吨钢要3~4t矿石，还要用很多焦炭、石灰石、耐火材料等。在生产过程中，制品、半成品、成品以及废料的运输量很大。有色金属矿石的品位更低，主金属品位只有百分之几、千分之几甚至更少。选矿和冶炼过程中将有用成分逐步分离和富集，因此冶金企业运输任务重，运输是生产过程的重要环节，要求企业合理布置各个生产部门的空间。厂址选择、总平面布置、车间内部设备排列，以及运输线路的合理性，对企业生产组织和生产经济效果影响很大。

3. 原料共生元素多，要综合利用

由于矿石中含有多种金属元素。因此，处理一种矿石，可富集多种精矿；熔炼某种精矿，又可以提炼多种金属。为处理多成分矿石而组织起来的各生产部门，在物料供应上和处理能力上要协调一致。冶金企业，特别是有色冶金企业，在废水、废渣中含有数量较少，但价值极高的稀有贵金属和其他有用成分。因此，应该综合利用，既能提高经济效益，又能防止环境污染。

4. 按顺序进行流程式加工

从矿石精选、熔炼，到金属加工成材的整个生产过程中，劳动对象在各个工序上单线顺次加工，半成品通用性大，越到后面的工序，半成品通用性逐渐缩小，品种规格渐渐增多。冶炼过程主要是在大型联动机械中进行，作业人员要看管和控制大型联动机械。

冶金工业虽然根据其生产加工的工艺，有以上共同点，但是企业规模不同、设备不同、产品性质不同，使冶金企业生产又具有很多的不同之处。各类选矿厂和湿法冶炼厂生产流程以管道连接。这样的企业生产本身工序衔接要求很高，具有流水生产性质，产品比较单一，工作高度专业化，属于大量生产类型。电热冶炼和火法冶炼的企业具有高温生产特点，在生产阶段有的是连续作业，如高炉、鼓风炉；有的是周期作业，如平炉、转炉等。这类生产企业单位品种较少，工作也是专业化程度高，产量高。金属合金及加工企业一般来说品种规格较多。这是因为要将不同的金属熔炼成各种牌号，加工成各种规格的管、棒、板、箔、带、线、型材。一般来说属于成批生产类型，其生产组织工作特别重要。

8.1.2 我国的钢铁工业资源

"十四五"时期，经济社会发展以推动高质量发展为主题，把发展质量问题摆在更为突出的位置，着力提升发展质量和效益。经济发展从规模速度型向质量效率型增长、从粗放增长向集约增长转变。在这一大背景下，对钢铁产业的要求不再是数量规模为主，而是品种质量、绿色低碳、创新发展。因此，对一些铁矿石资源较好地区的企业，应强调使用国产铁矿石，加强矿山建设，但应采取新的办矿模式，降低铁矿石成本。在铁矿石进口方针上，要建立稳定的供应渠道，实行从多国进口的政策，并采取多种贸易方式，包括一般贸易、长期购矿合同和在国外合资办矿等。在进口铁矿石的使用方针上，对沿海和长江中、下游等航运便利而当地铁矿石资源又相对紧缺的地区,应鼓励企业多使用进口铁矿石。对于内陆企业,进口铁矿石要充分考虑经济合理性,以资源定规模。钢铁材料是被广泛应用的金属,与其他金属材料相比较,占有绝对的优势。表现在以下几个方面:

1)蕴藏的丰富性。在自然界存在的金属,除个别特殊的,绝大多数在地壳中以化合物的形式存在,铁元素在地壳 116km 厚的外壳中,蕴藏量仅次于铝,约占 5%。

2)存在的相对集中性。铁元素在地壳中的分布相对集中,这就为采掘和提炼带来方便。这种铁元素集中的物质,称为矿石。通常铁矿石中铁的含量为 25.7%,富矿中最高达 60%~70%。

3)冶炼的容易性。在各种矿石中,铁矿石的冶炼相对来讲是比较容易的。

4)具有较好的物理性能。钢铁材料具有良好的物理性能,如较好的坚硬性和延展性,是热和电的良好导体。

5)性能可调性。钢铁材料可以通过各种热处理来调整力学性能,在冶炼过程中,可加入各种合金元素,来改变钢铁材料的性能。

由于钢铁材料具有以上优点,使得它在人类社会中被广泛地使用,机械、车辆、电动机、建筑、交通运输以及人们的日常生活无不与它有直接或间接的关系,这使得钢铁工业在整个国民经济的发展过程中,起到了举足轻重的作用。目前新材料的崛起对钢铁工业构成了一定的冲击。例如,铝合金材料和各种塑料,质轻、不易生锈,受到人们的欢迎。但是这些新兴材料的发展也受许多客观条件的限制。例如,铝虽然是地壳中蕴藏量最丰富的金属元素,但矿源分散,冶炼困难,在性能上虽然延展性良好,但其强度则比钢铁差。塑料很大一部分是用石油作为原料的,从而使它的发展也受到了很大制约。因此,目前还没有哪一种材料能够完全取代钢铁。随着现代科学技术的发展,钢铁技术也在不断提高和改善,满足各种要求的不锈钢、高强度钢、耐蚀性钢、耐高温钢、耐低温钢、耐辐射钢等各种高级钢铁材料不断问世,使得钢铁材料扩展到了信息技术、原子能、航天、海洋和能源开发等尖端技术领域。

8.1.3 钢铁生产工艺流程

钢铁生产包括从矿石原料的冶炼至生产出钢材的生产工艺流程,大体可分为炼铁、炼钢和轧钢。这种生产工艺流程称为钢铁联合生产过程,用这种生产工艺流程生产钢材的企业称为钢铁联合企业。钢铁生产工艺流程如图 8-1 所示。

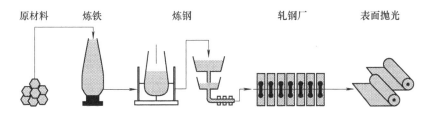

图 8-1 钢铁生产工艺流程

钢铁联合生产过程，除了上述三个主要流程外，还有原料处理、炼焦、煤气、蒸汽、电力、水、运输等辅助过程。在我国某些联合企业中，还把矿山开采、选矿山开采、选矿等也包括在内。

下面就对三个主要工艺生产过程做简要介绍。

1. 炼铁工艺

现代钢铁联合企业的炼铁生产工艺，是由高炉、烧结机和炼焦炉为主体设备构成的。其核心是高炉，其中包括热风炉和鼓风等辅助设备。这些设备在生产生铁的同时，还产生大量的煤气和其他副产品，可以在能源、化工原料、建筑材料等部门得到广泛的综合利用。

2. 炼钢工艺

炼钢生产工艺的主要目的是把来自高炉的铁水配以适量的废钢，在炼钢炉内通过氧化、脱碳及造渣过程，降低有害元素，冶炼出符合要求的钢水。目前炼钢的方法主要有三种，即平炉炼钢法、转炉炼钢法、电炉炼钢法。其中，氧气顶吹转炉和电炉炼钢发展得较快。特别是纯氧顶吹转炉炼钢法，由于在生产率、产品质量、成本等方面的优越性，被人们广泛采用。采用这种炼钢工艺主要包括三个过程，即原料预处理过程、吹炼过程、铸锭或连铸过程。

3. 轧钢工艺

轧钢工艺是把符合要求的钢锭或连铸坯按照规定尺寸和形状加工成钢材的工艺流程。轧制是利用塑性变形的原理将钢锭或连铸坯放到两个相向旋转的轧辊之间进行加工的一种方法。

轧钢工艺比较复杂，每个联合企业由于生产的最终产品不同而设置不同的轧钢工艺。大体上可分为初轧、厚轧、条钢、热轧、冷轧和钢管轧制等。其中，条钢又包括钢轨、各种型钢、棒钢、线材等多种产品。

工业发达国家都拥有大量现代化钢管生产设备，其中主要是自动轧管机和周期式轧管机。利用带钢冷弯成型、焊接得到直缝焊管或螺旋缝焊管，在气液输送中得到广泛的应用。20世纪70年代，U-O型焊管外径达1626mm，壁厚可达40mm，年产达110万t。螺旋焊管采用一台成型机将带钢成型后进行电焊定位，切成一定尺寸后送往焊接机进行双面焊。中小直径钢管生产仍以热轧为主，借助张力减径机扩大其品种和规格范围。

8.2 炼铁生产

炼铁就是通过冶炼铁矿石到生铁的生产过程。现代炼铁主要是在高炉中进行，此外还有非高炉炼铁，但技术上尚未成熟。由于高炉炼铁技术经济指标好，工艺简单，产量大，效率高，能耗低，故这种方法生产的铁占世界铁总产量的95%以上。高炉大小以其有效容积表示。我国有十几立方米的小高炉，也有几千立方米的大高炉。高炉炼铁生产流程比较定型，它由高炉本体及若干辅助系统组成。生产时从炉顶分批装入各种炉料，从高炉下部风口不断鼓入热风，在连续熔炼过程中得到的液态渣铁定期从炉缸渣铁口排出炉外，与炉料进行一系列作用后的煤气从炉顶逸出。

高炉冶炼的主要产品是生铁,它是由铁(94%左右)、碳(4%左右)和少量杂质(Si、Mn、P、S)组成。按用途可分为炼钢生铁、铸造生铁和铁合金,它们的产量分别占生铁总产量的80%~90%、10%~15%和5%。

8.2.1 高炉炼铁

1. 概述

目前钢铁冶金的方法主要是火法冶金,即以(焦炭为主的)燃料为能源,在高温下通过(主要以二氧化碳为还原剂)还原,把矿石或其他原料中的金属提取出来。熔化的生铁流动性好,适宜铸造,但硬而脆,不便于轧制和焊接。经过进一步冶炼,成为碳的质量分数低于1.7%的铁碳合金,即为具有韧性且易于压力加工的钢。而未经冶炼、含碳量更低、含杂质较多的是熟铁。

(1) 高炉结构

各国生产的生铁,绝大部分是用一种使铁矿石还原成液态生铁的鼓风冶炼竖炉——高炉获得的。高炉冶炼是个连续生产过程。一方面由炉顶往炉内装入炉料,从炉缸渣铁口排放渣铁;另一方面从风口鼓入热风、从炉顶排出煤气,整个过程决定于风口前焦炭的燃烧。燃烧产生的高温煤气与下降的炉料之间进行一系列传热传质,以及干燥、挥发、分解、铁氧化物还原、软熔、造渣、滴落、渗碳等物理化学变化。所以,可将高炉看作炉料下降、煤气上升两个逆向运动的反应器。高炉本体构造如图8-2所示。

它是一个竖直的圆筒形炉子,外面用钢板制成炉壳,里面砌耐火砖作为炉衬,并安装冷却壁或冷却板。高炉的大小按有效容积(或内容积)来表示。

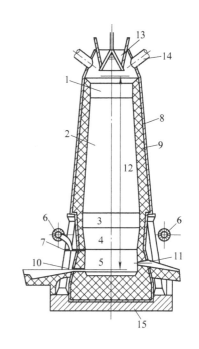

图8-2 高炉本体构造
1—炉喉 2—炉身 3—炉腰 4—炉腹 5—炉缸
6—围管 7—风管 8—炉壳 9—炉衬 10—出铁口
11—出渣口 12—高炉有效高度 13—装料设备
14—煤气上升管 15—炉底

(2) 生产工艺过程

高炉生产是在高温、密闭、具有一定压力的状态下连续进行的。把块状炉料(主要有铁矿石、焦炭和石灰石)按生产工艺要求(即装料制度)经炉喉上部的炉顶装料设备,分批、间断地装入炉内。炉料在炉内构成料柱。另一方面,动力厂的鼓风机把冶炼所需的空气(冶炼化学反应需要氧气)连续不断地送到炼铁厂,经热风(注:现场把未被加热的空气称为"冷风",把被加热的空气称为"热风")

系统加热到900~1300℃后，通过热风围管和布置在炉缸周围的风口吹入炉内。焦炭在风口处燃烧，产生大量含CO的高温煤气。炽热的煤气在上升过程中把热量传给炉料。炉料在炉内逐步下降，温度逐步升高，冶炼逐步进行。冶炼好的液态生铁（称为铁液）和液态熔渣积储在炉缸内。熔渣温度比铁液低，密度比铁液小，与铁液互不溶解，浮在铁液上面。对于没有出渣口的高炉，铁液和渣液分别从位于炉缸下部的出铁口和出渣口排出。因熔渣浮在铁液上面，所以渣口比铁口稍高。出铁之前先要出渣。出渣口通常用具有通水冷却塞头的堵液机堵着。出渣时，堵渣机动作，将塞头拔出，熔渣从渣口排出，沿着渣沟流入盛熔渣的专用容器——渣罐内，然后被运送到渣处理设备，或直接流入渣处理设备进行处理。这部分渣称为上渣。上渣仅是炉缸内渣液的一部分。因液面不能过高，否则会有铁液从出渣口排出，造成对渣口的烧损事故。出渣完毕即可出铁。出铁口通常用专用耐火泥（称为炮泥）封着。出铁时，一般是先用开铁口机在铁口的耐火泥中冲钻出一个孔道，当钻至一定深度时，再由人工或机械用铁钎捅通，铁液便从孔道流出，沿铁沟流入盛铁液的专用容器——铁液罐车内。开始时，铁液流量很小，随着出铁口孔道被浸蚀、冲刷和磨损而逐步扩大，铁液流量逐步增大。随着出铁的进行，炉缸内液面逐步下降。当铁液流完后，铁液面上的剩余熔渣将从铁口排出。这部分渣称为下渣，约占总渣量的一半。该部分渣液将由铁沟上设置的撇渣器利用熔渣密度比铁液小而浮在铁液上面的特性撇入渣沟，经渣沟被导入渣罐或直接导入渣处理设备。当铁液和熔渣排完、从铁口喷出火焰时，说明铁液和熔渣已排空，此时，立即启动向出铁口挤泥的专用设备——泥炮，泥炮将以适当的吐泥速度向出铁口内打进一定量的炮泥，堵住出铁口。炮泥由耐火黏土粉、熟料粉、焦粉、焦油等原料配置，具有在高温下体积变化小、机械强度高、抗浸蚀和抗渣冲蚀性能好等特性，并有较高的密度和可塑性。对于不设出渣口的大型高炉，铁液和熔渣一起从出铁口排出，流入铁沟。

(3) 高炉炉料及供料系统

高炉炉料有铁矿石、焦炭、熔剂（石灰石、白云石、脉石等）等。

1）铁矿石是各种铁矿物的集合体。铁矿石中有可提取的有用金属（如铁）及金属化合物。铁矿石中还含有相当数量的杂质，它们统称为脉石。铁矿石中常见的脉石为石英、硅酸盐、铝硅酸盐、硫酸盐等。铁矿石种类较多，主要有磁铁矿（Fe_3O_4）、赤铁矿（Fe_2O_3）、褐铁矿（$nFe_2O_3 \cdot mH_2O$），菱铁矿（FeO_3）。铁矿石中含铁量低于40%的矿为贫矿；高于50%的铁矿石称为富矿。我国铁矿石中贫矿占储量的80%，富矿仅占5.7%，平均铁的质量分数为34%，已探明的远景储量为1000亿t。

2）焦炭是高炉的基本燃料。世界上焦炭的90%用于高炉炼铁。焦炭在高炉中燃烧作为发热剂提供热量。炼铁过程中消耗大量的热能，其中70%~80%来自焦炭的燃烧。另外，焦炭为铁、硅、锰等氧化物提供还原剂（C、CO）。焦炭在高炉中还起高炉炉料柱的骨架作用。焦炭在高炉炉料柱中占整个料柱体积的1/3~1/2。特别是在高炉下部，铁矿石软熔滴落过程中，唯有焦炭保持着固体形态，这对料柱的透气性、透液性有很大的作用。炼铁所用焦炭有较高的质量要求，要求焦炭含碳量要高，灰分少，含水量稳定，强度好，粒度均匀，粉末少。焦炭中碳的质量分数大于75%，灰分低于15%，硫的质量分数为0.5%～1.0%，国外大型高炉要求硫的质量分数低于0.5%。

3) 铁矿石的准备处理。从矿石开采的铁矿石，都必须经过一定的加工处理，才能满足炼铁冶炼的要求，向高炉供料。铁矿石准备处理的一般工艺流程如图8-3所示。具体实施过程中视矿石品位类型，合理安排工艺流程。

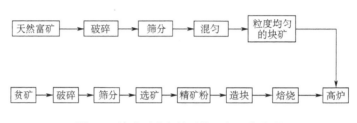

图8-3 铁矿石准备处理的一般工艺流程

铁矿石的烧结与球团矿的生产是现代炼铁企业的主要生产环节。烧结矿是由精矿粉配加一定的熔剂、燃料，在矿粉不完全熔化条件下（温度在1300～1500℃），靠矿粉颗粒表面软化、局部熔化造渣，烧结成具有一定强度、一定粒度、化学成分稳定的高炉炉料。烧结时，精矿粉在焦炭粉或无烟煤矿燃烧下产生高温，引起一系列物理化学变化，矿粉局部软化熔化一定数量的液相，之后由于炉温降低，液相冷凝结块，形成气孔率高、矿物组成与天然矿不同的烧结矿。

球团矿是使用不适宜烧结的细磨精矿粉和其他含铁粉料造块的一种工艺方法。球团矿生产流程为：将精矿粉、熔剂、燃料（1%～2%）等原料配比与混合；在造球机上滚成10～15mm的生球；生球在高温焙烧机上进行高温烧结；焙烧好的球团经冷却、破碎、筛分，得到产品球团矿。

4) 高炉供料系统。从矿石烧结厂烧结出的热矿，经机车运矿车运至炼铁厂的储矿槽，冷却结矿，可用传送带运输机把烧结矿、熔剂、焦炭等原料运至焦仓。高炉供料从原料运入高炉车间到装至高炉装料设备之间的一系列过程，主要是向高炉提供所需原料。该系统运输量大，工作节奏性强。供料设备主要有传送带运输机和箕斗提升机。

(4) 高炉送风系统

生产每吨生铁铁液约需要1400～1500m³的空气，由送风系统经送风口向高炉供风。送风系统包括鼓风机、冷风管道、蓄热式热风炉、热风管道、阀门、仪表等，直接向高炉内供应热风。

(5) 煤气系统

高炉中煤气由焦炭燃烧而得，在炉内由下上升至炉顶，由炉顶排出。高炉煤气是钢铁厂能源的一个重要组成部分。从高炉顶排出的煤气含有CO，占20%～25%，H_2占1%～3%，并有少量的CH_4等可燃性气体，含尘量达10～40g/m³，这种煤气称为荒煤气，不能直接作燃料用，需经除尘处理，使含尘量降至5～10g/m³。常用重力除尘法、洗涤塔法、静电除尘法。

（6）水循环系统

高炉冷却用循环水系统是不可缺少的系统。一座 1000m³ 的高炉每昼夜的耗水量达几万立方米。

2. 高炉炼铁过程

高炉炼铁的任务是把铁矿石炼成生铁，它是一个连续的生产过程。铁矿石是氧化铁与脉石的混合物，所以铁矿石在高炉中冶炼应完成三个基本作用：排除氧化铁中的氧（还原作用）、把铁与脉石分开（造渣作用）、铁吸收碳素和降低熔点（渗碳作用）。

（1）生产过程

炼铁的生产过程，是由炉顶往炉内装入炼铁原料，从炉缸部的出渣口、出铁口排放出炉渣和铁液。从风口鼓入热风，经炉顶排出煤气，整个过程决定于风口前区的焦炭的燃料。焦炭燃料产生高温，煤气上升与下降的炉料之间进行一系列的传热、传质、干燥、挥发、分解铁氧化物、还原、软熔、造渣、铁液滴落、渗碳等物理、化学变化。高炉可看成一个炉料下降、煤气上升的两个逆向运动的反应器。

按炉料在炉内的物理状态，在高炉内由上向下大致可分为五个区域：

1）块状区（块状带）。块状区是指炉料保持着装料时的分层状态，炉料不断下降，受到热炉气流的加热的区域。

2）软熔区（软熔带）。软熔区是指矿石从开始软化到完全熔化的区域。

3）滴落区（滴落带）。软熔区以下是已熔化的渣铁，其穿过焦层空隙不断下降。在此区域中，上部焦炭处于基本稳定的状态，往下逐渐变成松动下落。

4）回旋区。回旋区是指在鼓风作用下，焦炭在风口前做回旋运动的区域、焦炭燃烧时高炉内热量和气体还原剂的主要产生区域。

5）炉缸区。风口下部为炉缸区。炉缸内，在焦炭空隙内形成炉渣铁液的静止层，以密度差分为渣层与铁液层，间断地由出渣口与铁液口排放到炉外。

（2）焦炭的作用

焦炭在风口前被热风燃烧。燃烧放热并生成大量还原气体（CO、H₂），保证炉料加热分解、还原、造渣、熔化、渣铁反应等过程的进行。焦炭燃烧形成的自由空间为炉料的下降创造了空间。固体焦炭燃烧是复杂的。在固体炭表面生成的直接产物有 CO_2、CO，它们分别再与 C、O_2 发生反应，生成 CO、CO_2。

$$C+O_2 = CO_2$$
$$O_2+2C = 2CO$$
$$2CO+O_2 = 2CO_2$$
$$CO_2+C = 2CO$$

（3）铁矿石的还原

高炉下降的铁矿石受上升煤气气流的加热和 CO 的还原，铁的氧化物 100% 还原成铁，炉料中的 P_2O_5 全部还原，MnO 有 1/3 还原，但 SO_2 不能还原，还原出的 P、Mn、Si 进入生铁，未还原的进入炉渣，炉渣有 CaO、Al_2O_3、MgO。炼铁就是把氧化铁中的铁还原出来，称为还原过程。炼钢就是把生铁中的杂质氧化掉,称为氧化过程。

3. 生铁的形成

从炉身部分还原出来的金属铁——海绵铁(DRI)在块状带主要发生气相渗碳,上升的煤气流温度降低,加上新生海绵铁的催化作用,促进渗碳沉积反应。CO分解出来的极细颗粒状碳粒,吸附在海绵铁表面,使其渗碳。进入软熔带,温度升高,有少量Si、Mn还原进入生铁,进一步渗碳,生铁熔滴下落,改善了与焦炭接触条件,加速了渗碳,是生铁渗碳的主要阶段。生铁中含碳量无法控制,高炉温度高,含碳量高。Si、P、S存在,能促进生铁中含碳量减少,故对生铁渗碳不利。

固体生铁中碳以Fe_3C、MnC等碳化物及石墨两种形式存在。含Fe_3C、MnC等碳化物的生铁端口为银白色,故称为白口铸铁。在生铁中含有大量的石墨碳,生铁断口呈暗灰色,称为灰铸铁。

8.2.2 非高炉炼铁

1. 原理

非高炉炼铁是指不采用高炉而将铁矿石直接还原成铁或钢的方法。高炉冶炼中,铁液含碳量达到饱和,所以必须经氧气吹炼,进行氧化、脱碳,脱氧后成为成品钢液。直接还原炼铁法与早期炼铁法基本相同,在较低温度下还原成铁。这种铁保留了失氧时形成的大量微气孔,形似海绵,所以称为海绵铁。熔融还原法则是将铁矿石的还原与熔化分两步进行,最后得到铁液的新工艺。

现代直接还原炼铁法已有近百年的历史。20世纪初,特别是瑞典,直接还原法得到了较快发展,有的方法到现在仍在使用。第二次世界大战后,直接还原法得到了迅速发展,1957—1978年的21年中,海绵铁产量平均每年增长13.1%,目前年生产能力近4000万t。该方法迅速发展的主要原因是,焦煤资源日益紧张,希望研究出不用高炉的炼铁方法,以便使用普通煤和铁矿粉炼铁;一些发展中国家及地区希望小规模且灵活合理地利用本地资源发展其钢铁生产;电炉炼钢的迅速发展和废钢的短缺,要求能提供代替废钢的成分和价格稳定的新原料,而直接还原铁可代替部分废钢作电炉料(也可作高炉料);客观上,石油及天然气的大量开发,选矿技术的提高,也为发展直接还原技术提供了方便的能源及高品位精矿。

直接还原铁中Si、Mn、C含量低,不能用于转炉炼钢,但适合于电弧炉炼钢,这样就形成了直接还原炉——电炉的钢铁生产新流程。根据原料和产品用途的不同,非高炉炼铁方法很多,已公布的就有百余种。按还原装置形式分为固定床、回转窑、竖炉、流化床;按还原剂分为固体还原法、气体还原法;按生产方式分为预还原法、熔融还原法。目前各种直接还原法所占比例大致是:气体还原法占90%,固体还原法占10%;竖炉占55%,希尔法(反应罐)占33%,流态化法占3.5%,回转炉法占8.5%。显然,在气体还原法中,尤以竖炉法占优势,主要原因是其生产率高、冶炼工艺比较成熟。

2. 炼铁方法

以下简要介绍电炉炼铁法、直接还原炼铁法和熔融还原炼铁法等新的非高炉炼铁法。

（1）电炉炼铁法

所谓电炉炼铁法，就是用电阻发热作为主要热源，固体的炭质材料主要起还原剂和增碳剂作用的炼铁法。它的特点如下：

1）不用焦炭或用少量焦粉。

2）不要求像高炉那样的原料强度，故原料的选择范围宽。

3）电耗高，一般局限在电价低廉的地方。

电炉早期有炉身，因为冶炼过程产生的煤气较少，不能很好地预热预还原铁矿石，故后来改为无炉身的还原电炉，可用强度较差的焦炭（或煤、木炭）作还原剂。电炉炼铁以电加热代替部分焦炭，并可用低级焦炭，但此方法耗电大、产量低，故只在电价低廉的条件下使用。

（2）直接还原炼铁法

直接还原炼铁法是一种不用焦炭的非高炉炼铁方法，是从固体状态的铁矿石中，以气体或液体碳氢化合物或非焦炭为燃料和还原剂，不用高炉和冶金焦，不经渗碳，直接得到金属铁的方法。直接还原铁的产品不是铁液，而是海绵铁或热压铁（HBI），未经过熔融状态渣铁分离，故产品中残存有脉石和磷等杂质元素。直接还原铁是代替废钢作为电炉冶炼优质钢的好原料。直接还原炼铁法的划分按燃料和还原剂种类可分为气体还原剂法和固体还原剂法两大类。按还原器的类型可分为流化床、竖炉、反应罐和回转窑四大类。

现介绍几种主要的直接还原炼铁法。根据使用的燃料不同，直接还原炼铁法分为两大类：用煤气作气体还原剂和载热体的气基法和以固体煤作为还原剂和热源的煤基法。

1）气基法。气基法中的煤气常用天然气、焦炉煤气、液化石油气、重油等转化制造。天然气和液化石油气主要使用蒸汽转化，生成 CO 和 H_2；重油使用氧气部分氧化法将碳氢化合物转化为 CO 和 H_2。到目前为止，无论从产量还是产能上看，气基法占主导地位，占 90%左右。气基法的典型代表是 Midrex 法。Midrex 气基法属于竖炉法，为美国米德莱克斯（Midrex）公司所发明，是目前最完善、生产能力最强、使用最普遍的直接还原炼铁法。它由供料系统、还原竖炉、烟气处理、天然气重整炉组成。这种方法生产的海绵铁占直接还原炼铁法生产海绵铁总量的 60%以上。天然气进入转化炉内，在镍基触媒的催化下，通过天然气裂化反应将其转化成煤气和氢气。

$$CH_4 + H_2O \longrightarrow CO + 3H_2 \text{（天然气裂化反应）}$$

球团矿或天然块矿从炉顶通过布料器（或多个加料管）合理地布入炉中，在还原区与 CO、H_2 进行还原反应。还原气入炉时温度为 750~900℃，送入距竖炉顶部 2/3 处的还原带。炉料在炉内停留约 6h，铁矿石被 CO 和 H_2 还原，被还原的海绵铁的金属铁含量在 92% 以上。然后海绵铁进入下部没有砖衬的冷却带，用专门的冷却气或炉顶气冷却，冷却到 30℃ 时排出炉外，可保证海绵铁在大气中不再氧化，细碎的产品可压制成块存放，供电炉熔炼使用。直接还原后的废气中仍含有大量的 CO 和 H_2（约占 70%），通过洗涤器重新返回到重整炉，然后进入竖炉循环使用。反应方程式如下：

$$Fe_2O_3 + 3H_2 \longrightarrow 2Fe + 3H_2O$$

$$Fe_2O_3 + 3CO \longrightarrow 2Fe + 3CO_2$$

2）煤基法。煤基法使用的煤以烟煤为宜，这种煤能够与 CO_2 反应生成 CO（生产中称这种性能为煤的反应性），煤中灰分的熔化温度一般要求在 1150℃ 以上，即高于直接还原法操作温度 50~100℃，以避免析出的灰分与炉料和炉墙发生粘连，造成生产操作故障。煤基法使用的煤还要求灰分含量低（<25%）和硫的质量分数低（<0.8%）。

回转窑法是煤基法中最重要、最有价值、应用较广的工艺。此法还原铁矿石可按不同的作业温度生产海绵铁、粒铁及液态铁，但以低温作业的回转窑生产海绵铁最有意义。回转窑的优点是能够直接使用固体煤作为能源，能有效地除去某些杂质；缺点是生产率低，热效率也低，所以应用范围不广泛，仅适用于天然气等资源匮乏地区。

此法的重要设备是回转窑，窑体稍有倾斜（4%的斜度），窑中装有耐火衬，在窑头、窑中、窑尾设有耐火材料挡圈以增加炉料停留时间。煤燃烧所需要的空气通过风管沿轴向吹入窑中，风管安装在沿窑长方向的不同部位。煤不但是还原剂，还提供所需要的热量。

沿窑长方向分两个区：预热区——煤燃烧将原料的混合物加热至还原温度；还原区——煤进一步燃烧为生产海绵铁提供热量。通过控制向窑内吹入的空气量和喷煤量，可以有效控制窑内的反应。

直接还原法煤基回转窑中应用最广泛，而且最具有代表性的一种方法就是 SL/RN 法。SL/RN 是由美国、德国、加拿大的四家创立此法的各公司名字的字首缩写而成的。

原料（铁矿石、煤粒、熔剂）从窑尾加入圆形回转窑中，窑缓慢旋转使矿和煤在被加热和还原的同时向出料端移动，窑头外设有烧嘴燃烧燃料，形成的废气则由窑尾排出。炉料与炉气呈逆向运动，在运动过程中，炉料在预热段被加热，使水分蒸发和石灰石分解，达到 800℃ 后，煤中的固体碳开始还原铁矿石中的氧化铁，直到获得海绵铁或铁料，而碳则转变成 CO 气体，CO 在氧化区被燃烧成 CO_2，放出热量以满足还原反应的要求，产品排出窑后进入回转冷却筒冷却得到海绵铁或粒铁，也可热送电炉直接炼钢。回转内反应温度应控制在 1100℃ 以下，经 8~10h 完成还原反应后出窑。回转窑所产生的废气从进料端吸走，高温废气可余热利用。若炉料在回转窑中经过预热和还原后，再进一步提高温度（1250℃）进入粒铁带，金属铁与炉渣开始软化，在半熔化状态下金属铁由小颗粒堆集成卵状粒铁，炉料出炉后经水淬冷却后很容易用磁选或重选把粒铁与脉石分开，这就是回转窑粒铁法。此法由于存在作业率低、产量小、耐火材料消耗高等缺点，近年来逐渐被淘汰。但此法适应性大，是唯一能直接冶炼 SO_2 含量高的贫铁矿的方法。

（3）熔融还原炼铁法

熔融还原法是除了电炉炼铁和直接还原法以外的另一类非高炉炼铁法。

1) 概述。熔融还原炼铁法是铁矿（块矿或粉矿）在熔融状态下，以煤为燃料和还原剂，靠使用天然富矿、人造富矿（烧结矿或球团矿）取代高炉生产液态生铁的方法。目前世界上开发出的熔融还原炼铁工艺已有数十种之多，具有代表性的典型工艺主要有：焦炭填充床熔融还原，如日本的 SumimotoSC 和 KawasakiXR 流程；具有煤流化床的熔化气化反应器流程，有由德国和奥钢联合开发的 Corex 法（原称 KR 法，即煤还原法）；喷煤铁浴汽化反应器流程，如日本的 DIOS（即铁矿石直接熔融还原）法、美国的直接炼钢法、德国与澳大利亚合作开发的 Hismelt 法等。

熔融还原的特点是在炼铁过程中，使炉渣和生铁熔化而分离，从而可以脱除煤灰分和矿石的脉石。这样它对原料、燃料的要求不像直接还原炼铁法那样严格。因此，熔融还原炼铁法是具有相当的竞争能力和广阔前景的炼铁方法。

2) 工艺流程。熔融还原发展过程中出现过两种方法：一步法和二步法。一步法熔融还原是在一个反应器内完成铁矿石还原和渣铁分离全部过程的方法。二步法熔融还原在预还原炉内进行铁矿石预还原，然后进入终还原器内进一步还原和使渣铁熔化分离，并产生还原性气体，供预还原使用。在众多的试验中，一步法都没有获得成功，从 20 世纪 70 年代开始，国内外研究开发的大多数是二步法。

Corex 法是奥地利和德国于 20 世纪 70 年代末联合开发的，是目前唯一已形成生产能力的熔融还原炼铁法，而且其投资、生产成本、铁液质量等几个方面已经基本上可以与传统的焦炭高炉炼铁法相竞争。

Corex 法由预还原竖炉和熔融制气炉（也称为终还原炉或熔融气化炉）串联，再加上煤气除尘和调温系统组成。

Corex 法的预还原竖炉类似于 Midrex 直接还原炼铁法的竖炉，采用天然富块矿或球团矿作为含铁料，从熔融制气炉来的还原煤气（$CO+H_2$ 之和大于 95%，以 CO 为主）将铁矿石预还原，由于竖炉是高效率的还原反应器，在短时间内金属化率就可达到 90% 以上。然后由下部的螺旋给料器将金属化的炉料连续均匀地输入熔融制气炉。

熔融制气炉类似于高炉的炉腹和炉缸部位，在上部连续均匀地输入金属氧化物的同时，煤块也从上部加入，而从其下部炉缸风口鼓入氧气。氧气将燃烧成 CO 并放出热量。落下的炉料中残余的氧化铁在这里得到最终还原。还原的金属铁渗碳，炉料熔化而使渣铁分离。形成的煤气上升，从熔融制气炉上部逸出。逸出煤气经除尘后，部分煤气调温到 800~850℃，再输入上部的预还原竖炉，供矿石预还原使用，多余的部分煤气则外供给其他用户。

3) 熔融还原法的优点是解决了气体直接还原法中的制气问题，可生产与高炉法一样的铁液，避免了高炉软熔带对冶炼的不利影响。有利于喷射冶金、等离子体冶金、复合吹炼、铁液预处理和炉外精炼等现代冶金技术的综合运用。

熔融还原炼铁法与直接还原炼铁法不同。熔融还原的发展目标是代替高炉炼铁法，产品是与高炉铁液性质相近的液态生铁，仍是转炉炼钢的原料，而直接还原炼铁法的产品是海绵铁，代替废钢供电炉炼钢使用。

8.3 炼钢生产

8.3.1 概述

1. 概念

钢和铁都是以铁元素为基本成分的铁碳合金。生铁和钢所以在性能上有较大的差异,主要原因是由于含碳量的不同使铁碳合金的组织结构不同而造成的。生铁除了含有较高的碳外,还含有一定量的其他杂质。

所谓炼钢就是通过冶炼降低生铁中的碳和去除有害杂质,再根据对钢性能的要求加入适量的合金元素,使其成为具有高强度、高韧性或其他特殊性能的钢。

2. 炼钢的基本任务

(1) 脱碳并将其含量调整到一定范围

碳含量不但是引起生铁和钢性能差异的决定性因素,而且是控制钢性能的最主要元素。钢中含碳量增加,则硬度、强度、脆性都将提高,而延展性能将下降。

(2) 去除杂质

1) 脱磷、脱硫。对绝大多数钢种来说,P、S均为有害杂质。P可引起钢的冷脆,而S则引起钢的热脆。

2) 脱氧。由于在氧化精炼过程中,钢液中会溶入一定量的氧,它将大大影响钢的质量。一般是向钢液中加入比铁有更大亲氧力的元素来降低钢中的含氧量(如Al、Si、Mn等合金)。

3) 去除气体和非金属夹杂物。钢中气体主要是指溶解在钢中的氢和氮。非金属夹杂物包括氧化物、硫化物、磷化物、氮化物以及它们所形成的复杂化合物。在一般炼钢方法中,主要靠碳-氧反应时产生CO气体逸出所引起的熔池沸腾来降低钢中气体和非金属夹杂物。

(3) 调整钢液成分和温度

为保证钢的各种物理、化学性能,还应加入适量的合金元素,使其含量达到规定要求。炼钢的基本过程是氧化。向铁液中吹入纯氧或加入铁矿石使铁被氧化。生成的FeO溶解在铁液中,与铁液中其他元素发生反应。铁液中的FeO越多,各种元素被氧化得越剧烈。碳被氧化成CO气体,直接从铁液中逸出;硅和锰被氧化生成SiO_2和MnO_2进入熔渣。

铁液中的含碳量降低到一定程度时,氧化即告完成,铁液炼成了钢液。此时,钢液中剩余相当多的FeO,因此要在炼钢炉中和盛钢桶中加入适量的锰铁、硅铁和铝等脱氧剂进行脱氧,来还原钢液中的FeO,以改善钢的力学性能。

3. 炼钢的方法

目前炼钢的方法主要有三种,即电炉炼钢法、转炉炼钢法、平炉炼钢法,如图8-4所示。电炉炼钢主要有电弧炉炼钢、感应电炉炼钢、等离子炉炼钢、电子轰击炉炼钢。转炉炼钢按供氧方式不同分为氧气顶吹转炉、底吹转炉、侧吹转炉和氧气顶底复吹转炉。其中,氧气顶吹转炉和电炉炼钢发展得较快。特别是纯氧顶吹转炉炼钢法,由于在生产率、产品质量、成本等方面的优越性,被人们广泛采用。采用这种炼钢工序主要包括三个过程,即原料预处理过程、吹炼过程、铸锭或连铸过程。

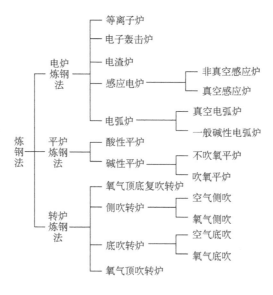

图 8-4 炼钢方法分类

近年来,随着科学技术的发展,钢铁生产过程朝着连续、高速和大型化方向发展。在钢液处理方面逐步采用连续铸钢法(简称连铸)代替传统的铸锭开坯法。所谓连铸就是将钢液直接冷却,凝固成符合轧材规格需要的方坯或板坯。这种方法的最大的特点是省去了初轧工序,因此在降低能耗等很多方面优点是明显的。

炼钢主要有冶炼和浇铸两个环节,是以生铁和废钢为原料,在具有耐火材料内衬的炼钢炉内精炼为成分和温度合格的钢液,并浇铸成钢锭或铸坯。

8.3.2 平炉炼钢

1. 概述

1856 年,威廉·西门子得到一项将蓄热原理用于所有需大量热能的炉子的专利。最初,此法主要用于玻璃熔化炉,可节省 50% 的燃料。将此法用于炼钢,是在炉的两端建有放置"砖格"的蓄热室,砖格先由炼钢炉排出的热气加热,然后把要进炉的空气预热。但用固态燃料试验时很不顺利,存在着一些问题,诸如炉灰堵塞了蓄热室的砖格等。

1864 年,法国人马丁改造了炉体,又采用了威廉·西门子用蓄热提高炉温的办法,用生铁和废铁炼出了优质钢。1868 年,威廉·西门子用生铁和铁矿石炼钢成功。这种炼钢法称作"西门子-马丁炼钢法"。由于这种炼钢炉形状低平又有一个平展的熔池,所以被称为"平炉"。这种炼钢法也称为"平炉炼钢法"。

平炉炼钢时,经过下层蓄热室预热的空气和煤气被送入上层熔池,在铁液表面吹拂、燃烧，能够比较完全地将铁液中的碳和其他杂质氧化，得到优质的钢。虽然平炉冶炼的时间比较长（一般为24h），但熔池很大，一炉便可炼百吨钢液，产量较高，而且不限于生铁，废钢、铁屑、熟铁、铁矿石均可，炼出的钢质量稳定、均匀。在1930—1960年的30年间，世界每年钢的总产量近80%是平炉钢。20世纪50年代初期，氧气顶吹转炉投入生产，平炉逐渐失去其主力地位。许多国家的平炉已经或正在逐渐被氧气转炉和电炉所代替。

2. 设备

平炉炉体由上、下两部分组成。上部包括熔炼室、炉头，下部结构包括沉渣室、蓄热室、换向阀及排烟系统等。上、下两部分由上升道连接。以炉门中心线为界，平炉两边是完全对称的，如图8-5所示。

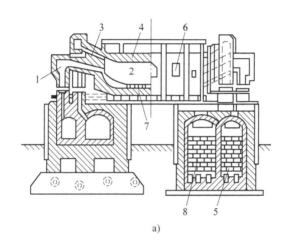

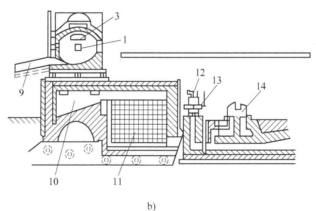

图8-5 平炉结构示意图

a) 正视图 b) 侧视图

1—煤气喷出口 2—熔炼室 3—空气喷出口 4—炉顶 5—煤气蓄热室
6—装料口 7—炉底 8—空气蓄热室 9—出钢槽 10—沉渣室
11—蓄热室 12—空气调节阀 13—空气换向阀 14—煤气换向阀

熔炼室是加热和熔炼的空间，为平炉的主要部分。由炉底、前后墙及炉顶等耐火材料砌体所组成，并用钢结构加固。

蓄热室内排列着一定高度和适当格孔尺寸的砖格子，其上部与沉渣室相通，下部则通向烟道。高温废气通过蓄热室，将其大部分热量传给格子砖；换向后，格子砖又将热量传给通入的冷空气或煤气，使其升温。这样不断循环地工作。废气进入蓄热室温度通常为1500~1550℃，离开蓄热室时为500~700℃；而空气及煤气经蓄热室加热后的温度为1000~1300℃。

3. 工艺

废钢矿石法是应用最广泛的平炉炼钢操作方法。金属料中生铁占50%~80%，由于生铁带入大量杂质，为加速供氧，在装料时装入占金属料重12%~20%的铁矿石作氧化剂，故称为废钢矿石法。

废钢矿石法的熔炼过程分为：补炉、装料、熔化、精炼、脱氧和出钢。

(1) 补炉期

通常从上炉出完钢至下炉加入原料的一段时间，称为补炉期。常用的补炉材料有镁粉、熟白云石、氧化铁皮等。

(2) 装料期

从装入冷料到兑完铁液，这段时间称为装料期。炉料包括散状料（矿石、石灰、石灰石等）和金属料（轻、重废钢及铁液或生铁块等）。炉料应按一定次序依次从几个炉门装入炉内。若装生铁块，则加在最上层；若装铁液，刚需待冷料装完并加热到表面开始熔化时，再将铁液兑入。

(3) 熔化期

从兑完铁液到炉料全部熔化完毕，这段时间称为熔化期，占总熔炼时间的30%~50%。为缩短熔化期，应向平炉供给最大热量，并采用吹氧强化措施。熔化期的重要操作是及时放出初期渣和提前造渣，以达到去除磷、硫并获得合适熔融的目的，同时为精炼操作创造良好条件。当炉料全部熔化后，取样分析，以确定精炼期操作。当温度和炉渣均达到规定要求时，熔化期结束进入精炼期。

(4) 精炼期

自熔毕到脱氧（炉内脱氧）或出钢（炉外脱氧），这段时称为精炼期。

8.3.3 氧气转炉炼钢

1. 概述

贝塞麦于1856年发明了梨形可动式转炉，将熔化的生铁放入转炉内，吹进高压空气，使生铁中所含的硅、锰、碳、磷燃烧掉，只需要10min就把1~15t铁液炼成钢。若是用搅拌法，需几天时间才能完成。但是，贝塞麦发明的转炉是酸性转炉。在酸性转炉环境中，磷很难被氧化除掉。1879年，托马斯提出了碱性转炉炼钢法，即采用白云石高温烧成的熟料，混合焦油做成碱性的耐火砖炉衬，冶炼过程中吹入空气并加入生石灰。这样便使整个反应在碱性高温条件下进行，被氧化的磷与石灰结合起来，残留于渣内而不返回钢内，脱磷问题因此得以解决。

20世纪中叶，由于制氧机制造成功，成本低廉的氧气在工业中大量使用，氧气炼钢的技术迅速发展起来。

氧气炼钢法分为氧气斜吹转炉炼钢法、卧式转炉双管吹氧法、纯氧顶吹的转炉炼钢法等。

氧气顶吹转炉炼钢法是目前的主要办法。氧气顶吹转炉在国外又称 LD 转炉或 BOF 炉。氧气顶吹转炉炼钢法反应速度快，生产率高，不需要燃料，热效率高，成为冶金史上发展最迅速的新技术，并逐渐取代平炉成为炼钢方法的主流。与通用的平炉比较，投资少于平炉 40%~50%；效率高于平炉 3~5 倍，所需劳动力少，占用场地小，炼钢时间短，钢的成本低，质量高。纯氧顶吹炼钢法出现后，世界钢产量急剧增长，各种高质量的特种钢也炼制出来。

下面主要介绍顶吹转炉工艺技术。

2. 设备

（1）转炉主体设备

转炉主体设备是实现炼钢工艺的主要设备，它由炉体、炉体支撑装置和炉体倾动机构等组成，如图 8-6 所示。

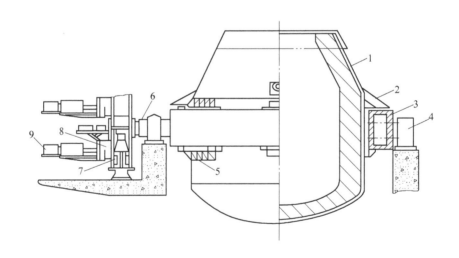

图 8-6 转炉炉体结构

1—炉壳 2—挡渣板 3—托圈 4—轴承及轴承座 5—支撑系统 6—耳轴
7—制动装置 8—减速机 9—电动机及制动器

1）炉壳。由锥形炉帽、圆筒形炉身及球形炉底三部分组成。各部分用钢板成型后再焊接成整体。钢板厚度主要取决于炉子容量，炉壳损坏主要是产生裂纹和变形。因此，要求炉壳材质有良好的焊接性能和抗蠕变性能。为防止炉帽变形，近年来广泛采用水冷炉口。

2）托圈。其主要作用是支撑炉体，传递倾动力矩。大、中型转炉的托圈一般用钢板焊接成箱式结构，可通水冷却。托圈与耳轴连成整体，转炉则坐落在托圈上。

3）耳轴。转炉工艺要求炉体应能正反旋转360°，在不同操作期间，炉子要处于不同的倾动角度。为此，转炉有两根旋转耳轴，一侧耳轴与倾动机构相连而带动炉子旋转。

4）倾动机构。其作用是倾动炉体，以满足兑铁液、加废钢、取样、出钢和倒渣等操作的要求。

（2）供氧系统

炼钢时用氧量极大，要求供氧及时、氧压稳定、安全可靠。供氧系统由输氧管道、阀门和向转炉吹氧的吹氧管装置等设备组成。

3. 工艺流程

氧气转炉炼钢，就是利用氧气将铁液中的碳、硅、锰、磷等元素快速氧化到吹炼终点。在吹氧的全部时间内，熔池中始终进行着强烈的元素氧化反应，只是在吹氧结束后的为时很短的脱氧和合金化时间内，熔池中的反应才主要是还原反应。氧化反应放出的热量，将主炉铁液（1200~1300℃）加热到1560~1660℃。

顶吹转炉炼钢法的基本流程如下：

1）上炉出钢倒渣后，迅速检查炉体，必要时进行补炉，然后堵好出钢口，及时加料。每炉装入铁液和废钢的数量称为装入量，氧气顶吹转炉不用外来热源，是依靠铁液物理热和铁液中杂质元素氧化反应生成热来提供热量的。因此，其铁液和废钢的合理配比需根据炉子的热平衡来确定。事实上，绝大多数情况下，铁液的配比在75%~90%。

2）装入废钢和兑入铁液后，摇正炉体，下降氧枪并同时加入第一批渣料（石灰、萤石、氧化铁皮、矿石），其量为总渣量的1/2~2/3。当氧枪降至规定枪位时，即调到规定氧压开始吹炼钢。

当氧流与熔池面接触时，产生C、Si、Mn、P的氧化，称为点火。点火后几分钟，初渣形成并覆盖于熔池面。随着氧化的进行，熔池温度升高，火焰亮度增加，炉渣起泡，并有小铁粒从炉口喷溅出来，此时应适当降低氧枪高度。

3）吹炼中期，脱碳反应剧烈，渣中氧化铁降低，使炉渣熔点增高，黏度加大，并可能出现稠渣现象。此时应适当提高枪位，并可分批加入铁矿石和第二批渣料，以提高渣中氧化铁的含量，并调整炉渣。

4）吹炼末期，脱碳速度减弱，火焰变短、透明。最后根据火焰状况、供氧数理和吹炼时间等因素，按所炼钢种的成分和温度要求，确定吹炼终点。判定终点后，提升氧枪并停止供氧，倒炉进行测温和取样。根据分析结果，决定出钢或补吹时间。

5）当钢水成分和温度均已合格，即可出钢。在出钢过程中，向盛钢桶内加入铁合金，进行脱氧和合金化。出钢完毕，将炉渣倒入渣罐。

通常将相邻两炉之间的间隔时间（从装入钢料至倒渣完毕）称为冶炼周期，一般为20~40min。

总之，炼钢时将生铁液、废钢和多种不同成分的辅料加入转炉内，进行吹氧，在氧化为主的精炼条件下，形成炉内三个主要物相，即金属、熔渣、炉气三物相。在转炉内，炉气、熔体、炉衬构成气—液—固三种聚合态，进行精炼反应，发生物理与化学变化。物理变化有熔化、溶解、汽化、凝固、传热、传质；化学变化有脱碳氧化反应、硅（Si）锰（Mn）的氧化反应、脱磷反应、脱硫反应。

8.3.4 电弧炉炼钢

1. 概述

电炉炼钢主要是指电弧炉炼钢，是目前国内外生产特殊钢的主要方法。20世纪初，赫劳特等发明了电弧炉炼钢，作为熔炼特殊钢和高合金钢的方法，并获得稳步的发展。目前，世界上95%以上的电炉钢是电弧炉生产的，还有少量电炉钢是由感应炉、电渣炉等生产的。电弧炉根据炉衬性质不同，分为酸性炉和碱性炉，酸性电弧炉因对炉料要求很严格，一般只有少数机械厂采用。所以，所谓电弧炉炼钢，通常是指碱性电弧炉炼钢。

电弧炉炼钢是以电能作为热源，靠电极与炉料间放电产生电弧，用电弧的热量来熔化炉料并进行必要的精炼，冶炼出所需钢和合金的炼钢方法。

电弧可以通过电流、电压加以控制，因此电弧炉较其他炼钢方法具有独特的优点：废气带走的热量相对较少，热效率比较高，其热效率可达65%以上；温度高，电弧区温度高达3000℃以上，可快速熔化各种炉料，并使钢液加热到高于1600℃；同时温度容易调整和控制，可满足冶炼不同钢种的要求；炉内气氛可以控制，既可造成氧化性气氛，又可造成还原性气氛，因此，不仅能去除钢中的磷，而且还具有很强的脱氧、脱硫能力，故钢中非金属夹杂物含量相对较低，合金元素收得率也相对较高，钢的成分容易控制，适于冶炼各种合金钢及优质钢；可用100%的废钢进行熔炼，而且与其他炼钢法相比，设备比较简单。但是，电弧炉也存在一些不足之处，如由于电弧炉的离解作用，使空气和水蒸气离解出大量氢和氧，在还原期易被钢液吸收。因此，电炉钢若不经特殊处理，其氢、氧含量一般比转炉钢高；由于电弧炉是点热源，炉内温度分布不均匀，熔池平静时，各部位的钢液温度相差较大，大炉子更为突出。

2. 设备

电弧炉的构造主要是由炼钢工艺和工艺装备水平来决定的，又与电炉的容量大小、装料方式、传动方式等有关。电弧炉的基本结构如图8-7所示。炉体是电炉的最主要装置，用来熔化炉料和进行各种冶金反应。电弧炉的炉体由金属构件和耐火材料砌成的炉衬两部分组成，分为炉壳、炉盖、倾动机构、电极装置、炉顶装料系统、电炉电气设备等。

3. 主要工艺流程

碱性电弧炉的工艺操作可分为两种：氧化法和不氧化法。不氧化法也称为返回冶炼法。两者都是用较好的合金废钢作原料，废钢成分与冶炼钢种的成分基本相近似。

氧化法是以一般废钢为原料，冶炼过程中用矿石或氧气来氧化炉料中的杂质，同时通过氧化沸腾过程去除钢液中大部分气体。此法不能回收废钢中的大部分合金元素，但它是电炉冶炼的基本方法，在我国应用最为广泛。

这里介绍一下碱性电弧炉氧化法的熔炼工艺。氧化法可分为补炉、装料、熔化期、氧化期、还原期、出钢六个阶段。

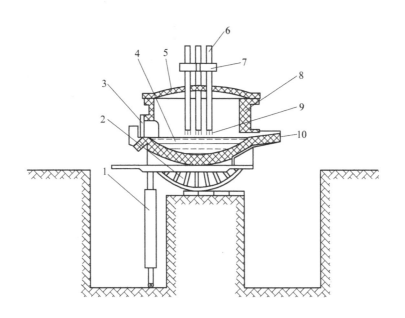

图 8-7 电弧炉的基本结构

1—倾炉用液压缸 2—倾炉摇架 3—炉门 4—熔池 5—炉盖 6—电极
7—电极夹持器（连接电极升降装置） 8—炉体 9—电弧 10—出钢槽

（1）补炉

电炉冶炼时，炉衬在高温下不断受到化学浸蚀和机械冲刷，每炼一炉钢后，炉衬都遭到损坏。为了保证正常冶炼和延长炉衬寿命，每次出钢后必须进行补炉。补炉是用补炉机完成的。

（2）装料

装料对熔化时间、合金元素烧损和炉衬寿命有很大影响。对装料的要求是快和密实。实践中布料为：下部致密、上部疏松、中间高、四周低、炉门口无大料，熔化时最省电。

装料次序为：首先将为料重1%~2%的石灰均匀地铺在炉底，接着在石灰上加入小料和轻薄料，上面加入大废钢（布置在电弧高温区），中块料一般布在大块料四周，在炉壁处和大块料上方放小料。这样，熔化初期电极就能很快地"穿井"，以减少弧光对炉盖的辐射。"穿井"后因有难熔的炉料存在，又可使电极缓慢下降，电弧在炉料中埋弧时间长，因而能较好地利用电能，也可避免电弧烧损炉底。大块难熔炉料装在下部，使下部炉料比上部密实，有助于消除"搭桥"现象。目前多数电炉采取顶装料。

（3）熔化期

电炉炼钢的熔化期是指从通电开始到炉料熔清这段时间，约占全炉冶炼时间的一半，占电能消耗的60%~70%。由于熔化期"塌铁"常易打坏电极，因此熔化期的电极消耗占电极消耗的一半以上。可见加速炉料的熔化速度和缩短熔化时间对提高产量、降低电耗具有重要意义。熔化期可分为四个阶段：

1）起弧。即装入冷料后开始通电。开始通电时，电极下降触及炉料，使变压器二次侧发生短路。在强大的短路电流作用下,电极与炉料间的空气被电离,形成电弧,同时发出强烈的光和热。

2)"穿井"。即随着电极下面炉料的熔化,电极不断下移,逐渐在炉料中间三个电极下面形成三个洞,即"穿"了三个井。这个阶段是电弧埋在炉料中,可用长电弧大电流促使炉料快速熔化。

3)电极回升(熔化中间期)。随着熔池和渣层的形成,电流趋于平衡,此时的任务是熔化电极周围的炉料。电极要随着不断上升的熔池面相应回升。这个阶段应用长电弧操作。

4)炉料熔清。主要是熔化低温区的炉料。这个阶段用中级电压(以次高级电压通电起弧)、减少输入功率,可吹氧助熔。

(4)氧化期

氧化期的任务是进一步脱磷、去除钢中的气体及非金属夹杂物和加热、均匀钢温到出钢要求。

脱磷是氧化期主要任务。炉渣的氧化性、碱度、渣量及渣的流动性是脱磷效果的重要条件。脱磷的反应如下:

$$2P+5FeO+4CaO \longrightarrow 4CaO \cdot P_2O_5+5Fe$$

加入强碱性氧化物 CaO 的目的是使 P_2O_5 与其生成稳定的磷酸钙,从而提高渣氧化脱磷能力。

脱碳反应是炼钢过程极其重要的化学反应。通过碳的氧化造成熔池的激烈沸腾以去除钢中的气体和非金属夹杂物,还有利于熔池的加热,并使钢液的化学成分和温度均匀。其反应式如下:

$$FeO+C \longrightarrow Fe+CO$$

(5)还原期

还原期也称为精炼期,通常是指氧化末期扒渣完毕到出钢这段时间。主要任务是脱氧、脱硫、调整钢液的化学成分和钢温。

炼钢氧化期向钢液中吹入大量的氧来完成脱磷、脱碳、去夹杂、脱气等任务,氧化期结束后,残留在钢中的氧对钢质量极为有害。

电炉炼钢脱氧方法如下:

1)沉淀脱氧。沉淀脱氧又称为直接脱氧,是直接向钢液中加入脱氧剂(如 Fe-Si、Fe-Mn、Al 等)与氧化合,生成不溶于钢的稳定氧化物,由于生成物密度比钢液小而上浮进入炉渣,以达到脱氧的目的。这种方法脱氧速度快,操作简单,但脱氧反应在钢液中进行,脱氧产物残留在钢中将危害钢的质量。

2)扩散脱氧。扩散脱氧又称为间接脱氧,是通过对炉渣进行脱氧,破坏氧在渣钢间分配的平衡,使钢中的氧不断向渣中扩散,达到脱氧的目的。此法是电炉炼钢特有而基本的脱氧方法。这种方法避免了沉淀脱氧法钢中残留大量脱氧产物的缺点,但其脱氧速度慢。

3)综合脱氧。综合脱氧是在还原过程中交替使用沉淀和扩散脱氧的一种联合脱氧方法。此法充分发挥了沉淀脱氧反应速度快和扩散脱氧不污染钢液的优点。目前国内大部分钢种都采用综合脱氧。

4) 脱硫。还原期脱硫和脱氧过程是同时进行的。还原期炉温较高,而且由于扩散脱氧的结果,炉渣中的 FeO 含量已降到 0.5% 以下,炉渣的碱度也比较高,电炉有充分的脱硫条件。

为了提高脱硫能力,在渣中加入强碱性氧化物,通常用石灰。其反应式如下:

$$FeS+CaO \longrightarrow CaS+FeO$$

(6) 出钢

当钢液具备以下条件时即可出钢:化学成分全部达到标准;钢液脱氧良好;炉渣为流动性良好的白渣,同时白渣要保持适当的时间;温度要满足规定。

8.3.5 炼钢先进技术

进入 21 世纪,平炉趋于消亡,转炉钢产量基本保持不变,仍将占主导地位,电炉钢产量将大幅度增加。缩短炼钢时间、提高转炉废钢比、减少电炉电能和电极单耗、提高钢水质量、降低成本的各种炼钢先进技术,必将进一步普及和推广应用。

1. 转炉高废钢比炼钢

提高废钢比是转炉炼钢技术的重要发展方向。20 世纪 80 年代开发了一些新技术,但转炉炼钢废钢比大多提高幅度不大,目前有几种新技术,如德国开发的 KS 法及俄罗斯西西伯利亚钢铁公司开发的 Z-BOP 工艺,可使转炉实现 100% 废钢熔炼,而 Z-BOP 工艺还可使废钢比在 30%~100% 范围内灵活调节。预计在 21 世纪将出现其他的全用废钢炼钢的新技术。由于废钢资源有限,达到一定限度不会有大的发展,因此也可由还原铁代替废钢。

2. 超高功率直流电弧炉

直流电弧炉与传统的交流电弧炉相比,主要优点是:①电弧稳定且集中,熔池搅拌良好,炉内温度分布均匀,炉衬侵蚀量少;②电流和电压波动小、对电网的冲击减少,电缆寿命随之延长;③电极损耗少,吨钢电极消耗比交流电弧炉少 50%。

意大利近年来制造成的世界上最大的总容量为 420t 的直流电弧炉投产,该电炉用于生产低碳钢、超低碳钢和高级脱氧镇静钢,年产量为 260 万 t。这台特大型直流电弧炉设计生产率为 360t/h,出钢量 300t,留钢量 120t,炉壳直径 9.7m,通电时间 42min,具有高效率、低运行成本的特点。这种炉型代表着新的市场趋势,即炼钢者越来越关注提高钢厂的生产率和保证钢的高品质。

3. 超纯净钢冶炼技术

近年来,由于钢材使用条件苛刻(如耐天然气用管线材等),加工作业的改善(如钢帘线、高加工性能的薄钢材等)以及严格保证最终产品的质量,对钢材品质提出了更高的要求。超纯净钢冶炼,就是要把钢中氧、硫、磷、氢、碳及有害的微量元素 Pb、As、Sb、Bi、Cu、Sn 作为应去除的成分。目前,人们关心的仍然是去除氧、硫、磷、氢、氮和碳元素,生产上述元素含量低的超纯净钢。

为确立大量生产纯净钢的制造技术,炼钢工序引进了铁液脱硫、脱磷、脱硅的"三脱"

技术,并有发展专用铁液预处理转炉的趋势。炉外精炼技术也非常成熟,并得到广泛应用。例如,日本很重视发展和应用铁液"三脱"预处理技术,普及率达 30% 以上,不少钢铁企业铁液预处理比高达 80%,少数甚至高达 100%,但西欧、北美等国和许多发展中国家采用铁液预处理的还不多。日本的炉外精炼比已达 90% 以上,电炉特殊钢炉外精炼比更高达 94%。随着对超纯净钢的数量和质量要求的不断提高,21 世纪将有更多的国家广泛采用铁液预处理和炉外精炼技术,这两项技术不断发展,水平将进一步提高,其普及面更广,特别是目前铁液预处理和炉外精炼比较低的国家,铁液预处理和炉外精炼比必将大幅度提高。

8.4 铸锭

铸锭是炼钢生产的重要组成部分。所谓铸锭就是把在各种炼钢炉中熔炼成的钢液倒入盛钢桶内,再注入具有一定形状的钢锭模中,凝固成钢锭,或者在连续铸钢过程中,铸成钢坯。钢锭或钢坯是炼钢生产的最终产品,它的质量好坏不仅取决于冶炼,而且与浇铸有关。正确的铸锭操作可以使质量欠佳的钢液得到一定的补偿而铸成质量较好的钢锭;铸锭操作的失误也可使合格的钢液报废。现代炼钢生产中,铸锭设备包括模铸设备(铸锭起重机、浇铸平台、盛钢桶修理设备和脱模、整模设备)和连铸设备。

8.4.1 铸锭工艺

钢液凝固是液态钢液转变为固体钢的过程。钢的冶炼完成之后,将钢液注入盛钢包内。在盛钢包内还要对钢液进行脱氧(或真空脱氧)及调整钢的成分,之后注入钢锭模中(或铸型中),冷凝成钢锭或铸钢件。

铸锭时使用由铸铁铸成的铸锭模。铸锭模放在铸锭盘上,在锭盘上旋转中注管及锭盘的汤道。钢液由中注管注入,流经汤道由锭模底部逐渐上升至铸锭模上口。该工艺方法称为下注法,能同时浇铸多根钢锭(4 根、6 根或 8 根)。下注法钢液上升平稳,钢中夹渣上浮至钢锭上端头部,钢锭质量好。用此法铸成的钢锭头部产生缩孔、成分偏析、夹渣等,可在轧钢开坯前将钢锭头部切除。

连续铸钢(锭)是在连续铸机上铸造出小截面(常为四方形)、长钢锭的方法。将盛钢包的钢液注入中间包,再流入钢液结晶器(是用冷水冷却的无底铜模)。在结晶器中,钢坯外壳凝固并从结晶器下端用拉辊将钢坯慢慢拉出,在夹持辊夹持下,在二次冷却区喷水冷却至凝固。在完全凝固位置处,按规定长度切断铸锭,以备轧钢机轧制。

连续铸钢机种类有立式、直弯式、弧式、椭圆式、水平式等多种形式。铸锭按钢水脱氧程度的不同分为镇静钢(完全脱氧)、沸腾钢(脱氧不完全,主要用于低碳钢生产)、半镇静钢(脱氧介于镇静钢、沸腾钢之间,有微弱、短时间沸腾)。

连续铸钢(连铸)的特点如下:

1)简化铸钢工艺,生产率高,投资少。连续铸钢是直接将钢液铸成所需要的各种断面的钢坯，从而取代了传统的钢锭模准备、脱模、均热、初轧开坯等一系列的复杂工艺流程，大大地简化了从钢板到钢坯的生产工艺，缩短了整个生产周期，同时节省大量的厂房、设备和基建投资。据统计，连铸与模铸相比，设备费用可减少约70%，占地面积约减少30%，操作费用约减少40%。

2) 金属收得率高，能耗少，生产成本低。由于钢液连续浇铸成钢坯，没有模铸中的流钢砖、中注管的残钢损失，又不需切头，所以金属收得率大幅提高。由钢液至成坯，模铸法的钢液收得率最高为90%，而连铸法可高达96%~99%，而且还节约大量的耐火材料以及钢锭加热、开坯所消耗的燃料、动力，因而降低了钢的成本。

3) 铸坯质量较好。连铸时钢液的凝固速度很快，因而可得到成分均匀、组织致密、晶粒细小、非金属夹杂物少的连铸坯。连铸坯的表面缺陷少，甚至可不加清理或稍加清理就可轧制成材。

4) 降低了劳动强度，为生产连续化、自动化创造了条件。普通模铸法生产工作环境恶劣，体力劳动繁重，可以说是炼钢生产环节中最落后的一个工序。而采用连铸法使铸锭工作机械化、自动化，从根本上改善了劳动条件，为炼钢到轧钢的连续生产创造了重要条件。

连铸的缺点是机构设备较复杂，要求管理和操作技术水平高；对耐火材料的质量要求比较高；浇铸某些大断加板坯、沸腾钢、高合金钢还有一定困难。

8.4.2 浇铸设备

连铸机的浇铸设备包括盛钢桶的支承和运载设备——钢包回转台和中间包及其中间包承载装置。盛钢桶在习惯上也称为钢液包或钢包。

1. 钢包回转台

回转台是用来承载盛钢桶的装置。它能承载两只盛满钢液的盛钢桶旋转180°，把盛钢桶准确地停在中间包上方规定的位置上，向中间包供给钢液。回转台设有盛钢桶升降装置，使盛钢桶与中间包之间的长水口装拆容易，中间包更换作业容易进行，从而能快速地多炉连浇。回转台还具有钢液称量功能，浇铸过程中盛钢桶一直处于称量状态，称重结果在操作平台上的大型显示屏上显示，以使操作人员掌握浇铸情况。为了减少盛钢桶内钢液温度的降低，回转台上设有盛钢桶加盖装置。钢包回转台的结构设计，必须满足下面的要求：动作灵活可靠；结构简单，便于安装和维修；强度高，并能经受温度和撞击的影响。

2. 中间包

中间包是钢包与结晶器之间的中间容器。由钢包运来的钢液先注入中间包，然后通过中间包注入结晶器。中间包的作用是减少钢液的静压力，使钢流平稳，以减少钢液对结晶器内钢液的冲击和搅动。钢液在中间包内停留期间，使非金属夹杂物有机会上浮。在多流连铸机上，通过中间包将钢液分配到每个结晶器。进行多炉连浇时，可以在中间包内储存一定数量的钢液，以保证在更换钢包时能继续浇铸。

中间包的包体要有较大的刚度，以免吊运及倾倒残钢时产生太大的变形而损坏其内衬。所以一般都在中间包的上口加箱形补强突缘。在包体上还须有吊运用的吊耳或耳轴，还有钢液溢流槽。为使钢液保温，防止中间包内的钢液辐射烘烤盛钢桶底，在中间包上须加盖保护。小中间包的边盖可用厚钢板或薄钢板坯做成。大中间包的盖板砌有耐火材料的钢制框架。若大钢包上安装浸入式水口，用以保护钢流时，可以在中间包内钢液面上盖一层保护渣，同时起到防止钢液氧化和保温作用，这样可以不用中间包盖。但在烘烤中间包时，还需要加盖，以免火焰向外喷射。

3. 中间包承载装置

中间包承载装置要有以下要求：

1) 能在浇铸平台上或空间运行而不妨碍其他主要设备的运行。
2) 能快速更换中间包，使换包停浇时间在 1~2min 内。
3) 使中间包水口与结晶器精确对中，因而要有纵向及横向微调装置。
4) 为便于装、拆浸入式保护套管，须有升降机构，使中间包能升降 500~600mm。
5) 承载装置的结构形式须便于操纵塞棒，便于观察结晶器内液面状况，便于捞出浮渣，便于用氧枪烧通凝堵的水口。
6) 承载装置的构件能耐长时间的热负荷而不变形。

8.5 钢材的生产

8.5.1 概述

炼钢生产的钢锭或边铸坯（粗钢），要经过压力加工制成钢材才能使用，压力加工使钢坯成型并进一步提高性能。压力加工的方法很多，有轧制、锻造、挤压、拉拔等，但重要性并不相同，90%的钢锭和边铸坯通过轧制成材。因此，轧钢是钢铁生产系统中的重要环节。

1. 钢材的概念

钢材是钢锭、钢坯或钢材通过压力加工制成人们所需要的各种形状、尺寸和性能的材料。钢材是国家经济建设必不可少的重要物资，应用广泛、品种繁多，根据断面形状的不同、一般分为型材、板材、管材和金属制品四大类。为了便于组织钢材的生产、订货供应和搞好经营管理工作，又分为重轨、轻轨、大型型钢、中型型钢、小型型钢、冷弯型钢、优质型钢、线材、中厚钢板、薄钢板、电工用硅钢片、带钢、无缝钢管、焊接钢管、金属制品等品种。

2. 钢材的生产方法

大部分钢材加工都是通过压力加工，使被加工的钢（坯、锭等）产生塑性变形。根据钢材加工温度不同可以分为冷加工和热加工钢材两种。钢材的主要加工方法有：

（1）轧制

轧制是将金属坯料通过一对旋转轧辊的间隙（各种形状），使其因受轧辊的压缩而截面减小、长度增加的压力加工方法。这是生产钢材最常用的生产方式，主要用来生产型材、板材、管材，分为冷轧、热轧。

(2) 锻造

锻造是利用锻锤的往复冲击力或压力机的压力使坯料改变形状和尺寸的一种压力加工方法。一般分为自由锻和模锻，常用作生产大型材、开坯等截面尺寸较大的材料。

(3) 挤压

挤压是将金属放在密闭的挤压间内，一端施加压力，使金属从规定的模孔中挤出而得到不同形状和尺寸成品的加工方法，多用于生产有色金属材料。

(4) 拉拔

拉拔是将已经轧制的金属坯料（型、管、制品等）通过模孔拉拔成截面减小、长度增加的加工方法，大多用作冷加工。

8.5.2 轧钢机械设备

轧钢机械或轧钢设备主要是指完成由原料到成品整个轧钢工艺过程中使用的机械设备。一般包括轧钢机及一系列辅助设备组成的若干机组。通常把使轧件产生塑性变形的机器称为轧钢机。轧钢机由工作机座、传动装置（接轴、齿轮座、减速机、联轴器）及主电动机组成。这一机器系统称为主机列，也称为轧钢车间主要设备。主机列的类型和特征标志着整个轧钢车间的类型及特点。除轧钢机以外的各种设备，统称为轧钢车间辅助设备。辅助设备数量大、种类多，车间机械化程度越高，辅助设备的质量所占的比例就越大。如 1700m 热轧带钢厂，设备质量为 5.1 万 t，其中辅助设备的质量在 4 万 t 以上。

1. 轧钢机

轧钢机的标称有许多习惯称谓，一般与轧辊或轧件尺寸有关。钢坯机和型钢轧机的主要性能参数是轧辊的名义直径，因为轧辊名义直径的大小与其能够轧制的最大断面尺寸有关。因此，钢坯及型钢轧机是以轧辊名义直径标称的，或用人字齿轮座齿轮节圆直径标称。当轧钢车间中装有数列或数架轧机时，则以最后一架精轧机轧辊的名义直径作为轧钢机的标称。

在钢板车间，轧机轧辊辊身长度与其能够轧制的钢板最大宽度有关，因此，钢板轧机是以轧辊辊身长度标称的。钢管车间轧钢机则是直接以其能够轧制的钢管最大外径来标称的。

应当指出，性能参数相同的轧钢机，采用不同布置形式时，轧钢车间产品、产量和轧制工艺就不同。因此，上述轧钢机标称方法还不能全面反映各种轧钢车间的技术特征，还应考虑轧钢机布置形式。例如，"850 半连续式线材车间"，其中，"850" 是指最后一架精轧机轧辊名义直径为 850mm，"半连续式" 是指轧钢机的布置形式。

(1) 按用途分类

轧钢机可分为开坯轧机、型钢轧机、板带轧机、钢管轧机和特殊轧机（如横轧机、轮箍轧机等）。

(2) 按轧辊在机座中的布置形式分类

轧钢机可分为下列五种形式：具有水平轧辊的轧机、具有立式轧辊的轧机、具有水平轧辊和立式轧辊的万能轧机、具有倾斜布置轧辊的轧机以及其他轧机。

(3) 按轧钢机的布置形式分类

轧钢机的布置形式是依据生产产品及轧制工艺要求来确定的，机座排列的顺序和数量的多少构成了不同车间布局的特点。根据轧钢机布置形式可分为单机架式、多机架顺列式、横列式、连续式、半连续式、串列往复式、布棋式等。

应该指出，轧钢机布置形式很多，总体来说，轧钢机的布置形式与产品种类、生产规格以及投资费用和制造条件等因素有密切关系，应根据具体条件和生产要求，参照有关车间的方案和经验，加以选择确定。

2. 辅助设备

辅助设备是指轧钢设备中除了轧钢机以外的各种机械设备，由完成一系列辅助加工工序所需要的机械设备组成。由于不同的轧钢车间生产情况不同，所以各轧钢车间的辅助设备也不同。随着生产技术水平的不断提高和对产品质量、产量的更高要求，轧钢车间机械化、自动化的程度也就越高，因而辅助设备在整个轧钢车间机械设备总重量中的比例也越大，有时为主要设备的3~4倍。由于轧钢车间产品种类繁多，生产工艺过程差别较大，故辅助设备种类也很多。根据辅助设备的作用，大致将其分为以下类型：

1）切断设备。包括火焰切割机、剪切机、锯切机等。

2）矫直设备。包括压力矫直机、辊式矫直机、张力矫直机、拉伸弯曲矫直机等。

3）参与控制轧件尺寸与形状的设备。主要是指与轧制力能参数直接发生关系的活套支撑器和卷取机。

4）表面加工设备。包括酸洗机组、镀覆机组、清洗机组和打印机组等。

5）改善轧件组织和性能的设备。这类设备有缓冲设备、退火设备、淬火设备与控制冷却设备等。

6）运送轧件的设备。包括辊道、推床、翻钢机、转向装置、冷床、钢锭车等。

7）包装设备。包括打捆机、包装机。

以上是辅助设备的主要类型。如上所述，随着产品产量、质量和生产自动化的不断提高及科学技术的不断发展，新的辅助设备还将不断出现。

8.5.3 轧钢工艺简介

1. 一般轧钢生产工艺

钢材轧制也称轧钢。轧钢工艺过程一般包括原料（钢锭或钢坯）清理、加热、轧制、轧后冷却及精整理等工序。

2. 轧钢生产基本工序

（1）原料准备及清理

一般轧钢常用的原料为钢锭、轧坯及连铸坯三种。采用连铸坯是发展的方向，现在正得到迅速推广。

连铸坯的选择应在技术可能的条件下，按照所需压缩比的要求，尽量使坯料尺寸接近成品的尺寸，以得到最少的轧制道次和最大的产量。但是与初轧坯相比，连铸坯由于受结晶器规格的限制，其断面尺寸灵活变化的可能性也往往受到限制。目前，有些国家采用可自由变化宽度的结晶器，使连铸板坯的宽度可以随意改变，或采用连铸连轧来改变钢坯断面尺寸。

合金钢钢坯，尤其是钢锭，往往在清理和加热轧制前要进行各种退火处理，其主要目的如下：

1）降低硬度，以便进行表面清理。

2）消除内应力。往往要将原料特别是含铬和钨的高合金钢钢锭进行退火，以消除内应力。

3）均化成分和去除氢气。合金钢尤其是一些高合金钢钢锭凝固后，化学成分很不均匀，将降低钢的加工和使用性能，因而往往要采用高温扩散退火，同时去除钢中的氢气，以防止白点的产生。

钢锭、轧坯或铸坯表面经常存在各种缺陷（结疤、裂纹、夹渣、折叠、飞刺等）。如果不在轧前加以清理，轧制中必将不断扩大，并引起更多的缺陷。对碳素钢，一般常用风铲清理和火焰清理；对于合金钢，一般常采用砂轮清理或机床刨削清理（剥皮）等，现代常用火焰清理法。

（2）钢的加热

在轧钢前，要将原料进行加热，其目的是提高钢的塑性，降低变形阻力及改善金属内部组织和性能，以便轧制加工。钢的加热温度主要应根据各种钢的特点和压力加工工艺要求，从保证钢材的质量及"多、快、好、省"地生产钢材的角度出发来进行确定。

加热温度应根据钢种选择。对于碳素钢，最高加热温度应低于铁碳平衡相图的固相线 $100\sim150℃$；加热温度偏高，时间偏长，将使奥氏体晶粒过分长大，引起晶粒之间的结合力减弱，钢的机械性能变坏，这种缺陷称为过热。过热的钢可用热处理方法来消除其缺陷。加热温度过高，或在高温下时间过长，金属晶粒长得粗大以外，还使偏析夹杂富集的晶粒边界发生氧化或熔化，在轧制时金属经受不住变形，往往发生碎裂或崩裂，有时甚至一受碰撞即行碎裂，这种缺陷称为过烧。过烧的金属无法进行补救，只能报废。

加热时钢的表层所含碳因被氧化而减少的现象称为脱碳。脱碳会引起钢材表层硬度降低，高碳钢、工具钢、滚珠轴承钢及许多用于制造重要零件的合金钢材不允许有这种缺陷发生。影响脱碳的因素有炉内气氛、钢的成分、加热温度和加热时间等。加热温度越高，时间越长，脱碳层越厚；钢中含钨和硅也对脱碳起促进作用。

（3）钢的轧制

轧钢工序的两大任务是精确成型及改善组织和性能，因此轧制是保证产品质量的一个中心环节。

在精确成型方面，要求产品形状正确、尺寸精确、表面完整光洁。对精确成型有决定性影响的是轧辊孔形设计和轧机调整。变形温度、速度规程（通过对变形阻力的影响）和轧辊工具的磨损等也对精确成型产生很重要的影响。为了提高产品尺寸的精确度，必须加强工艺控制，这不仅要求孔形、压下规程设计合理，而且要尽可能保持轧制变形条件稳定，主要是温度、速度及前后张力等条件的稳定。例如，在连续轧制小型线材和板带钢时，这些工艺因素的波动直接影响到变形阻力，从而影响到轧机弹跳和辊缝的大小以及轧件厚度精度。这就要求对轧制工艺过程进行高度的自动控制。只有这样，才可能保证钢材成型的高精确度。

在改善钢材性能方面有决定性影响的因素是变形温度、速度和变形程度以及冷却制度。变形程度主要体现在压下规程和孔形设计。因此，压下规程、孔形设计同样对材料性能有重要影响。

变形速度和轧制速度主要影响轧机的产量。因此，提高轧制速度是现代轧机提高生产率的主要途径之一。但是，轧制速度的提高受到电动机能力、轧机设备结构及强度、机械化自动化水平以及咬入条件和坯料规格等一系列设备和工艺因素的限制。要提高轧制速度，就必须改善这些条件。轧制速度或变形速度通过对硬化和再结晶的影响也对钢材性能质量产生一定的影响。此外，轧制速度的变化通过摩擦系数的影响，还经常影响到钢材尺寸精确度等质量指标。总体来说，提高轧制速度不仅有利于产量的大幅度提高，而且对提高质量、降低成本等也都有益处。

(4) 轧后冷却

热轧的终轧温度一般在800~900℃，轧后的冷却直接影响钢材性能，钢材在不同的冷却条件下会得到不同的组织结构和性能。因此，轧后冷却制度对钢材组织性能有很大的影响。实际上，轧后冷却过程是一种利用轧后余热的热处理过程。实际生产中经常利用控制轧制和控制冷却的手段来控制钢材所需要的组织性能。例如，根据钢材化学成分、断面尺寸、机械性能、轧机产量、冷却设备条件等因素，通常采用缓冷、空气冷却以及通风、喷水等强制冷却方式。

(5) 钢材的清理和精整

为使钢材具有正确形状、尺寸和满足技术条件规定的要求，轧后的钢材还要进行各种加工处理（后部工序），称为精整。精整工序相当繁杂，若处理不好，往往会形成钢材生产的薄弱环节，影响钢材的产量和质量。根据钢材品种的不同，精整工序通常包括剪切、矫直、表面加工、热处理、检查分级、成品质量检验、打印和包装等。

8.6 冶金工业安全生产与环境保护

8.6.1 冶金工业生产安全技术问题

在冶金工业生产中存在着以下几个方面的安全技术问题：

1. 冶炼安全

在炼铁炼钢过程中，常见的事故是钢液、铁液爆炸和烫伤，故必须严格执行工艺操作规程。

2. 机器设备安全

主要是避免在使用过程中发生事故，伤害作业人员。因此，凡是暴露在机器外部的传动带、齿轮、飞轮等危险部位，要安装保护装置；对锻压设备的施压部分，要装设安全装置；对机器的传动摩擦部分，要有安全设施。

3. 电气安全

主要保证电气设备的安全运行,防止火灾和触电事故。必须配备可靠的保护装置和开关,接地系统和绝缘同样要求可靠。

4. 煤气安全

随着冶金工业发展,煤气的应用越来越广泛。煤气是易燃易爆气体,还容易造成中毒事故。生产使用过程中,一定要严格遵守安全操作规程。

5. 起重安全

起重机械是实现生产过程机械化、自动化不可缺少的重要设备。冶金企业要使用大量的起重设备,故对各种类型设备安全与驾驶、捆绑、指挥与信号、安全装置、维护保养等,都要严格按照安全操作规程执行。

6. 锅炉、压力容器安全

冶金企业拥有众多型号的锅炉、压力容器。为了防止承压设备发生超压爆炸事故,每台设备都要配置安全装置,要加强设备保养和检修,同时要按照国家有关特种设备安全管理规定的要求进行管理。

8.6.2 冶金工业环境保护

钢铁工业是一个大污染源,它在采矿、选矿和加工过程中除了生产出需要的产品外,还不断产生四大污染——水污染、大气污染、固体废弃物污染及噪声污染。由此而引发的环境污染问题就成了一个有待解决的大问题。钢铁工业的生产要与环境保护同步进行,需要把经济、环境、社会效益统一考虑;要注重防治结合,以防为主;要充分合理地利用资源、能源;积极开展科学研究,做好综合利用工作,化害为利。

1. 水污染

钢铁工业是用水大户,用水量约占全国工业用水量的19%,废水排放量占全国工业废水排放量的11.3%。钢铁企业用水主要是冷却用水,其次是煤气洗涤、冲洗设备、地面及除尘等用水。其中,冷却用水大多可以冷却后再循环使用,而另外一部分则需要净化后再进入循环。钢铁工业生产过程废水来源见表8-1。

表8-1 钢铁工业生产过程废水来源

废水来源		污染物特性	处理后去处
矿山废水	矿山排水、渗漏、溢流水	一般呈酸性	循环使用
	选矿废水	悬浮物、药剂、重金属离子	循环使用或外排
烧结厂	湿式除尘、冲洗水	悬浮物	循环使用或排放
焦化厂	回收焦化车间的剩余氨水,煤气水、溢流水、冷凝水、冲洗设备、地面用水及焦油车间排水	酚、悬浮物、氨及其化合物、氯化物、硫氰化物、油类	回收或外排
	洗焦废水	悬浮物	沉淀后可再用

(续)

废水来源		污染物特性	处理后去处
炼铁厂	高炉煤气洗涤水	悬浮物及酚氨硫酸盐	循环使用或外排
	冲溢水、铸铁机排水	金属离子	外排
	冷却水	—	回收或外排
炼钢厂	烟气洗涤废水、冲渣水	悬浮物、盐类、化合物	回收或外排
	冷却水	—	回收或外排
轧钢厂	冷却水	—	回收或外排
	含酸废水	酸类、铁盐、重金属	回收或外排
	含碱废水	碱类、悬浮物、油类	回收、达标排放
	含油废水	油类、乳化液	回收、达标排放

2. 大气污染

所谓大气污染是指由于人类的生产生活活动向大气排放的污染物，其数量、浓度和持续时间超过了环境允许的极限，从而使大气质量恶化，并对某一地区居民的身体健康及生活生产造成明显不利影响的现象。

钢铁工业和有色金属工业是"污染大户"之一，它们每年向大气排放出大量的气态污染物，主要包括粉尘、硫氧化合物（SO_x）、氮氧化合物（N_xO_y）、一氧化碳（CO）、臭氧（O_3）及碳氢化合物等。大气污染的主要来源见表8-2。

表8-2 大气污染的主要来源

来源	污染物
焦化厂的焦炉、熄焦塔、焦炉烟囱、副产品车间	粉尘、焦油煤气、蒸汽
焦化厂的炼场、备煤、筛焦	有毒气体
烧结厂的排烟	二氧化硫、烟尘
炼铁厂的高炉装料、造渣剂、焦炭、出铁口	浓雾状蒸汽、氧化铁粉尘、烟气
炼钢厂的排气	氧化铁烟尘、含铁粉尘

这些大气污染给环境造成了巨大的危害，也危及人类的生存健康。飘尘中的二氧化硫、硫酸雾、一氧化碳、氮氧化合物、苯、苯并芘等化合物通过人体呼吸道、消化道及皮肤接触进入人体，使人体产生病变。而二氧化硫、氟化物、碳氢化合物、金属粉尘等会对植物造成影响，也会腐蚀器官，并且二氧化硫进入大气和云层会形成酸雨，造成水域、土地污染。

3. 固体废弃物污染

钢铁工业从矿山开采、金属冶炼到加工制造都有废渣产生，如废石、尾矿、冶炼渣、粉尘、污泥、废屑等，统称钢铁工业固体废弃物。钢渣的污染通过大气、水、固体废弃物三种途径传播。

钢铁工业废渣主要有高炉渣、钢渣、含铁尘泥、铁合金渣及轧钢氧化铁皮等。高炉每炼1t生铁就要产生300kg以上的废渣；每炼1t钢，就要产生较多的废渣，如果不妥善处理，势必造成很大的污染。钢铁企业废渣可用于筑路（50%）、制造水泥（占30%）、混凝土骨料（占8%）、肥料（占10%）等。

4. 噪声污染

凡使人感到烦躁、讨厌，干扰人们休息、学习和工作的声音，统称为噪声。当噪声超过人们的生活和生产所允许的程度，就形成噪声污染。钢铁工业的噪声源广泛分布于矿山、烧结厂、炼铁厂、炼钢厂、轧钢厂、氧气站、耐火材料厂，以及铸造、电修、机修、运输和修建等部门，其中最为严重的是炼铁区，其次是炼钢区和轧钢区。

噪声会影响到人们的休息、睡眠，降低劳动生产率、导致听力下降，影响人的神经系统，使人出现神经衰弱综合征；还会增加人体的心血管系统、肠胃系统和内分泌系统的发病率，所以必须对噪声污染加以控制。

8.7 冶金行业常见事故及其防范措施

冶金工业工艺复杂、劳动强度大、操作环境差，这样的条件容易导致发生高温灼烫、起重伤害、煤粉爆炸、中毒窒息、高温辐射伤害等事故。

1. 高温灼烫

冶金行业在生产过程中存在许多高温物质。如果容纳这些高温物质的容器由于裂缝、固定不牢、误操作等原因失效，就会导致高温物质失去控制，对人体造成伤害。预防高温灼烫事故的主要措施有：实行健全安全管理制度，加强对员工的安全教育培训，加强安全监管和对生产现场的安全监控。

2. 起重伤害

冶金工业生产场所中（如阳极炉车间、维修车间、仓库等）较多地用到行车。行车在运行过程中，可能会因钢丝绳断裂或起吊物坠落以及挤压、触电等造成人身伤害。预防起重伤害事故的主要措施有：严格遵守起重机驾驶员持证上岗制度，建立和健全起重机械的维修保养、定期检验制度，认真执行交接班制度。

3. 煤粉爆炸

在密闭生产设备中发生的煤粉爆炸事故可能发展成为系统爆炸，摧毁整个烟煤喷吹系统，甚至危及高炉；抛射到密闭生产设备以外的煤粉可能导致二次粉尘爆炸和次生火灾，扩大事故危害。预防煤粉爆炸事故的主要措施有：严禁贸然打开盛装煤粉的设备灭火；严禁用高压水枪喷射燃烧的煤粉；防止燃烧的煤粉引发次生火灾。

4. 中毒窒息

冶金生产是金属材料冶炼以及化学产品回收、加工的复杂过程，其生产过程会产生多种有毒有害的气体和物质。冶金后的有害气体具有强烈的神经刺激作用甚至毒害作用。预防煤粉爆炸事故的主要措施有：做好通风防护工作，防止有毒有害气体和金属粉尘积聚；在自然通风条件下难以达到安全生产标准要求的,必须借助机械设备加强通风除尘。对于可能发生有毒有害气体积聚的场所,要设置监测及声光报警装置,并将其与控制室监控系统相连接,实现对有毒有害气体浓度的实时监控。

5. 高温辐射伤害

高温辐射主要集中在冶金高热炉区的岗位和一些散热设备较多的岗位,由于在炉区作业,因此冶金高热炉区各岗位工作温度普遍较高。预防高温辐射伤害的主要措施有:积极推广应用先进生产工艺,提高冶金生产的自动化、机械化水平;尽可能地为高温岗位采取隔热、散热和降温措施,在高温岗位设置通风扇、空调等降温设备,降低环境温度。

8.8 冶金企业事故案例

1. 广西金川有色金属有限公司"3·4"生产安全事故

2018年3月4日凌晨5时50分,广西金川有色金属有限公司(以下简称"广西金川公司")熔炼炉西端墙发生熔体泄漏事故。16时30分,泄漏到安全渣坑内的熔体遇水发生蒸汽爆炸事故,造成13人被蒸汽灼烫或挫伤。事故直接原因是:冷却水遇上高温熔体瞬间气化膨胀,大量能量无法释放,发生蒸汽物理性爆炸,喷射出的蒸汽及炉渣灼伤、挫伤作业人员。

事故原因分析:一是岗位作业人员未认真履行岗位职责;二是广西金川公司工艺事故应急处置措施不当;三是广西金川公司安全风险辨识不到位;四是未对设备设施的安全操作规程情况进行实时监控、制约;五是广西金川公司管理制度执行落实不到位;六是广西金川公司对设施设备日常维护不到位。

2. 玉溪大红山矿业有限公司"3·3"高处坠落较大生产安全事故

2013年3月3日10时8分,昆明钢铁控股有限公司下属玉溪大红山矿业有限公司1#铜矿带水平运输中段卸载站发生一起高处坠落较大生产安全事故,玉溪大红山矿业有限公司3名职工在未采取任何安全措施,无安全监护人员的情况下,冒险进入上部矿仓站,到已处于悬拱状态的溜矿井井口矿堆上查看选定料位计安装位置时,矿堆突然发生陷落,造成3人死亡,直接经济损失350万元。

事故原因分析:一是安全生产责任制执行不严;二是生产组织不合理,作业现场安全管理不规范;三是职工安全意识淡薄;四是高风险作业审批、监护措施不落实。

复 习 题

1. 冶金工业的生产有什么特点?
2. 简述高炉炼铁的原理及生产过程。
3. 非高炉炼铁的方法有哪几种?各有什么特点?
4. 简述废钢矿石法的熔炼工艺及特点。
5. 简述氧气转炉炼钢的工艺流程。

6. 比较平炉炼钢、氧气转炉炼钢和电弧炉炼钢的生产工艺特点。
7. 简述炼钢的先进技术。
8. 简述钢材的生产工艺及分类。
9. 如何进行冶金工业生产过程的安全防范？
10. 简述冶金行业常见的事故风险及预防措施。

第9章 轻工业及其他相关工业

9.1 概述

轻工业在国民经济发展中具有重要的地位和作用，它是城乡居民生活消费资料的主要来源，直接关系到城乡人民物质和文化生活的改善，也为农业、重工业和国民经济其他部门提供一部分生产资料和配套产品。本章在介绍轻工业的同时，一并介绍相关工业——水泥工业，它与轻工行业分类目录中"建筑装饰业"密切相关。

9.1.1 轻工业的含义

轻工业是指主要从事消费资料生产的工业，包括纺织、食品、皮革、制衣、造纸、日用化工、日用塑料、家用电器等工业。轻工业产品的绝大部分是供人民生活用的消费品，但也有一部分作为原材料或半成品供生产消费之用。一个国家的轻工业发展水平，包括它的产品品种和质量状况，是反映人民生活水平的重要标志。

9.1.2 轻工业的分类

轻工业是我国国民经济的重要组成部分，肩负着对内解决人民生活的必需品，对外出口换汇，解决国家经济建设必不可缺的资金的重任。

根据中国轻工业联合会发布的《轻工行业分类目录》，轻工行业共分为18个大类行业；包括：

1）采盐。
2）农副食品加工业。
3）食品制造业。
4）酒、饮料和精制茶制造业。
5）皮革、毛皮、羽毛、纺织及其制品和制鞋业。
6）木、竹、藤、棕、草制品业。
7）家具制造业。
8）造纸和纸制品业。

9）文教、工美、体育和娱乐用品制造业及本册印制。

10）油墨、动物胶及日用化学产品制造。

11）塑料制品业。

12）玻璃、陶瓷制品制造。

13）金属工具及金属制日用品制造。

14）轻工通用设备及专用设备制造业。

15）自行车、助动车及非公路休闲车制造。

16）电池、家用电力器具及照明器具制造业。

17）钟表、衡器及日用杂品制造。

18）建筑装饰业。

轻工业还包括塑料制品工业、衡器工业、文教体育用品工业、工艺美术品工业、玩具工业、室内装饰工业、包装装潢印刷工业、轻工装备工业等，囊括了人们日常生活的方方面面。

9.1.3 轻工业的作用

1. 改善和提高群众的生活质量

轻工业主要是生产消费品。轻工业生产，同人民衣、食、住、行、用各方面息息相关，许多轻工业产品是人人所需，日日必用的。在消费品零售总额中，除了部分没有加工的农副产品之外，绝大多数都是轻工业产品。发展轻工业，首先要保证城乡人民日益增长的物质文化生活的需要。社会消费品的零售总额等增长反映了人民生活水平的不断提高。消费品除供应城镇需要外，还有很大一部分是国家用来和农民交换农、副产品的工业品，其数量、品种、质量、价格对于改善农民的生活、巩固和加强工农联盟都有着现实的意义。如今，在建设新农村及国家投资重点转到农村和农业的新形势下，农村消费商品化，农民需求越来越高，轻工业必将有更大的发展。

2. 对国民经济发展的重要作用

轻工业的资金流通和周转是比较快的。建设轻工业企业需要的投资比较少，资金回收比较快，一定资金产生的效益也比较大。轻工业在整个国民经济中的地位是举足轻重的。我国轻工业飞速发展，不仅从根本上改变了我国消费品短缺的状况，而且产品大量出口。目前我国已跻身世界轻工产品生产和消费大国的行列，我国轻工业总产值、出口创汇、实现利税已分别占到或接近全国工业总产值、出口创汇和利税总额的1/3，对国民经济和社会发展起到了重要作用。

3. 有利于解决社会就业问题

就业问题事关国计民生和社会的长治久安，据统计，在以轻工业为主的阶段，GDP每增长1个百分点将带来300万个就业机会，而在重化工业阶段则只有70万个。由于轻工业大多属于劳动密集型工业部门，所需投资较少，容纳的劳动力较多。因此，充分利用我国丰富的劳动力资源投入轻工业，对加快工业的发展速度无疑会起较大的促进作用。

4. 对外贸收支平衡起着关键的作用

改革开放以来，我国轻工业在党中央领导下，扩大开放，采取"市场化、国际化"的发展战略,紧紧依靠科技进步,大力调整经济结构,积极开拓国内外市场,努力提高整体经济,取得了丰硕的成果。

目前,轻工业的产值、利税和职工人数均已占全国的1/3以上。我国已成为国际轻工业产品的生产大国,自行车、电冰箱、陶瓷、皮鞋、农用塑料地膜、啤酒、盐、合成洗涤剂、服装、棉纱、棉布、丝织品、化纤、呢绒等轻工产品的产量均居世界前列。轻工业以丰富的、不断提高档次和质量的产品,为实现全面现代化提供了良好的物质基础。

9.1.4 相关工业——水泥工业

轻工业之一的建筑装饰业,在我国有着悠久的发展历史。近年来,伴随着我国经济的快速增长、城镇化步伐加快,我国房地产业、建筑业持续增长,建筑装饰行业显现出巨大的发展潜力。水泥是建筑装饰业的主要材料,通常用于装饰建筑物的表层,使用简单,造型方便,容易维修,价格便宜。水泥除了常见的普通硅酸盐水泥外,还有特种水泥,如白色水泥、彩色水泥等。水泥的生产工艺较为复杂,存在着火灾爆炸、高温烫伤、尘毒危害等安全生产的风险。为此,专门列出第9.6节予以介绍。

9.2 纺织工业生产

9.2.1 概述

1. 定义

纺织工业就是将纺织纤维加工成各种纱、丝、线、绳、织物及其染整制品的工业。纺织工业是最重要的轻工业部门。纺织品不仅关系到人们的衣着,而且在工业、国防及医疗卫生等方面有着广泛的用途。纺织工业是为国家积累资金的主要经济部门之一,可分为棉纺织、毛纺织、麻纺织、丝纺织和化学纤维纺织等五大类。纺织工业按生产工艺过程可分为纺纱工业、织布工业、印染工业、针织工业、纺织品复制工业等。纺织工业是轻工业的重要工业部门之一,与重工业比,它具有投资少、资金周转快、建设周期短、容纳就业人数多等特点。各类纺织工业虽然有不同的生产特征和技术经济要求,但也有其共同性,如大部分原料取自农业;消费对象广;工艺流程类似,都包括梳、纺、织、染等过程。

2. 纺织工业的分类

1) 植物纤维。包括棉花、苎麻、亚麻、黄麻等。
2) 动物纤维。包括蚕丝、羊毛、兔毛、驼毛等。
3) 人造纤维。包括黏胶纤维、铜氨纤维、醋酯纤维、硝酸酯纤维等。
4) 合成纤维。包括脂肪族聚酰胺纤维(锦纶)、聚酯纤维(涤纶)、聚丙烯腈纤维(腈纶)、聚乙烯腈纤维(维纶)、聚丙烯纤维(丙纶)、聚氯乙烯纤维(氯纶)等。

在各种纺织纤维中,棉花占首要地位。近年来,人造化学纤维增长很快,地位日益重要。我国纺织业发展历史悠久,是世界上最早饲养家蚕和织造丝绸的国家,曾以"丝绸之国"闻名于世。

3. 我国纺织工业的四大基地

1）长江下游棉纺织工业基地。这是我国最大的基地,包括上海、苏南、浙北和苏北南部。

2）长江中游棉纺织工业基地。这是指以武汉为中心的地区,包括湘、鄂、赣,是我国第三大纺织工业区。

3）华北平原区棉纺织工业基地。主要有天津、青岛。

4）关中地区棉纺织工业基地。主要是西安、咸阳。

4. 纺织工业的布局要求

1）气候温度条件。要求湿度60%左右,室温在21~27℃。

2）水源条件。要有充足的水源,并且要求含杂质少的清洁水质。

3）电力。布局应靠近电厂。

4）采光。要有充足的采光,但要防止阳光的直射。

我国的纺织工业历史悠久。在旧中国的工业中,与其他部门相比,纺织工业相对是比较发达的。但由于封建势力和官僚资本的统治,以及外国资本的限制,它的发展速度缓慢。全国解放时,生产规模仍然有限,其中棉织行业的规模相对大一些,但棉布的最高年产量也只有27.8亿 m。至于毛纺织、麻纺织、丝绸和针织等行业,基础都很薄弱,且规模很小。新中国成立以后,我国在重点发展棉纺织行业的同时,积极发展了毛、麻、丝纺织行业,从无到有建立了纺织原料工业,健全了纺织工业体系。在棉、毛、麻、丝加工产品发展的同时,于20世纪50年代中期开始了人造纤维生产,20世纪70年代开始发展以石油、天然气为基础原料的合成纤维生产,从而新增了包括人造纤维和合成纤维的化学纤维产品,扩大了纺织业的生产规模,现在已能生产产业用和装饰用纺织品及几乎所有品种。目前我国的纺织工业已经形成了一个门类齐全的完整的工业体系,逐步从劳动密集型的传统产业转向技术密集型的新兴产业。在市场经济活动中,我国纺织业加快推进产业结构调整,以提高竞争能力的优化升级,加大机电一体化的先进纺织机械和高性能、高功能性纤维的开发应用,建立一大批自动化程度高的纺织企业(图9-1),形成自有知识产权技术品牌,提升产品的附加值,使企业互相依托、取长补短、共同发展,在生产中做到不同品种、不同规格的产品快速转换,实现弹性专精生产模式,提高企业的生产及经营能力,全面提高纺织产业综合竞争,从而适应国际化竞争的需要。

图9-1 现代化纺织车间

9.2.2 纺织企业生产特点及组成

作为纺织原料的纤维可以分为天然纤维和化学纤维两大类。在自然界生长形成的棉、麻、毛、丝等都属于天然纤维。化学纤维中,由木材、竹子、芦苇等纤维素加工成的称为人造纤维,由石油、天然气等合成的称为合成纤维。

合成纤维有许多优点:强度高、弹性大、耐磨性好,对化学药品及蛀虫的抵抗力强;原料丰富,品种繁多,可以满足不同部门的需要。因此,世界合成纤维生产增长很快,已占全部纤维生产总量的1/2以上。但是,在人们的消费观念上,仍以天然纤维为上品。在我国,目前主要的纺织原料仍以棉、麻、毛、丝等天然纤维为主。天然纤维纺织原料的发展和农业的发展密切相关,纺织品的产量也以此为基础。纺织业是以农业产品为基础原料的工业,这是一个十分值得注意的特点。

1. 纺织企业共同特点

1)从生产过程来看,具有空间上的比例性和时间上的连续性。在空间上,前后工序密切衔接,具有一定的比例性。但是由于工艺技术上的原因,如棉包的吸、放潮,毛条的定形置放等,需要必要的间断。工序间半成品的流转还没有完全连续,多数属于间歇式。在时间上,早、中、晚班,一般常年交替运转不间断,劳动者密集。

2)从设备看,是多机台、多工序生产,配置较固定的同一类型设备,并且安装在同一个车间和工序内,生产同一种类的产品现象占大多数。

3)从工艺技术上看,纺、织、染生产过程的工序虽然较固定,但是工艺参数变化大,而且工艺相关因素多,质量控制随机性大。

4)从加工对象看,各行业纺织生产都是对纤维、纱线、织物进行纺织、印染和后整理。

2. 纺织企业的不同特点

不同的纺织企业,其生产特点也不同,一般可以划分为以下类型:

1)棉、毛、麻及绢等短纤维的坯布加工企业,按现代大纺织产业链的划分,属于面料的上游企业。

2)棉、麻、毛、丝等织物染整加工企业,主要对上游企业提供的坯布、坯呢、坯绸进行着色或其他功能性后整理,工艺过程主要应用化学手段和其他特殊方法整理生坯织物,往往是小批量、多品种的生产。这类企业的产品是成品面料,又称中游企业,其产品使用对象是服装业。

3)针织企业,包括经编、纬编、织袜企业等单独设立的针织企业及巾被企业,是购纱或自产纱,再进行针织面料和针织服装加工,产品品种多,批量小。

当然有部分企业是全能型,纺纱、织布、染整和成衣加工俱全,因中间环节少,所以便于组织专业生产,其生产成本较非全能型企业低,利润也较高。

3. 纺织工业组成

我国纺织工业包括纺织原料工业、纺织加工工业、纺织装备工业,纺织工业组成如图9-2所示。

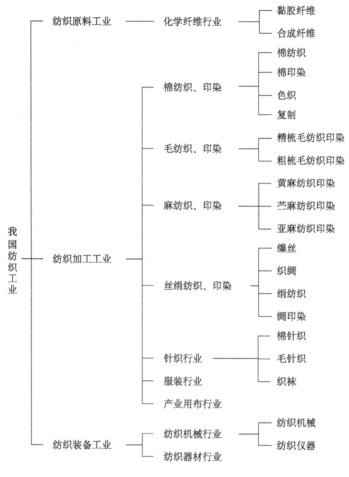

图 9-2 我国纺织工业组成

9.2.3 纺织生产基本原理

1. 纺纱

纺纱实质上是使纤维由杂乱无章的状态顺序纵向排列的过程（图 9-3）。

在纺纱之前，纤维原料经过初步加工去除了大部分杂质，但是纤维的排列是杂乱的。每根纤维本身既不伸直，也没有一定的方向，纵向的经纱与横向的纬纱交织成织物之后，纤维就分别按照织物的长度和宽度定向排列，叫作纵横交叉排列。纺织工艺在狭义上就是将许多搅在一起的纤维，通过不断的牵伸、加捻，使之理顺，达到纵横交叉排列，使织物适合使用，同时具有初步的美观外表。

把纤维原料中的原有局部横向联系彻底破坏（这个过程叫作"松解"），并牢固建立首尾衔接的纵向联系（这个过程叫作"集合"）。松解是集合的基础和前提。松解和集合都不是一次完成的。现代纺纱可以分为开松、梳理、牵纱和加捻四个步骤。

1）开松。开松是把大的纤维团、块扯散成小块、小束的过程。开松使纤维横向联系的规模缩小，为以后松解到单根状态创造条件。

2）梳理。梳理是用梳棉机上大量密集的梳将纤维小块、小束进一步松解成单根状态的过程。此时各根纤维间仍有一定的联系。梳理后，松解的纤维形成网状，可以制成条子（称为生条），初步达到纤维的纵向顺序排列。梳理是纺纱工序中一个很重要的环节，只有把纤维梳理好，才能纺出好纱。

3）牵纱。牵纱是将梳理后的条子抽长、拉细，使其中的纤维逐步伸直，弯钩逐步消除，同时使条子逐步达到预定粗细的过程。牵纱使残留在每根纤维内部的横向联系被消除，为牢固地建立有规律的首尾衔接关系创造条件。

4）加捻。加捻是利用回转运动，把牵纱后的细条子加以扭转，使纤维间的纵向联系固定起来的过程。

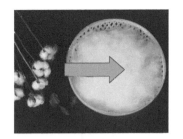

图 9-3 纺纱是使纤维状态顺序纵向排列的过程

纺纱过程中各步骤间的关系如图 9-4 所示。

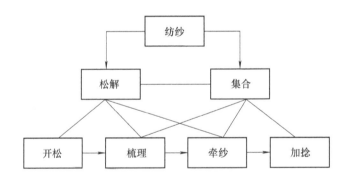

图 9-4 纺纱过程中各步骤间的关系

纺纱还包括清洁、精梳、并合、混合等匀净过程，它们可以提高纱线的质量，还有做成花卷、装条筒，绕上纱管，络成筒子，摇成纱绞等衔接前后工序的过程。

除了锭纺以外，气流纺织在国外也称"转子纺"。它利用一个高速转杯所产生的气流和离心力（转速最高可达 15 万 r/min），把梳散的纤维凝聚在转杯的内壁，经引出时加捻成纱。气流纺可以省去细纱前的粗纱工序和织布前的络筒工序，卷装容量加大，在纺中、低支纱时，产量可比锭纺成倍增加，经济效果显著。但此法成纱能力偏低，纺不了高支纱，还有很多问题有待进一步研究解决。至于其他的新型纺纱方法，还有自捻纺纱、涡流纺纱、无捻纺纱、静电纺纱和集聚纺纱（由长丝、黏剂、短纤维黏结集聚成纱）等。

2. 织布工艺过程

已有千年历史的梭织机现在仍是织布的主要设备，不过设备的精良早已今非昔比。除织布机上的工作外，织布的工艺过程还应包括织布前的准备和织布后的整理。织布的纱分经纱和纬纱。织布机的两张综框将经纱单双相间地分成两层，两片综框分别上、下运动，经纱便开成一个"织口"（技术上称为提综），装着纬纱的梭子相应在打梭棒冲击下由织口内通过并留下一根纬纱（技术上称为投梭），再由筘网将纬纱打紧（技术上称为打纬或打筘），随后，综框反向运动，旧的织口消失，纬纱被填封闭，同时，新的织口形成，下一个循环便开始。这样，通过提综、投梭、打筘三个基本动作的往复循环，使经纱、纬纱互相交织起来，从而织成布。为完成上述动作，经纱准备应包括络纱、整经、穿扣等。络纱是将来纱连接做成筒子纱，并清除纱面上的杂质。整经是把筒子纱均匀、平行地按布幅宽度要求排列成纱片绕到经轴上。穿扣是把经轴上的纱分组穿过两片综框和筘网，以便简便地安装到织机上。由于经纱所受到的机械张力较大，并且在由经轴出来的织成布的这一过程中要上下摩擦数千次，所以经纱还要经过浆纱处理。浆纱是使纱的表面光滑，提高纱的耐磨性和强度。纬纱由于所处工作状态和经纱不同，所以准备工作也不同。纬纱准备包括卷纬、纱加湿，纬纱加湿是为了增加纱线的强度和韧性，并且在引纬时不会扭结。

织造过程示意图如图 9-5 所示。

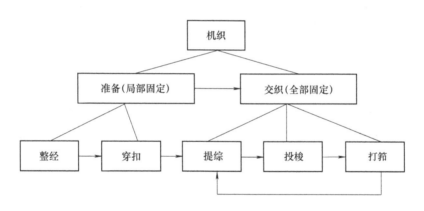

图 9-5　织造过程示意图

梭织机结构比较简单，造价便宜，且能适应广泛的织物范围，便于翻改品种，至今仍是织造生产的主要设备。但梭织机致命的弱点是外纬用的梭子太重，其质量与每次引过纬线的质量之比相差悬殊。一般梭子质量为 400g，纬纱以 20 支计在布幅为 1.2m 时质量为 0.03g，约相差 14000 倍。也就是说，动能的实际利用率只有 1/14000。这样，除造成能量的浪费外，还使得噪声大，机件易损，生产效率也难以提高。据一个工厂的实际统计，千台织机年消耗梭子 14000 个、打梭棒 12000 根，可见其工作条件恶劣。所以，织机改进的思路都集中于在引纬方式上做文章。近年来，无梭织机以其产量高、噪声小等突出优点，正得到迅速发展。片梭织机和箭杆织机虽仍是机械引纬，但动能消耗已大大减少，喷气织机和喷水织机则干脆去掉了梭子，直接用高速气流或水流引送纬纱。

除研制新的纺纱方法外，在环锭细纱机上做的工作主要是精化纺机、提高锭速。目前细纱机的锭速一般为 2 万～2.5 万 r/min，千锭时断头在 15 根以下。为适应细纱机高速生产，还采用了自动化清洁装置，新型细纱机一般都装有自动落纱装置、自动巡回清洁器。巡回吹吸清洁机（图 9-6），又名游动风机，与各种规格型号的粗纱、细纱、络筒、并纱、倍捻、气流纺、织布等需要吹吸清洁的纺织机械配套使用，对纺织机械各部位进行往复巡回清洁，可清除飞花和抑制尘屑积聚，减少因飞花附着造成的断头及纱疵、织疵现象，提高产品质量，替代人工自动巡回做清洁工作，减轻工人的清洁工作量，对文明生产、环境、安全有很好的帮助。

图 9-6 巡回吹吸清洁机

3. 染整

染整是纺织品的后加工，是赋予纤维、纱线和织物等纺织材料以色彩、形态或实用效果的加工过程。它包括物理的和化学的处理，可以分为练漂、染色、印花和整理四大类（图 9-7）。

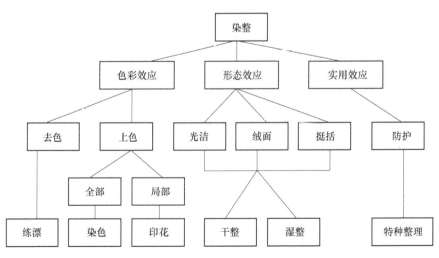

图 9-7 染整过程示意图

1）练漂是通过化学方法去掉纤维表面的附着物质，从而使其表面显出原色光泽，既改善外观，又便于后续加工的过程。练漂又分为准备、烧毛、退浆、煮练、漂白、丝光等工序。烧毛是将坯布迅速通过灼热的金属板或火焰，以去除坯布表面的纤毛。退浆是去除织物上的浆料、可溶性杂质和机械杂质等。煮练是在加温加压条件下，在碱液中煮练、水洗，以去除退浆后织物上残余的蜡状物、果胶、含氮物质等。漂白一般使用氧化剂、次氯酸钠、漂白粉等。印染之前必须漂白，才能保证染色后色调准确。漂白后的织物经过轧水、烘干，即可送去染色、印花。

2) 染色是采用物理的或化学的结合方法，将染料均匀地吸附在织物上，得到的是单一的色泽布的加工过程，染色的操作和煮练相仿。

3) 印花是采用特殊手段对织物进行局部上色的过程。印花前要按照设计好的花样雕刻花筒（或制成网板），染料也要先调煮成印浆，然后上印花机印制。

4) 整理有湿整（洗、煮、缩绒、涂层等），干整（压、烫、蒸、热定形、刷毛、起毛、剪毛、烧毛等）以及特种整理（防缩、防皱、防蛀、防燃、防水等）之分。整理对提高织物档次、提高经济效益非常重要，要给予充分重视，做到染整配套。

印染工业用水量较大，排出的水中含有多种化学物质，因此应注意水治理和节约用水。

9.2.4 化学纤维生产

1. 化学纤维的诞生与应用

化学纤维的问世结束了人类几千年来只将天然纤维作为唯一纺织原料的历史，为纺织工业提供了一个稳定的、持续发展的原料来源，使人类的穿衣状况得到了非常巨大的改善。

由于是人工产品，所以其性能不像天然纤维那样是天生的、有限的，而是可以人为改变和控制的，可以制得各种不同性能的纤维，因而在民用、工农业、交通运输、国防、医疗及尖端科学领域等方面具有广阔的用途。

长久以来，为了满足人类穿着日益增长的需要，人们一直在寻找更多的纤维材料来源。蚕丝是自然界唯一可供利用的长丝，而且它的形成独具一格——由液体状变成固体状。

1891年，在英国有人将纤维素黄酸酯溶于稀碱中制成很黏的液体纺丝，因其很黏，故称为黏胶，制成的纤维称为黏胶纤维。它在1905年实现工业化生产。从此以后，人造纤维开始走上成功之路，发展到目前这种现状。可以说，人造纤维的制造成功是仿生学应用的成功。

我国化纤工业从20世纪50年代开始起步，限于当时资源、技术和国际环境条件制约，发展的重点是以短棉绒为主要原料的黏胶纤维和以电石为主要原料的维纶，自20世纪70年代开始，发展的重点转向以石油为基础原料的涤纶、锦纶、腈纶等，融入国际化纤发展的主流。我国化纤工业生产能力在1970年仅为10万t，到2020年，化纤年产值达到了6124.68万t，居于世界前列。

我国化纤行业的发展面临着两方面因素的制约，首先是加入WTO后，外方对我国的产品设立环境保护壁垒，从产品到生产将提出环境要求；其次是国内环境压力增大，旧有的生产工艺与管理模式已经无法降低成本和减少污染，这就要求采用新的与环境友善的生产方式、管理模式。从整体上看，我国化纤生产仍是水平较低、规模较小、效益较低的发展模式，每生产1t化纤耗水量在40~120t，相应的排水也在3~100t，给企业和社会带来了极大的环境负担。化纤工业产生的废水不仅量大，而且污染物浓度较高，这样的高浓度有机废水给污水处理厂带来了沉重的负担，增加了企业处理污水的经济负担。另外，纺丝工艺设备和公共工程设备的电耗也是化纤生产企业最大的能耗，是节能挖潜的主要环节。因此，从国内外情况来看，解决问题的最好办法是从源头入手，全过程控制和综合利用，走清洁生产之路。

2. 种类和分子组成

（1）人造纤维

人造纤维由以下两部分组成：

1）黏胶纤维。以木材、棉短绒、芦苇、甘蔗渣等植物纤维素为原料制成。

2）人造蛋白质纤维。大豆纤维（不是纯蛋白）。

（2）合成纤维

以煤、石油、天然气中的简单低分子为原料，经人工聚合形成大分子高聚物，经熔融或溶解形成纺丝液，然后从喷丝孔喷出凝固形成纤维。合成纤维具有如下共性：

1）纤维均匀度好，长短粗细较一致，可根据需要纺出各种截面形状。

2）大都强度高、弹性好，结实耐用，不易起皱。

3）合成纤维长丝织物易勾丝，短丝织物易起毛起球。

4）吸湿性低，热湿舒适性不如天然纤维。

5）热定形性能好。

（3）改性纤维

合成纤维可按人们的需要来生产，它可制成作一般用途的普通纤维，也可制成具有特殊性能的特种纤维。普通纤维制造简单方便，价格也低廉，但其吸湿性、染色性、抗静电性、抗污性及抗起毛起球等性能比较差，需要加以改善。

3. 化学纤维的制造

化学纤维的制造大体分为纺丝液的制备、纺丝成形、后加工三个过程。

（1）纺丝液的制备

要将高聚物加工成纤维，必须首先把它制成一种黏稠的液体——纺丝液。但不是所有的高聚物都可加工成纤维。成纤高聚物要满足三个条件：线性分子结构、适当的分子量、凝固后的纤维中大分子间应该具有足够的结合能。

（2）纺丝成形

按纺丝液制备方法不同，分为熔体纺丝法和深液纺丝（湿法纺丝、干法纺丝），此外还有热压法、裂膜成纤法、喷射纺丝、复合纺丝、异形纺丝和高速纺丝。

（3）后加工

经过纺丝工序，高聚物已初具纤维形态，称为初生丝。它必须经过一系列后处理加工（后加工）才能得结构稳定，性能优良、可以进行纺织加工的纤维。

以短纤维后加工路线为例来说明：①集束→②拉伸→③上油→④卷曲→⑤干燥热定形→⑥切断、打包（打包入库，准备售出）。

这里以合成纤维的生产为例简要介绍化学纤维生产工艺过程。首先，将原料煤、石油等进行处理加工，得到苯、苯酚、二甲苯、丙烯、乙炔等有机化工原料，然后将它们合成为己内酰胺、丙烯腈、醋酸乙烯、对苯二甲酸等单体材料。化纤厂利用这些单体材料，在一定条件下，通过聚合、制丝、后处理加工等工序得到化学纤维，再提供给纺织厂制成各种纺织品。其中关键的一步是制丝，将高聚物黏稠状溶液或融成的流体，用齿轮泵定量供料，通过喷丝头小孔，凝固或冷凝成为纤维，再经拉伸、水洗、上油、干燥定形等后处理加工，使纤维具有各种特定的性能。

4. 常见化纤特性简述

（1）黏胶

黏胶是人造纤维素纤维，由溶液法纺丝制得。由于纤维芯层与外层的凝固速率不一致，形成皮芯结构（横截面切片可明显看出）。黏胶是普通化纤中吸湿最强的，染色性很好，穿着舒适感好。黏胶弹性差，湿态下的强度、耐磨性很差，所以黏胶不耐水洗，尺寸稳定性差。黏胶密度大，织物重，耐碱不耐酸。黏胶的用途广泛，几乎所有类型的纺织品都会用到它，如长丝作衬里、美丽绸、旗帜、飘带、轮胎帘子线等；短纤维作仿棉、仿毛、混纺、交织等。

（2）涤纶

涤纶强度高、耐冲击性好，耐热，耐蚀，耐蛀，耐酸、不耐碱，耐光性很好（仅次于腈纶），曝晒1000h，强度保持60%~70%，吸湿性很差，染色困难，织物易洗快干，保形性好。涤纶的用途也较广：长丝常作为低弹丝，制作各种纺织品；短纤与棉、毛、麻等均可混纺；在工业上，可制作轮胎帘子线、渔网、绳索、滤布、绝缘材料等。涤纶是目前化纤中用量最大的。

（3）锦纶

锦纶的最大特点是结实耐磨，是最优的一种。其密度小，织物轻，弹性好，耐疲劳破坏，化学稳定性也很好，耐碱、不耐酸。锦纶的最大缺点是耐日光性不好，织物久晒就会变黄，强度下降，吸湿也不好，但比腈纶、涤纶好。用途：长丝，多用于针织和丝绸工业；短纤，大都与羊毛或毛型化纤混纺，作华达呢、凡尼丁等。

锦纶工业上用于制作帘子线和渔网，也可作地毯、绳索、传送带、筛网等。

（4）腈纶

腈纶的性能很像羊毛，所以又称"合成羊毛"。腈纶在内部大分子结构上很独特，呈不规则的螺旋形，且没有严格的结晶晶区，但有高序排列与低序排列之分。这种结构使腈纶具有很好的热弹性（可加工膨体纱），腈纶密度小，比羊毛还小，织物保暖性好。

（5）维纶

维纶最大特点是吸湿性好，是合成纤维中最好的，号称"合成棉花"。但其强度比锦纶、涤纶差，化学稳定性好，不耐强酸，耐碱。耐日光性与耐气候性也很好，但它耐干热而不耐湿热（收缩），弹性最差，织物易起皱，染色较差，色泽不鲜艳。用途：多和棉花混纺，可用来制作细布、府绸、灯芯绒、内衣、帆布、防水布、包装材料、劳动服等。

（6）丙纶

丙纶是最轻的纤维。它几乎不吸湿，但具有良好的芯吸能力，强度高，织物尺寸稳定，耐磨弹性也不错，化学稳定性好。但其热稳定性差，不耐日晒，易于老化脆损。用途：可以织袜，可制作蚊帐布、被絮、保暖填料、尿不湿等。丙纶在工业上用来制作地毯、渔网、帆布、水龙带，在医学上可代替棉纱布，做卫生用品。

（7）氨纶

氨纶的弹性最好，强度最差，吸湿差，有较好的耐光、耐酸、耐碱、耐磨性能。

9.2.5 缝纫加工

缝纫加工就是利用纺织工业生产的布、呢绒、绸缎等面料，通过缝纫工业（包括服装工业）制成服装的过程。服装、纺织装饰用品和产业用纺织称为纺织工业的三大支柱。在我国，衣着用占80%，室内装饰用占12%，产业用占8%，可见缝纫的工作量是极大的。

服装工业不仅是满足人民生活需要的一个服务行业，而且是一个经济效益很好的生产部门。世界服装市场容量很大，发展服装出口的潜力也大，出口服装比出口面料创汇可以提高1倍以上，是加快纺织品贸易的重要途径。当然，要打开国际市场的销路，对产品的要求就比较高。目前服装正向"时令化"和"高质化"发展，对于花型、款式、质量以及交货期的要求都越来越高。

服装工业生产过程是指服装工人利用缝纫机械，按照裁剪、缝纫、平整等一系列工艺要求，把服装面料、里料、辅料等加工成合格的服装制品的全部过程。由于产品结构和加工工艺特点的不同，不同服装工业企业生产过程的组织形式不完全相同，但是不论何种组织形式，服装工业化生产都基本包括以下四个生产过程：

1）生产技术准备过程。生产技术准备过程是指投产前必须做的各项技术准备工作。包括产品的款型设计、结构设计、工艺工装准备、标准化工作、定额工作、组织调整、设备和场地安排布置及人员培训等。

2）基本生产过程。基本生产过程是指把原料进行工艺加工，逐步形成服装产品的过程。一般分为若干生产工艺阶段：裁剪工艺阶段、缝纫工艺阶段、锁钉工艺阶段、平整和包装工艺阶段。

3）生产辅助过程。生产辅助过程是指基本生产过程中的各种辅助生产活动，如动力、机修等。

4）生产服务过程。生产服务过程是指为基本生产和辅助生产过程服务的各种生产服务活动，如面料、里料、材料的保管、发放、检测、整理，生产设备、工具的保管供应等工作。

服装产业的主要设备，经历了家用脚踏缝纫机、工业缝纫机、电动缝纫机与电子缝纫机四个发展阶段。目前国际上多数采用电动和电子缝纫设备，以及相辅发展的裁剪机、锁眼机、钉扣机、打结机、熨烫机、定型机、黏合机、褶裙机等，正处于机械化和半自动化阶段。服装工业大量使用先进技术设备，如光电控制半自动烫裤机、光电控制单色绣花机、程序控制自动锁眼机、全自动钉扣机、胶条热压机、液压围领机、平板压烫机、棉服生产流水线等，在生产中发挥了积极作用。

服装工业化裁剪，属于成批裁剪，也称服装号型系列裁剪，是服装结构设计、制图、号型系列推板、工业制板的综合运用，是服装工业化生产的重要环节和重要技术工作。服装工业化裁剪也是服装工业化生产的社会化组织形式。它能保证服装大批量生产号型系列化和规格准确一致；利于机械化、自动化操作，并组织流水线和生产自动化作业；便于提高工效，减轻劳动强度；利于节约原材料，适应市场需要，为组织服装社会化、工业化大生产提供技术保证。服装工业化裁剪，包括验料、预缩、排料、画样（也称画皮）、铺料（也称摊料）、开裁（也称推刀）、验片编号、整理扎包等工艺、工序。

发展服装行业，不仅应着眼于生产能力，更应做大量的基础工作。例如服装标准化工作，对全国以及世界主要市场的人的体型、尺寸、穿衣习惯、审美观点、兴趣爱好等进行大量的采样调查，用科学的统计方法进行归纳整理，制作出的服装更加接近于定做，既穿着舒适，又成本低廉，花色品种也可及时更换。同时，还可指导面料布幅、花样的设计和产量的安排，使面料利用最充分，浪费最小。

9.2.6 纺织工业火灾防范措施

1. 一般规定

在纺织工业过程中的原材料和产品大多是可燃物，且很容易出现纤维尘，纺织工业设计应满足《纺织工程设计防火规范》（GB 50565—2010）的要求，操作设备和工作区域应满足防火防爆的有关规定，例如丙烯腈聚合和单体回收工艺为甲类火灾危险性分类；亚麻除尘室为乙类火灾危险性分类；棉纺织开清棉、纺纱、织布等为丙类火灾危险性分类等。生产和储存设施应根据生产和物品储存的火灾危险性，采取相应的报警、自动联锁保护、紧急处理等防范措施。工艺条件允许时，具有甲、乙类火灾危险性生产部位的设备宜露天布置或布置在敞开式厂房中。丙、丁、戊类厂房中具有甲、乙类火灾危险性的生产部位，应设置在单独房间内，且应靠外墙或在顶层布置。控制室、变配电室、电动机控制中心、化验室、物检室、办公室、休息室不得设置在爆炸性气体环境、爆炸性粉尘环境的危险区域内。

对生产中使用或产生甲、乙类可燃物而出现爆炸性气体环境的场所，应采取有效的通风措施。在采取有效的通风措施后，可把环境中可燃气体或蒸气的浓度（指体积分数，下同）降低到其爆炸下限10%以下，从而避免引起爆炸。以黏胶纤维厂为例，在制备原液的过程中有二硫化碳产生，在纺丝过程中有硫化氢产生，它们都是甲类可燃气体。当设计上采取有效通风措施使危险场所中上述可燃气体的浓度降低到其爆炸下限10%以下时，这些生产部位所在场所的火灾危险性可划为丙类。

对存在爆炸性粉尘环境的场所，应采取防止产生粉尘云的措施。在存在爆炸性粉尘环境的场所，通过采取措施，使危险场所空气中可燃性粉尘的浓度降低到其爆炸下限的25%以下。例如，在麻纺厂、棉纺厂、毛纺厂，通过采取滤尘措施，降低生产部位场所空气中粉尘的浓度，避免由此可能引起的爆炸；在聚酯厂、锦纶厂，通过在对苯二甲酸、己内酰胺卸料的接收料仓设置抽气设施，减少开包卸料时粉尘的外扬。当采取以上措施把空气中可燃性粉尘浓度降低到其爆炸下限的 25% 以下时，上述生产部位所在场所的火灾危险性可划为丙类。

对处于爆炸性粉尘环境中的设备外部和它的储存场所，应采取现场清理以控制粉尘层厚度的措施，并应根据粉尘层厚度选定用电设备。存在可燃性粉尘的环境，在设备表面以及它的储存场所会形成粉尘层。粉尘层本身是可燃性粉尘云的释放源之一，在发生一次爆炸后粉尘层会上升形成粉尘云，而产生较一次爆炸破坏性更大的二次爆炸。另外，在设备表面形成的粉尘层有可能被设备产生的热量点燃而引起火灾。为此，需要通过现场清理来控制粉尘层的厚度。另外，鉴于粉尘层有被热表面点燃引起火灾的危险，应根据粉尘层的厚度来确定用电设备的最高允许表面温度。

存在爆炸性气体环境或爆炸性粉尘环境的厂房、露天装置和仓库，应根据现行国家标准《爆炸性环境　第 14 部分：场所分类 爆炸性气体环境》（GB 3836.14—2014）、《爆炸性环境　第 35 部分：爆炸性粉尘场所分类》（GB/T 3836.35—2021）等相关标准划分爆炸危险区域。划分爆炸危险区域是指在设计文件中相关的平面图和剖面图上标示危险区域的类型及其范围的尺寸、可燃气体或蒸气和可燃性粉尘释放源的位置。在划分爆炸危险区域范围基础上，根据相关标准对危险区域范围内的用电设备进行选型，这样才能避免出现可燃气体或蒸气以及可燃性粉尘引起的爆炸。存在可燃液体的设备和管道系统，应采取能把设备、管道中可燃液体紧急排空的措施。输送甲类、闪点小于 45℃ 的乙类可燃液体泵的地面不应设地沟或地坑。外表面温度大于 100℃ 的设备和管道，其绝热材料应采用不燃烧材料。对生产中易产生静电的设备和管道，应采取消除静电的措施。

纺织工程中，有些工艺设备在生产中有滤尘要求，需要滤尘设施来配套，以满足工艺生产的要求、安全要求和达到改善生产环境的目的。例如，棉纺织厂的开清棉设备、梳棉机、刷布机等，亚麻纺织厂的栉梳机、成条机、长麻并条机、长麻粗纱机、混麻加湿机、联合梳麻机、针梳机、精梳机、短麻粗纱机等，苎麻纺织厂的梳麻机等，黄麻纺织厂的软麻机、头道梳麻机、二道梳麻机等，这些设备有滤尘要求，需要设置滤尘设施。在其滤尘器内空气中含有可燃粉尘，存在高浓度区域，易于引发燃烧，在特定条件下，可能发生爆炸。滤尘室宜设置在靠外墙的独立房间内，不应设置在地下或半地下场所。应对滤尘器的选型提出安全要求，《建筑设计防火规范》（GB 50016—2014）规定，含有燃烧和爆炸危险粉尘的空气应采用不产生火花的除尘器进行处理，在此基础上，针对棉、毛、麻纺织工厂的特点，除尘器内空气中含有可燃粉尘，存在高浓度区域，并产生积尘，易于引发燃烧，特定条件下可能发生爆炸。生产实践表明，除尘器室是纺织工厂中火情发生较多的区域之一，国内外均有个别纺织工厂的除尘器发生爆炸的事例。在此意义上，处理可燃粉尘的除尘器运行的安全性，对纺织工厂的安全生产具有重要的影响。沉降室或具有沉降功能的除尘器内，空气中可燃粉尘浓度高的区域大（清灰时更甚），除尘器内积尘量多且停留时间长，易于引发燃烧或爆炸，灾害发生时，燃烧或爆炸强度大。20 世纪 80 年代，可连续过滤、连续排杂的干式除尘器开始用于纺织工厂。其历经不断改进。目前国内新建纺织工厂普遍采用复合式除尘器，第一级为圆盘，第二级为多筒或圆笼。可连续过滤、连续排杂。该类除尘器内，空气可燃粉尘浓度高的区域小，积尘量很少，具有较高的安全性。在纺织工厂的前纺工段，工艺设备可能在运行中产生火花。为防止火花随工艺设备排风进入除尘器，引发燃烧甚至爆炸，可在除尘器入口前的管道上设置火焰探测器，以便及时发现火花，并配置切断阀门，若产生火花，可将其阻隔在除尘器外，同时停运通风设备，从而提高系统的安全性。

2. 防火分区

由于纺织厂房建筑面积大，生产工艺特点又不宜设置太多防火墙，因此《建筑设计防火规范》（GB 50016）中考虑实际情况，可以加大纺织工程丙类厂房防火分区的最大允许面积。随着纺织工业的迅速发展，化纤厂生产规模加大，厂房的建筑面积也相应加大，由于连续生产需要，厂房中不宜设太多防火墙，迫切需要增加化纤长丝、短纤维生产厂房防火分区的最大允许面积。从厂房中生产情况看，可燃物一般分散在设备上，不密集，化纤厂的平衡间虽然纤维较集中，但都紧密排列在条桶内或紧密缠绕成丝饼挂在丝架车上，纤维含水率较高，不易引起燃烧，且因化纤生产中很少产生飞花，生产的火灾危险比棉纺略小一些；从安全疏散方面比较，在建筑面积相近的厂房中，化纤厂长丝、短纤维、工业丝生产厂的定员比棉、毛等纺织厂定员少，更便于疏散。因此化纤厂中生产的火灾危险性为丙类（可燃固体）的厂房也可与其他纺织厂房一样扩大防火分区的最大允许建筑面积。麻纺厂的火灾危险性较大。1987 年 3 月 15 日，哈尔滨亚麻厂主厂房曾发生爆炸事故，使厂房损毁约 13000m^2，180 多台（套）设备损坏，并造成人员伤亡。服装厂的缝纫车间等人员密集，厂房内可燃物多，一旦发生火灾，则较难控制。因此，对麻纺厂和服装厂防火分区的最大允许面积严格不予扩大。

化纤厂及化纤原料厂的化工原料、燃料罐区设计，应符合现行国家标准《石油化工企业设计防火标准》（GB 50160—2008）的有关规定。防火堤及隔堤应能承受可容纳液体的静压，且不应渗漏。立式储罐防火堤的高度应为计算高度加 0.2m，其总高度应为 1.0~2.2m；卧式储罐防火堤高度不应低于 0.5m。甲、乙类物品的仓库不应布置在生产厂房或露天装置区内。属于甲、乙类氧化剂的物品应设置独立仓库，并应采取通风措施。

3. 防爆

有爆炸危险的甲、乙类生产部位，有时由于生产工艺要求，需设在其他类别的生产厂房内或紧邻其他类别的生产厂房。如黏胶纤维厂的磺化间和二硫化碳计量间，其火灾危险性为甲类，而它们所在的生产部位（原液）为丙类厂房；又如聚酯生产由对苯二甲酸二甲酯进行酯交换，产生甲醇，生产的火灾危险性为甲类，因酯交换后的酯化物去预聚合的管道不宜过长，通常将酯交换贴邻在缩聚厂房（丙类）的墙外布置。为减少爆炸事故时的损失及对相邻生产场所的影响，甲、乙类生产部位应设置泄压设施，与相邻的生产部位之间应用防爆墙隔开。

梁、柱是建筑物的主要承重构件。有些有爆炸危险的设备布置在多层厂房内时，要靠厂房的梁、柱等承重构件支承，因此工艺和设备设计时应考虑超压保护设施，如设安全阀、防爆膜等。设备的孔、口应尽量避开梁、柱等构件，加强对厂房主要承重构件的保护。

为了避免金属物与地面碰撞时产生火花，在散发可燃粉尘的生产厂房或仓库内应采用不发火花的楼地面；为了防止粉尘积聚，达到消除火灾隐患的目的，上述场所不宜设置地沟、地坑，当确须设置时，应采取防止粉尘进入地沟或在地沟、地坑内积聚的措施。在可能散发较空气重的可燃气体、可燃蒸汽的生产厂房或仓库中，当因生产需要而设置地坑时，可燃气体、可燃蒸汽可能进入地坑。为防止金属配件或工具与地坑壁碰撞产生火花而形成爆炸危险，地坑应采用不发火花的材料制作。采用密闭的沟盖板、在地沟内充砂、地沟加强封闭、地坑内通风等有效安全防范措施。

9.2.7 纺织工艺设备安全要求与风险防范

纺织工业旋转设备多，操作过程中易发生卷伤、切割等机械伤害，因此需要给设备配备机械联锁装置或防护罩，同时必须配备急停装置。传动系统箱体应有防尘措施和防止随意开启的闭锁措施，只有在经过作业审批和许可的情况下，才能打开传动系统箱体。

1. 开清棉设备

抓棉机吸斗观察窗必须配备机械和电气联锁装置。机械联锁装置的销杆与观察窗的长度不小于50mm，间隙不大于20mm。抓棉机的抓棉口处应有护栏，抓棉设备必须配备上、下定位装置。平台式抓棉机必须配备运行碰撞自停装置和防止误入的隔离措施。

混开棉机滚筒部位必须配备机械和电气联锁装置。滚筒顶盖的机械联锁的销杆长度不小于设备宽度的三分之二，打手部位应同时配备机械和电气联锁装置，观察窗应使用不易破碎的有机玻璃。

清棉机打手传动轴应配置轴套，危险点应有联锁装置。开棉机打手部位应配备机械和电气联锁装置。机械联锁销杆的长度必须大于观察窗30mm，观察窗与打手距离不小于800mm。成卷机紧压罗拉手轮处应加装防护板，手轮弹簧必须处于松驰状态，各传动部位必须加装防护栏或防护罩。成卷机综合打手处必须配备机械或电气等联锁装置。机械联锁装置与观察窗的上下间隙不大于20mm。压辊棉层输出部位必须安装生头器，或配置生头板。

在抓棉机吸斗观察窗、混开棉机滚筒部、开棉机打手等存在打击伤害部位如果没有配备机械和电气联锁装置，则应加锁，开锁钥匙由当班值班长保存，当转动机械完全停稳后，才能开锁处理故障。

梳棉机应有安全警示标志，联锁装置应灵活有效，各传动部位应安装安全防护罩。剥棉部位应安装安全防护罩，上绒辊应安装绒辊防绕断电限位装置。

精梳机传动部位安全防护罩必须安装断电限位装置，分离皮辊安全防护罩应齐全，抬高超过200mm时，联锁装置应灵敏启动。车头车尾自停开关、工艺自停装置有效。

细纱机车头传动齿轮安全门应有安全断电限位装置。游动电动机及导轨应完整、牢固可靠。计长表、导纱横动装置、车头、车尾应安装安全防护罩。车头、车尾箱门的门钩、插门应配有自锁装置。

2. 织造设备

整经机经轴两端必须设置满足标准要求的安全防护罩，并应设置自停保险装置。主电动机摩擦盘传动带、落轴电动机传动部位、制动锯齿轮等处安全防护罩应牢固。游动风扇电动机及导轨应完整、牢固。

浆纱机传动部位、齿轮、链轮必须设置满足标准要求的安全防护罩，轴、辊露出机外部位应安装轴套；压力表、安全阀的工作压力应根据生产工艺要求控制在额定范围之内；蒸汽管道、箱体、排气装置应当采取隔热防烫措施。浆纱和浆纱烘箱设备内及潮湿处的电气装置、工作照明灯具等必须采用安全电压及外壳防护等级符合防水、防潮要求。

有梭织机传动部位应设置安全防护罩。梭子运行过程中应设置防飞梭装置和防护挡板。探针及换梭作用良好、飞梭装置完好。三大关车（断经、换梭、轧梭）自停装置必须灵敏有效。

无梭织机各种气管、气阀、油管、油阀等不允许漏气、漏油、堵塞。断经、断纬必须停车，检修开关电器联锁可靠有效。

针织大圆机：大圆机油箱处于完好正常工作状态，油路不渗油、不漏气，保证机台周围地面干净；大圆机运转状态正常，无异常振动、噪声、发热等现象。

3. 化纤工序设备

（1）热媒生产设备

热媒系统中所有导热管道必须用压缩空气进行气密性试验，不得有泄漏，合格后方可正式投入使用。

（2）酯化生产设备

酯化、聚合等专用设备中，各反应釜或者酯交换塔必须做到管道完整、无泄漏。安全阀和压力表应齐全可靠、定期检测、合格使用。反应釜的反应装置、储罐降温设施及温度报警装置灵敏有效。联苯加热器液位标志明显清晰，温度和压力上、下限位联锁报警装置、防爆片等可靠；现场应当有明显的安全警示标志。

（3）精对苯二甲酸投料设备

电动葫芦必须定期检测。限位开关、钢丝绳、吊钩等设施必须安全可靠。风机等各电气设备的金属外壳必须可靠接地。

（4）二硫化碳计量设备

二硫化碳计量室、储库的照明、电气开关等装置应当符合防爆要求，并应装设单独的避雷装置。必须有可靠的装置，并具有良好的送风、排风装置。二硫化碳的设备、管道、阀门、液面计等应当严密、无泄漏。各法兰处必须装设接地片，接地良好。

（5）五合机设备

磺化机、五合机等专用设备的管道必须密闭、无泄漏，装设符合设计要求的防爆装置。二硫化碳管道、排毒风管、开关、法兰片等处应有接地装置。操作平台应当铺设木制地板或者橡胶地毯。黄化、五合工序使用的工具必须使用不产生火花的材料制成,严禁使用金属制成的工具。

(6) 后溶解设备

玻璃液位管必须有安全防护装置。进出料口考克(小型无填料的旋塞阀)、盐水进口阀门应灵活、可靠。电动机、开关箱等电气设施应有防潮措施。

(7) 纺丝设备

短丝纺丝机等专用设备中,联苯箱体以及直(弯)管应当完整、无泄漏。安全阀和压力表应当齐全可靠、定期检测、合格使用。联苯加热器的装置应当具备液面镜、超温超压联锁、安全阀、压力表等,并且齐全可靠。熔体过滤器的前后电接点压力表、熔体压力联锁装置必须灵敏有效。

(8) 牵伸设备

牵伸机轧点处必须设置安全挡板。各种电气安全联锁装置、信号装置、报警装置等应当齐全可靠。安装于高处的阀门必须灵活可靠。钩刀、剪刀要放在规定位置,以防被丝束带入设备造成事故。

(9) 涤纶短丝打包设备

液压打包机的油箱及液压管路必须密闭,不得有泄漏。机器各润滑处应按要求定期加注润滑油。打包机上的压力表应定期检测,显示明显、清晰。定期对打包机上的泵、阀、压力表进行调整。

4. 染整工序设备

(1) 烧毛机

自动联锁点火装置要定期检查,及时维修更换。汽油、液化气或煤气的储油房、风泵、油泵等有单独的符合规范的作业间。排气隔热装置应完整、牢固可靠。烧毛间装有可燃气体浓度报警装置,并灵敏可靠。汽化器的各类阀门必须无缺损,输油泵、供油管路要确保完好畅通、无泄漏。热板烧毛设备的炉灶、炉门无破裂、漏火现象。烧毛间有良好的自然或强制通风、降温措施。防爆膜完好、可靠,符合防爆要求。

(2) 漂白设备

采用氯漂的生成车间内应装有有毒有害气体报警仪,同时符合氯气使用规程。漂白车间内应定期检查设备、设施、门窗等的腐蚀情况。定期监测漂槽的浓度和温度。储存漂白液的容器均应加盖。车间和配液室应设置防腐蚀的通风排气设备。

(3) 铜辊印花机

印花机花筒轧点进口处装有插口式安全挡板或光电自动停车装置。机架上装有紧急停车的保险开关。刮浆刀用后放在专用刀架上,并加上刀口保护套。液压系统、气压系统符合要求,无泄漏。定期检查花筒轴梗,发现裂纹及时更换。

(4) 平网印花机

自动导布机构的顶头与筛框柱头接近剪切口处应装有机玻璃安全挡板。台板筛框架旁纬向搁置踏脚板。橡胶衬布受压小导辊应装有安全防护圈与防护托网。烘燥部分有撑挡的大烘筒，两侧应安装防护装置。车间内通风良好。印花机应安装紧急停车装置。

（5）圆网印花机

进布轧点（近打样处）应安装安全挡板或防护罩，花筒轴头应装有防护罩；机两旁设有专用的防滑排水铁栅平台，平台下有畅通的排水沟。烘燥部分大烘筒两侧应安装防护装置。车间内通风良好。

（6）预缩机、轧光机及磨、起、刷毛机

预缩机加热辊进出口处及橡胶毯上、下装有安全防护网，并有灵敏可靠的电气安全联锁装置。预缩机两边装有安全防护网。采用气体燃烧的轧光机应安装防爆设施。预缩机、轧光机及磨、起、刷毛机的电气线路定期进行检查，防止老化。磨、起、刷毛机应安装吸尘装置，牢固可靠。磨、起、刷毛室及其设备定期清理，去除积尘。

5. 成衣工序部分设备

卧式、移动裁断等专用设备必须定期进行安全检测，合格有效，电气装置符合设计要求，绝缘可靠，安全防护装置完整、牢固。电熨斗等定形工具、设备应当符合移动电具安全设计要求，电线、插头、温控等完好无损，绝缘可靠；严格使用管理，定期进行安全检测。缝制机、拷边机、锁边机、钉箱机、锁洞机等缝纫专用生产设备涉及旋转、冲压、用刀等部位应当做到防护装置齐全、完整、安全、有效。

9.2.8 纺织工业事故案例

珠海市"6·16"特大火灾和厂房倒塌事故

1994年6月16日下午，广东省珠海市裕新织染厂前山纺织城厂房发生火灾，造成93人死亡、156人受伤，毁坏厂房面积达18135m²，直接经济损失9515万元。

事故直接原因是工人违章使用冲击钻，将电线接头拉脱造成电线短路，使棉堆冒烟起火。经过消防员奋勇扑救，次日凌晨3时，大火基本扑灭。但由于紧扎的棉包在明火扑灭后仍在阴燃，为有效地消灭火种，火场指挥部先后调来七八台挖掘机和推土机进入厂房将阴燃的棉包铲出。8时左右，应火场指挥员的要求，厂方先后两次共派出50多名工人到三楼协助消防人员清理火种。13时左右，厂方又自动组织约400名工人进入火场清理火种、搬运残存的棉包。14时10分，厂房西半部突然发生倒塌，造成大量人员伤亡。厂房在大火的烧烤后，虽然未立即倒塌，但已经失去结构强度，这时多台履带推土机、挖掘机在厂房内搬运棉花时产生的振动等因素所形成的综合作用，致使厂房倒塌，导致二次事故的发生，造成了特大事故。

事故的间接原因是未能严格执行安全法规，员工缺乏安全意识，地方政府监管不力。该厂房在消防设施尚未竣工验收的情况下就提前交付使用，属于边施工、边生产的情况。厂方将纺织车间作为棉仓，堆放大量的棉花，并在库内存放柴油、氧气瓶等，当电线短路引燃棉花时，氧气瓶发生爆炸，加剧火势的发展；在场的天安消防工程安装公司和厂方职工缺乏防火常识，自救能力差；厂内缺乏消防用水，消防队要到离火场3km以外的地方取水，未能将初始火灾扑灭，这也是火灾迅速蔓延扩大的主要原因。

裕新织染厂的特大火灾和厂房倒塌事故，是珠海市天安消防工程安装公司、前山镇工业集团总公司（裕新织染厂合资方）、裕新织染厂一连串违章行为和扑灭余火期间的现场指挥员由于经验不足造成的，是一起重大的责任事故。

9.3 食品工业加工

9.3.1 概述

食品工业是人类的生命工业，与人类的物质生活需要密切相关，是考查国家发展和文明程度的重要指标。食品工业作为农产品面向市场的主要后续加工产业，在农产品加工业中占有较大比重，是国民经济的重要支柱产业。食品加工业是关联农业、工业和第三产业的重要支柱产业，食品加工业与农业相辅相成、相互促进、紧密相关。食品工业的发展是带动农业产业化，调整农业结构，提高农产品附加值，实现农民增收，缓解农村、农民、农业问题的主要渠道；是农业产业化的主要龙头产业之一；是农业保持可持续发展的必由之路。全世界食品工业以每年约27000亿美元的销售额居各行业之首，是全球经济的重要产业，也是全球最大的制造业。

食品工业以农产品为原料，直接服务于人民生活，构成十分庞杂，门类繁多。食品工业的特点是：原料来源广泛（农、林、牧、副、渔都可提供原料）；生产具有季节性和一定的地方性。因此，食品工业的布局应在合理运输的前提下，根据原料、消费的普遍性、分散性，在全国广泛、分散布局。企业规模应以中小型为主，只有在原料富集、交通方便，或消费量多的地区，才适合建立规模较大的企业。

我国的食品工业经过多年的发展，已经成为一个门类齐全的工业部门。主要门类有粮食加工、食用植物油、制盐、制糖、烟草、酿酒、制革、饲料、罐头食品、屠宰及肉类加工、水产品加工、蔬菜加工、乳品加工、代乳品、蛋制品加工、肉食制品、糕点、糖果蜜饯、调味品、豆制品、蜂产品加工、淀粉、香精香料和食品添加剂等众多行业。在以上分类中，粮油、制盐、屠宰及肉类加工、水产加工、制糖等工业，属于食品加工业的基础原材料工业，在食品工业中占有很重要的地位。食品工业总产值与农业总产值之比是衡量一国食品工业整体发展水平的重要指标。发达国家的比例高于 $1.5:1$，其中，美国为 $3.7:1$，日本为 $2.2:1$。我国食品工业总产值与农业总产值之比为 $0.43:1$，同发达国家的食品工业与农业产值之比相差大于 $1.07:1$。从工业食品占食品消费量的比例来看，发达国家为90%，发展中国家低于38%，而我国仅为20%，略高于发展中国家一半的水平，不到发达国家的1/4，反映出我国食品工业与国际食品工业先进水平差距相当大，整体发展水平比较落后。我国的粮食、蔬菜、果品、肉类产量均居世界首位，但加工程度浅，半成品多，制成品少。深加工用粮不到总产量的8%，而发达国家的这一比例在70%以上；欧美、日本等发达国家90%以上的蔬菜都经过商品化加工处理后进入流通领域，而我国的这一比例仅为30%左右；德国的苹果加工量占总产量的75%以上，而我国仅为10%；美国、巴西的柑橘加工量占总产量的70%以上，而我国不到 10%；我国虽为肉类大国，产量占世界总产量的 1/4，但加工量只有 5% 左右。可见，我国食品加工水平与国际先进水平差距悬殊。随着我国现代化进程的推进，食品加工业还会有较大的发展。我国的食品资源丰富，可开发的新资源潜力很大。在保护生态的前提下，提高加工深度，加强现有资源的利用，努力开发新资源，是我国食品加工业的一个重要研究课题。

9.3.2 食品加工生产特点

食品工业是以向人们提供食品为主要目的，以农、副、水产品为原料的直接加工和再加工的工业。一般食品来源于农业、畜牧业和水产业生产的产品，由于这些产品除极少数（如水果）可以直接食用外，绝大部分产品在食用前需要处理，这样就产生了加工过程。

食品工业属于再生性资源的加工，不同于一般的农业生产，可以通过一系列生物化学作用，使不适合人类食用的物质转化为人类可以食用的营养物品；也不同于钢铁、机械、石油、化工等生产，依赖消耗不可更新资源来生产产品。食品工业是兼有农业生产和工业生产某些特点的特殊类型的工业部门，往往是解决就业的主要产业，是劳动密集型生产的代表（图 9-8）。

图 9-8 以手工为主的劳动密集型食品工业

酒类、乳制品、饮料等生产企业产量大、消费人群不受地域限制，生产设备自动化程度高，用工少（图 9-9）。

图 9-9 自动化程度高的食品工业

有些食品工业是农业生产过程的继续，如粮油食品工业；有的食品工业是农业再生产过程中的一个中间环节，如香精工业和食品添加剂工业；有的食品工业完全独立于农业生产过程以外，成为现代化工业的一个重要组成部分。一般食品工业具有以下特征：

1) 食品工业以农产品为主要生产原料，受农业生产发展水平所制约。

2) 食品工业受原料来源分散、易腐蚀的制约，适于就地加工，生产具有一定的地域性。由于长期自给自足经济的影响，我国农业生产没有像北美、欧洲的国家那样，形成大面积集中的单一作物带,而是相对分散,这就使食品工业原料分散,运输困难,并且食品工业规模不宜太大,更不宜集中在大城市加工。

3）食品工业原料主要是生物资源,是微生物繁殖生长的营养体,许多原料不能储存过久,需要在季节内加工,否则会降低品质,改变成分,甚至腐败变质,因此许多食品工业难以常年连续生产。

4）食品工业产品质量要求复杂,产品品种多,要根据食品原料的特点,分别通过加热、密封、冷藏、脱水等加工工艺,使产品能够耐久储存；要根据地区饮食习惯不同,使用烧、烤、爆、炸、煨、熏、炒、焖、烩、炖、煎、蒸等多种加工工艺；根据可能导入有害病菌的情况,要求食品加工企业必须使产品符合食品卫生标准；根据食品是人类吸收营养来源的特点,在加工中,不仅要防止原有营养成分被破坏,还要在不妨碍风味的前提下,添加些营养成分,使产品具有较高的营养价值。

9.3.3　食品工业设备及生产管理

目前,我国食品加工与农业发展之间的联系尚处于初级的供需阶段,即农业生产什么,食品工业就加工什么。相应的农产品品种改良和品质的提高,没有与市场消费和食品加工有机地结合起来。食品工业之所以同原料性农业的产业链结合不力,关键在于我国农业发展比较落后,生产以小农经济为主,农户众多、生产规模狭小、布局分散,商品化和专业化生产不足,农业产业化程度较低,难以满足食品工业对标准化、专用化农产品原料的需求。

加工和制造食品的设备落后,直接削弱了我国食品工业的竞争力。我国食品装备的制造水平低、种类少,主要制造一些低附加值的普通机械设备。技术含量高、可带动食品工业技术升级的关键设备主要从国外引进。传统的技术装备生产出的传统食品,只能拥有不断萎缩的传统市场,很难适应不断变化的食品市场需求。食品装备制造业落后,是我国装备制造业整体不发达在食品行业的反映。装备制造业是决定一国工业实力的核心,其所涉及的工业门类广泛、产业环节众多、生产工艺复杂、技术集成度高。没有雄厚的现代工业基础作支撑,是不可能成为装备制造业强国的。改革开放前,我国的食品机械除用于生产饼干、乳品等产品的机械由国外引进外,包括主食在内的大部分食品机械基本上是围绕着"糖、油、面"进行简单的加工。近年来,食品机械研制、生产水平虽有一定的进步,但内在性能、外观等方面仍存在着诸多缺点。我国食品机械落后除了与生产方式落后有一定关系外,也与一些关键技术领域自主创新能力低有关。更主要的是,食品机械行业的发展缺乏食品本身科研成果的基础性支撑。食品机械的研制除涉及机械原理等基础学科,也涉及谷物化学、食品工艺等多门应用学科和技术,要求设计人员对食品原辅料的性质、生产工艺、食品品质评价等都应有所了解。我国食品科技界在西式食品研究方面投入的力度较大,而在传统食品的研究中却鲜有成果。与国外企业相比,我国企业对传统的饮食习惯、食品特性有更深刻的体悟。所以,大力开发传统食品加工机械,是国外食品机械制造业并不具备的优势,也是我国食品机械行业未来的希望。

食品生产的机械化、自动化、专业化和规模化是提高企业国内、国际市场竞争力的必然选择。提高食品生产机械化和自动化程度，是生产安全性好和营养价值高食品的前提和基本要求，也是实现食品加工企业规模化生产和发挥规模效益的必要条件。无菌冷罐装、真空冷冻干燥、超高温杀菌、超临界萃取、膜分离、分子蒸馏、静电杀菌、辐照、微波能、微胶囊化、挤压膨化、生物工程、营养功能强化等一批高新技术进入食品行业，有力地推动了食品工业生产技术水平的提高、生产安全性的提高以及产品结构和产业结构的优化升级。

食品工业企业生产过程，一方面是原材料、燃料、动力、劳动力等生产要素的不断输入；另一方面是产品的不断输出。输出的产品，有些是能够立即消费的最终产品，如各种食品；有些是需要继续加工制造的中间产品，如面粉、麦芽糖等；随着专业化协作水平的提高，有些输出的产品又是其他产品的原料。食品生产企业的生产过程一般由以下几部分组成：

1）生产准备过程。生产准备过程是产品在投入生产前所进行的各种生产技术准备工作，如采收、收购农产品原料、产品设计、工艺设计、调整劳动组织等。

2）基本生产过程。基本生产过程是指直接为完成企业的基本产品所进行的生产活动，例如啤酒生产过程中的麦汁制备、发酵和啤酒处理、成品包装过程；罐头厂的生产过程等。

3）辅助生产过程。辅助生产过程是指为了保证基本生产过程的正常进行所必需的各种辅助生产活动，如农副产品原料的初步加工处理，机器设备的维修。

4）生产服务过程。生产服务过程是指为了基本生产和辅助生产服务的各种生产服务性活动，如原料、半成品的供应、运输等。

9.3.4 食品加工技术

1. 食品工业通用操作单元

所谓单元操作就是从各种不同的加工工艺中根据功能而分出的常用操作过程，如清洗、筛选、破碎、分切、分离、发酵、浓缩、混合、均质、转移、干燥、包涂、包装、杀菌、成形等。显然，以上这些单元操作只是随意罗列，而不是按它们的加工顺序或重要性排列的。这些单元操作技术其实是一种大体上的划分，可能加工原理相同，但采用方式大不相同。例如，用于液体巴氏杀菌奶或罐装食品的消毒与固态的烘干花生或烤面包是利用热交换原理，但操作方式明显不同。也可能一种很简单的操作却很难分清是什么单元的操作，例如混合，可能有振动、敲击、掺和、乳化、均质、沸腾、搅拌或翻动。同样叫混合，由于原料不同、加工要求不同而选用的方式不同。例如，用于制作蛋糕的混合干粉最好在空气中通过敲击、搅拌、振动进行混合；若需制作乳状液，如制作蛋黄酱或防止奶中的脂肪分离，则可能选择均质；如希望制作一种面包的面团，就需要将面多次延伸、折叠，如同手工揉制一样进行加工混合。食品加工从某种程度上说就是在了解各基本单元操作的基础上，选择适宜的单元操作并将其联合、集成，最终成为有机的加工系统，从而生产出理想的产品。

2. 食品加工生产新技术

随着科技水平和人们对食品质量要求的提高，食品加工技术在不断发展，食品加工新技术不断涌现。这些新技术的出现，不仅大大改进了产品的质量，提高了生产效益，也拓宽了加工技术的选择性。在新兴的众多科技中，当数超临界流体萃取（SEFE）、电磁杀菌（OHMIC）和静态高压加工技术最受关注。随着加工技术的不断发展，粮油、屠宰及肉类加工、制糖业、罐头饮料生产、卷烟醇酒生产等都将采用新工艺、新技术进行加工，以提高产品质量，改善和丰富人民生活水平。新技术的出现，带动了行业的发展，但是也使企业面临着新的风险，例如加工温度、压力等参数提高；引入一些中间载体，具有火灾爆炸性质；高速包装；充气保护等。食品工业技术的安全与行业发展息息相关。

9.3.5 食品加工设备安全要求与风险防范

由于食品加工行业涉及的生产工艺复杂，使用的设备多种多样。

食品加工设备一般安全要求如下：

所用设备必须保持清洁卫生与安装可靠；安全阀、压力表、温度表、液位计等安全附件完好；操作控制柜与线路防护符合要求；控制台显示完好，功能指示清晰；按键动作灵敏、可靠；接地电阻符合规定，连接牢固；各种阀门开启灵活，关闭严密；过滤器无堵塞现象，压力适中；各种安全防护装置安装牢固，间隙符合标准，无摩擦；各转动部位、轴承运转平稳，各润滑系统良好，无渗漏现象；传动机构运转良好，传送带齐全，无损伤，松紧适度；车间内的设备、设施和工器具用无毒、耐腐蚀、不生锈、坚固的材料制作，其构造易于清洗消毒。

食品加工专用设备安全如下：

（1）滚揉机

真空滚揉机灵敏、准确，抽空时间设定控制准确；二氧化碳滚揉机入料门机联锁有效，密封严密。

（2）搅拌机

切刀应牢固、无松动、无损伤；开转转刀前必须将护盖盖到位；应确保机盖联锁，防止身体任何部位接触旋转刀具，设备上应有明显的安全警示性标牌。

（3）切丁机

切削部位要有防护、联锁；严禁因为工作碍事拆除安全装置，检修时必须由专人监护。

（4）漂烫锅、配汤锅、杀菌锅、分汽包

特种设备的检验应由具备该项目检验检测资质的机构进行定期检验，并出具检验检测结果和鉴定结论。

（5）燃气炸锅

液化气管道安装合理，无泄漏现象；应设置燃气泄漏报警仪，配备消防器材；排风装置应防爆；液化气瓶放置稳定可靠，并在通风良好、干燥、且不能有曝晒的地方单独储存，严禁烟火，专人管理；必须有安全警示标牌，现场应悬挂安全操作规程。

（6）电炸锅

应使用专用供电回路，开关与线路满足炸锅用电负荷要求；由专业技术人员操作，并保持在使用过程中人不离机；油槽内油加至工作位置，设备加热管严禁干烧；设置油烟浓度报警装置，配备消防器材。每次给设备加油，应确保将油槽内干燥，尤其是将放油管内、外的水放净。

(7) 输粉、搅拌设备

各类泵的电缆配线应穿管保护,钢管与输粉机之间应采用蛇皮管或挠性软管可靠连接;钢管或软管端头应连接可靠,无脱落现象。泵类设备裸露旋转部件(如联轴器)应采取有效防护措施。搅拌设备内腔应使用高硬度的不锈钢,应确保机盖联锁,设备上应有明显的安全警示性标牌。

(8) 焙烤设备

电焙烤设备应使用专用供电回路,开关与线路满足焙烤设备用电负荷要求;应有完整的温度控制系统,并可以分别控制高、低火的温度。燃气设备有熄火保护联锁,燃气报警设备灵敏度符合要求,保持状态良好。烤炉的隔热设施良好,保证焙烤房间的温度不高于28℃。设置必要的安全巡视、检查和检修通道。

(9) 蒸炒锅

搅拌系统运转正常,变速器基本无漏油现象。设备内外无严重磨损,油气管道压力符合要求。设备保温良好,锅低密封处及出口不渗漏料渣。

(10) 烘干机

烘干机各层温度应在正常范围内,减速箱应运行正常,无异常声响;下料数量应在控制范围内,气压不得超过允许范围;各处连接应无松动,紧固良好,避免产生摩擦;减速箱油位应保持正常。

(11) 制冷站及制冷设备

满足《冷库设计标准》(GB 50072—2021)、《冷库安全规程》(GB/T 28009—2011) 中有关要求。

食品加工行业生产安全事故与生产工艺和设备有直接关系,也与食品加工业辅助工艺设备多的特点有关。例如某食品厂锅炉爆炸事故。锅炉提供蒸汽,是与生产的食品相关的重要辅助设备。2021年5月,宜宾市某笋类食品厂在检修设施时发生疑似有害气体中毒事件,死亡7人,临床表现硫化氢中毒。2021年6月,四川某食品有限公司停产检修期间,2名员工在检修废水管道时掉入废水池,另有4名公司员工在施救时也相继掉入池中。经政府相关部门全力组织搜救,6人全部被搜救出,但经抢救无效死亡。尽管此类事故与企业蔬菜等食品制品设备不直接相关,但是食品行业罐、窖、井、池类设备众多,由于一些原因导致有害物质积存的可能性非常大。食品加工行业最常见的事故是机械伤害、电击伤害,但由于我国中小规模的食品加工企业安全管理存在不足,有限空间作业导致中毒、窒息伤害事故时有发生。

9.3.6 食品工业事故案例

"6·3"吉林德惠禽业公司火灾事故

2013年6月3日,位于吉林省长春市德惠市的吉林宝源丰禽业有限公司主厂房发生特别重大火灾爆炸事故,共造成121人死亡、76人受伤,17234m² 主厂房及主厂房内生产设备被损毁,直接经济损失1.82亿元。当日在车间现场人数395人(其中一车间113人,二车间192人,挂鸡台20人,冷库70人)。受伤致死的原因有烧伤、氨气中毒等,其中,致死最主要的原因是氨气中毒引发的呼吸道水肿。轻度吸入氨中毒表现有鼻炎、咽炎、气管炎、支气管炎。严重吸入中毒可出现喉头水肿、声门狭窄以及呼吸道黏膜脱落，可造成气管阻塞，引起窒息。吸入高浓度可直接影响肺毛细血管通透性而引起肺水肿。

经调查，事故发生的直接原因是：宝源丰公司主厂房部分电气线路短路，引燃周围可燃物，燃烧产生的高温导致氨设备和氨管道发生物理爆炸。管理上的原因是：宝源丰公司安全生产主体责任不落实，地方消防部门安全监督管理不力，建设部门在工程项目建设中监管缺失，安全监管部门综合监管不到位，地方政府安全生产监管职责落实不力。

9.4 玻璃工业生产

9.4.1 概述

凡熔融体通过一定方式冷却，因黏度逐渐增加而具有固定的机械性质与一定结构特征的非晶形物体，不论化学组成及硬化温度范围，都称为玻璃，并且由液态变为固态的过程应该是可逆的。现代科学技术所应用的玻璃原料十分广泛，元素周期表上大部分元素或它们的化合物被用于制造各种性能的玻璃。玻璃工业一般用多种无机矿物原料，通过高温熔融，使其溶解成液体，然后按照人们的需要制造成各种各样的玻璃制品。玻璃制品广泛用于人类日常生活中和科学技术方面，并且应用范围随着科学技术的发展日益扩大，需要量与日俱增。工业及民用建筑中大量地应用玻璃，如窗玻璃、夹丝玻璃、空心玻璃、泡沫玻璃等。在交通运输部门需要磨光玻璃、钢化玻璃或者高质量的平板玻璃，在特殊的交通工具中还应用夹层玻璃；在照明设备上，有各种颜色的信号灯等有色玻璃；食品工业常用玻璃作为盛装容器；化学、食品、石油等工业常常使用具有化学稳定性及耐热性优良的玻璃制造设备；科技部门、医疗、国防等需要大量的光学玻璃；电气、飞机、汽车、船舶等工业需要玻璃钢制品；玻璃纤维、玻璃薄膜等作为扩展产品，在纺织、绝缘材料等行业起着很大的作用。玻璃之所以这样被广泛应用，主要有下列原因：

1）具有独特的性质，例如有良好的透光性、化学稳定性能好等。
2）具有良好的加工性能，如切、磨、钻、化学处理等，能满足多种加工技术要求。
3）制造玻璃的原料在地壳中分布广泛，特别是SiO_2蕴藏丰富，而且价格便宜。

玻璃行业是一个高能耗行业，玻璃熔窑是玻璃生产线能耗最多的设备，在玻璃成本中，燃料成本占35%~50%。我国自行设计的大部分浮法玻璃熔窑玻璃液单耗可以达到6500~7500kJ/kg，国外大型浮法玻璃企业只有5800kJ/kg，因此我们与国际先进水平有一定差距。发达国家玻璃熔窑的热效率一般在30%~40%，我国玻璃熔窑的热效率平均只有25%~35%。熔窑结构设计和保温措施不合理，使用的耐火材料质量档次低是存在这种差距的重要原因之一。此外，国内浮法玻璃工艺操作技术落后，管理不够完善等也是造成能耗高、熔化质量差、窑炉寿命短的原因。降低玻璃能耗，对降低生产成本，提高企业的市场竞争力，减少环境污染，缓解能源短缺等都具有重大意义。

9.4.2 玻璃工业主要原料

我国玻璃硅质原料资源非常丰富，主要包括玻璃用石英岩、石英砂岩、石英砂等类矿产。全国26个省（区）有189个矿区，总保有储量38亿t。玻璃工业中原料可以分为主要原料和辅助原料两大类，两者在玻璃中起的作用以及用量是不同的。主要原料是配合料中的主要成分，用量大，在熔制过程中形成玻璃的主体，包括SiO_2、B_2O_3、P_2O_5、BaO、CaO、ZnO、Pb_2O_3、Al_2O_3、Na_2O、K_2O、MgO等，它们分别由石英砂、硼酸、硼砂、重晶石、碳酸钡、石灰石、长石、纯碱、芒硝、碳酸钾等物质引入。各种氧化物对玻璃的影响是不同的，见表9-1。

表 9-1 各种氧化物对玻璃的影响

名称	分子式	加入目的 降低	加入目的 增加	名称	分子式	加入目的 降低	加入目的 增加
氧化硅	SiO_2	密度	熔融温度、退火温度、化学热稳定性、热稳定性、机械强度	氧化镁	MgO	析晶性、韧性	耐热性、化学稳定性、退火温度、机械强度
氧化硼	B_2O_3	熔融温度、析晶性、韧性	化学稳定性、耐热定性、折射率、光泽	氧化钡	BaO	熔融温度、化学稳定性	密度、光泽、折射率、析晶性
氧化铅	Pb_2O_3	熔融温度、化学稳定性	密度、光泽、折射率	氧化锌	ZnO	热膨胀率	热稳定性、化学稳定性、熔融温度
氧化铝	Al_2O_3	析晶性	熔融温度、韧性、化学稳定性、机械强度	氧化钠	Na_2O	化学稳定性、热稳定性、熔融温度、析晶性、退火温度、韧性	表面导电性、热膨胀系数、介电常数
氧化钙	CaO	热稳定性	硬度、化学稳定性、机械强度、析晶性能、退火温度	氧化钾	K_2O	化学稳定性、热稳定性、熔融温度、析晶性、退火温度、韧性	光泽、表面导电度、热膨胀系数、介电常数

9.4.3 玻璃及玻璃制品形成过程

玻璃的熔制过程是指将配合料在高温下经过硅酸盐反应、熔融再转化成均质玻璃液的过程，可分为硅酸盐形成、玻璃形成、澄清、均化、冷却五个阶段。所谓熔融是指配合料反应后固相相融的过程；澄清是指从熔融的玻璃中排除气泡的过程；而均化是指把线道、条纹以及节瘤等缺陷减少到允许程度的过程，也是把玻璃的化学成分均化的过程。这些过程是分阶段交叉进行的。从加热配合料直到熔制成玻璃液，常可根据熔制过程中的不同实质内容分成几个阶段。

1. 硅酸盐形成阶段

配合料进入熔窑后，受热过程中经过一系列物理、化学变化，各组分间的固相反应、吸附水的挥发、结晶水的脱水、碳酸盐的热分解、释放大量气体，配合料变成了由硅酸盐和SiO_2组成的烧结物，对普通的玻璃而言，在800~900℃完成。

2. 玻璃形成阶段

由于继续加热，烧结物开始熔化，首先熔化的是低熔混合物。同时硅氧与硅酸盐相互熔解。这一阶段结束时烧结物变成了透明体。不再有未起反应的配合料颗粒，但此时玻璃液中带有大量的气泡、条纹，在玻璃液的化学成分上是不均匀的。对普通钠钙玻璃来讲，大约在1200℃。对硼铝硅酸盐玻璃来讲，大约在1400℃以上。

3. 玻璃的澄清阶段

继续加热升温，玻璃液黏度降低，玻璃液溶解的气泡长大，上浮而释放，直到可见气泡全部排除，对普通钠钙玻璃而言，此阶段温度为1400℃以上。

4. 玻璃液的均化阶段

玻璃液长时间处于高温下，在窑体上下温差的情况下发生玻璃液的对流和作业流的牵动等，使其化学组成趋于一致。这可由测定不同部位的玻璃折射率或密度是否一致来鉴定。

5. 玻璃液的冷却阶段

将已澄清、均化好的玻璃液降温，直到冷却至成形温度，如制玻璃球、池窑通路拉丝。

玻璃熔制的每个过程各有其特点，又密切相关，交错进行，其间进行着固相反应向液相的转化、气相的排除和相互作用、趋于平衡的过程。

9.4.4 浮法平板玻璃

玻璃简单分类主要为平板玻璃和特种玻璃。平板玻璃主要分为三种，即引上法平板玻璃（分有槽、无槽两种）、平拉法平板玻璃和浮法玻璃。普通平板玻璃是用石英砂岩粉、硅砂、钾化石、纯碱、芒硝等原料，按一定比例配制，经熔窑高温熔融，通过垂直引上法或平拉法、延压法生产出来的透明无色的平板玻璃。浮法生产的成形过程是在通入保护气体（如N_2）的锡槽中完成的（图9-10）。

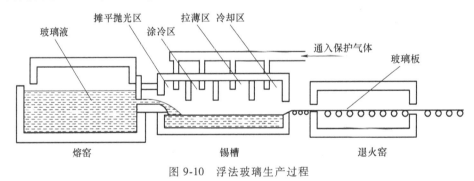

图9-10 浮法玻璃生产过程

用海沙、石英砂岩粉、纯碱、白云石等原料，按一定比例配制，经熔窑高温熔融，从池窑中连续流入并漂浮在相对密度大的锡液表面上，在重力和表面张力的作用下，玻璃液在锡液面上铺开、摊平、形成平整、硬化的上下表面，冷却后被引上过渡辊台。辊台的辊子转动，把玻璃带拉出锡槽，进入退火窑，经退火、切裁，就得到平板玻璃产品。玻璃生产工艺流程如图9-11所示。

由于浮法玻璃厚度均匀、上下表面平整平行，再加上劳动生产率高及利于管理等方面的

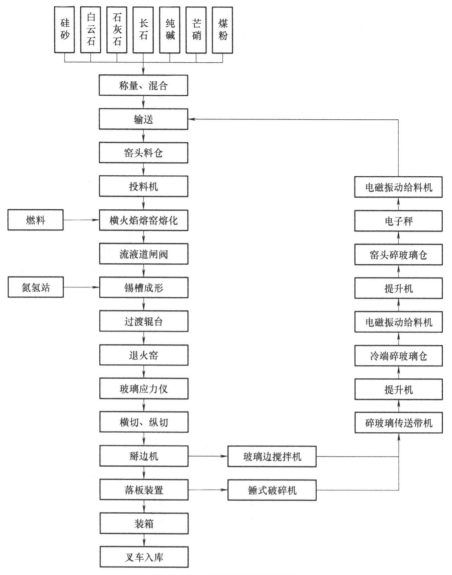

图 9-11 玻璃生产工艺流程

因素影响,浮法玻璃为玻璃制造方式的主流。

浮法与其他成形方法比较,其优点是:适合于高效率制造优质平板玻璃,如没有波筋、厚度均匀、上下表面平整、互相平行;生产线的规模不受成形方法的限制,单位产品的能耗低;成品利用率高;易于科学化管理和实现机械化、自动化,劳动生产率高;连续作业周期可长达几年,有利于稳定地生产;可为在线生产一些新品种提供适合条件,如电浮法反射玻璃、退火时喷涂膜玻璃、冷端表面处理等。

9.4.5 日用玻璃品成形

日用玻璃品应用范围广泛,种类繁多,因而成形方法也各不相同,如压制、吹制、拉制、延压、浇注、气炼等。

1. 压制法

将玻璃料放入模具中受机械压力作用而成形的方法称为压制法成形（图 9-12）。它是玻璃制品成形的最简单方法，适合于成形形状简单的玻璃制品，也可以成形带有图案和花纹的制品，如镜片、口杯、盘子和烟灰缸等。压制法的优点：形状准确，工艺简便，生产能力高。缺点：制品内腔不能向下扩大，否则冲头无法取出，内腔侧壁不能有凸凹地方；不能生产薄壁和内腔在垂直方向长的制品；制品表面不光滑，常有斑点和模缝。

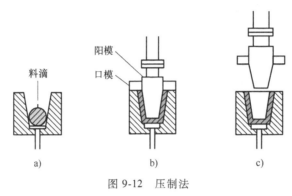

图 9-12 压制法
a）料滴进模 b）施压 c）阳模、口模抬起

2. 吹制法

人工或压缩空气将玻璃料吹成各种形状的制品的成形方法称为吹制法成形（图 9-13）。此种方法分压制和吹制两个步骤完成，先形成口部和雏行，适合成形各种空心玻璃制品。用该方法制作的产品表面光滑，尺寸较准确，效率低，该法适用于制作批量小的产品和高级器皿、艺术玻璃等。

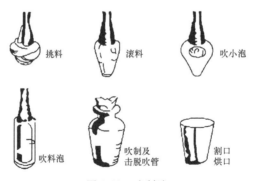

图 9-13 吹制法

3. 拉制法

拉制法是将熔制好的玻璃注入模型，经过冷却器，采用机械的手段拉制成制品的方法（图 9-14）。该方法主要用于生产玻璃管、棒、平板玻璃、玻璃纤维等。

4. 延压法

延压法是指将熔制好的玻璃液在辊间或者辊板间压延成玻璃制品的方法（图 9-15）。该方法主要用于制作厚平板玻璃、刻花玻璃、夹丝玻璃等。

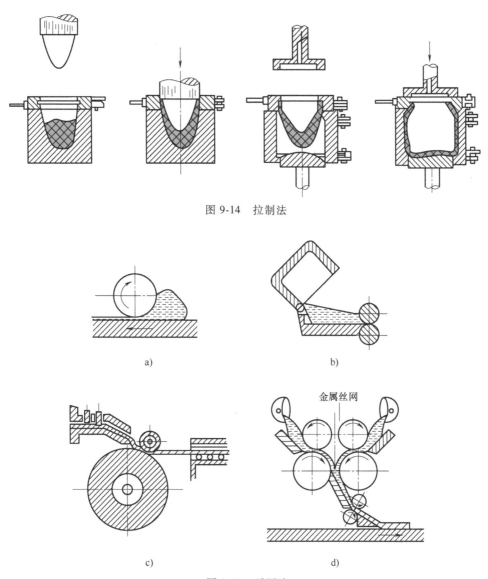

图 9-14 拉制法

图 9-15 延压法
a）平面延压　b）辊间延压　c）连续延压　d）夹丝延压

9.4.6 玻璃工业常见事故及其预防措施

1. 高温伤害

玻璃工业的主要生产线涉及高温设备如窑炉、锡槽、退火窑及蒸汽管道。窑炉的温度高达 1500℃，车间内以上部位气温都比较高，尤其夏季温度更高。现场作业工人必须在高温状态下连续操作，对于工人的生理机能有着严重的伤害，而工人因违规操作等导致的烫烧伤也是严重的事故。这些高温设备保温不良，高温设备故障，高温能量泄漏或高温设备操作、检查和检修过程中违章操作等均可能引起作业人员的高温伤害等事故发生。作业人员应保证玻璃熔窑本体设备、备用设备、监测装置及附属装置处于正常状态，熔窑窑体和配套设施，在易受玻璃液侵蚀或易损的部位应根据安全使用要求采用风冷、水冷或其他保护措施。

玻璃炸伤是玻璃制品生产过程时有发生的伤害。玻璃是典型的脆性产品，无论是普通玻璃，还是钢化玻璃，都有可能在很小的应力作用下，发生快速碎裂。被炸伤的人员如果得不到及时救治，会导致失血、死亡。冷端操作人员在运输玻璃制品、处理破碎玻璃等过程中操作不当会被玻璃划伤。

2. 粉尘伤害

玻璃原料的筛分、提升、运输、称量和混合等作业会产生无机粉尘，煤炭的卸车、装仓、输送、提升、加煤等环节也有煤尘产生，产生部位有配料车间、料仓加料口、煤库、输煤廊等处，工人接触这些粉尘，如果防护不当（如没有佩戴防尘口罩）或作业场所粉尘浓度过高，会发生粉尘伤害，严重的可导致尘肺病。

3. 火灾爆炸

玻璃生产过程中涉及天然气、煤气等易燃易爆物质，这些物质的火灾危险性均为甲类，且密度小于空气，易集聚于建筑物上方，若遇到火源，极易发生燃烧、爆炸事故。在点火初期，如果没有按照规定程序点火，可能使炉内天然气或煤气与空气的混合达到爆炸极限，引发爆炸事故。压力容器、余热锅炉等由于超压、安全阀失效等原因，也存在物理爆炸的危险，爆炸产生的冲击波和碎片会导致建筑物、设备或人的伤害，并可由此引发火灾等生产安全事故。企业应完善消防灭火设施，严格按照相关防火规范要求，正确合理配备消防灭火设施，定期检测，做好维护保养，确保完好有效。加强操作人员现场应急处置能力的培训工作，一旦天然气、煤气发生火情，能立即切断气源，进行有效处置；如果不能立即切断气源，不允许熄灭泄露处的火焰。

当然，还存在着其他事故风险：高温熔融物泄漏发生火灾；接触高温玻璃液，易发生触电事故或造成电气设施短路；天然气泄漏发生燃烧爆炸；氧气泄漏引起燃烧爆炸；窑炉高温耐火砖和熔融的玻璃液遇水发生爆炸等事故风险。因此，应该严格监管，做到预防为主，标本兼治。

9.4.7 玻璃工业常见事故案例

1）2007年10月，重庆市某玻璃制品有限公司一座30多吨玻璃熔液的窑炉底部突然裂开，1400℃的玻璃熔液喷出，该窑炉是砖砌，使用久了产生裂口，所幸事故救援及时，未造成严重后果。

2）2010年11月，某县玻璃器皿厂熔制车间发生爆炸事故，共造成3人死亡，8人受伤。经调查发现，爆炸事故的设备为私自焊接的长方体热水箱，属于土法制造的非承压类设备。

3）2010年1月，湖北某瓷业有限公司一原料车间煤气干燥塔发生爆炸，事故造成3人死亡，13人受伤。

4）2019年8月27日上午8时许，滁州市某玻璃制品有限公司厂区内发生一起物体打击事故，造成1人死亡。事故的直接原因是：①玻璃码放过陡；②在没有采取固定措施的情况下，黄某驾驶车辆原地掉头，由于惯性，玻璃向一侧倾倒，导致在车厢内的周某被挤压致死、黄某被挤压受伤。间接原因是员工安全意识淡薄，在玻璃没有采取任何固定防倾倒措施的情况下，员工冒险站在车厢左右两侧已经码放玻璃的中间位置，驾驶员进行车辆原地掉头且车速较快；同时，公司违法使用七座小客车作为货运车，用来载运货物（玻璃）。经调查认定：这是一起因私自改装客车用于载货，员工安全意识淡薄，企业安全生产主体责任不落实而导致的一般生产安全责任事故。

9.5 造纸工业生产

9.5.1 概述

造纸是我国古代四大发明之一。早在1800多年前，我国就发明了造纸技术，后来传到世界各地，极大地推动了人类文明的进程。现代的造纸技术，已经有了很大的提高，可以制作出具有多种性能、适合多种用途的纸张。除日常文化生活用纸以外，还可以经过一定的物理或化学处理，改变纸的性质或外观，成为国民经济很多部门不可缺少的原料和配套产品。如制造电器用的绝缘纸，化学分析用的滤纸、试纸，农业生产用的育苗纸等。一个国家造纸工业的发展水平和消费水平，是衡量其物质文化生活水平和现代化程度的一个重要标志。我国虽然最早掌握了造纸技术，但在解放以前造纸工业并未能发展起来，1949年机制纸产量仅有10.8万t。新中国成立后，我国造纸工业有了很大的发展，2002年，我国纸张生产量和消费量总和已达8000万t，分别占全世界总量的10%和14%，居世界第二，仅次于美国。但是我国年人均纸消费量仅为33kg，约为世界平均消费水平的一半，仍有很大的发展空间。

目前，造纸工业常用的原料有木材、芦苇、甘蔗渣、稻麦秸、高粱秆、玉米秆、龙须草等。此外，还需要使用一部分棉、旧麻、破布、树皮、回收的废纸、印刷纸边等。木材是造纸的主要原料之一。阔叶材木浆适合于抄制各种高级印刷纸和工业用纸等。草类纤维原料资源丰富多样，分布相当广泛，是我国主要的造纸原料，约占造纸各类原料的一半以上。稻麦草浆适于生产有光纸、包装纸、招贴纸、黄板纸等。这些原料虽可再生，但在生态日趋脆弱的情况下，使用过多会造成生态破坏。目前发达国家已纷纷将造纸原料生产转移到发展中国家，以转移生态矛盾。

芦苇盛产于湖、汊、池、沼等处，密集簇生，是造纸的优质原料，但是目前我国造纸原料中芦苇占的比例还比较低，应进一步加强开发。甘蔗渣（或称蔗渣）是制糖工业的副产品。蔗渣的纤维短而粗，虽不及木材和竹子，但比一般草类纤维要长。用蔗渣浆可制造凸版纸、招贴纸、有光纸等。一个日处理1000t甘蔗的糖厂，其蔗渣可供一个年产10000t纸的纸厂作原料。如果先将蔗渣用作生产糖醛的原料，然后用其渣造纸，利用就更充分。但是，现在很多厂都将蔗渣直接用作制糖生产所需的燃料，这不仅浪费了宝贵的原材料，而且造成了大气污染。当然，综合利用是有条件的，不仅要解决设备问题，还要解决糖厂燃料的代用问题，因为以甘蔗为原料的糖厂所在地一般都处在缺煤地区。

废纸也是造纸原料中极其重要的一部分。据造纸行家们测算，生产1t木浆要耗掉5m³的木材，相当于1~2hm²森林一年的生长量，可是回收1t用木浆造的废纸，经加工后可得到850kg的纸浆,或节省约3m³木材。而且每吨用废纸换取的纸浆比用纤维原料制浆可节省300kW·h电、500kg煤、100t水,还可大大减轻环境污染。我国是缺纸的国家,森林覆盖率又低,每年进口纸和纸浆用汇几十亿美元。然而,我国的废纸回收率却远远低于世界产纸大国。目前,全世界废纸回收率大约为48%,德国和日本的废纸回收率高达70%和65%,美国的废纸回收率也达到50%左右,而我国的废纸回收率还不到30%。

9.5.2 造纸典型工艺及设备

一般的造纸生产过程分为制浆和抄纸两部分。制浆有机械法制浆和化学法制浆两种,现代多采用化学制浆。如图9-16所示为典型的湿法备料连续蒸煮造纸工艺。

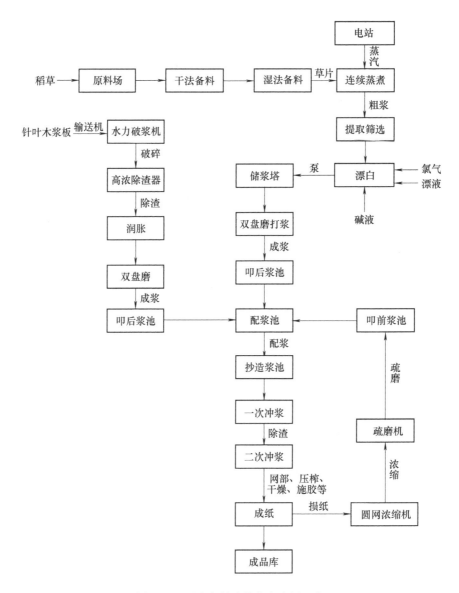

图9-16 湿法备料连续蒸煮造纸工艺

将原料切碎（备料），加化学药液并用蒸汽进行处理（蒸煮），把原料煮成纸浆（图9-17）。来自制浆车间的纸浆不能直接用来造纸，先要经过打浆，对纸浆纤维进行必要的切短和细纤维化处理，以便取得纸或纸板所要求的机械和物理性能。

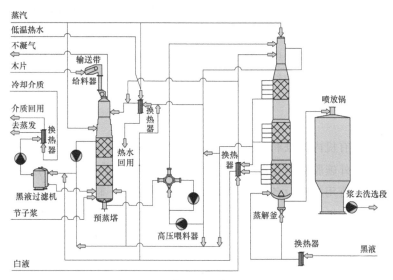

图 9-17 双塔置换蒸煮工艺流程图

1. 成浆池

在纸机网前的供浆系统中，设有足够数量和体积的储浆池，其主要目的是保证造纸机均衡和连续生产，保证打浆所提供的纸料的浓度和打浆度均匀和稳定。储浆池的个数和体积取决于所生产纸张的种类、打浆方式、纸料配比与纸机生产能力等。就个数来讲，如果使用单一浆种，又是连续打浆，一般要设置 2~3 个浆池，分别为已打浆纸料浆池、损纸浆池和抄前成浆池；如果是间歇打浆，在成浆池前应另设一个缓冲浆池；在多种浆分别打浆后混合抄纸时，除损纸浆池和成浆池外，每种浆都应设一个已打浆浆池。

成浆池的储浆浓度一般为 2.5%~3%，其位置应接近于造纸机。成浆池必须有足够大的容积，能够保证纸机在一定时间内不间断地工作，减少纸料性质的波动。这对稳定纸机的工作，克服纸的定量波动有很大的意义。对打浆部分为间歇操作的纸厂，成浆池储存的浆量必须能保证纸机工作 1.5~2h；对连续的打浆系统和有自动检查设备的纸机供浆系统，储存的浆量以能保证纸机工作 20~30mm 即可；当生产高级纸和薄型纸时，纸机的产量很小，成浆池的储浆量应保证纸机工作 4~6h。

对大多数纸种来说，还需要在纸浆中加填料，借以改进纸张的质量（尤其是平滑度）。为使纸张具有抗水性，又必须对纸浆进行施胶。抄制白色纸张时，往往要加用少量染料，必要时还可加用增白剂，调整漂白浆色泽，以便取得"显白"效果。此外，还可以加用增干强剂、增湿强剂、助滤剂、助留剂等添加剂，用以分别提高纸张干湿强度、提高纸浆滤水性能、提高填料和细小纤维在纸张中的留着等。抄制色纸则又必须加染料以取得所需颜色。纸浆在送入纸机进行抄纸前，还必须进行除砂筛选、除气等前处理，去掉混在纸浆中的金属或非金属杂质、纤维束和空气，减少纸张的尘埃度，提高纸张质量。除砂、筛选和除气后的纸浆送入流浆箱，均匀分布在造纸机网部脱水，形成湿纸页，然后通过压榨部进行机械压榨脱水，再在干燥部利用热能蒸发掉湿纸中的水分，最后经压光、卷取、切纸、选纸或复卷、打包等整理工序成为平板或卷筒的成品纸或纸板。在造纸机经过压光处理的纸张，其平滑度一般只能达到 30~50s。如果要求纸张达到 60s 以上的平滑度，则需要使纸张通过软压光或超级压光进一步加工。在抄纸过程中，从造纸机网部排出的大量白水，含有很多细小纤维和填料，应设法回收利用。这是节约纤维原料和化学药品，节约生产用水、减少白水直接排放污染江河的有效措施。

2. 纸面施胶

纸面施胶的方法有机内施胶和机外施胶两种。机内施胶是把施胶设备装在造纸机的干燥部或干燥部之后；机外施胶则是在造纸机上抄成纸后，再送到一套单独的施胶设备来完成纸面施胶。纸面施胶按所用施胶设备形式不同可分为槽法施胶、辊式施胶、烘缸施胶和压光机施胶等几种。单烘缸造纸机可在烘缸上直接进行表面施胶，在取得施胶效果的同时，又能提高纸的光泽度。烘缸施胶如图 9-18 所示。

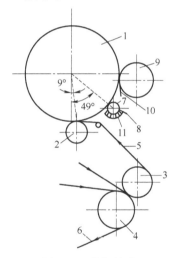

图 9-18　烘缸施胶

1—大烘缸　2—托辊　3—上压辊　4—下压辊　5—上毛毯　6—下毛毯
7—施胶辊　8—橡胶刮刀　9—纸卷　10—烘缸刮刀　11—盛胶槽

施胶辊设在烘缸刮刀下侧，辊的中心与烘缸垂直中心线成一定的夹角。在施胶辊的下方设有盛胶槽，施胶辊浸入胶液的深度为 10mm。胶液槽中的胶液由高位槽供给，溢流的胶液自流到盛胶槽，再用泵送到高位槽回用。施胶辊由烘缸带动回转，并将辊面上胶液转涂于烘缸表面。湿纸页与涂胶的缸面接触，经托辊挤压后，即将缸面上的胶液转移到纸面上。烘缸施胶，对施胶装置的要求较严，施胶辊的直径约为 120mm，包胶层勃氏硬度为 43MPa，在施胶辊上方，为控制胶量而设有橡胶刮刀，以刮除多余的胶料。

3. 干燥过程

纸在烘缸上的干燥是由于纸与烘缸表面接触，使纸受到加热，提高纸内水分子的动能

（温度），以破坏水与纸的结合力，克服纸内水分及蒸汽流动的摩擦阻力，使水分汽化为蒸汽进入周围的大气中，再利用自然通风或必要的机械通风将湿空气带走，即达到了干燥纸的目的。在干燥过程中水分的移动和汽化需要热量，生成的蒸汽需要用空气带走。因此，要使干燥得以连续进行，烘缸必须保证不断地供给热量，烘缸周围必须不断进行通风换气。烘缸的供热问题与传热有关，蒸汽进入周围的空气中属于蒸汽扩散的传质过程。因此，纸的干燥是一项相当复杂的传热和传质过程。

从压榨部压榨出来的湿纸，一般干度只有 30%~45%，而成纸的干度为 93%~95%。纸内残留的水分很难再用机械方法除去。干燥部的主要任务是用加热的办法使水分汽化来除去湿纸压榨后剩余的水分。干燥过程还能使纸页得到一定的收缩，使纤维结合更加紧密，增加纸和纸板的强度，并具有一定的平滑度和施胶度。

一般长网造纸机的干燥部是由许多烘缸组成的，烘缸的数目视纸的品种和纸机车速而定，一般为 24~48 个。干燥部是造纸机中最长的部分，占纸机总质量的 60%~70%，其设备费用和动力消耗均占整个纸机的一半以上，每蒸发 1kg 的水的费用较压榨部高 10 倍以上。因此，最大限度地提高纸进烘缸的干度，使干燥能量消耗尽可能地降低具有很大的经济意义。干燥部在造纸过程中主要是继续脱除压榨后湿纸的水分，也起到了提高纸的强度、增加纸的平滑度和完成纸的施胶等三种作用。干燥部因纸机抄造的纸种不同而有不同的组成。用于生产单面光薄纸的长网造纸机，干燥部多由一个大直径的烘缸组成（图 9-19），或是以一个大烘缸为主，其后再设置若干普通结构形式的烘缸组成烘干部终端。大烘缸的直径通常为2.5~6.0m，不配用干毯。湿纸经过托辊时，被紧贴在光洁的大烘缸表面，传热良好，加上采用高效的通风罩，大烘缸蒸发速率很高，通常是普通烘缸的 4~5 倍。

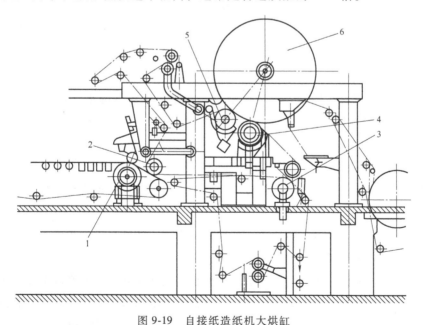

图 9-19　自接纸造纸机大烘缸

1—伏辊　2—真空吸移辊　3—压榨部　4—真空托辊　5—托辊　6—大烘缸

在干燥部的末端,通常设置1~2个冷缸。冷缸内通入流动的冷水,用来冷却进入压光机前的纸幅,以提高压光的效果。在最后一个缸和压光机之间,常常设置一弹簧辊,以适应纸幅张力的变化而产生相应的位移以降低纸幅的张力波动,减少纸幅的断头。

一般造纸机的干燥部由多烘缸组成,都采用双列的烘缸排列形式。上、下两层烘缸均配置有干毯(或帆布)。干毯领引着纸幅绕烘缸运行,并将纸幅紧压到烘缸表面。根据不同纸种在烘干过程的收缩,干燥部的烘缸对一般的纸种可分为2~4组,并据此配置干毯的数量。每组烘缸有上、下干毯各一张。每张干毯设置相应的导毯辊、校正辊和张紧辊。烘缸干燥区示意图如图9-20所示。

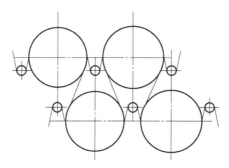

图9-20 烘缸干燥区示意图

4. 长网造纸机

长网造纸机是目前用得最广泛的一种造纸机。长网造纸机的生产效率高、产品质量好,可以生产多种纸张和纸板。现代长网造纸机正向着大型化、高速化的方向发展。世界上最宽的长网造纸机幅门超过10m,车速高达2000m/min。长网造纸机是一种结构复杂的联合工作机,它完整地体现了整个抄纸过程的工艺原理。长网造纸机是连续工作的联动机,由湿部和干部组成。湿部由流浆箱、网案部和压榨部组成;干部由干燥部、压光机和卷纸机组成。从供浆系统送来的纸料,以0.1%~1%的浓度通过进浆分布器送到流浆箱,从流浆箱的堰板喷到网上。喷到网上的纸料在网案上形成湿纸页,并脱去大部分的水(网部脱水占总脱水量的95%~98%)。纸料在脱水过程中,先由案辊脱水到2%~4%的浓度,再经真空吸水箱连续降低水分,成为干度8%~12%的湿纸页,随后进入伏辊进一步脱水,把纸页干度提高到15%~25%。此后,纸页离开网部进入压榨部。案辊脱出的高浓度白水送到网下白水池作冲浆之用。网由各个辊筒支持,并由伏辊带动而回转,以完成连续形成湿纸页和输送湿纸页的任务。

纸页被送到压榨部,经过三道压榨,利用机械作用,使纸页进一步脱水,并使纸页的性质(尤其是紧度和表面性质)改善。干燥部的烘缸上、下两层排列,纸页沿烘缸通过,两面轮流与上、下烘缸接触。烘缸内通入蒸汽,使烘缸表面达到一定温度以蒸发纸张所含的水分。为增加纸页与烘缸的紧贴性和运送纸页,有包绕烘缸运行的干毯和专用的烘毯缸。干燥后纸页的干度为93%~95%,温度为80~85℃。为把纸页冷却到50~55℃,在干燥部的末端设有冷缸。

为提高纸页的紧度、平滑度和光泽度,纸页还要经过压光机处理。压光机由 3~8 根上下叠置的金属辊组成。纸从压光机上部引入,依次绕着压光辊而受到压光作用。纸页经过压光机后进入卷纸机,卷成直径为 600~800mm 的成品纸,然后更换新的卷纸辊继续卷纸。

5. 压光机

大多数纸机在干燥部之后配置有压光机,某些品种的纸还需要在装设于造纸机之外的超级压光机上进行补充整饰。但在制造吸墨纸、滤纸、羊皮纸原纸及钢纸原纸等这一类纸的造纸机上,都不用压光机。因为压紧会使这些纸的吸收能力降低。卷纸机位于造纸机的末端,用来把纸卷绕成卷。保证纸卷缠卷得紧,两边整齐和在卷筒的全宽上松紧一致,是纸的保存和加工的必要条件。

压光机和卷纸机都是造纸机的一个组成部分,它们的运转情况直接影响造纸机的生产效率,必须注意与造纸机互相配合,形成一体。

压光机由 3~10 根辊筒组成。底辊是主动辊,由单个电动机带动,并借辊筒间的摩擦作用带动其他辊子。在线压力不断增加的情况下,纸页由上辊与第一根中间辊之间引入压光机内,继而依次通过所有的辊筒,最后由底辊与第二底辊之间引出送至卷纸机。压光辊的数目由所生产的纸张品种决定。在低、中速纸机上,多采用 3~6 辊。新闻纸机的压光辊多至 8~10 辊。在压光时,一部分机械能转化成热能,并散发出大量的热。为了排除这些热量,除用水冷却中间辊外,还应采用空气吹辊的方法。

6. 卷纸机

卷纸机按卷取原理可分为两种:轴式卷纸机及圆筒式卷纸机。

轴式卷纸机只限于 150m/min 以下的低速纸机使用。当纸张在卷成圆筒的过程中,纸卷直径不断地增大,而圆周速度则是固定不变的,所以就应设法使卷筒的回转速度(角速度)随着直径的加大而减小。因此,要在卷纸轴上装设变速装置。

圆筒式卷纸机是普遍采用的一种卷纸设备。它所卷取的纸卷是支承在按要求的线速转动的卷纸缸上的,并由卷纸缸借摩擦力带动。随着纸卷的直径增大,纸卷的转速不断地降低,所以不需要在卷纸轴(辊)上装设变速装置。在圆筒式卷纸机上,卷纸紧度决定于纸卷与卷纸缸之间的线压力。为了获得均匀一致的卷纸紧度,纸卷与卷纸缸的压力应大体上保持稳定,故在新式造纸机上采用了气动加压和退开的装置。

9.5.3 造纸工业设备事故及其预防措施

造纸工业中涉及工业设备比较复杂,主要包括漂白塔、碱化塔、链板输送机、高位箱、真空系统、压榨部、干燥部、卷纸机、切纸机等,在工艺过程中可能会发生中毒窒息、高处坠落、高温灼烫、淹溺、火灾、机械伤害等事故。

1. 漂白塔设备

漂白塔推进器传送带轮及传送带完好,外有传动防护罩,防护罩应符合相关规定,推进器与塔本体连接的螺栓必须齐全,连接牢固,并定期维护,防止螺栓腐蚀或松动;推进器电动机固定牢固,接线规范,接地、接零齐全有效;漂白塔内外必须做好防腐处理,地脚螺栓必须齐全，固定牢固，进出口管道必须为钛材管道；法兰密封面无泄漏；槽罐无倾斜、明显沉降；漂白塔停用，尤其是氨法制浆停用超过10h的，必须进行排空处理。

2. 碱化塔设备

碱化塔推进器与塔本体连接螺栓齐全，紧固牢固，无渗漏现象，推进器轮子、传送带完好，无松动、磨损现象，传动部位的防护装置必须符合相关规定，液位显示必须准确，电子液位显示必须定期校验，溢流装置必须畅通完好，进出口管道法兰连接必须紧固，螺栓齐全。

3. 链板输送机设备

开启顺序为先开输送机，后上料；停机时先停止上料，待输送机上物料干净后，再停机，设有急停开关，急停开关设在链板操作人员易于操作处，急停开关不得有自动复位功能；运转中上料均匀，防止物料过多堵塞，流出机外，机械传动部位防护装置齐全可靠；链板的松紧程度适中，有防止员工在输送机上行走或跨过的措施，防护罩符合安全规定，电气安全防护符合相关规定。

4. 工业梯台

牢固可靠，无严重腐蚀现象，定期维护保养，设有防滑安全措施，并不得有超过30°陡坡角，所有梯子、走台的宽度、高度、材质、强度的设置应符合相关规定，走台设有安全栏杆，且防护栏杆符合相关规定，走台、梯子等部位设有必要的安全标识（当心滑跌、严禁跨越等）。

5. 真空系统设备

管路连接紧固、无堵塞，布置合理，无泄漏；真空度稳定，达到工艺要求；真空泵润滑良好，工作正常，防护装置齐全可靠，阀门转动灵活；仪表显示准确；管路吊、支架紧固、可靠；设备清洁，环境良好；设备高压电动机的防护安全可靠；电气系统接地良好、牢固，控制系统开关齐全；真空度表、电流表显示准确；轴承润滑系统良好、无渗漏，温升正常；各固定螺栓齐全，无松动、变形、裂纹现象。

6. 压榨部设备

设备性能良好，基础机架、机座坚固完整，各部螺栓齐全、紧固，设备运转正常；各压辊的轴头均有防护套，且安全可靠，压区入口等危险处均设有安全标识；机械传动部位均设有防护装置，且符合相关规定；操作台按钮颜色标准，按钮标识齐全、准确；电气有良好的接地保护，电气防护符合相关规定，设有开停车声光安全警报，且有效使用。

7. 干燥部设备

设备性能良好，符合工艺要求；润滑良好；烘缸应符合压力容器的规定；刮刀平直，紧贴缸面，接触良好，活动刮刀移动灵活；基础机架，机座坚固、完整，无裂纹，无损伤，各部螺栓齐全、紧固；传动轴无变形，传动装置完整无损，减速机及各部齿轮啮合正常，无严重磨损；各压力管路设有安全阀、压力表等安全附件并定期校验，各压缩空气气管、油路油管排放规范；高温、高压等危险处均设有安全标识；操作台按钮颜色标准，按钮标识齐全、准确；电气有良好的接地保护，电气防护符合相关规定；设有开停车声光安全警报，且有效使用。

8. 卷纸机设备

传动系统运转平稳，无振动，无杂音；零部件齐全、无严重磨损；各操纵、压紧、离合、制动等装置动作灵敏可靠；控制台仪表系统液压、气动元件等齐全、灵敏、可靠；各油、气路管道畅通，无漏油、漏气现象；设备清洁，安全防护装置齐全可靠，纸轴托臂、支架均有防止纸轴脱落的安全措施；自动引纸装置安全有效，手动引纸有防止手挤伤的安全措施，卷纸轴两端设有安全防护网，网眼开口、尺寸及材质符合相关要求；机械传动部位均设有防护装置，且符合相关要求；两侧均设有警戒红线，警戒线内严禁人员做通道使用；操作台按钮颜色标准，按钮标识齐全、准确；电气有良好的接地保护，电气防护符合相关要求。

9. 切纸机设备

所有设备底座等固定连接部位牢固、配套，螺栓齐全有效；分切机切纸区设有光电、行程等安全联锁装置，设有声光安全警报系统，开、停车发送安全警报；分切机下辊区设有防止纸轴撞人的安全防护措施；小地车设有急停按钮；地面划设安全警示线；退纸架轴头部位设有安全防护网，且符合相关规定；横切机接纸升降台有上、下限位装置；液压系统无漏油现象；切纸刀、链条传动门设有安全联锁装置，传动部位均设有防护装置，且防护符合相关规定；操作台按钮颜色标准，按钮标识齐全、准确；电气有良好的接地保护，电气防护符合相关要求。

9.5.4 造纸工业常见事故案例

1. 造纸厂常见事故案例

2013年7月3日17时30分左右，安徽某浆纸有限公司热力公司碱回收车间臭气水封槽和重污冷凝水槽发生闪爆，造成3人死亡。

2016年12月，浙江某纸业有限公司制浆车间纸浆经长时间发酵，生成硫化氢等气体，在泵和推进器作用下，存浆池内浆液翻腾，液位逐步升高，硫化氢等气体逸出，致作业人员中毒身亡，事故发生后，救援人员盲目施救，5名作业人员在制浆作业及后续救援过程中，相继发生中毒，其中，3人抢救无效死亡，2人受伤。

2017年3月，珠海市某纸业有限公司发生一起火灾事故，造成6人死亡。

2020年10月，位于嘉兴南湖区凤桥镇的浙江某纸业有限公司6号生产线发生一起断纸接纸作业机械伤害死亡事故，造成1人死亡。

2. "6·18"中水池爆炸较大事故调查报告

2021年6月18日9时4分，位于天津市津南区咸水沽镇鑫达工业园的天津广聚源纸业集团有限公司院内，维修人员在对1#中水池溢流管进行气割动火作业过程中发生爆炸，造成3人死亡，2人重伤，1人轻伤，直接经济损失（不含事故处罚）516.76万元人民币。

（1）原因分析

事故调查组根据有关专家现场勘验、技术鉴定结果，经综合分析认定：维修人员在对1#中水池溢流管进行气割动火作业过程中，点燃了溢流管内的沼气（主要成分为甲烷），回火至封闭的池内，引发混合气体爆炸是事故发生的直接原因。

（2）存在的主要问题

①违规进行动火作业；②未对发生事故的1#中水池采取有效的安全防护措施，且未进行风险辨识和风险评价；③隐患排查治理落实不到位；④未落实消防安全职责；⑤未健全安全生产责任制，未制定相关安全操作规程；⑥未落实安全教育培训制度；⑦在事故调查中作伪证或者指使他人作伪证。

9.6 水泥工业生产

水泥工业是国民经济发展的重要基础产业，广泛应用于土木建筑、水利、国防等工程，为改善人民生活，促进国家经济建设和国防安全起到了重要作用。随着我国经济快速发展，水泥产业规模迅速扩张。2020年，我国水泥产量23.8亿t，水泥行业营业收入9960亿元。水泥工业是建材行业的主干产业之一。同时，水泥也是建筑装饰的主要材料。

9.6.1 水泥工业发展

1824年，英国人J.阿斯普丁用石灰石和黏土烧制成水泥，硬化后的颜色与波特兰岛上用于建筑的石头相似，被命名为波特兰水泥。波特兰水泥在我国称作硅酸盐水泥。

水泥作为重要的建筑材料之一，具有耐蚀、耐高温、抗震等特点，广泛应用于工业建筑、民用建筑、交通工程、水利工程、海港工程、国防建设等新兴工业和工程建设等领域。

我国水泥生产技术水平随着时代的进步而不断提高。水泥生产方法由低到高大致分为立窑、湿法回转窑、日产2000t熟料预分解窑新型干法和日产5000t熟料预分解窑新型干法等四个层次。每一个层次的发展基本上都是先购买外国成套技术设备，然后进行自主开发，实行设备国产化，最后达到全国普遍推广。我国水泥工业现代化步伐从此大大加快。如今，新型粉磨（无介质粉磨）技术、高能效烧成技术（高效燃烧器、第四代冷却机等）、燃料替代技术、水泥窑氮氧化物减排等关键技术装备以及高性能保温耐火材料工艺技术装备取得重大突破并得到推广应用，水泥行业大型化生产工艺技术装备的国产化水平进一步提升，为引领世界水泥工业发展奠定了基础。

9.6.2 水泥生产工艺

水泥的生产一般可分为生料制备、熟料煅烧和水泥制成等三个工序，整个生产过程可概括为"两磨一烧"。其生产工艺流程如图9-21所示。

1. 水泥

水泥的定义是细磨成粉末状，加入适量水后成为塑性浆体，既能在空气中硬化，又能在水中硬化，并能将砂、石等散粒或纤维材料牢固地胶结在一起的水硬性胶凝材料。

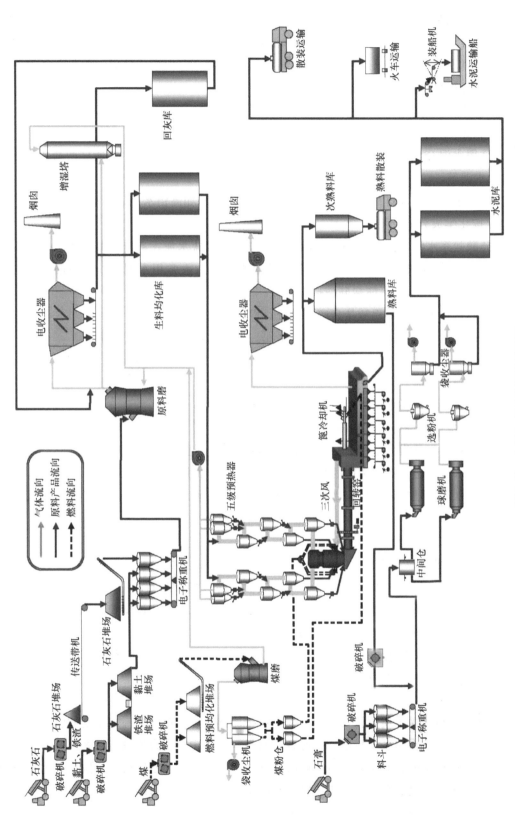

图 9-21 水泥生产工艺流程示意图

水泥生产最基本的化学反应就是碳酸钙在900℃的分解，生成氧化钙和二氧化碳；这个过程叫作分解。紧跟其后的是烧结过程，即氧化钙与黏土、矾土以及氧化亚铁在高温条件下（1400~1500℃）反应，形成硅酸钙、铝酸钙和铁铝酸钙，它们形成熟料。熟料与石膏和其他添加物一起被粉磨生产成水泥。

2. 水泥分类

（1）按组成划分

1）常用水泥/硅酸盐水泥（以硅酸盐水泥熟料），如硅酸盐水泥、普通硅酸盐水泥、矿渣硅酸盐水泥等。

2）特种水泥（以非硅酸盐类水泥熟料为主要组分），如高铝水泥、硫铝酸盐水泥等。

（2）按化学成分划分

1）硅酸盐系水泥，其中包括硅酸盐水泥、普通硅酸盐水泥、矿渣硅酸盐水泥、火山灰质硅酸盐水泥、粉煤灰硅酸盐水泥、复合硅酸盐水泥等六大常用水泥，以及快硬硅酸盐水泥、白色硅酸盐水泥、抗硫酸盐硅酸盐水泥等。

2）铝酸盐系水泥，如铝酸盐自应力水泥、铝酸盐水泥等。

3）硫铝酸盐系水泥，如快硬硫铝酸盐水泥、Ⅰ型低碱硫铝酸盐水泥等。

4）氟铝酸盐水泥。

5）铁铝酸盐水泥。

6）少熟料或无熟料水泥。

（3）按水泥的特性与用途划分

1）通用水泥，是指大量用于一般土木工程的水泥，如上述六种水泥。

2）专用水泥，是指专门用途的水泥，如砌筑水泥、油井水泥、道路水泥等。

3）特性水泥，是指某种性能比较突出的水泥，如快硬水泥、白色水泥、膨胀水泥、低热及中热水泥等。

3. 水泥生产工艺过程

（1）原料的破碎及预均化

1）水泥生产过程中，很大一部分原料要进行破碎，如石灰石、黏土、铁矿石及煤等。石灰石是生产过程中用量最大的原料，开采出来之后的颗粒较大，硬度较高，因此石灰石的破碎在水泥的物料破碎中占有比较重要的地位。

2）原料预均化技术就是在原料的存、取过程中，运用科学的堆取料技术，实现原料的初步均化，使原料堆场同时具备储存与均化的功能。

（2）生料制备

由石灰质原料、黏土质原料及少量校正原料按比例配合，粉磨到一定细度的物料，称为水泥生料。这就要求在制备生料前准备好各种原料，以一定的配合比进行粉磨。

生料制备所采用的粉磨工艺设备主要有球磨机、立式磨机、辊压机与打散机等主机以及在闭路粉磨系统中与之配套的选粉机、输送和收尘等辅助设备。粉磨所产生的生料输送到生料库储存、均化、备用。以下是典型的两种粉磨生产工艺：

1) 立式磨机生产工艺。立式磨流程简单明了，它集烘干、粉磨、选粉及输送设备等于一身，结构紧凑，占地面积和空间小，具有广阔的应用前景，我国近几年新上马的新型干法水泥厂生料的粉磨大多采用了立式磨粉磨工艺。

立式磨与干法水泥窑配套使用，可以将预热器排出的热废气通入磨内烘干物料。一般立式磨可以烘干水分高达15%的原料。立式磨与球磨机相比，电耗可下降10%~25%，烘干物料水分6%~8%，采用热风炉配套可烘干物料水分15%~20%，大型立式磨的入磨物料粒度高达100~150mm，可省略二级破碎。

2) 球磨机生产工艺。球磨机是目前应用最为广泛的一种粉磨设备，对粉磨物料的适应性较强，能连续生产，粉碎比较大（300~1000mm），可干法粉磨，又可湿法粉磨，还可烘干兼粉磨同时进行。

(3) 熟料生产工艺

水泥熟料就是以适当成分的生料烧至部分熔融，所得以硅酸钙为主要成分的产物。水泥熟料的煅烧是在回转窑内完成的。回转窑的筒体由钢板卷制而成，筒体内镶砌耐火衬，且于水平线呈规定的斜度4%（正弦），由3个轮带支撑在各档支承装置上，在入料端轮带附近的跨内筒体上用切向弹簧固定一个大齿圈，其下有一个小齿轮与其啮合。正常运转时，由主传动电动机经主减速器向该开式齿轮装置传递动力，驱动回转窑，目前常见的回转窑产能：5000t/d。物料从窑尾进入窑内煅烧。由于筒体倾斜和缓慢的回转作用，物料既沿圆周方向翻滚又沿轴向移动，继续完成分解和烧成的工艺过程，最后，生成熟料经窑头罩进入冷却机冷却。燃料由窑头喷入窑内，燃烧产生的废气与物料进行热交换后，由窑尾导出。

(4) 煤粉制备

水泥生料煅烧所需的煤炭必须制备成煤粉，提供煤粉燃烧所要求的粒度，以便于充分燃烧，得到足够的燃烧反应能力。目前，水泥厂的煤粉磨系统主要设备采用风扫磨煤粉制备系统，由原煤储运系统、粉磨系统、收粉系统、电气及仪表自动化系统组成。风扫磨热风入口管道及煤风出口管道设置有泄爆阀及氮气保护接口，对设备及系统安全进行保护。选粉机设备采用变频电动机调速，通过对变频器的调整可远程实现对选粉机出粉细度的控制。在生产过程中，应非常注意防火防爆的操作规范要求，在煤粉制备系统和场所内严禁动火。由于工作需要必须动火的，应严格执行动火审批制度，动火作业前必须办理"动火许可证"，采取切实有效的防范措施后方可作业，并且在作业现场设置专人监护。

(5) 水泥粉磨工艺

水泥粉磨是水泥制造的最后工序，也是耗电最多的工序。其主要功能在于将水泥熟料及胶凝剂、性能调节材料等粉磨至适宜的粒度（以细度、比表面积等表示），形成一定的颗粒级配，增大其水化面积，加速水化速度，满足水泥浆体凝结、硬化要求。生产时，将熟料加入适量石膏、混合材料或添加剂输送到粉磨系统，共同磨细为水泥，并包装出厂。水泥粉磨按照工艺流程可分为开路粉磨系统、闭路粉磨系统、联合粉磨系统；按照设备使用方式可以分为球磨机粉磨系统、立磨终粉系统、立磨-球磨机联合粉磨系统、辊压机终粉系统、辊压机-球磨机联合粉磨系统、卧式辊磨（Horomill）粉磨系统。

9.6.3 水泥生产的控制要点及策略

水泥生产工艺设备单机容量大、生产连续性强，对快速性和协调性要求高。为了提高企业的生产效率与竞争力，自动控制的实施至关重要。水泥粉磨与输送系统、输送与存储设备之间存在工艺联锁关系，采用"逆流程启动，顺流程停车"原则对设备进行顺序控制。如今的水泥生产技术已经现代化较高，实现生产过程控制自动化，生产过程的质量与安全要求已经通过生产管理系统实现，但现场的安全管理仍需要安全员开展风险辨识与隐患排查，及时整改和化解危险因素，做到安全生产。水泥生产工艺流程如图9-22所示。

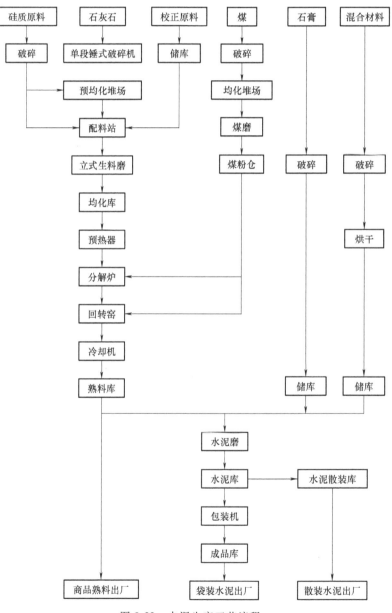

图 9-22 水泥生产工艺流程

9.6.4 水泥工业生产常见设备安全要求与风险防范

水泥行业具有原料传输线路长、设备多,主要炉窑、原料库等设备高大的特点,存在着火灾爆炸、高温辐射、粉尘、机械伤害、高处坠落、物体打击、噪声、电气伤害等危险有害因素。

1. 火灾爆炸

主要的火灾爆炸危险性存在于煤粉制备、煤粉仓、煤磨收尘器和窑尾收尘器等系统,其运输、制备、储存、燃烧及燃烧产物排放过程都可能发生自燃或爆炸。煅烧窑尾电收尘器也存在燃烧及爆炸的危险性。当点窑时或窑内燃烧不完全时,会有大量未燃烧的一氧化碳和煤粉流入电收尘器内,极易引发电收尘器的燃烧爆炸,严重危害人身安全和造成设备损毁。

2. 高温辐射

水泥生产有多处燃烧、换热设备,回转窑呈高温工作状态,而且换热设备多且大型化,形成了生产环境中众多的生产性强热源,热辐射面积大,可造成相关作业人员的高温辐射危害。例如,员工在车间内长时间处于高温辐射状态,时间长了,抵抗能力差工人会得上皮肤病或者皮肤癌等。

3. 粉尘

粉尘是水泥生产中主要危害因素之一。煤渣、砂岩、硫酸渣、粉煤灰、原煤的储存场所和砂岩、原煤的破碎场所均可能产生粉尘,可导致粉尘危害的发生。煤粉制备、窑尾收尘和熟料储库等场所是防范粉尘危害的主要环节。生产过程中,接尘作业人员长期吸入粉尘,能引起以肺部组织纤维化为主的病变,可致肺部硬化、减弱乃至丧失正常的呼吸功能,导致尘肺病的发生,这是水泥行业发生较多的职业病。

4. 噪声

水泥生产需要磨机、破碎设备等设备的参与,产生较高分贝的噪声,生产工人长期处于这种工作环境中,如果没有一定的保护措施(戴耳塞等),轻者造成听觉障碍,重者致聋。

因此,做好生产过程的监控与风险评估是非常重要的,同时应提高岗位作业人员的专业技术与安全意识,及时排查隐患,并采取有效的整改措施,达到安全生产的目的。

9.6.5 水泥工业常见事故案例

1. "1·9"金隅水泥较大坍塌事故

2018年1月,河北张家口市涿鹿金隅水泥有限公司发生一起生产安全事故,致6人死亡。该水泥公司委托涿鹿建胜瑞休园林景观工程有限公司进行水泥筒仓清仓作业时,未办理有限空间作业许可证。因库内上部水泥结块掉落,将作业人员掩埋,造成6人死亡。

(1)事故原因分析

作业人员在清库过程中,站在库壁挂料和物料下方,对库壁和库底同时进行清理作业,且库内清理与库外放料工作同步进行;库内上部水泥结块因受振动,大面积坍塌,落下的大量物料将作业人员掩埋。

(2) 存在的主要问题

公司安全生产主体责任不到位；清库作业未办理有限空间作业许可证；清库作业人员未按要求在库顶钻孔、悬挂安全绳；进库清理人员未系安全带，作业人员违反操作规程；违反规定在夜间组织清库作业；作业时库顶未设置监护人员，导致事故发现和事故初期扑救不及时；企业未按规定建立安全生产责任制、安全生产管理制度、安全操作规程；清库作业未制订专项应急预案；未落实安全生产风险因素辨识管控和事故隐患排查治理工作；未落实清库作业方案的安全措施，未对作业人员进行清库作业和有限空间作业安全教育培训。

2. "4·5" 怀宁上峰水泥有限公司爆炸事故

2018年4月5日14时35分，怀宁上峰水泥有限公司二号线分解炉内发生一起爆炸事故，造成1人死亡、1人重伤、3人轻伤，直接经济损失160万元。

(1) 事故原因分析

停窑后，窑尾煤粉转子秤煤粉未走空，秤闸阀、仓闸阀均关闭不严，且未安装故障报警装置，工艺工程师在未通知篦冷机检修人员撤离就安排技术人员校秤，而机械技术员和DCS（集散控制系统）工程师在知道秤体有煤粉的情况下，仍进行校秤工作（人的不安全行为），使第一次开转子秤落入U形管道中的煤粉和第二次开启转子秤总共约1.66t的煤粉先后送入分解炉。分解炉内部耐火衬料和窑皮不断因温度应力而开裂、脱落，脱落后的新生面温度高，在氧气、温度（点火源）都达到引爆煤粉尘云状态条件下，进入分解炉的煤粉被引爆，导致事故发生。

(2) 存在的主要问题

公司未严格履行安全生产责任制，规章制度不健全，安全管理制度落实不到位，安全生产教育培训形式化；制定的检维修工作方案、有限空间作业票等没有严格按照操作规程进行，存在严重的安全风险。

复 习 题

1. 简述轻工业的生产分类及其在国民经济发展中的地位。
2. 简述纺织企业生产特点及其组成。
3. 简述织布工艺过程及其特点。
4. 简述巡回吹吸清洁机的工艺过程，说明它在安全生产中的作用。
5. 简述一般食品工业的特征。
6. 简述浮法玻璃制造过程及主要风险。
7. 根据造纸设备的工艺，讨论造纸机生产过程中的主要风险因素。
8. 简述水泥工业生产过程存在的主要风险及事故预防措施。

第 10 章
环境工程

进入 21 世纪，人类社会面临着更加严峻的环境与发展的挑战。环境问题不仅受到了当今国际社会的普遍关注，而且已经成为关系到人类生存和可持续发展、国际竞争的重大问题。随着社会发展和知识经济时代的到来，环境问题已经渗透到国际社会的政治、经济、贸易和文化等各个领域，正越来越明显地威胁着人类的生存和发展。因此，认识环境问题的严重性，处理和合理协调经济增长、环境保护和社会发展的关系，保护生态环境，走可持续发展的道路，已成为摆在人类面前的紧迫而艰巨的任务。

0.1 环境科学与环境工程学

环境科学是研究人类环境质量及其保护和改善的科学，是一门综合性的学科，是在人们亟待解决环境问题的社会需要下迅速发起来的。它是一个多学科到跨学科的庞大系统的学科，是涉及自然科学、工程技术、医学和社会科学的一门边缘学科。科学家们早在 19 世纪下半叶，就开始注意环境问题，一些生物学、地学、医学、工程学等学科的学者分别从本学科角度出发对环境问题进行了探索和研究。他们在原学科的基础上，运用原学科的理论和方法，研究环境问题，逐渐出现一些新的分支学科，如环境生物学、环境化学、环境医学、环境工程学、环境物理学等。国际科学联合理事会在 1968 年设立了环境科学委员会。最早提出"环境科学"这一概念的是美国学者。1972 年，美国经济学家沃德和医学杜博斯主编的《只有一个地球》一书出版。作者从整个地球前途出发，从社会、经济和政治的角度探讨环境问题，要求人类明智地管理地球。此后，便开始出现了以"环境科学"为书名的综合性著作。

环境工程学是环境科学的学科分支之一，是一门综合性工程技术学科。它运用工程技术、原理和方法，治理环境污染，保护和改善环境质量，研究合理利用自然资源，从整体上解决环境问题的技术途径和技术措施。它是环境保护工作的重要"硬件"之一。环境工程学是人类在解决环境污染问题的过程中逐步发展并形成的。20 世纪以来，随着一系列环境污染公害事件在世界各地的相继发生并夺去成千上万人的生命，环境污染控制成为人们高度关心的问题，由此推动环境工程学科的形成。事实上，自产业革命以来，世界各地污染问题由水体污染逐步向大气污染、固体废弃物污染及城市噪声公害污染等多方向发展，使环境工程所涉及的领域不断扩大，使之成为涉及土木工程技术、生物生态技术、化工技术、机械工程、系统工程技术等一系列技术综合学科并日臻完善。

10.1.1 环境的含义

"环境"一词的含义极其丰富。任何事物的存在都要占据一定的空间和时间，并且要和其周围的各种事物发生必然的联系。通常将所关注的事物或研究对象称为中心事物（主体），而把该事物所存在的空间以及位于该空间中的事物总和称为该中心事物（主体）的环境。环境是人类赖以生存和发展的场所，它是由多种天然的和经过人工改造的自然因素组成的综合体。人类环境包括自然的和人为的两个方面环境，包括大气、土壤、水体、生物、矿物、自然遗迹、人文遗迹、城市和乡村等环境因素。自然环境是指环绕于人类周围的各种自然环境因素的总和，即整个外部物质世界。目前，通常研究的自然环境是适宜于生物生存的地球表面的一层薄层，即生物圈。它包括大气圈、水圈和岩石土壤圈等在内的一切自然因素及其相互关系的总和。人为环境是指在自然环境基础上，经过人的劳动改造创造的、与自然环境结合在一起的环境因素，包括水库、运河、人工林、古树名木、风景名胜区、城市与乡村等。人为环境以自然环境为基础，与自然环境发生密切关系，成为生态系统的一个组成部分，自然环境与人文环境构成一个综合体。

10.1.2 环境的要素和类型

环境要素又称环境基质，是指构成人类环境整体的各个独立的、性质不同而又服从于其总体演化规律的基本物质组成（图 10-1）。

$$\text{环境要素} \begin{cases} \text{自然环境：通常是指水、大气、生物、岩石和阳光等} \\ \text{人工环境：如城市、农村、工矿区、建筑物等} \end{cases}$$

图 10-1 环境要素

环境的类型可根据不同的原则进行分类。现根据所研究的对象不同，可将环境进行如下分类：

1) 按人类环境中各物质是否有生命，分为生命物质和非生命物质。

2) 按中心事物的不同（即以人类为中心事物），分为人类以外的生物及其他物质作为环境要素所组成的环境和以人类及其他生物一起作为中心事物（含其他非生命物质）作为环境要素所组成的环境。

3) 按组成人类环境的物质来源，分为自然环境和人工环境。

4) 按空间大小，分为车间环境、生活区环境、城市环境、流域环境、全球环境和宇宙环境等。

5) 按组成人类的各种自然要素分为大气环境、土壤环境、水体环境等。

6) 按人类生产活动的性质，分为农业环境、工业环境、旅游环境及投资环境等。

10.1.3 生物圈与生态系统

生物圈从无到有，从简单到复杂，经过一系列演化过程，才形成今天这样的生物圈。

1. 生命的起源

生命的起源是地球演化过程中的一个重要事件。生命是由地球上的非生命物质发展起来的，大体可分为以下几个主要的阶段：

第一，从无机物到简单有机物阶段。

第二，从简单有机物到复杂有机物阶段。

第三，从高分子有机物到具有新陈代谢机能的蛋白体阶段。

第四，有一些多分子体系终于产生出生命的基本特征——新陈代谢。于是从非生命体向生命体的转化，从化学过程向生命过程的转化，就在远古地质时代的地球上实现了。原始生命体就这样诞生了。

原始生命体产生之后，生命演化就由化学演化阶段进入生物进化阶段。生物圈也就诞生了。

2. 生物圈的演化

生物圈形成以后，经历了一系列演化过程，才形成了今天人们所看到的生物圈。生物圈的演化具有以下特征：

第一，生物种类由少到多，生物圈结构由简单到复杂。

第二，生物分布的空间范围由小到大并由海洋向陆地扩展。

新生代距现在最近，有6500万年的历史，气候开始变冷，进化程度比较高级的哺乳类、鸟类和被子植物大发展，其后灵长类出现。在新生代晚期，即第四纪时有人类出现，开始了人类发展的时代。

3. 生态系统

（1）生态系统的概念

生态系统是生态学的一个概念。生态学是一门研究生物和其生活环境的相互关系的科学，是生物学的主要分支。

一个物种在一定空间范围内的所有个体的总和在生态学里称为种群。所有不同种的生物的总和为群落。生物群落连同其所在的物理环境共同构成生态系统。生态系统就是生命系统和环境系统在特定空间的组合，其特征是系统内部以及系统与系统外部之间存在着能量的流动和由此推动的物质的循环。

（2）生态系统的结构

任何一个生态系统都由生物群落和物理环境两大部分组成。阳光、氧气、二氧化碳、水、植物营养素（无机盐）是物理环境的最主要要素，生物残体（如落叶、秸秆、动物和微生物尸体）及其分解产生的有机质也是物理环境的重要因素。物理环境除了给活的生物提供能量和养分之外，还为生物提供其生命活动需要的媒质，如水、空气和土壤。而活的生物群落构成生态系统精密有序结构，并使其充满活力。各种生物在生态系统的生命舞台上各有角色。

生态系统的生命角色有三种，即生产者、消费者和分解者，分别由不同种类的生物充当。生产者吸收太阳能并利用无机营养元素（C、H、O、N等）合成有机物，将吸收的一部分太阳能以化学能的形式储存在有机物中。消费者是指直接或间接地利用生产者所制造的有机物作为食物和能源，而不能直接利用太阳能和无机态的营养元素的生物，包括草食动物、肉食动物、寄生生物和腐食动物。分解者是指所有能够把有机物分解为简单无机物的生物，它们主要是各种细菌和部分真菌。分解者以动植物的残体或排泄物中的有机物作为食物和能量来源，通过它们的新陈代谢作用，有机物被分解为无机物，并最终还原为植物可以利用的营养物。消费者和分解者都不能够直接利用太阳能和物理环境中的无机营养元素，称为异养生物。值得特别指出的是，物理环境（太阳能、水、空气、无机营养元素）、生产者和分解者是生态系统缺一不可的组成部分，而消费者是可有可无的。

（3）生态系统的物质循环和能量流

在生态系统中，物质从物理环境开始，经生产者、消费者和分解者，又回到物理环境，完成一个由简单无机物到各种高能有机化合物，最终还原为简单无机物的生态循环。通过该循环，生物得以生存和繁衍，物理环境得到更新并变得越来越适合生物生存的需要。在这个物质的生态循环过程中，太阳能以化学能的形式被固定在有机物中，供食物链上的各级生物利用。生物维持生命所必需的化学元素虽然为数众多，但有机体的97%以上是由氧、碳、氢、氮和磷五种元素组成的。

生态系统的能量流就是推动生物圈和各级生态系统物质循环的动力，是能量在食物链中的传递。与物质的循环运动不同的是，能量流是单向的，它从植物吸收太阳能开始，通过食物链逐级传递，直至食物链的最后一环。在每一环的能量转移过程中都有一部分能量被有机体用来推动自身的生命活动（新陈代谢），随后变为热能耗散在物理环境中。

总之，生物圈是地球表面全部生物（有机体）与自然环境非生物因素（包括大气圈、土圈、水圈、岩石圈、物理环境因素）的总称，两者相互作用。生物与周围环境相互作用，通过物质流和能源流共同构成生物同环境的复合体——生态系统（即耗散结构）。生物圈实际上就是一个精巧而又十分复杂的巨大生态系统，其中包括无数个小的生态系统。一切生态系统就是自然界的一个基本活动单元。一切生态系统都具有三条基本原理：养分循环原理、能量运动原理、结构关系原理（动植物的特殊关系）。生态系统最基本的物质循环是水循环、氮循环、氧循环和碳循环。在生态系统内，各种生物之间、生物与非生物之间，都保持着一种相对平衡的状态，即通过能量流动和物资循环，能较长时间地保持稳定和谐发展，这种平衡状态称为生态平衡。

10.1.4 环境保护

人类对环境的不良影响主要是对自然生态的破坏及对环境的污染。环境保护就是从解决环境问题入手，以保护生态平衡为中心，达到保障人类生产、消费活动正常、持续发展为目的的一项全球性系统工程。

环境问题的表现形式多种多样,其危害也各不相同。按形成的原因,环境问题可分为两类:

1. 原生环境问题

原生环境问题又称第一环境问题,是指由于自然因素自身的失衡和污染引起的环境问题,如火山爆发、洪涝、干旱、地震、台风等的异常变化、因环境中元素自然分布不均引起的地方病以及自然界中放射性物质产生的放射病等。

2. 次生环境问题

次生环境问题又称为第二环境问题,是指由人为因素造成的环境污染和自然资源与生态环境的破坏,即人类在开发利用自然资源时,超越了环境自身的承载能力,使生态环境质量恶化或自然资源枯竭的现象。这些都是属于人为造成的环境问题。通常所说的环境问题主要是指次生环境问题。次生环境问题又可分为环境污染和生态环境破坏两大类。由于人为的因素,使环境的化学组分或物理状态发生变化,与原来的情况相比,环境质量发生变化,扰乱或破坏了原有的生态系统或人们通常的生产和生活条件,称为环境污染(又称公害)。生态环境破坏主要是指人类盲目地开发自然资源引起的生态退化及由此而衍生的环境效应,是人类活动直接作用于自然界引起的,如过度放牧引起的草原退化、因毁林开荒造成的水土流失和沙漠化等。

因此,要开展环境保护工作,其主要活动内容如下:

1) 防止人类对环境的不良影响。防止对自然环境资源的过度开发和利用,索取量超过自然资源的再生及更新能力,向环境过多地排放废水、废气、废渣、粉尘、有毒及放射性物质等。现在,全球共有78亿多人口,而地球的资源正在逐渐减少。尽管人口增长速度放慢,但人口增长的压力仍然不可小视,因为世界人口的年龄结构仍然偏于年轻,而全球出生人数仍然是死亡人数的两倍。此外,目前人口增长呈现非常不均衡的局面,亚洲、欧洲和非洲的情况各不相同,这给各国带来了不同的人口问题。人口增加,对地球资源的掠夺就越大,对环境形成了更大的压力。

2) 控制对环境的污染。对工业生产过程中向环境排放污染物必须加以控制。人类的生产和消费活动会对环境直接产生作用。从环境中获取物质和能量,又以"三废"(废水、废气、废渣)的形式把物质和能量归还环境。当有害物质的量增加到一定程度,超出了生态系统自净能力时,就会使生态系统的结构与机能遭受破坏。因此,控制对环境的污染是非常必要的。

3) 治理环境。治理那些对人类不利的因素,为人类创造空气清新、水洁净、舒适安静的高质量的生态环境。长期以来,人们所处的环境质量不但没有改善,反而在许多地方出现有继续恶化的不良局面。为预防环境质量恶化,控制对环境的污染,必须实行有计划地开发自然资源,合理地发展生产,兴利除弊,保护生态平衡,保障人类持续正常地生存与发展。

10.1.5 环境工程内容

环境工程具有综合性、边缘性的特点,以研究控制和改善环境质量的技术原理及工程学方法为主要任务，综合运用环境、生物、化学、物理、地学和管理等学科的知识，研究开发污染治理的新技术和新设备，探求控制环境污染、保护和改善环境质量的新途径，建设环境与经济协调、社会持续发展的优良环境。

环境工程的主要内容是：

（1）水质净化与水污染控制工程

当污染物排入水体后，对水体产生污染。一种是水体自净过程，它按机理可分为三大类：物理净化作用、化学净化作用、生物净化作用。另一种是一般处理原则，是从清洁生产的角度出发，改革生产工艺和设备，减少污染物，防止废水外排，进行综合利用和回收。当然，必须外排的废水，其处理方法随水质和要求而异。进行一级处理、二级处理和三级处理，以达到符合环境要求。

（2）大气污染控制工程

大气污染物主要有 CO、N_xO_y、碳氢化合物、S_xO_y、微粒、光化学烟雾等。因此，控制污染主要以加强城市环境管理、改变市区生态环境、加强建筑工地管理、治理工业废气等污染源、治理机动车尾气、综合防治扬尘污染、调整产业结构和能源结构、加强宣传教育、全民动员，共同推动大气污染防治工作。

（3）固体废弃物处理、处置与管理工程

主要有填埋法、焚烧法和堆肥法。其中，填埋法会浪费大量土地，不符合我国国情。焚烧法具有减容化、无害化、速度快、资源化等优点，还可以将垃圾焚烧产生的热量进行回收利用，处理成本比较低，适用性广。堆肥法是利用微生物对有机废弃物进行分解腐熟作用，将不稳定的有机质转变为较为稳定的有机质而形成肥料。堆肥法是在我国城市处理垃圾采用较多的方法，目前在国内外运用越来越广泛。

（4）噪声、振动与其他公害防治技术

主要有噪声污染及其防治技术（如社会噪声、交通噪声、工业噪声污染）、光污染及其防治技术（如红外线、紫外线、可见光和激光等）、热污染及其控制技术，还有核辐射、电磁辐射等的控制技术。

此外，还有环境规划、管理和环境系统工程，环境监测与环境质量评价等，都是环境工程的内容。

10.2 水污染与水质净化

10.2.1 水体环境概述

水对人类和环境具有十分重要的作用。不论是生活、生产活动或生态环境，都离不开水这一宝贵的资源。水对人体至关重要，同样，工业生产也需要大量的水。所以水是人类生活和生产活动中不可缺少的物质资源。

1. 水的循环

水的循环分为自然循环和社会循环。

（1）自然循环

自然界不是静止不动的，水在太阳能作用下，通过海洋、湖泊、河流等水域及土壤表面、植物茎叶的蒸发和蒸腾形成水汽，上升到空气中凝结为云，在大气环流——风的推动下，运移到各处，在适当条件下，以雨、雪、雹等形式降落下来。其中一些降落在陆上汇成江河湖泊——地面径流，另一些渗入地下成为地下水——地下渗流。两者可以相互转换，诸如海洋，同时一部分水经过地面与水面蒸发、蒸腾进入大气圈。水这样川流不息、循环往复的过程称为自然循环。

（2）社会循环

人类社会为了满足生活和生产需要，要从各种天然水体中取用大量的水，这些生活与生产用水经使用后成为生活污水和生产污水，被排放出来，又流入天然水体。水在人类社会中构成一个循环系统，称为水的社会循环。水的社会循环中表现出人与自然在水量与水质方面存在巨大矛盾。环境工程的任务就是要研究和解决这一矛盾，在合理开发和利用水资源的同时，必须有效地控制水污染。

2. 水质指标与标准

水中杂质分为悬浮物质，其颗粒尺寸为 $10^{-3} \sim 10^{-1}$ mm；胶体物质，其颗粒尺寸为 $10^{-6} \sim 10^{-3}$ mm；溶解物质，其颗粒尺寸为，$10^{-8} \sim 10^{-6}$ mm。

水质是指水中和其中所含杂质共同表现出来的物理的、化学的和生物学的综合特性。

水质指标是表示水中杂质的种类、成分和数量，是判断水质的具体衡量标准。水质指标繁多，但可分为物理性水质指标、化学性水质指标、生物学水质指标三大类。

（1）物理性水质指标

1）感官物理性状指标。这类指标有温度、湿度、嗅和味、混浊度、透明度等。

2）其他物理性状指标。这类指标有总固体、悬浮固体、溶解固体、可沉固体、电导率、电阻率等。

（2）化学性水质指标

1）一般性化学性水质指标。这类指标有 pH 值、碱度、硬度、各种阳离子、总含盐量、有机物质等。

2）有毒的化学性水质指标。这类指标有重金属、氰化物、各种农药等。

3）氧平衡指标。这类指标有溶解氧、化学需氧量、生化需氧量、总需氧量。

（3）生物学水质指标

生物学水质指标包括细菌总数、大肠菌群数、病原细菌、病毒等。

水的用途广泛，需针对不同用途，建立相应的物理、化学、生物学质量标准，对水中杂质加以一定的限制。水质标准是环境标准中的一种。水质标准中一类是国家制定的标准，一类是各用水部门或设计研究单位为各项工程提出的各项水质要求。这些要求并不都具有法律性。

常用国家标准有饮用水水质标准、地面水循环支路标准、污水综合排放标准。

3. 水的污染

水是氢和氧的化合物，水在蒸汽状态下是纯净的。自然界几乎不存在纯粹的水，水在自然循环中是一种动态平静体系，在这一体系中各种物质变化具有一定的自动调节能力，达到新的平衡。水体在一定程度下具有自身调节和降低污染的能力，称为水的自然净化能力。当进入水体的外来杂质含量超过了自然净化能力时，水质就会恶化，对人类和水的利用产生不良影响，这就是水的污染。水污染定义为：水体因某种物质介入，而导致其化学、物理、生物或放射性等方面特性改变，从而影响水的有效利用，危害人体健康或者破坏生态环境，造成水质恶化的现象。

水污染分为自然污染和人为污染。人为污染是主要的。造成水污染的原因主要有五个方面：

1）工业生产排放的废水。
2）城市生活污水。
3）农业上农药、化肥被雨水冲刷而形成的污水。
4）固体废弃物中有害物遇水溶解而形成的污水。
5）工业生产排放的烟尘和废弃直接降落或被雨水淋洗而形成的污水。

10.2.2 水污染的分类

水污染可根据物质的不同而分为化学性污染、物理性污染、生物性污染三大类。

1. 化学性污染

（1）无机污染物质

无机污染物质主要是酸、碱基无机盐。酸污染主要是矿上排水、工业废水。

（2）无机有毒物质

无机有毒物质主要是重金属等潜在长期有效的物质，如汞、镉、铅、砷、铬、氯化物、氟化物等。

（3）有机有毒物质

有机有毒物质主要是农药、多环芳烃芳香胺等，来自农田排水、工业废水，如焦化、燃料、塑料、农药等。

（4）需氧污染物质

生活污水、牲畜污水、工业废水中碳水化合物、蛋白质、脂肪和酚、醇等有机物质，可在微生物作用下分解，需要消耗氧。这种物质排入水体就会消耗水中溶解氧。水中溶解氧耗尽，有机物质间进行厌氧分解，产生大量硫化氢、氨、硫、醇等难闻物质，使水质变黑变臭。需氧污染物质是水体最大量、最经常、最普遍的污染物质。

（5）植物营养物质

生活污水、工业废水中含有一定数量的氮、磷等植物营养物质。水体中氮、磷含量高，就会使水域藻类及浮游植物大量繁殖，称为水体的富营养化，引起水质恶化，鱼类死亡，湖泊退化。

(6) 油类污染物质

炼油、石油化工、油轮事故、大气中污染碳氢化合物等使水体受油类污染。

2. 物理性污染

(1) 悬浮物质污染

悬浮物质是指水中不溶性物质，它是由生活污水、垃圾、采矿、建筑、食品、造纸所产生的固体废弃物与泡沫泄入水中，妨碍水中植物的光合作用，减少氧气溶入，对水中生物不利。

(2) 热污染

来自热电厂、核电站及各种工业过程中的冷却水，若直接排入水体中，可引起水温升高，溶解氧降低，水中毒性增加。

(3) 放射性污染

放射性矿藏开采、核试验、核电站及同位素在医学、工业研究中应用放射性废水、废弃物增加，造成放射性污染。

3. 生物性污染

生活污水、医院污水、工业废水污染水体的，带入一些病原微生物，细菌在水中传播。防止病原微生物对水的污染，也是环境保护。

10.2.3 废水处理方法

1. 水处理基本原则

水处理的基本原则如下：

1) 改革生产工艺，减少废水排放，尽量少用水或不用水。
2) 重复利用废水，循环用水，使废水排放量减至最少。
3) 回收废水中的有用物质，变废为宝，化害为利。
4) 对排放废水要妥善处理，使其无害化，不污染水体，不恶化环境。

2. 废水处理方法

废水处理方法很多，归纳起来可分为物理处理法、化学处理法、生物化学处理法。

(1) 物理处理法

采用物理方法分离或除去废水中不溶性悬浮物或固体的方法称为物理处理法。因为该方法仅仅是去除悬浮物或固体物质，所以设备简单，操作方便，并且容易达到良好的效果。物理处理法主要有筛滤法、重力法和离心法。筛滤法是用过滤方式处理废水的方法。当废水通过带有微孔的装置或某种介质组成的滤层时，悬浮颗粒被截留下来，废水得到一定程度的净化。

重力法是利用废水中悬浮颗粒的自身质量，与水分离。密度大于水的颗粒在水中自然沉降，或密度低于水的悬浮物靠浮力在水中自然上升，从而与水分离。利用重力处理废水的设备有多种形式，如沉淀池、浓缩池、隔油池等。选矿厂废水中的矿石颗粒、洗煤场废水中的粉煤、化工厂废水中的浮化油、各类加工厂和皮革厂的有机悬浮物等，都可以利用重力或浮力的方法分离。

离心法是使废水在离心力的作用下，把固体颗粒与废水分离的方法。利用离心机旋转，形成离心力场，由于固体颗粒与水的密度不同，受到的离心力也不一样，在离心力的作用下，固体颗粒被甩向外侧，废水继续留在内侧，然后各自从容器不同的出口排出，从而悬浮颗粒被分离出来。

（2）化学处理法

化学处理法是向废水中投入化学试剂，使其与污染物发生化学反应除去污染物的方法。常用处理有中和法、混凝沉淀法、吸附法和离子交换法等。

酸性废水和碱性废水都可以用中和的方法进行处理。在处理中，应借助于测定 pH 值的办法，使处理后的废水满足循环利用和排放标准。

混凝沉淀法是在废水中加入混凝剂、水悬浮物质或胶体颗粒，在静电、化学物理的作用下聚集，加大颗粒的沉降速度，以达到分离的目的。常用的混凝剂有无机混凝剂，如硫酸铝、三氯化铁等；高分子混凝剂，如聚丙烯酰胺等。

吸附法一般采用多孔性固态物质作为吸附质。吸附法可分为物理吸附和化学吸附。

离子交换法是通过离子交换剂与废水污染物之间的离子交换而净化废水的方法。常用的离子交换剂是有机合成的离子交换树脂。当它与废水中的某些离子接触时，即发生交换作用，并能移去废水中的污染物离子，使废水净化。

（3）生物化学处理法

生物化学处理法是利用微生物的新陈代谢作用处理废水的一种方法。微生物的新陈代谢作用能把复杂的有机物分解为简单物质，将有毒物质转化为无毒物质，使废水净化。根据氧的有无，分为好氧生物化学处理法和厌氧生物化学处理法。好氧生物化学处理法是在供氧充分、温度适宜、营养充足的条件下，好氧微生物大量繁殖，并将水中的有机污染物氧化分解为二氧化碳、水、硫酸盐、硝酸盐等简单无机物。含有碳氧化合物、蛋白质、脂肪、合成洗涤剂等的生活污水和有机废水常用这种处理方法。

厌氧生物化学处理法是在密闭无氧的条件下，有机物（如粪便、污泥、厨房垃圾等）通过厌氧性微生物及其代谢酶的作用被分解，除去臭味，使病原菌和寄生虫卵死灭的处理方法。有机物经厌氧消化后生成的残渣可作农田肥料，产生的气体是有价值的能源。

在实际废水处理中，多由若干个处理方法组合而成废水处理系统。废水处理系统分为一级处理、二级处理与三级处理等。城市污水处理一般流程如图 10-2 所示。

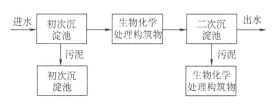

图 10-2 城市污水处理一般流程

10.3 大气污染控制工程

大气是保护地球上生命免受外层空间恶劣环境危害的一个保护层，是植物光合作用所需二氧化碳和动物呼吸所需氧气的来源。大气提供了固氮细菌和生产氮肥所必需的氮。大气是水循环的传输体，承担着把水从海洋输送到陆地的任务，对地球的热平衡起着重要的作用。

10.3.1 大气组成

把随地球旋转的大气层称为大气圈。大气圈分为对流层、平流层、中间层、暖层、散逸层。

自然状态下的大气由混合气体、水汽、悬浮物微粒组成。除去水汽和微粒的空气称为干洁空气。干洁空气的主要成分是氮（N_2）、氧（O_2）、氩（Ar），三者共占干洁空气总体积分数的 99.96% 以上，其他成分如 CO_2、氖（Ne）、氦（He）、氪（Kr）、氙（Xe）、氢（H_2）、臭氧（O_3），所占体积分数不到 0.04%。大气中水汽随时间、地点、气象条件不同而有较大的变化。悬浮微粒是自然因素造成的。

10.3.2 大气污染

按国际标准组织（ISO）所做的定义，大气污染通常是指由人类活动和自然过程引起某种物质进入到大气中，呈现出足够的浓度、达到足够的时间，并因此而危及人体的舒适、健康和福利或危害了环境的现象。所谓对人体的舒适、健康的危害，包括对人体正常生理机能的影响，引起急性病、慢性病以至死亡等；所谓福利，则包括与人类协调并共存的生物、自然资源以及财产、器物等。大气污染可按如下方式分类：

（1）按大气污染范围大小分类

1）局部地区大气污染。如某工厂烟囱排气的直接影响。

2）区域性污染。如工矿区或其附近地区或整个城市大气受到污染，这在城市、工矿区经常出现。

3）广域性污染。这在城市、大工业地带可看到。

4）全球性大气污染。由于人类的活动，大气中硫氧化物、氮氧化物、二氧化碳、氯氟烃化合物和飘尘不断增加，造成跨国界的酸性降雨、温室效应、臭氧层破坏。大气污染物来源于燃料燃烧、工业生产过程、交通运输。

（2）按大气污染物不同分类

天然污染物和人为污染物。引起公害的往往是人为污染物，它们主要来源于燃料燃烧和大规模工矿企业的排放。各污染物和种类分解如下：

1）颗粒物是指大气中液体、固体状物质，又称尘。

2）硫氧化物是硫的氧化物的总称，包括二氧化硫、三氧化硫、三氧化二硫、一氧化硫等。

3）碳的氧化物主要包括二氧化碳和一氧化碳。

4）氮氧化物是氮的氧化物的总称，包括氧化亚氮、一氧化氮、二氧化氮、三氧化二氮等。

5）碳氢化合物是指由碳元素和氢元素形成的化合物，如甲烷、乙烷等烃类气体。

6）其他有害物如重金属类，含氟气体，含氯气体等。

（3）按大气污染存在状态分类

1）颗粒污染物。主要由以下几部分组成：

① 粉尘。粉尘粒径一般在 $1\sim 200\mu m$，为悬浮于气体介质中的细小固体粒子。大于 $10\mu m$ 的粒子为降尘，小于 $10\mu m$ 的粒子为飘尘。

② 烟。烟是指冶金过程形成的固体粒子的溶胶，粒径在 $0.01\sim 1\mu m$。

③ 飞尘。飞尘是指由燃料燃烧后产生的烟气带走的灰分中较细的粒子。

④ 黑烟。黑烟是指由燃烧产生的能见气体溶胶，它不包含水蒸气，粒径为 $0.05\sim 1\mu m$。

⑤ 雾。雾是指小液体粒子的悬浮体。雾滴粒径在 $200\mu m$ 以下。

⑥ 总悬浮微粒。总悬浮微粒是指大气中粒径小于 $100\mu m$ 的所有固体颗粒。

2）气态污染物。气态污染物种类极多，主要有：以二氧化硫（SO_2）为主的含硫化合物，以一氧化氮（NO）、二氧化氮（NO_2）为主的含氮化合物；碳的氧化物（CO、CO_2）、碳氢化合物；卤素化合物。

气态污染物又分为原发性污染物和继发性污染物，即一次污染物和二次污染物。一次污染物是指从污染源直接排放出来的原始污染物质，它们介入大气之后，其物理、化学性质均未发生改变。二次污染物是指一次污染物与大气中原有成分之间，或者几种一次污染物之间经过一系列化学或光化学反应而生成的与一次污染物性质不同的新污染。气态污染物的种类见表 10-1。

表 10-1 气态污染物的种类

化合物	一次污染物	二次污染物
含硫化合物	SO_2　H_2S	SO_3　H_2SO_4　MSO_4
碳的氧化物	CO_2　CO	无
含氮化合物	NO　NH_3	NO_2　HNO_3　MNO_3　O_3
碳氢化合物	C_mH_n	醛、酮、过氧乙酰硝酸酯
卤素化合物	HF　HCl	无

注：M 代表金属离子。

10.3.3 大气污染的危害性

空气是地球表面一切生命物质赖以生存的基本条件。如果没有空气，人类就无法生存；植物离开空气，就无法光合作用。清洁空气被污染后，其性质就会改变，产生有害于人类健康、影响动植物生活及损害各种器物等现象。

1. 大气污染对全球气候的影响

大气污染对全球气候的影响，虽然不像对局部环境影响那么明显，但从长远来看，其影响是绝不能忽视的。近十几年来，人们普遍感到气候异常，说明工业的不断发展，某些有害物质已经影响到地球上气候的变化。

2. 大气污染与健康

大气被污染后，由于污染物的来源、性质、浓度和持续时间的不同，污染地区的气象条件、地理环境等因素的差别，甚至人的年龄、健康状况的不同，对人体会产生不同的危害。

大气中有害物质通过以下三个途径进入人体造成危害：通过人的直接呼吸而进入到人体；附着在食物或溶解于水，随饮水、食物而侵入人体；通过接触或者刺激皮肤而进入人体，尤其是脂溶性物质更易从完整的皮肤渗入人体。其中，通过呼吸而侵入人体是主要的途径，危害也最大。这是因为：第一，一个成年人每天要吸入 $12m^3$ 的空气，数量极大；第二，在 $55\sim70m^3$ 的肺泡面积上进行气体交换，其浓缩作用很强；第三，整个呼吸道富有水分，对有害物质黏附、溶解、吸收能力大，感受性强。因此，大气污染对人体的影响，首先是感官上受到，随后在生理上显示出可逆性的反应，进一步就出现急性危害的症状。大气污染对人危害大致可分为急性中毒、慢性中毒和致癌作用三种。

3. 大气污染对植物的影响

大气污染对植物的影响，随着污染的性质、浓度和接触时间、植物的品种和生长期、气象条件等不同而异。气体状污染物通常都是经叶背的气孔进入植物体，然后逐渐扩散到海绵组织、栅栏组织，破坏叶绿素，使组织脱水坏死，干扰阳光，影响光合作用，从而影响植物的正常生长。

大气层污染对植物的危害，可根据受害植物的叶片出现变色斑纹，做出初步鉴定，同时从受害症状也可初步确定污染物的种类。对植物生长危害较大的大气污染物主要是二氧化硫、氟化物、光化学烟雾。

4. 大气污染的其他危害

大气污染影响广泛，对金属制品、油漆涂料、皮革制品、纺织衣料、橡胶制品、建筑等的影响是严重的。这种损害包括玷污性损害和化学性损害两方面，都会造成很大的经济损失。玷污性损害造成各种器物的表面污染不易被清洗除去；化学性损害由于污染物对各种器物的化学作用，使器物腐蚀变质，如酸雾对金属表面和电镀层的腐蚀等。

10.3.4 控制大气污染的基本方法

大气污染控制从立法角度出发，用法律限制或禁止污染物的扩散。从防止污染的角度出发，采用一些手段把污染物排放量降至不致严重污染大气的程度。从大气污染的综合防治角度来看，应采取严格环境管理、绿化造林、综合防治的方法。大气污染控制的重点是控制污染源，并采取以下防治技术。

1. 烟尘治理技术

对于工业生产排出的颗粒状污染物，一方面可用烟囱稀释排放，即在烟尘浓度比较低或排放量比较小的场合。通过烟囱把烟尘在一定的高度直接排入大气，使之向更大范围、更远地区扩散稀释；另一方面，用除尘的方法加以控制，减少排放，即用除尘设备把颗粒物从烟尘中分离出来。除尘设备按工作原理分为重力除尘设备、惯性除尘设备、离心除尘设备、洗涤除尘设备、过滤式除尘设备和静电除尘设备等。

（1）重力除尘设备

重力除尘一般用沉降室，它是利用颗粒物在重力的作用下自然沉降而从烟气中分离出来的设备。重力除尘设备用于除去较大直径的颗粒,做预除尘使用。

(2) 惯性除尘设备

惯性除尘设备是使含尘烟撞击挡板或者使其急剧改变气流方向,利用惯性力分离并捕集颗粒的除尘设备。在实际应用中,惯性除尘设备一般放在多级除尘系统的第一级,用来分离粒径大于 $10\mu m$ 的粉尘,不适宜清除黏结性粉尘和纤维性粉尘。

(3) 离心除尘设备

离心除尘设备也称旋风分离器,它是通过烟气的回转运动,使尘料在离心力的作用下,与烟气分离的设备。它的特点是结构简单,造价低廉,适合于除去 $10\sim50\mu m$ 的尘粒,除尘效率在 70% 以上。旋风分离器根据结构的不同有标准式、轴流式、倾斜螺旋面入口式、扩散式等不同形式。

(4) 洗涤除尘设备

采用洗涤的方法,使烟气中的尘粒和水滴接触碰撞而被捕捉下来的设备称为洗涤除尘设备。这种设备有多种类型,如喷淋式、旋风式、水浴式、泡沫式、填料式、文氏管和喷射式除尘器等。这些除尘器的分离效果较好,除尘效率基本都在 85% 以上。

(5) 过滤式除尘设备

过滤式除尘设备有以纤维为过滤材料的布袋除尘器和以砂粒为过滤材料的颗粒层除尘器,它们的工作原理是当含尘烟气通过过滤材料时,尘粒被过滤下来。过滤材料捕集粗粒粉尘主要靠惯性碰撞作用,捕集细粒粉尘主要靠扩散和筛分作用。布袋除尘器对于大于 $0.1\mu m$ 的微粒,分离效率可达 99%。颗粒层除尘器在过滤越细的粉尘时,过滤速度应越低,其分离效率也可达 99%。

(6) 静电除尘设备

静电除尘设备是利用高电压的电场使烟气发生电离,气流中的粉尘电荷在电场作用下与电流分离而除尘的设备。静电除尘设备负极由不同断面形状的金属导线制成,叫作放电电极,正极由不同几何形状的金属板制成,叫作集尘电极。静电除尘器与其他除尘设备相比耗能少,除尘效率高,适用于除去烟气中的 $0.1\sim50\mu m$ 的粉尘,而且可用于烟气温度高、压力大的场合。

2. 有害气体的治理技术

对有害气体进行无害化的处理或回收利用的方法有吸收法、吸附法、燃烧法、催化转化法和冷凝法等。

(1) 吸收法

用溶液、溶剂或清水吸收工业废气中的有害气体,使其与废气分离的方法为吸收法。溶液、溶剂、清水称为吸收剂,吸收的有害气体的成分不同。

吸收法使用的设备有喷淋洗涤器、泡沫洗涤器和文氏管洗涤器。吸收法可以处理各种有害气体,适用范围很广,但工艺比较复杂。

(2) 吸附法

吸附法是用固体吸附剂吸附处理废气中的有害气体的方法。使用吸附法,要恰当地选择吸附剂。吸附剂的条件是比表面积大，容易吸附和脱附，来源容易，价格便宜。例如，二氧化硫可以用活性炭来吸附，氟化氢可以用活性氧化铝来吸附。

常用的吸附设备有固定床、流化床和输送床。许多种有害气体都可以用吸附法处理，并挥发有用物质，但吸附法更适合于净化浓度较低、气体量较少的有害废气。

（3）燃烧法

用氧化燃烧或高温分解的原理，把有害气体转化为无害物质的过程，称为燃烧法或焚化法，燃烧法又分为直接燃烧和催化燃烧两种方法。燃烧法一般用于处理有机废气，如含有烃类、醇类、酯类及含有氮、硫的有机化合物等的有害气体。

燃烧法简便易行，效率较高，有机废气的含量越高，用此方法越有利。但采用这种方式时，必须严格控制燃烧温度和燃烧时间，否则有机物会炭化成颗粒，以粉尘形式随烟气外排，造成二次污染。

（4）催化转化法

在催化剂的作用下，使有害气体转化为无害气体或易于回收的气体的方法，称为催化转化法。它分为催化氧化法和催化还原法。

催化氧化法是使有害气体的催化剂作用下，与空气中的氧发生化学反应，转化为无害气体的方法。例如，含碳氢化合物的废气经催化氧化，使碳氢化合物变成二氧化碳和水。

催化还原法是使用有害气体在催化剂作用下，与还原气体发生化学反应，转化为无害气体的方法。例如，氮氧化物能在催化剂作用下，由氨还原为氮气和水。

催化转化法具有效率高、操作简单等特点。采用这种方法的关键是选择合适的催化剂，并延长催化剂的寿命。

（5）冷凝法

根据降低有害气体的温度，能使某些成分冷凝成液体的原理，来分离废气中有害成分的方法，称为冷凝法。

冷凝法对有害气体的去除程度与冷却温度和有害成分的饱和蒸气压有关。冷却温度越低，有害成分越接近饱和，其去除程度越高。当用于净化单一有害成分的废气时，用一次冷凝法；当用于净化含多种有害成分的废气或提高废气的净化效率时，可用多次冷凝的方法。冷凝法设备简单、操作方便，对去除高浓度的有害气体更有利。

10.4 固体废弃物的处理与控制

固体废弃物是人类在生产、生活等活动过程中产生的固状和泥状物质。现在全球每年新增固体废弃物约 100 亿 t，如此大量的固体废弃物侵占土地、污染环境。我国现有三分之二的城市有垃圾围城的现象。固体废弃物产生的量大，其处理水平与废气、废水处理水平相比要低得多，综合利用少、占地多、危害严重，城市垃圾成为困扰当今社会的重大环境问题之一。

10.4.1 固体废弃物的含义

何谓固体废弃物？凡人类一切活动过程中产生的且对所有者已不再具有实用价值而被废弃的固态或半固态物质，通称为固体废弃物。各类生产活动中产生的固态废弃物称为废渣；生活活动中的固态废弃物称为垃圾。

固体废弃物来源可依据其产生的途径与性质分为工业废弃物、矿业废弃物、农业废弃物、城市垃圾四大类。也即人类从事工业、农业生产过程中，在交通、商业等活动中，一方面生产出有用的工农业产品，供人们的衣、食、住、行、用，另一方面同时产生了许多的废弃物，如废渣、废料等。各种产品被人们使用一段时间后，不能继续使用，都会变成废弃物，如生活废弃物中的衣物、饮料瓶罐等。固体废弃物对人类环境危害是严重的，其危害主要有：

(1) 占据大片土地

据估计，每堆积10000t废渣，约占地1亩（1亩=666.67m^2）。我国现在堆积的废弃物达100亿t以上，约占地10^6亩。随着城市的发展和居民生活水平的提高，城市垃圾产生量也以每年约10%的速度递增，城市垃圾占地的矛盾也日益突出，许多城市被垃圾所包围。

(2) 污染土壤，影响耕种

固体废弃物长期露天堆放，其有害成分在地表面径流和雨水的浇淋与渗透作用，通过土壤的孔隙向土壤迁移，使有害成分残留于土壤之中，导致土壤改变成分和结构，间接对植物产生了污染，有些土地甚至无法耕种，或有些废弃物带有病原体、病菌及寄生虫等生物污染源，通过土壤传给蔬菜、瓜果，也会使人食后致病。

(3) 污染水体，影响动物健康

如果将有害废弃物直接排入江、河、湖、海等地，或是露天堆放的废弃物被地表径流携带进入水体，或是飘入空中的细小颗粒通过降水的冲洗沉积以及重力沉降和干沉积而落入地表水系，水体都可溶解出有害成分，毒害生物，造成水体富营养化，导致鱼类死亡等。

(4) 污染大气，影响环境卫生

废弃物的细粒、粉末随风扬散，在废弃物运输及处理过程中缺少相应的防护和净化技术，释放有害气体和粉尘，堆放和填埋的废弃物以及渗入土壤的废弃物，经挥发和反应放出有害气体，都会污染大气并使大气质量下降。影响大气环境。

(5) 其他影响

固体废弃物如堆置不当，还会造成很大的灾难。如尾矿或粉煤灰库被冲垮，淹没村庄、农田，甚至破坏周围自然景观等。

10.4.2 固体废弃物处理技术和方法

1. 固体废弃物管理系统

固体废弃物（城市垃圾）管理系统包括如下六个功能环节：

(1) 固体废弃物产源地管理

该环节要控制固体废弃物的产生,掌握固体废弃物的来源,测定其性质,按性质进行分类,为后续管理环节提供依据。

(2) 分散堆放

选择堆放地点,设置存放废弃物的容器,初步分选加工。

(3) 收集系统

将分散存放固体废弃物用小型运输车辆收集,运至回收中心或转运站,以便进一步转移至最终处理地点。

(4) 转移与运输

用小车收集垃圾,再改用大型运输工具运至最终处理场加工处理。

(5) 处理与材料回收

通过一定技术环节,回收其中有用资源,并对废弃物进行缩减容积处理。

(6) 最终处理

对无任何利用价值的废弃物在自然环境中安排一个安全地方(如深层掩埋),使其对环境影响降低。

2. 固体废弃物处理技术和方法

目前,我国常用的垃圾处理方法有填埋法、堆肥法和焚烧法。

固体废弃物处理通常是指通过物理、化学、生物、物化及生化方法把固体废弃物转化为适于运输、储存、利用或处置的过程。固体废弃物处理的目标是无害化、减量化、资源化。目前采用的主要处理技术有压实、破碎、分选、固化、焚烧和热解、生物处理等。

(1) 压实技术

压实是一种通过对废弃物实行减容化,降低运输成本、延长填埋场寿命的预处理技术,是一种普遍采用的固体废弃物预处理方法。如汽车、易拉罐、塑料瓶等通常首先采用压实处理。适于压实处理的固体废弃物还有垃圾、松散废弃物、纸带、纸箱及某些纤维制品等。对于那些可能使压实设备损坏的废弃物不宜采用压实处理,某些可能引起操作问题的废弃物,如焦油、污泥或液体物料,一般也不宜进行压实处理。

(2) 破碎技术

为了使进入焚烧炉、填埋场、堆肥系统等废弃物的外形尺寸减小,必须预先对固体废弃物进行破碎处理。经过破碎处理的废弃物,由于消除了大的空隙,不仅使尺寸大小均匀,而且质地也均匀,在填埋过程中更容易压实。固体废弃物的破碎方法很多,主要有冲击破碎、剪切破碎、挤压破碎、摩擦破碎等,此外还有专用的低温破碎和湿式破碎等。

(3) 分选技术

固体废弃物分选是实现固体废弃物资源化、减量化的重要手段,通过分选,将有用的充分选出来加以利用,将有害的充分分离出来,将不同粒度级别的废弃物加以分离。分选的基本原理是利用物料的某些性质方面的差异将其分选开,例如利用废弃物中的磁性和非磁性差别进行分离,利用粒径尺寸差别进行分离,利用比重差别进行分离等。根据不同性质,可以设计制造各种机械对固体废弃物进行分选。分选包括手工拣选、筛选、重力分选、磁力分选、涡电流分选、光学分选等。

（4）固化处理技术

固化技术是通过向废弃物中添加固化基材，使有害固体废弃物固定或包容在惰性固化基材中的一种无害化处理过程。理想的固化产物应具有良好的抗渗透性，良好的机械特性，以及抗浸出性、抗干-湿性、抗冻-融特性。经固化的废弃物可直接在安全土地填埋场处置，也可用作建筑的基础材料或道路的路基材料。固化处理根据固化基材的不同可以分为水泥固化、沥青固化、玻璃固化、自胶质固化等。

（5）焚烧和热解技术

焚烧法是对固体废弃物进行高温分解和深度氧化的综合处理过程，好处是把大量有害的废料分解成无害的物质。由于固体废弃物中可燃物的比例逐渐增加，采用焚烧方法处理固体废弃物，利用其热能已成为必然的发展趋势。以此种方法处理固体废弃物，占地少，处理量大，在保护环境、提供能源等方面可取得良好的效果。欧洲国家较早采用焚烧方法处理固体废弃物，焚烧厂多设在10万人口以上的大城市，并设有能量回收系统。日本由于土地紧张，采用焚烧法逐渐增多。焚烧过程获得的热能可以用于发电。利用焚烧炉产生的热量，可以供居民取暖，用于维持温室室温等。目前日本及瑞士每年把超过65%的都市废料进行焚烧而使能源再生。但是焚烧法也有缺点，例如，投资较大，焚烧过程排烟造成二次污染，设备锈蚀现象严重等。

热解是将有机物在无氧或缺氧条件下高温（500~1000℃）加热，使之分解为气、液、固三类产物。与焚烧法相比，热解法是更有前途的处理方法。它的显著优点是基建投资少。

（6）生物处理技术

生物处理技术是利用微生物对有机固体废弃物的分解作用使其无害化。该种技术可以使有机固体废弃物转化为能源、食品、饲料和肥料，还可以用来从废品和废渣中提取金属，是固体废弃物资源化的有效的技术方法。目前应用比较广泛的有堆肥化、沼气化、废纤维素糖化、废纤维饲料化、生物浸出等。

3. 固体废弃物中材料回收系统

城市垃圾中含有多种有用原材料、废纸、橡胶、塑料、纺织品、废钢铁、非铁金属。这些物资的回收需要一个相当复杂的系统。废弃物料可通过适当技术的组合处理，得到分筛、加工与回收。单元技术的组合形成对固体废弃物的加工、分选的工程系统称为材料回收系统。各国建立了许多材料回收系统。常用钢铁金属回收系统的工艺过程如图10-3所示。

4. 生物转化产品的回收

垃圾中有多种可生物降解性的有机物，可进行生物转化处理，转化为腐殖肥料、沼气及其化学转化品。生物转化工艺包括垃圾堆肥、厌氧生物转化与发酵技术。堆肥是一种古老而又备受重视的转化方法，它是在一定的人工控制条件下，通过生物化学作用，使垃圾中有机物分解转化为比较稳定的腐殖肥料的过程，其实质是一种发酵过程。

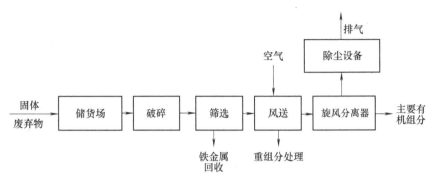

图 10-3　常用钢铁金属回收系统的工艺过程

5. 固体废弃物焚烧与热转化产品的回收

废弃物中可燃物质的比例超过可降解物质时，采用焚烧技术回收热资源，用于发电。城市垃圾焚烧系统包括七个子系统。

1）垃圾的处理与储存。
2）进料系统。
3）燃烧室系统。
4）废气排放与污染控制系统。
5）排渣系统。
6）焚烧炉的控制与测试系统。
7）热源回收系统。

6. 固体废弃物最终处置

终态固体废弃物的处置，是控制固体废弃物污染的末端环节，是解决固体废弃物的归宿问题。处置的目的和技术要求是，使固体废弃物在环境中最大限度地与生物圈隔离，避免或减少其中的污染组成对环境的污染与危害。固体废弃物经加工、回收后，仍有大量没有利用价值的废弃物要返回到自然环境中。固体废弃物最终处置的途径主要是陆地处置。陆地处置的主要方式是陆地填埋处理。干燥地区填埋场填埋方法主要有地面堆埋法、开槽填埋法、谷地（沟槽）填埋法。

10.5　噪声、光、热等其他公害的防治技术

噪声、光、热在环境污染中属于常常被人们忽视的一类污染源，它们虽然不像化学性、生物性污染那样容易引起人们的注意，但确实有着"隐形杀手"之称。可以知道，它们通常情况下对人是无害的，只是环境中的储量过高或过低时才造成污染或异常。人们必须在适宜的光环境、热环境和声音环境下工作、学习和生活，否则会对健康造成危害。因此，大家都要警惕这些时常在身边出现而没有被察觉的物理性污染——噪声污染、光污染和热污染。

10.5.1 噪声与振动的特征

噪声是声波的一种，是声波的频率和强弱变化毫无规律、杂乱无章的声音。振动是一种运动方式。某些振动对人的肌体是有害的，有些振动能破坏建筑物及设备。

噪声的特征主要是：噪声具有局部性，在空气中传播时衰减很快，噪声没有残存污染物存在，噪声源停止发声后，噪声立即消失；噪声公害是慢性和间接的，一般不直接对人致命与致病。

噪声的强弱直接关系到对环境的影响程度，噪声越强，影响越大。通常以噪声级衡量噪声的强弱。噪声既然是一种声音，就具有声音的一切特性。对噪声的量度指标主要有声强与声强级、声压与声压级、声功率与声功率级。

1. 声压与声强

声波以纵波的形式在空气中传播，空气分子在其平衡位置前后运动，时而使空气密集，时而使空气稀疏，所以又称疏密波。在密集区，声波的压力超过大气压力，在稀疏区，声波的压力低于大气压力，在声音传播过程中，空气压力相对于大气压力的变化称为声压（用 p 表示），其单位为 Pa，$1Pa = 1N/m^2$。

声强就是声音的强度，是垂直于声波传播方向上，单位时间内通过单位面积的声能量，称为声强 I，其单位为 W/m^2。

声强与声压的关系用下式表示：

$$I = p^2/\rho c \tag{10-1}$$

式中 ρ——介质空气的密度（kg/m^3）；

c——声音在空气中的传播速度（m/s）。

2. 声压级与声强级

人体的耳朵接受声波后向大脑传递信号，产生听觉，当人刚能感受到的最小声压称为"听阈"，约为 2×10^{-5}Pa；当人体耳朵听觉开始感到疼痛时的声压称为"痛阈"，约为 20Pa；听阈和痛阈之间的声压范围称为"听域"。听域范围很大，如飞机发动机噪声的声压为 200μPa（声强值为 $1W/m^2$），而刚能听到蚊子飞过的噪声声压约为 0.0002μPa（声强值为 $10\sim12W/m^2$），两者相差 100 万倍，如果用声压或声强的绝对值表示强度大小很不方便，而采用声强之比（声压之比）的对数来表示就方便多了。

$$L_p = 10\lg(I/I_0) = 10\lg(p^2/p_0^2) = 20\lg(p/p_0) \tag{10-2}$$

式中 I——声强；

I_0——基准声强；

p——被测声压；

p_0——基准声压，其值为 2×10^{-5}Pa；

L_p——声压级（dB）。

声压级就是被测声压与基准声压之比的对数乘以 20 的分贝数，用 dB 作单位。它是一个没有量纲的相对单位。

如果有几种声音同时发生,则总的声压级按照能量叠加规律,即压力的平方进行叠加。

3. 声功率与声功率级

每秒从声源发射出的声波能量称为声功率,其单位为 W。

声功率级:$L_W = 10\lg(W/W_0)$,单位为 dB。W_0 为基准声功率,$W_0 = 10^{-12}W$。

对于点声源,声源功率为 W,距离声源 r(单位为 m)处球面积(单位为 m^2),则声功率级 L_W 与声强级 L_I 之间的关系如下:

$$L_W = L_I + 20\lg r + 11.0 \tag{10-3}$$

$$L_W = L_p + 20\lg r + 11.0 + 10\lg(450/c) \tag{10-4}$$

由于人体是处于噪声的环境中,人实际所接受的噪声能量的大小,是一个用来表示随时间变化的等效量。表 10-2 列出了日常噪声源的声级及其对人的影响。

表 10-2 日常噪声源的声级及其对人的影响

噪声源	声级/dB	对人的影响
火箭、导弹发射	150~160	无法忍受
喷气式飞机喷口	130~140	无法忍受
螺旋桨飞机	120~130	痛阈
高射机枪	120~130	痛阈
柴油机	110~120	很吵
球磨机	110~120	很吵
织布机	100~110	很吵
电锯	100~110	很吵
载重汽车	90~100	很吵
喧闹马路	90~100	很吵
大声说话(附近较吵)	70~80	较吵
一般说话	60~70	一般
普通房间	50~60	较静
静夜	30~40	安静
轻声耳语	20~30	安静
消声状态	10~20	极静
室内听觉下限	0~10	听阈

10.5.2 噪声的来源和控制

1. 噪声的来源

噪声的来源是多种多样的,但主要来自于社会生活、交通运输、工业生产和建筑施工等。根据其来源的途径不同,噪声分为工业噪声、交通噪声与生活噪声三大类。

(1)工业噪声

工业噪声是空气动力性噪声,是由高速气流、不稳定气流、涡流、压力突变引起的气体振动,工业噪声来源位置固定,声强也相对稳定,但工业噪声大,而且连续时间长,有的则是常年运行,昼夜不停,不仅直接对生产工人造成危害,对附近的居民影响也很大。

(2) 交通噪声

交通噪声是由各种交通运输工具在行驶过程中产生的,如地面上行驶的小车、载重车、摩托车等产生的噪声。它们产生的噪声影响范围较大、噪声级较高,对人体影响也大,干扰人们的工作、学习和生活。

(3) 生活噪声

生活噪声通常是指日常活动和社会活动所造成的噪声,如高音喇叭、家庭电器设备所产生的噪声。这些噪声大多数是人为造成的,但没有生理危害,只会使人心烦、不舒适,干扰休息和社会活动。

2. 噪声控制的措施

噪声控制目的是降低噪声,创造理想的声环境。噪声从声源出发,经一定传播途径至接收者,发生危害的作用。因此,噪声污染涉及噪声源、传播途径和接收者三个组成的声学系统。控制噪声就是要研究这三个环节。控制噪声的一般程序是:进行噪声污染情况调查,测量噪声声级和频谱分析,确定噪声源,决定降噪目标,研究噪声控制方法,确定和实施技术经济可行方案。

噪声控制的基本技术如下:

(1) 吸声

吸声处理是降噪的主要方法。它是利用吸声材料或吸声结构吸收声能,降低噪声声强。常用吸声材料有矿渣棉、工业毛毡、泡沫材料等。

(2) 隔声

用屏蔽物使入声反射而隔断声波传播,或用围护结构将噪声控制在一定范围内,这种方法隔声效果较好。其原理是噪声传播的途径上遇到屏障时,声强 E_0 的一部分 E_1 被屏蔽、反射,一部分 E_2 被吸收,剩余部分 E_3 传到屏障另一面。隔声性能可用隔声量 R(传声损失)衡量。$R = 10\lg(I_i/I_e)$(单位为 dB,I_i、I_e 为入射声强与反射声强)。隔声结构有单层均匀结构、双层结构、隔声罩和隔声间。

(3) 消声器

一种能使噪声衰减而气流能顺利通过的装置,它是控制气流噪声通过管道向外传播的有效工具。消声器一般安装在空气动力设备的气流通道或进气、排气口上。消声器分为阻性消声器、抗性消声器、复合式消声器、微穿孔板消声器。

10.5.3 光污染及其控制

光污染就是人类活动对周围的光环境造成危害,使原来适宜的光环境变得不适宜,进而使人的视觉和健康受到影响的现象,使生态环境恶化,有关专家把这种称作光污染。它是整个环境污染的一部分,主要发生在城市和工业区,包括可见光、紫外线和红外线污染。如玻璃幕墙、石材或涂料等的反光、车灯光、闪电等。光的各个波长区域见表10-3。

表 10-3 光的各个波长区域

波长区域/nm	区域名称	波长区域/nm	区域名称
1~200	真空紫外区	560~590	黄光
200~300	远紫外区、紫外区	590~620	橙光
300~380	近紫外区	620~780	红光
380~420	紫光	780~1500	近红外区
420~450	蓝光	1500~10000	中红外区、红外区
450~490	青光	10000~1000000	远红外区
490~560	绿光、可见光区		

1. 光污染的危害

光污染对人类造成的危害有以下几个方面：

(1) 紫外线污染

紫外线对人体的伤害主要是眼角膜和皮肤。适当地和适度地接受紫外线照射，可使肌体皮下脂肪中的胆固醇转化成对身体有益的维生素，但是过度照射紫外线则可能损害人体的免疫系统，导致多种皮肤损害。目前，南极上空的臭氧空洞在逐渐扩大，使南半球高纬度地区上空的臭氧显著减少，阿根廷、智利、澳大利亚、新西兰等国首先遭受到危害。随着臭氧的减少，越来越多的太阳紫外线辐射到地球的低层大气和地表，照射着地球表面上的物体和人，对人类健康产生重要影响，潜在危害包括眼病、皮肤癌和传染病。可见，紫外线污染对人类的影响相当大，应引起有关部门的重视。

(2) 红外线的污染

红外线是一种热辐射，是指波长在 $760 \sim 10^6$ nm 范围的电磁辐射，对人体可造成高温伤害。自然界的红外辐射以太阳为最强，凡是温度在 0K 以上的物体，均有红外线产生。较强的红外线可造成皮肤伤害，其情况与烫伤相似。最初是灼痛，然后是造成烫伤。一定波长的红外线对眼角膜的透过率很高，可造成视网膜的伤害，有的甚至会造成眼角膜烧伤，人眼如果长期暴露在红外线下可能引起白内障。另外，人工红外辐射有加热金属、熔融玻璃、发光硅碳棒、钨灯、氙灯、红外激光器等。近区范围的红外线可以对视网膜黄斑区造成损伤。这些症状，多出现于使用电焊、弧光灯、氧乙炔焊的操作人员中。

(3) 可见光污染

可见光污染主要指的是眩光污染和视觉污染，其中比较多见的是眩光污染。例如，汽车夜间行驶时照明用的前照灯，工厂车间里不合理的照明布置，会使人的视觉瞬间下降。核爆炸时产生的强闪光可使几公里范围内的人的眼睛受到伤害。电焊时产生的强光，如果没有适当的防护措施，也会伤害人的眼睛。长期在强光条件下工作的人（如冶炼、熔烧、吹玻璃等），也会由于强光而使眼睛受到伤害。另外，电焊中产生的电光会对眼睛造成危害，所以电焊工应特别注意作业时戴上防护镜。

随着城市建设的发展，太阳光的反射造成的污染日趋严重。在城市，特别是大城市里，高大建筑物的玻璃幕墙，会产生很强的镜面反射。建筑大楼用作装饰的玻璃幕墙，就像一面几十乃至几百平方米的大镜子,这种墙对光的反射系数特别高,一般白色粉刷墙面在69%~80%,玻璃幕墙则高达82%~90%,比一般深色或毛面砖石墙面反射系数大10倍。人在这种强光环境下生活时间过长,会伤害眼角膜和虹膜,造成视力下降,严重时使人头昏脑涨、失眠心悸、食欲不振等。而且,临近马路的玻璃幕墙反光会使过路车辆的驾驶员感到晃眼,容易引发交通事故。

光污染对人体的危害还表现在,燃烧、冶炼以及焊接等过程中产生的强光,烧玻璃时所放射出来的强光都会给人体和视觉带来危害,尤其是行驶在路上的汽车突然开亮的前照灯、闪光的信号灯、机场的灯光标记等耀眼光源,对视觉的危害更为严重。极强光对眼睛带来的刺激十分严重,有的人甚至会出现盲斑或白内障。因此,要时刻关注这些强光污染,远离强光污染源,在强光环境下工作一定要采取恰当防护措施,尽量将强光污染引起的危害减少到最低限度。

(4) 激光污染

激光污染也是光污染的一种特殊形式。如今,激光技术在国防军工、工农业和卫生科技领域中的应用日益广泛并已经进入现代生活领域,包括在一些公共场所和娱乐场所中。激光具有指向性好、能量集中、波长单一等特点,而且通过人眼晶状体的聚焦作用后,到达眼底时的光强度可增大几百至几万倍。例如,舞厅是人们消遣娱乐的场所之一,但舞厅中色彩斑斓的激光束透过眼睛晶状体,经聚焦后集中于视网膜上,焦点温度可高达70℃以上,从而造成对眼睛的损伤。同样,当人们受到过度的激光辐射后,会出现种种不适,严重时还会出现痉挛、休克现象。而且,激光器本身有时也会产生X射线的污染,激光束通过空气,可使空气中的灰尘等物质燃烧而形成化学污染等。

2. 光污染的防护

由于光污染不能通过分解、转化、稀释来消除,因此只能加强预防。这就需要弄清形成光污染的原因和条件,提出相应的防护措施,并制定必要的法律和法规。

1) 正确使用灯光,协调亮度,加强人工光源的有效管理。白天尽量利用自然光线,经常打开窗户,让阳光进入室内。尽量避免受强光的刺激,尤其是婴幼儿更不应该暴露在强光、大功率的日光灯下,以免伤害眼睛。同时,要加强人工光源的有效管理,控制城市灯光的过度使用,避免城市夜晚的白昼化,以免影响天文观测和居民休息。

2) 制定相应的政策和法规,改善不合理的照明条件,减少光污染源。加强城市规划和管理,加强对玻璃幕墙和其他反光系数大的装饰材料的管理,减少其对城市环境的负面影响。改善工厂的照明条件,减少光污染来源。同时,加强对摆放杂乱的货摊、广告、车辆等污染源进行合理规划,做到井井有条。城市玻璃幕墙带来的危害已经引起全世界的广泛注意。德国、日本等7个国家已经明令禁止使用玻璃幕墙技术。在我国,北京否定了60多起玻璃幕墙的设计方案,上海市也出台了一个取消玻璃幕墙的地方法规。

3) 个人防护措施。对红外线和紫外线的防护措施主要是戴防护眼镜和防护面罩。光污染的防护镜有反射型防护镜、吸收型防护镜、反射-吸收型防护镜、光电型防护镜、变色微晶玻璃型防护镜等。可依据防护对象选择相应的防护镜。例如,可佩戴黄绿色镜片的防护眼镜来预防雪盲和防护电焊发出的紫外光。绿色玻璃既可防护紫外线，又可防护可见光和红外线，而蓝色玻璃对紫外线的防护效果较差，所以在紫外线的防护中要考虑到防护镜的颜色对防护效果的影响。

此外，对有红外线和紫外线污染以及应用激光的场所制定相应的卫生标准并采取必要的安全防护措施，注意张贴警告标志，禁止无关人员进入禁区内。

10.5.4 热污染及其控制

1. 热污染的来源

所谓热污染是指现代工业生产和生活中排放的废热所造成的环境污染。热污染可以污染大气和水体。火力发电厂、核电站和钢铁厂的冷却系统排出的热水，以及石油、化工、造纸等工厂排出的生产性废水中均含有大量废热。这些废热排入地面水体之后，能使水温升高。随着城市持续加速发展，城市人口急剧增加，在人口密集的工商业区，人类活动排放的大量热量再加上其他自然条件的共同作用，发出的巨大热量使得城区的气温高于周围郊区，成为包围中的温暖岛屿，因此得名"城市热岛"。在工业发达的美国，每天所排放的冷却用水达 4.5 亿 m^3，接近全国用水量的 1/3；废热水含热量约 2500 亿 kcal（1kcal = 4186.8J），足够 2.5 亿 m^3 的水温升高 10℃。

2. 热污染的危害

由于人类活动，导致环境温度变化并对环境和人类产生影响形成热污染。热污染具有很大的危害性，有以下几个方面：

（1）污染水体

生产性废热不断流入地面水系，会使一些地区的地面水温度升高至 35~40℃；水温升高，会导致水中溶解的氧减少，引起水中鱼虾等水生物死亡。水中处于缺氧状态，还可使厌氧菌大量繁殖，有机物腐败加重，进而影响到生态平衡。

（2）污染大气

废热可使大气的热量增加，造成地面反射太阳热能的反射率增高，吸收太阳辐射热减少，使得地面上升的气流相对减弱，阻碍云、雨的形成，进而影响正常的气候，造成局部地区炎热、干旱、少雨，甚至造成更严重的自然灾害。

（3）间接引发疾病

现代研究表明，许多流行性疾病，如流感、伤寒、流行性出血热等，在一定程度上都与热污染有关。因为热污染常会引起一些致病微生物的滋生繁殖，给人类健康造成严重危害。它全面降低了人体机理的正常免疫功能，包括致病病毒或细菌对抗生素越来越强的耐热性以及生态系统的变化降低了肌体对疾病的抵抗力，从而加剧各种新、老传染病并发大流行。温度上升为蚊子、苍蝇、蟑螂、跳蚤和其他传病昆虫以及病原体微生物等提供了最佳的滋生繁衍条件和传播机制，形成一种新的"互感连锁效应"，导致以疟疾、登革热、血吸虫病、恙虫病、流行性脑膜炎等疾病的扩大流行和反复流行。特别是以蚊子为媒介的传染病，目前已呈急剧增长趋势。

(4) 加重城市热岛效应

城市热岛效应的形成与城市规模、人口密度以及气象条件有关。热污染使局部地区气温升高，致使城市中心地区比郊区农村的气温高出 2~5℃。特别是夏季，这种过热环境的加强和持续，会对人类健康造成严重威胁，使中暑、冠心病、高血压、中风等疾病的发病率明显上升。

(5) 破坏臭氧层

臭氧层破坏使太阳光和其他放射线长驱直入，直接到达地面，导致人类患皮肤癌等疾病。另外，热污染的肆虐加上人口增长及森林覆盖率逐渐减少等因素，会进一步加剧气候变暖，冰川积雪消融，海平面上升以及土地沙漠化等情况。专家预测，到 2030 年前后，地球的平均气温将比现在升高 2~5℃，对地球环境将产生更为严重的不良影响。

3. 热污染的防护

1) 改进热能利用技术，提高热能利用率。现在，一些燃烧装置效率较低，使得大量能源以废热形式消耗，并产生热污染。据统计，民用燃烧装置的热能有效利用率为 10%~40%，工业锅炉为 20%~70%，火力发电厂能量利用效率约为 40%，核电站约为 33%。我国热能平均有效利用率仅为 30% 左右。如果把热能利用率提高 10%，就意味着热污染的 15% 得到控制。我国把热效率提高到 40% 以上（相当于工业发达国家水平）是完全可能的。这样可以大大减少热污染。利用废热也可减少热污染。例如，把工厂的废蒸汽通过热交换器用来洗澡，或把废热用于加热需要升温的原料，既回收了废热，节约了能源，又防止了环境的热污染。利用降温冷却减少大气热污染。许多企业的热蒸气、废热直接排出造成了污染。用冷却塔或冷却池把含热废气先冷却降温，而后排放，是解决热污染的一个简便办法。冷却塔有干塔和湿塔两种。干塔是通过热传导和对流达到冷却目的的。湿塔可以用自然通风降温，也可以用机械通风的方法加速降温。冷却塔降温在电站、冶金厂矿有着广泛的应用。

2) 利用温排水冷却技术减少温排水。电力等工业系统的温排水，主要来自工艺系统中的冷却水。对排放后可能造成热污染的这种冷却水，可通过冷却的方法使其降温，降温后的冷水可以回到工业冷却系统中重新使用，可用冷却塔冷却，或用冷却池冷却。比较常用的为冷却塔冷却，在塔内，喷淋的温水与空气对流流动，通过散热和部分蒸发达到冷却的目的。应用冷却回用的方法，节约了水资源，又可向水体不排或少排温热水。

3) 废热的综合利用。对于工业装置排放的高温废气，可通过如下途径加以利用：①利用排放的高温废气预热冷原料气；②利用废热锅炉将冷水或冷空气加热成热水和热气，用于取暖、淋浴、空调加热等。

另外，对于温热的冷却水，可通过如下途径加以利用：①利用电站温热水进行水产养殖，如国内外均已试验成功用电站温排水养殖非洲鲫鱼；②冬季用温热水灌溉农田，可延长适于作物的种植时间；③利用温热水调节港口水域水温，防止港口冻结等。

上述方法对热污染起到一定的防治作用。但由于对热污染研究得还不充分，防治方法还存在许多问题，因此有待进一步探索提高。

10.5.5 其他环境污染

1. 电磁污染

电磁波是电场和磁场周期性变化产生的波，是一种可向周围空间传播的能量，也称为电磁辐射。随着科学技术的发展，电气与电子设备在工业生产、科学研究与医疗卫生等各个领域中得到了广泛的应用。各种视听设备、微波加热设备等进入人们的生活之中，应用范围不断扩大，设备功率不断提高。所有这些都导致了地面上的电磁辐射大幅度增加，已直接威胁到人类的身心健康。

（1）电磁污染源

影响人类生活的电磁污染源有天然污染源和人为污染源两种。天然污染源最常见的是雷电，还有宇宙的电磁场源以及火山喷发、地震和太阳黑子活动引起的磁暴等，这些都会产生电磁干扰。人为污染源主要有脉冲放电、高频交变电磁场、射频电磁辐射。

（2）电磁污染的危害

电磁污染的危害一方面是对人体健康的危害，表现为生物机体在射频电磁场的作用下，会吸收一定的辐射能量而产生生物效应。这种效应主要表现为热效应。当射频电磁场的辐射强度被控制在一定范围时，可对人体产生良好的作用，如用理疗梳治病。但当它超过一定范围时，会破坏人体的热平衡，对人体产生危害。另一方面是干扰通信系统危害，如果对电磁辐射管理不善，大功率的电磁波在区域环境中会互相产生干扰，导致通信系统受损，造成严重事故。特别是信号的干扰与破坏，可直接影响电子设备、仪器仪表的正常工作，使信息失误、控制失灵、通信不畅。

（3）电磁污染的防护

为了从根本上防治电磁辐射污染，首先，要从国家标准出发，对产生电磁波的各种工业和家用电器设备，提出较严格的设计指标，尽量减少电磁能泄漏；其次，进行合理的工业布局，使电磁污染源远离居民密集区；最后，对已经进入环境中的电磁辐射，采取一定的技术防护手段，以减少对人的危害。

常用的防护电磁辐射的方法有屏蔽防护、吸收防护和个人防护。

2. 放射性污染

放射性元素的原子核在衰变过程放出 α、β、γ 射线的现象，俗称放射性。由放射性物质所造成的污染，叫作放射性污染。放射性污染的来源有原子能工业排放的放射性废弃物、核武器试验的沉降物，以及医疗、科研排出的含有放射性物质的废水、废气、废渣等。

（1）原子能工业排放的废弃物

原子能工业中核燃料的提炼、精制和核燃料元件的制造，都会有放射性废弃物产生和废水、废气的排放。这些放射性"三废"都有可能造成污染。由于原子能工业生产过程的操作运行都采取了相应的安全防护措施，"三废"排放也受到严格控制，所以对环境的污染并不十分严重。但是，当原子能工厂发生意外事故，其污染是相当严重的。国外就有因原子能工厂发生故障而被迫全厂封闭的实例。

(2) 核武器试验的沉降物

在进行大气层、地面或地下核试验时，排入大气中的放射性物质与大气中的飘尘相结合，由于重力作用或雨雪的冲刷而沉降于地球表面，这些物质称为放射性沉降物或放射性粉尘。放射性沉降物播散的范围很大，往往可以沉降到整个地球表面，而且沉降很慢，一般需要几个月甚至几年才能落到大气对流层或地面。

(3) 医疗放射性

在医疗检查和诊断过程中，患者身体都要受到一定剂量的放射性照射。例如，进行一次肺部 X 光透视，接受$(4\sim20)\times0.0001Sv$的剂量（$1Sv$相当于每克物质吸收$0.001J$的能量）；进行一次胃部透视，接受$0.015\sim0.03Sv$的剂量。

(4) 科研放射性

科研工作中广泛地应用放射性物质，除了原子能利用的研究单位外，金属冶炼、自动控制、生物工程、计量等研究部门，几乎都有涉及放射性方面的课题和试验。这些研究工作都有可能造成放射性污染。

10.6 清洁生产概述

10.6.1 清洁生产的产生背景

伴随人类生存环境的不断恶化，20 世纪 60 年代以来，环境保护在全世界范围内逐渐兴起。保护人类共同的家园，成为全人类的共识，并逐渐汇成了当今世界的可持续发展的潮流。正是在可持续发展思想、理念及其实践的逐步形成与不断发展的历史大背景下，基于对传统"末端治理"的环境污染控制实践的反思，清洁生产伴随而生，并成为支持可持续发展的有力战略措施。

10.6.2 清洁生产的发展与实践

国际上清洁生产的概念最早可追溯到 1976 年。这一年的 11、12 月间，欧洲共同体在巴黎举行了"无废工艺和无废生产的国际研讨会"，提出协调社会和自然的相互关系应主要着眼于消除造成污染的根源，而不仅仅是消除污染引起的后果。随后，1979 年 4 月，欧洲共同体理事会宣布推行清洁生产的政策，并于同年 11 月在日内瓦举行的"在环境领域内进行国际合作的全欧高级会议"上，通过了《关于少废无废工艺和废料利用的宣言》，指出无废工艺是使社会和自然取得和谐关系的战略方向和主要手段。此后，欧共体陆续多次召开国家、地区性或国际性的研讨会，并在 1984 年、1985 年、1987 年三次由欧盟环境事务委员会拨款支持建立清洁生产示范工程。

全面推行清洁生产的实践始于美国。1984 年，美国国会通过了《资源保护与回收法——固体及有害废弃物修正案》。该法案明确规定废弃物最小化即"在可行的部位将有害废弃物尽可能地削减和消除"是美国的一项国策，它要求产生有毒有害废弃物的单位应向环境保护部门申报废弃物产生量、削减废弃物的措施、废弃物的削减数量，并制订本单位废弃物最小化的规划。与此同时，在欧洲，瑞典、荷兰、丹麦等国相继在学习借鉴美国废弃物最小化或污染预防实践经验的基础上，纷纷投入了推行清洁生产的活动。例如，1988年秋，荷兰以美国环保局的《废弃物最小化机会评价手册》为蓝本，编写了荷兰手册。荷兰手册又经欧洲预防性环保手段（PREPAPE）工作组做了进一步修改，编成《PREPARE防止废弃物和排放物手册》，并译成英文，广泛应用于欧洲工业界。

1989年，联合国环境规划署工业与环境计划活动中心（UNEP IE/PAC）根据联合国环境规划署理事会会议的决议，制定了《清洁生产计划》，在全球范围内推行清洁生产。这一计划主要包括以下五方面的内容：

1）建立国际清洁生产信息交换中心，收集世界范围内关于清洁生产的新闻和重大事件、案例研究、有关文献的摘要、专家名单等信息资料。

2）组建工作组。专业工作组有制革、纺织、溶剂、金属表面加工、纸浆和造纸、石油、生物技术等；业务工业组有数据网络、教育、政策以及战略等。

3）出版工作。包括编写、出版《清洁生产通讯》、培训教材、手册等。

4）开展培训活动。面向政界、工业界、学术界人士，以提高清洁生产意识，教育公众，推动行动，帮助制定《清洁生产计划》。

5）组织技术支持。特别是在发展中国家，协助联系有关专家，建立示范工程等。

1990年9月在英国坎特伯雷举办了"首届促进清洁生产高级研讨会"，正式推出了清洁生产的定义：清洁生产是指对工艺和产品不断运用综合性的预防战略，以减少其对人体和环境的风险。会上提出了一系列建议，如支持世界不同地区发起和制定国家级的《清洁生产计划》，支持创办国家的清洁生产中心，进一步与有关国际组织等结成网络等。此后，这一高级国际研讨会每两年召开一次，定期评估清洁生产的进展，并交流经验，发现问题，提出新的目标，以全力推进清洁生产的发展。

为响应实施可持续发展与推行清洁生产的号召，各种国际组织积极投入到推行清洁生产的热潮中。联合国工业发展组织和联合国环境署（UNIDO/UNEP）率先在9个国家（包括中国）资助建立了国家清洁生产中心。目前，世界上已经出现了37个清洁生产中心。世界银行（WB）等国际金融组织也积极资助在发展中国家开展清洁生产的培训工作和建立示范工程。国际标准化组织（ISO）制定了以污染预防和持续改善为核心内容的国际环境管理系列标准ISO 14000。

1998年，在韩国国际清洁生产研讨会上，代表实施清洁生产承诺与行动的《国际清洁生产宣言》出台。包括中国在内的13个国家的部长及其他高级代表与9位公司领导人共64位与会者首批签署了《国际清洁生产宣言》。清洁生产正在不断获得世界各国政府和工商界的普遍响应。

清洁生产着眼于污染预防，全面地考虑整个产品生产周期过程对环境的影响，最大限度地减少原料和能源的消耗，降低生产和服务的成本，提高资源和能源的利用效率，使其对环境和危害降到最低。大量的清洁生产实践表明，清洁生产是资源持续利用、减少工业污染、保护环境的根本措施，可以达到环境效益和经济效益的双赢目标。

10.6.3 清洁生产的概念内涵

目前国际上对清洁生产并未形成统一的定义，清洁生产在不同的地区和国家存在着许多不同而相近的提法，使用着具有类似含义的多种术语。例如，欧洲国家有时称这为"少废无废工艺""无废生产"；日本多称"无公害工艺"；美国则称这为"废料最小化""污染预防""减废技术"。此外，还有"绿色工艺""生态工艺""环境工艺""过程与环境一体化工艺""再循环工艺""源削减""污染削减""再循环"等。这些不同的提法或术语实际上描述了清洁生产概念的不同方面。

1984年，联合国欧洲经济委员会在塔什干召开的国际会议上曾对无废工艺做了如下的定义：无废工艺是一种生产产品的方法（流程、企业、地区-生产综合体），借助这一方法，所有的原料和能量在原料—生产—消费—二次原料的循环中得到最合理和综合的利用，同时对环境的任何作用都不致破坏它的正常功能。

欧洲专家倾向于下列提法：清洁生产为对生产过程和产品实施综合防治战略，以减少对人类和环境的风险。对生产过程来说，包括节约原材料和能源，革除有毒材料，减少所有排放物的排放量和毒性；对产品来说，则要减少从原材料到最终处理的产品的整个生命周期对人类健康和环境的影响。上述定义概括了产品从生产到消费的全过程，为减少风险所应采取的具体措施，但比较侧重于企业层次上。

联合国环境规划署将清洁生产概括为：针对生产过程、产品、服务持续实施的综合性预防的以增加生态效率和减少人类与环境风险的策略。对于生产过程，它意味着充分利用原料和能源，消除有毒物料，在各种废弃物排出前，尽量减少其毒性和数量。对于产品，它意味着减少从原材料选取到产品使用后最终处理处置整个生命周期过程对人体健康和环境构成的影响；对于服务，则意味着将环境的考虑纳入设计和所提供的服务中。

在联合国环境规划署清洁生产的概念中，其根本目的是减少对人类和环境的影响与风险。贯穿在清洁生产概念中的基本要素是污染预防，即在生产发展活动的全过程中充分利用资源、能源，最大可能地消减多种废弃物或污染物的产生，它与污染产生后的控制（末端治理）相对应。清洁生产所强调的是：避免污染的产生，尽可能在生产发展全过程中减少废弃物，要比污染产生后运用多种治理技术更为可取。因此，为了有效地减少环境风险，需要把传统侧重于生产过程末端治理污染的重心向生产过程的"上游"转移，从污染产生的源头去消减污染。面向污染预防的环境污染防治战略对策体系的优先顺序如下：

1）首先在污染产生过程中消除或减少废弃物或污染物。
2）对未能消减的废弃物以对环境安全的方式进行循环回用和综合利用。
3）采取适当的污染治理技术完成进入环境前的污染消减。
4）对残余的废弃物或污染物进行妥善的处置、排放。

清洁生产作为20世纪90年代国际环境保护战略的重大转变，它是对传统生产方式与近20年环境污染防治实践的经验总结，它将资源与环境的考虑有机融入产品及其生产的全过程中，着眼于生产发展全过程中污染物产生的最小化，不仅注意生产过程自身，而且对产品（包括服务）从原材料的获取直至产品报废后的处理、处置整个生命周期过程中的环境影响统筹考虑，因而它对深化环境污染防治，转变大量消耗能源、资源粗放经营的传统线性生产发展模式具有重要意义。

10.6.4 清洁生产的基本内容

为促进清洁生产，提高资源利用效率，减少和避免污染物的产生，保护和改善环境，保障人体健康，促进经济与社会可持续发展，我国制定了《中华人民共和国清洁生产促进法》（简称《清洁生产促进法》），于2002年6月29日通过，自2003年1月1日起施行。2012年2月29日第十一届全国人民代表大会常务委员会第二十五次会议提出《关于修改〈中华人民共和国清洁生产促进法〉的决定》，修正后的《清洁生产促进法》自2012年7月1日起施行。

清洁生产的内容十分丰富，其核心是将资源与环境有机融入产品及其生产的全过程中。从生产角度来看，它可包括清洁的生产过程、清洁的产品，以及区域范围上的清洁生产三个层次的活动。它们相互联系、结合，促进着传统的生产方式，乃至经济发展模式的变革。清洁生产包含了两个方面：基于生产过程的清洁生产和产品生命周期全过程的清洁生产。

1. 基于生产过程的清洁生产

生产过程是一个生产性组织，特别是一个工业企业最基本的活动。对于这类组织，生产过程一般包括原料准备直至产品的最终形成，即由生产准备过程、基本生产过程、辅助生产过程以及生产服务等过程构成的全部活动过程。清洁生产的重要内容之一是对一个组织的生产过程实施污染预防的活动。狭义上看，这也是通常所称清洁生产的基本内容。清洁生产是在产品及其生产过程中实施的污染预防对策措施。由于部门、行业、企业情况千差万别，即使同一类型的部门、行业、企业，其产品、生产过程所面临的具体环境问题也不尽相同。因此，不存在一个统一的清洁生产技术方法措施。开展清洁生产需要针对每个企业产品及其生产过程的具体问题、具体情况实施。

（1）原材料（包括能源）有效使用和替代

原材料是工艺方案的出发点，它的合理选择是有效利用资源、减少废弃物产生的关键因素。从原材料使用环节实施清洁生产的内容可包括以无毒、无害或少害原料替代有毒有害原料；改变原料配比或降低其使用量；保证或提高原料的质量、进行原料的加工，减少对产品的无用成分；采用二次资源或废弃物作原料替代稀有短缺资源的使用等。

（2）改革工艺和设备

工艺是从原材料到产品实现物质转化的基本软件。设备的选用是由工艺决定的，它是实现物料转化的基本硬件。通过改革工艺与设备方面实施清洁生产的主要内容可包括简化流程、减少工序和所用设备；使工艺过程易于连续操作，减少开车、停车次数，保持生产过程的稳定性；提高单套设备的生产能力，装置大型化，强化生产过程；优化工艺条件（如温度、流量、压力、停留时间、搅拌强度，必要的预处理，工序的顺序等）；利用最新科技成果，开发新工艺、新设备，如采用无氰电镀或金属热处理工艺、逆流漂洗技术等。

(3) 改进运行操作管理

除了技术、设备等物化因素外，生产活动离不开人的因素，这主要体现于运行操作和管理上。我国工业生产产生的污染，相当程度是由于生产过程中管理不善造成的。实践证明，规范操作强化管理，往往可以通过较小的费用而提高资源/能源利用效率，削减相当比例的污染。因此，国外在推行清洁生产时常把改进操作加强管理作为一项最优先考虑的清洁生产措施。如合理安排生产计划；改进物料储存方法、加强物料管理；消除物料的跑冒滴漏；保证设备完好等。

(4) 产品改革替代

产品制取是工业生产的基本目的。它既是生产过程的产出，又是生产过程的输入。因此，清洁产品是清洁的生产过程中的一项基本内容。它可包括改革产品体系，产品报废的回用、再生，产品替代、再设计等方面，例如无汞电池的设计制造、延长使用寿命或可拆卸产品的开发等。

(5) 生产系统内部循环利用

这里是指一个企业生产过程中的废弃物循环回用。一般地，物料再循环是生产过程流程中常见的原则。物料的循环再利用的基本特征是不改变主体流程，仅将主体流程中的废弃物，加以收集处理并再利用。这方面的内容通常包括将废弃物、废热回收作为能量利用；将流失的原料、产品回收，返回主体流程之中使用；将回收的废弃物分解处理成原料或原料组分，复用于生产流程中；组织闭路用水循环或一水多用等。

此外，在一定情况下，还可考虑将废弃物收集，作为企业自身或其他生产过程的原料，加工成其他产品。从清洁生产的优先顺序看，对于废弃物，首先应将其尽可能消灭在自身生产过程中，使投入的资源能源充分利用，即实施上面所提出的前四种"源削减"技术措施。

2. 产品生命周期全过程的清洁生产

对产品而言，清洁生产旨在减少产品整个生命周期过程中从原料的提取到产品的最终处置对人类和环境的影响。

企业实行清洁生产，在产品设计过程中，一要考虑环境保护，减少资源消耗，实现可持续发展战略；二要考虑商业利益，降低成本、减少潜在的责任风险，提高竞争力。具体做法是，在产品设计之初就注意未来的可修改性，使其容易升级并可生产几种产品，提供减少固体废弃物污染的实质性机会。产品设计要达到只需要重新设计一些零件就可更新产品的目的，从而减少固体废弃物。在产品设计时还应考虑在生产中使用更少的材料或具有更多的节能成分，优先选择无毒、低毒、少污染的原材料和辅助材料替代原有毒性较大的原材料和辅助材料，防止原料及产品对人类和环境的危害。在产品的生命周期结束时，所残留的材料也应是无危害的。这才能实现真正的产品生命周期全过程的清洁生产。

10.6.5 清洁生产的步骤与特点

1. 清洁生产的步骤

清洁生产的步骤如下：①筹划与组织；②预审核；③审核；④方案的产生与筛选；⑤可行性分析；⑥方案的实施；⑦持续清洁生产。

2. 清洁生产的特点

(1) 清洁生产是一项系统工程

推行清洁生产需企业建立一个预防污染、保护资源所必需的组织机构，要明确职责并进行科学的规划，制定发展战略、政策、法规。清洁生产是包括产品设计、能源与原材料的更新与替代、开发少废无废清洁工艺、排放污染物处置及物料循环等的一项系统工程。

(2) 重在预防和有效性

清洁生产是对产品生产过程中产生的污染进行综合预防，以预防为主，通过污染物产生源的削减和污染物的回收利用，使废弃物减至最少，有效地防治污染物的产生。

(3) 经济性良好

在技术可靠前提下执行清洁生产、预防污染的方案，进行社会、经济、环境效益分析，使生产体系运行最优化，及产品具备最佳的质量价格。

(4) 与企业发展相适应

清洁生产结合企业产品特点和工艺生产要求，使其目的符合企业生产经营发展的需要。环境保护工作要考虑不同经济发展阶段的要求和企业经济的支撑能力，这样清洁生产不仅推进企业生产的发展，而且保护了生态环境和自然资源。

(5) 废弃物循环利用，建立生产闭合圈

工业生产中物料的转化不可能达到100%。生产过程中工件的传递、物料的输送，加热反应中物料的挥发、沉淀，操作的不当，设备的泄漏等都会造成物料的流失。工业生产中的"三废"实质上是生产过程中流失的原料、中间体、副产品及废品废料。我国农药、染料工业，主要原料利用率一般只有30%~40%，其余都以"三废"形式排入环境。因此，应对废弃物进行有效处理和回收利用，既可创造财富，又可减少污染。

(6) 发展环保技术，搞好末端治理

为了实现清洁生产，在全过程控制中需包括必要的末端治理，使之成为一种在采取其他措施之后的防治污染最终手段。厂内末端处理往往是集中处理前的预处理措施。在这种情况下，它的目标不再是达标排放，而只需处理到集中处理设施可接纳的程度。因此，对生产过程也需提出一些新的要求。

为实现有效的末端处理，必须努力开发一些技术先进、处理效果好、占地面积小、投资少、见效快、可回收有用物质、有利于组织物料再循环的实用环保技术。20世纪80年代中期以来，我国已开发出很多成功的环保实用技术，如粉煤灰处理和综合利用技术、钢渣处理及综合利用技术、苯系列有机气体催化净化技术、氯碱法处理含氰废水技术等。然而，我国还有不少环保上的难题至今尚未彻底解决，例如，处理含二氧化硫废气的脱硫技术、造纸黑液的治理与回收碱技术、萘系列和蒽系列与醌系列燃料中间体生产废水的治理和回收技术、汽车尾气的处理技术、高浓度有机废液的处理及综合利用技术等。因此，还需依靠科学技术的研究成果，继续努力开发实用技术，使末端处理更加行之有效，真正起到污染控制的"把关"作用。

10.6.6 清洁生产的审核

工业是水污染物产生和排放的重要来源，与农业源和生活源相比，工业源具有污染物排放浓度高、治理困难等特点。因此，工业行业水污染防治的重点是要大力推行清洁生产，强化源头预防，在生产过程中减少污染物的产生。国务院印发的《中国制造2025》中明确提出"全面推行绿色制造"，要求全面推动推进钢铁、有色、化工、建材、轻工、印染等传统制造业绿色改造，实现绿色生产；《水污染防治行动计划》中也明确提出，制定造纸、焦化、氮肥、有色金属、印染、农副食品加工、原料药制造、制革、农药、电镀等行业专项治理方案，实施清洁化改造。

污染物排放超过国家和地方规定的排放标准或者超过经有关地方人民政府核定的污染物排放总量控制指标的企业，应当实施清洁生产审核。使用有毒、有害原料进行生产中排放有毒有害物质的企业，应当定期实施清洁生产审核，并将审核结果报告所在地县级以上地方人民政府环境保护行政主管部门和经济行政主管部门。

清洁生产审核报告应包括以下几个方面：企业基本情况、审核准备、预审核、审核、备选方案的产生和筛选、实施方案的确定、方案实施等。

通过清洁生产审核，实施清洁生产将对企业产生良好的效果，主要体现在以下几个方面：

1）提高企业管理水平。
2）提高原材料、水、能源的使用效率，降低成本。
3）减少污染物的产生量和排放量，保护环境，减少污染处理费用。
4）促进企业技术进步。
5）提高职工素质。
6）改善操作环境，提高生产效率。
7）树立企业形象，扩大企业影响。

清洁生产标准与其他标准的区别与作用如下：

1）区别：自愿性与强制性、前瞻性与现实性、末端处理前和末端处理后的不同。
2）行业清洁生产标准作用：指导企业开展清洁生产审核、作为清洁生产审核验收的基础、指导环境影响评价中清洁生产评价、作为环境友好企业评估的基础、作为生态工业园区建设的重要依据。清洁生产优于末端治理。

复 习 题

1. 什么是环境？它由哪些要素组成？
2. 简述环境问题的形式分类。
3. 简述水污染的分类及其改进对策。
4. 大气有哪些污染源？如何控制？
5. 固体废弃物有哪些处理技术和方法？
6. 简述清洁生产技术及其发展前景。
7. 简述企业生产环境与安全的关系。

第 11 章 国际劳工组织与职业安全卫生

职业安全卫生工作为全世界所关注。提高全球职业安全健康水平，是人类共同的愿景，也是安定有序、人与自然和谐相处、经济社会协调发展的基础和前提。

1.1 国际劳工组织

国际劳工组织（International Labour Organization，ILO）成立于 1919 年，原为国际联盟的附属机构。联合国于 1945 年成立后，国际劳工组织成为其负责劳工事务的专门机构，是联合国机构中历史最悠久、地位十分重要的一个专门机构。国际劳工组织是联合国中唯一具有三方（政府、雇主和工人）代表性结构的机构，总部设在瑞士的日内瓦。

如今，国际劳工组织经过 100 多年的发展变化，工作和活动范围不断扩大，成员国日益增多。截至 2019 年 10 月，国际劳工组织有 187 个成员。国际劳工组织的宗旨是：通过劳工立法和开展合作，促进社会正义，维护世界持久和平。

国际劳工组织的主要机构是国际劳工大会、理事会和国际劳工局。此外，其地区会议和产业委员会也是重要的辅助机构。

11.1.1 组织机构

国际劳工组织的组织机构包括以下几个：

（1）国际劳工大会

国际劳工大会是国际劳工组织的最高权力机构，每年 6 月在日内瓦举行会议，由各成员国派代表参加，每个成员国的代表团由两名政府代表、一名雇主代表、一名工人代表和若干名顾问组成。

（2）理事会

理事会是国际劳工组织的执行机构，即国际劳工组织的执行委员会，每 3 年经大会选举产生，在大会休会期间指导该组织工作，每年 3 月和 11 月各召开一次会议。理事会设主席 1 名，原则上由政府代表按地区轮流担任，任期 1 年，每年 6 月在理事会上改选。副主席 2 名，分别从工人理事和雇主理事中产生。理事会由 56 名理事组成，其中包括 28 名政府代表、14 名工人代表和 14 名雇主代表。在 28 名政府理事中，有 10 名常任理事由理事会确定的"主要工业国"委派，不需要经过选举，是常任的，其余 18 人由出席大会的成员国政府代表选举。

（3）国际劳工局

国际劳工局是国际劳工组织的常设工作机构，是国际劳工大会、理事会和其他会议的秘书处，受理事会的管理，总部设在瑞士日内瓦。国际劳工组织是以国家为单位参加的国际组织，但在组织结构上实行独特的"三方性"原则，即参加各种会议和活动的成员国代表团由政府、雇主组织和工人组织的代表组成，三方代表有平等独立的发言和表决权。

国际劳工局局长任期 5 年。自 1919 年以来，先后有 10 人任职。劳工局下设国际劳工标准、就业、社会保护和社会对话四个技术部门。此外，还设有局长办公室、性别平等局、技术合作、会务、人事、新闻出版等部门，另设有国际劳工组织国际培训中心（都灵）和国际劳工研究所等。

11.1.2 国际劳工组织的主要活动

国际劳工组织近年来理事会的经常性议题主要有：审议通过结社自由、计划财务与行政、法律与国际劳工标准、就业与社会政策等专门委员会的工作报告，讨论预算、人事和会议计划等。除以上例会外，该组织还经常召开各种产业和部门专业会议，研究有关产业在就业、培训、职业安全卫生和社会保障等方面的问题。

组织的主要活动包括以下几项：

1）制定全球的政策和计划来改善工作和生活条件，扩大就业机会。

2）国际劳工立法，制定国际劳工公约和建议书，供成员国批准实施。

3）技术援助与技术合作，向成员国提供劳动领域的资金、技术和咨询援助与合作。主要与一些相关的国际机构开展合作，也靠发达国家资助，对发展中国家提供劳动领域的技术合作与援助。

4）开展研究和信息传播。开展劳动科学领域理论与实践的研究工作，出版散发各类有关期刊、专著和宣传材料，为成员国提供信息服务等。

11.1.3 国际劳工组织的职业安全卫生工作

为加强国际社会对职业安全卫生问题的重视，促进在该领域的国际和地区间技术合作与安全交流是非常重要的。为此，国际劳工组织为迎接这种严峻挑战而加强了职业安全卫生工作，建立了一项国际劳工组织国际重点计划——安全工作（Safe Work），即通过工作中的安全与卫生来实现对人员保障和促进生产力的提高。

1. 计划的宗旨

1）在世界各地增加人们对与工作有关的事故、伤害和疾病的规模和后果的认识。

2）按国际劳工标准促进所有工作享有基本保护的目标。

3）加强成员国和产业部门制定和执行的有效的预防与保护政策及计划的能力。

为实施这一计划,国际劳工组织一方面建立广泛的伙伴关系,发动国际劳工组织特有的三方组织机构,也与社会力量一并提高政府和社会对安全卫生及环境的重视。另一方面通过技术援助,提供检测和信息服务,预防职业事故和职业病,保护劳动者的安全、健康和保护环境。

2. 计划的重点活动

1) 促进国际劳工标准得到广泛批准和有效实施。由于国际劳工组织过去制定的标准非常有效,所有重要危险部门和主要危害都被国际劳工公约、建议书和实用规程所涵盖,但在实施方面问题较大,特别是在发展中国家。

2) 建立和加强信息传播网络。安全卫生工作应充分运用现代信息技术来加强对安全文化、管理和科学技术知识的传播,促进国际交流。

3) 参与"化学分级和加贴标签全球统一制度"(GHS)的协调工作。此目的之一是建立一个化学品分级和加贴标签全球统一制度,促进对化学品的良好管理。

4) 加强雇主组织和工人组织在职业安全卫生服务方面的作用,为其成员提供服务,包括积极参加安全卫生委员会,特别是参与解决工作场所最危险工作条件问题,同时促进实施《职业健康安全卫生管理体系导则》(ILO-OSH2001),为国际劳工组织成员国建立国家职业安全卫生管理体系框架,为企业建立和保持安全健康管理体系提供了指导性意见和具体的标准。

1.2 国际劳工标准

11.2.1 国际劳工标准的构成和分类

1. 构成

国际劳工组织的一项重要活动是从事国际劳工立法,即制定国际劳工标准(International Labour Standards)。国际劳工标准采用两种形式:国际劳工公约和国际劳工建议书。公约是国际条约,以出席国际劳工大会三分之二以上代表表决通过的方式制定,此后,经会员国自主决定,可在任何时间履行批准手续,即对该国产生法律约束力,对不批准的国家则无约束力;建议书以同样方式制定,但无须批准,其作用是供会员国在相关领域制定国家政策和法律、法规时参考。在实践中,多采用在制定一个公约的同时另外制定一个同样名称,但内容更为详尽具体的补充建议书的办法。

2. 分类

国际劳工标准按内容可分为以下各类:

1) 基本劳工人权,主要是指建立工会的自由、废除强迫劳动、实行集体谈判、劳动机会和待遇的平等、废除童工劳动。

2) 就业、社会政策、劳动管理、劳资关系、工作条件,包括工资、工时、职业安全卫生、社会保障,包括工伤赔偿、抚恤、失业保险。

3）针对特定人群和职业，包括妇女、童工和未成年工、老年工人、残疾人、移民工人、海员、渔民、码头工人等。

11.2.2 国际劳工标准的作用和特点

1. 作用

1）国际劳工组织重视国际劳工标准的制定，促进会员国对国际劳工公约的批准实施，对维护各国工人和其他劳动者的基本权益起到了积极作用。

2）国际劳工组织采取了一系列措施推动成员国通过对公约的批准和实施。但是，由于历史原因，整个国际劳工标准体系主要以发达国家的社会经济发展水平和需要为基础。

3）国际劳工组织制定的国际劳工最低标准，被世界上几乎所有国家的政府、雇主和工人组织作为共同达成劳动标准的重要依据。

尽管这个标准具有普遍性和灵活性，但广大发展中国家在公约的制定及批准实施方面仍有不少困难，与发达国家存在许多矛盾。特别是近年来，少数西方国家的工会组织和政府主张，应将各国执行劳工公约的状况与其国际贸易和市场准入相联系，在劳工组织中引起一片反对之声。

2. 特点

从一定意义上说，国际劳工标准应当是国际法的一个组成部分，但它同一般国际法相比，又具有自己的特点。

（1）国际劳工标准的制定体现了"三方性"特点

从国际劳工标准的制定来看，它和一般国际法一样，都是由有关国家的代表参加制定的，并对这些国家具有约束力。但是，国际劳工标准的制定又具有"三方性"特点。所谓"三方"就是指政府、雇主和工人。也就是说，负责制定国际劳工标准的国际劳工大会是由各成员国派出政府、雇主和工人三方代表参加；在公约和建议书草案的讨论和通过时，每个国家的三方代表独立地发表意见和投票。制定国际劳工标准的"三方性"原则，较好地照顾到三方的利益，体现了三方合作共同改善劳动条件的精神。

（2）国际劳工标准的适用范围表现出"国内性"特点

从立法的适用范围来看，一般国际法是国家间的法律，调整的是国家之间的政治、经济、文化交往等关系，而不是各国内部的社会关系。而国际劳工标准则带有明显的"国内性"，也就是说，绝大多数公约和建议书都是以调整成员国国内劳动关系为目标的，如限制工作时间、改善劳动条件、确定最低工资、建立社会保险、调整劳动关系、保障工会权利等，只有极少数公约和建议书涉及国与国之间的关系问题，如对外籍工人给予平等待遇等。有人认为，国际劳工公约不是真正的国际法，而是用国际方法促进国内立法的一种形式。这种说法虽不完全正确，但也反映出国际劳动立法的独特之处。

（3）国际劳工标准条文的规定具有"灵活性"的特点

在国际劳工标准条文的规定方面，一般国际法的条文对各签约国一律适用，不存在降低标准或"双重标准"问题。而国际劳工标准虽然普遍适用于所有成员国，但在草拟条文时，则规定一些必要的变通办法，以适应各类国家的具体情况。

这种有"灵活性"的规定，在绝大多数公约中都可以见到。即使是列为基本人权公约之一的第138号公约（最低就业年龄），也允许发展中国家将最低年龄规定为14岁，比发达国家低一岁。不少公约还允许批准国只遵守其中的主要条款，对达不到的条款可暂时做出保留。有的公约甚至只要求成员国遵守其中某些主要条款，而不一定遵守全部条款。事实证明，国际劳工标准的"灵活性"有利于它的推广实施。

（4）国际劳工标准制定后的批准具有"自愿性"特点

在立法后的批准方面，一般国际法签订后，签约国即承担了加以实施的义务。国际劳工标准在制定以后，各国在批准方面享有"自主原则"。国际劳动公约和建议书，虽然是由全体成员国参加的国际劳工大会上以三分之二的多数票通过的，但通过以后并不直接产生效力，必须经过成员国政府批准才能对批准国产生约束力。对一个公约批准与否，完全由成员国自主决定。对于绝大多数公约来说，如果成员国没有批准，除了要他们定期报告不能批准的障碍外，没有任何强制办法加以干预。

（5）国际劳工标准的实施具有严格的监督程序

对已批准公约的实施方面，国际劳工标准有着严格的监督程序。新的公约由劳工大会通过后，各成员国有义务在一年内，至多在18个月内将其呈报主管当局（一般为本国立法机构），以便制定法律或采取其他行动。如果立法机关予以批准，由政府以书面形式报告国际劳工局注册登记。

11.2.3 国际劳工标准的实施和监督

1. 实施

国际劳工标准的实施是指由国际劳工大会通过的国际劳工公约和建议书，得到成员国的批准、采纳并切实地付诸执行。《国际劳工组织章程》规定了成员国对国际劳工标准承担的义务，包括在12个月之内将国际劳工大会通过的公约和建议书提交给本国的立法主管机关。若公约未获本国立法主管机关批准，应向国际劳工局提交报告，说明情况。

成员国在对一项公约履行批准手续后，就正式承担起将这项公约的各项条款在本国实施的义务。按照国际劳工组织规定，对一项公约的批准不能有所保留，即不能只接受公约的一部分而拒绝其余部分，除非该公约本身有允许这样做的规定。一个国家批准国际公约后，该公约就成为本国法的一部分，在本国具有法律效力。若相关的本国法同批准的国际公约有明显矛盾和冲突，应该修改本国法，使本国法同国际公约协调一致。按照国际劳工组织的规定，会员国对已批准的公约，应定期向国际劳工局提交报告。报告除对实施公约的状况做总的说明以外，应当着重提到本国的法律是否符合公约的规定。

2. 监督

国际劳工组织为了推动国际劳工标准为成员国所广泛接受，并切实地付诸实施，建立了一套实施公约的监督机制。该监督机制的特点是，专家监督与成员国民主监督相结合，即把独立性专家的技术评估同成员国政府、雇主和工人三方代表的联合审议结合起来。这种监督机制包括以下三类：

(1) 常规监督程序

常规监督程序是指由国际劳工组织特定的监督机构对成员国提交的定期报告予以审议的过程。国际劳工组织设有两个监督机构：实施公约与建议书专家委员会和国际劳工大会实施公约与建议书大会委员会。专家委员会依据各国提交的报告、各国的法律与规章以及其他有关资料，对各国公约与建议书的履行情况以及实施已批准公约的情况做出评价。每年国际劳工大会都要审议专家委员会的年度报告。大会委员会从专家委员会报告中挑选出一些案件进行重点审议，然后将审议的情况与结论写出报告，提交国际劳工大会审议（在报告中，将一些最严重或者久拖不决的案件列入特别段落）。

(2) 审议"申诉"与"控诉"程序

"申诉"是指工人组织或雇主组织如认为本国政府或其他国家政府不遵守其已批准的公约，可向国际劳工局理事会提出指控。国际劳工局理事会指派专门机构对"申诉"进行调查，然后提交理事会全体会议做出结论：指出"申诉"涉及的问题，或已由当事国政府做出令人满意的处理，或还需要进一步采取行动。

"控诉"是指一个成员国政府，可以向国际劳工局指控另一成员国政府没有切实遵守已批准的公约；参加国际劳工大会的三方代表以及理事会也可提出此类指控。在国际劳工组织的监督程序中，控诉程序在形式上最接近司法程序。控诉提出后，理事会如果认为适当，可以将该控诉通知被指控的政府；如经过通知，但在规定的期限内没有收到满意的答复，理事会可以做出决定，设立一个调查委员会进行调查，并在国际劳工局正式公报公布调查结果。有关当事国政府应向国际劳工局长表明是否接受调查委员会报告中的建议，若不接受，国际法院的判决是最终的。

(3) 特殊监督程序

"特别控诉"程序专门适用于违反结社自由的情况，主要是工会（包括国际工会组织）针对本国政府或其他国家政府的关于违反《结社自由和组织权利公约》（第87号公约）的指控。其特殊之处在于任何成员国不论是否已经批准结社自由公约，都可成为被指控的对象。在这一点上，不同于申诉与控诉程序，显示出国际劳工组织对维护结社自由权利的特别关注。

11.3 我国与国际劳工组织的关系

11.3.1 历史回顾

我国是国际劳工组织的创始会员国之一，也是理事会政府组常任理事国。1971年，我国恢复了在国际劳工组织的合法席位。1983年，我国派团出席了第69届国际劳工大会，正式恢复了在国际劳工组织中的活动。自1983年至今，我国每年均派代表团出席该组织的会议，并积极参与国际劳工立法和技术合作方面的活动。1985年1月，国际劳工组织在我国设立派出机构——国际劳工组织北京局。多年来，我国与国际劳工组织的关系不断发展，开展了包括人员互访、实地考察、劳工组织专家来华举办研讨会和讲习班、制订实施技术合作计划以及援助我国建立职业技术培训中心等各类活动。

11.3.2 发展历程

我国批准的国际劳工公约涉及最低就业年龄、最低工资、工时与休息时间、海员劳动条件、男女同工同酬和残疾人就业等内容。

1999年3月4日—25日，国际劳工局理事会第274次会议在日内瓦举行。我国政府代表团出席会议。同年6月1日—17日，第87届国际劳工大会在日内瓦举行。国际劳工组织会员国政府、工人和雇主组织三方代表、有关国际组织和非政府组织代表2000多人出席会议。我国三方代表团出席大会。11月8日—19日，我国派团出席国际劳工局第276次理事会，并在会上发言。在会议审议2000—2001年双年度计划和预算时，我国代表团强调，劳工组织应将工作重点放在促进就业、消除贫困和社会保护方面，不应削减用于就业的预算，应增加而不是减少对亚太地区的技术合作资金。

2001年，我国继续参加国际劳工组织的活动。3月12日—30日，国际劳工局理事会第280次会议及所属各委员会会议在日内瓦举行。劳动和社会保障部派团出席会议。6月5日—21日，第89届国际劳工大会在日内瓦举行。国际劳工组织会员国政府、工人组织和雇主组织三方代表、有关国际组织代表共2000多人出席了大会。我国三方代表团出席了大会和大会期间举行的亚太地区劳工部长会议。李其炎当选为大会政府组主席。11月5日—16日，国际劳工局理事会第282次会议在日内瓦举行，劳动和社会保障部派团出席会议。

2002年，我国继续参加国际劳工组织的活动。3月11日—23日，国际劳工局理事会第283次会议在日内瓦举行。劳动和社会保障部组团出席会议。6月3日—20日，第90届国际劳工大会在日内瓦举行。国际劳工组织会员国政府、工人组织和雇主组织三方代表、有关国际组织代表共2000多人出席了大会。我国三方代表团出席了大会。11月11日—22日，国际劳工局理事会第285次会议在日内瓦举行，我国劳动和社会保障部组团出席会议。会议对下一任劳工局长选举的时间和程序进行了审议，同意2003年3月理事会期间举行下一任局长选举。会议讨论了国际劳工大会改革、修改财务规则及缅甸强迫劳动等议题。我国代表在发言中强调，应按照财务规则的原则并参照过去处理结余的办法，对财政结余按一事一议的原则进行处理等。

2016年9月，我国人力资源和社会保障部与国际劳工组织签署关于建立战略伙伴关系的谅解备忘录。国际劳工组织总干事盖·莱德应邀来华出席首届和第二届"一带一路"高峰论坛，参加主要国际经济组织负责人"1+6"圆桌对话会。

2021年6月7日—19日，第109届国际劳工大会以线上、线下结合方式召开，我国代表团团长、人力资源和社会保障部游钧副部长出席全会并发言。

11.3.3 在我国的劳工组织机构

1. 国际劳工组织北京局

国际劳工组织北京局成立于 1985 年，主要负责国际劳工组织在蒙古和我国的日常联络和技术合作项目的管理工作。在北京局局长的领导下，北京局的技术合作工作分四个领域进行，即国际劳工标准、就业、社会保护和社会对话。其中，社会保护工作不仅包括职业安全卫生工作，还包括社会保障、工作与就业条件、移民工保护和工作场所的艾滋病的预防与控制。

2. ILO/CIS 中国国家中心

ILO/CIS 中国国家中心于 1987 年被国际劳工组织国际职业安全卫生信息中心（ILO/CIS）正式接纳为成员单位并在总部注册。该机构设置在应急管理部安全科学技术研究中心。主要工作为：负责国内外职业安全卫生信息的交流与传播、出版期刊、开展职业安全卫生领域中与标准相关活动调查工作等。

3. 劳动和社会保障部国际劳工与信息研究所

该所成立于 1989 年，是劳动和社会保障部直属事业单位。其主要任务是研究国际劳工组织的政策，并协助拟定我国的对策和意见；研究国际劳工标准及其制定、实施和监督，并参与提出我国批准国际劳工公约的建议；参与国际劳工组织的有关活动和信息交流等，出版《国际劳工研究与信息》。

另外，国际劳工组织在我国的职业安全卫生领域与我国开展了许多合作，如化学品安全、煤矿安全卫生、建筑安全、尘肺病防治、监察员培训等，为制定国家中长期安全卫生发展计划，加强职业安全卫生国际技术交流与合作奠定了基础。

11.3.4 SA8000 标准——企业社会责任标准

1997 年，美国经济优先认可委员会（CEPAA）成立，后更名为国际社会责任组织（SAI）。该机构设计了社会责任 SA8000 标准和认证体系。全球首个企业社会责任标准 SA8000（Social Accountability 8000）于 1997 年 8 月根据国际劳工组织公约、世界人权宣言和联合国儿童权益公约制定并公布。

SA8000 标准的具体内容如下：

（1）童工

企业不可雇用童工或支持雇用童工的行为。企业应建立、记录、保留旨在拯救童工的政策和程序，应提供足够的支持促使童工接受学校教育。

强迫性劳动：企业不可雇用或支持雇用强制性劳工的行为，也不可要求员工在受雇之时交纳（押金）或存放身份证于公司。

组织工会的自由与集体谈判的权利：尊重所有员工结社自由和集体谈判权，企业应保证工会代表不受歧视。

(2) 歧视

不得因种族、社会阶层、国籍、宗教、残疾、性别、性取向、工会会员或政治归属等而对员工有歧视行为；企业不允许性侵扰行为。

(3) 惩戒性措施

不得从事或支持体罚、精神或肉体胁迫以及言语侮辱。

工作时间：在任何情况下都不能经常要求员工1周工作超过48小时，每7天至少应有一天休假；每周加班时间不超过12小时。

(4) 工资

企业应该保证它所给付的标准工作周的工资至少能够达到法律或行业规定的最低工资标准；薪酬给付的形式无论是现金或支票，都必须合乎方便工人的原则；公司不可逃避劳动法和社会安全法规中明定的对员工应尽的义务。

(5) 健康与安全

企业应提供健康与安全的工作环境；保证所有的员工接受定期和有记录的健康与安全训练；提供所有员工干净的厕所、可饮用水。

(6) 管理体系

企业须制订一个对外公开的政策，承诺遵守相关法律和其他规定；保证进行管理的总结回顾，选定企业代表监督实行计划和实施控制，选择同样满足SA8000的供应商，确定表达意见的途径并采取纠正措施，公开与审查员的联系，提供应用的检验方法，并出示支持的证明文件和记录。

11.3.5 企业社会责任运动与中国

所谓"企业社会责任运动"是指企业除了为股东追求利润外，也应该承担相应的社会责任，即要考虑相关利益人——影响和受影响于企业行为的各方的利益。而相关利益人中最主要的群体就是企业中的劳动者，因此，企业社会责任运动的基本形式就体现为"工厂守则运动"。"企业的社会责任"这一概念诞生在20世纪20年代。到20世纪80年代，由于跨国公司在世界各地获取了惊人的超额利润，而世界各国的工人在"工资和劳动条件向下竞争"的驱使下，就业日益困难，生活每况愈下，经济全球化伴随着贫穷全球化。在这样的背景下，"企业的社会责任"又被重新提起。迫于劳工组织和消费者的压力，跨国公司为维护自己的企业形象而纷纷自行设立有关企业内部劳工标准的自律性规则，即企业的生产守则。

随着我国市场化的改革不断深化，特别是加入WTO，我国经济正式介入经济全球化，企业的社会责任运动在我国也逐步开展起来。

全球500家大公司已有三分之二以上在我国设立了企业或机构，我国成为"世界工厂"。与此同时，我国的劳工问题也备受瞩目，并被国际社会所关注。

一些劳工组织和跨国公司还针对我国的劳工问题，制定了专门的"工厂守则"，要求我国的出口加工企业遵守。如美国国际劳工权利基金（ILRF）、全球交流组织（Global Exchange）

等 21 个劳工组织、消费者组织、人权组织联合起草，并有多家跨国公司签署了"中国商业原则"，该原则宣称其在中国的商业活动尊重国际劳工组织（ILO）制定的基本劳工标准、联合国《经济、社会和文化公约》规定的基本人权标准、中国政府签署的《公民和政治权利公约》以及中国法律。

跨国公司的"工厂守则"运动目前已在我国启动，相继对其中国供应商和分包商实施以劳工标准检查为内容的社会责任运动，一些公司还在中国公司内设立了相关的社会责任部门，并委托有关公证机构，作为审核机构对于我国的供应商和分包商的企业劳工标准执行状况进行监督审核。从事企业社会责任认证的国际组织也相继在我国登陆。20 世纪 90 年代中期以来，我国沿海地区的数千家作为跨国公司供货商的企业，已经接受过跨国公司的社会责任检查。

从我国企业社会责任的实施效果来看，通过劳工标准检查，使得劳工标准和劳工权益保护这一命题，在企业和社会的范围内获得了更加广泛和深入的社会认知程度，特别是对于提高劳动者和雇主双方的权利意识都有积极的意义。

11.4 职业健康安全管理体系

11.4.1 职业健康安全管理体系的基本运行模式

所谓职业健康安全管理体系（Occupational Health and Safety Management Systems，OHSMS），是指为建立职业健康安全方针和目标以及实现这些目标所制定的一系列相互联系或相互作用的要素。它是职业健康安全管理活动的一种方式。职业健康安全管理体系的运行模式可以追溯到一系列的系统思想，最主要的是爱德华·戴明（Edward Deming）的 PDCA（即策划、实施、评价、改进）概念。在此概念的基础上结合职业健康安全管理活动的特点，不同的职业健康安全管理体系标准提出了基本相似的职业健康安全管理体系运行模式，其目的都是为生产经营单位建立一个动态循环的管理过程，以持续改进的思想指导生产经营单位系统地实现其既定目标。如 ILO-OSH2001 的运行模式为方针、组织、计划与实施、评价、改进措施；OHSAS 18001 的运行模式为职业健康安全方针、策划、实施与运行、检查与纠正措施、管理评审。

11.4.2 职业健康安全管理体系的基本要素

职业健康安全管理体系作为一种系统化的管理方式，各个国家依据其自身的实际情况提出了不同的指导性要求，但基本上遵循了 PDCA 的思想并与 ILO-OSH2001 导则近似。本节主要依据 ILO-OSH2001 导则的框架，介绍现有职业健康安全管理体系的基本要素。

1. 职业健康安全方针

本要素要求生产经营单位应在征询员工及其代表的意见的基础上，制定出书面的职业健康安全方针，以规定其体系运行中职业健康安全工作的方向和原则，确定职业健康安全责任及绩效总目标，表明实现有效职业健康安全管理的正式承诺，并为下一步体系目标的策划提供指导性框架。

2. 组织

组织的目的是要求生产经营单位为职业健康安全管理体系其他要素正确、有效地实施与运行而确立和完善组织保障基础，包括机构与职责、培训及意识和能力、协商与交流、文件化、文件与资料控制以及记录和记录管理。组织的内容与要求有以下几个方面：

（1）机构与职责

生产经营单位的最高管理者应对保护企业员工的安全与健康负全面责任，并应在企业内设立各级职业健康安全管理的领导岗位，针对那些对其活动、设施（设备）和管理过程的职业健康安全风险有一定影响的从事管理、执行和监督的各级管理人员，规定其作用、职责和权限，以确保职业健康安全管理体系的有效建立、实施与运行，并实现职业健康安全目标。

生产经营单位应为实施、控制和改进职业健康安全管理体系提供必要的资源，确保上述各级负责职业健康安全事务的人员（包括健康安全委员会）能够顺利地开展其工作。

（2）培训、意识与能力

生产经营单位应建立并保持培训的程序，以便规范、持续地开展培训工作，确保员工具备必需的职业健康安全意识与能力。

生产经营单位应对培训计划的实施情况进行定期评审，评审时应有职业健康安全委员会的参与，如可行，应对培训方案进行修改以保证它的针对性与有效性。

（3）协商与交流

生产经营单位应建立并保持管理程序，并做出文件化的安排，促进其就有关职业健康安全信息与员工和其他相关方（如分承包方人员、供货方、访问者）进行协商和交流。

（4）文件化

生产经营单位应保持最新与充分的并适合于企业实际特点的职业健康安全管理体系文件，以确保建立的职业健康安全管理体系在任何情况下（包括各级人员发生变动时）均能得到充分理解和有效运行。

（5）文件与资料控制

生产经营单位应制定书面程序，以便对职业健康安全文件的识别、批准、发布和撤销，以及对职业健康安全有关资料进行控制。

（6）记录与记录管理

生产经营单位建立并保持管理程序，用来标识、保存和处置有关职业健康安全记录。

生产经营单位的职业健康安全记录应填写完整、字迹清楚、标识明确，并确定记录的保存期，将其存放在安全地点，便于查阅，避免损坏。重要的职业健康安全记录应以适当方式或按法规要求妥善保护，以防火灾和损坏。

3. 计划与实施

计划与实施的目的是要求生产经营单位依据自身的危害与风险情况，针对职业健康安全方针的要求做出明确具体的规划,并建立和保持必要的程序或计划,以持续、有效地实施与运行职业健康安全管理规划,包括初始评审、目标、管理方案、运行控制和应急预案与响应。

计划与实施的内容与要求有以下几个方面:

(1) 初始评审

初始评审包括危害辨识、风险评价和风险控制的策划,法律、法规及其他要求两项工作。

(2) 目标

制定目标时应以职业健康安全方针要求为框架,充分考虑危害辨识和风险评价,以适用的法律法规为基础,考虑自身技术、财务能力及与经营上有关职业健康安全的要求,以及以往的职业健康安全目标、管理方案的实施与实现情况,确保目标持续改进。

(3) 管理方案

制订管理方案的目的是制订和实施职业健康安全计划,确保职业健康安全目标的实现,阐明做什么事、谁来做、什么时间做等事宜。

(4) 运行控制

运行控制是指建立和保持计划安排程序规定,提出并实施有效的控制和防范措施,以确保制订的职业健康安全管理方案得以有效、持续地落实,从而实现职业健康安全方针、目标,并遵守法律、法规等要求。

(5) 应急预案与响应

制定应急预案的目的是确保生产经营单位主动评价其潜在事故与紧急情况发生的可能性及其应急响应的需求,制订相应的应急计划、应急处理程序和方式,检验预期的响应效果,改善其响应的有效性。

4. 检查与评价

检查与评价要求生产经营单位定期或及时地发现体系运行过程或体系自身所存在的问题,并确定问题产生的根源或需要持续改进的地方。体系的检查与评价主要包括绩效测量与监测、事故事件与不符合的调查、审核与管理评审。检查与评价的内容与要求有以下几个方面:

1) 绩效测量和监测。
2) 事故、事件、不符合及其对职业健康安全绩效影响的调查。
3) 审核。
4) 管理评审。

5. 改进措施

改进措施要求生产经营单位针对组织职业健康安全管理体系绩效测量与监测、事故事件调查、审核和管理评审活动所提出的纠正与预防措施的要求,制定具体的实施方案并予以保持,确保体系的自我完善功能,并不断寻求方法,持续改进生产经营单位自身职业健康安全管理体系及其职业健康安全绩效,从而不断消除、降低或控制各类职业健康安全危害和风险。改进措施主要包括纠正与预防措施和持续改进两个方面:

（1）纠正与预防措施

生产经营单位针对职业健康安全管理体系绩效测量与监测、事故事件调查、审核和管理评审活动所提出的纠正与预防措施的要求，应制定具体的实施方案并予以保持，确保体系的自我完善功能。

（2）持续改进

生产经营单位应不断寻求方法持续改进自身职业健康安全管理体系及其职业安全健康绩效，从而不断消除、降低或控制各类职业健康安全危害和风险。

11.4.3 职业健康安全管理体系建立的步骤

对于不同组织，由于其组织特性和原有基础的差异，建立职业健康安全管理体系的过程不会完全相同。但总体而言，组织建立职业健康安全管理体系应采取如下步骤：

1. 领导决策

组织建立职业健康安全管理体系需要领导者的决策，特别是最高管理者的决策。只有在最高管理者认识到建立职业健康安全管理体系必要性的基础上，组织才有可能在其决策下开展这方面的工作。另外，职业健康安全管理体系的建立，需要资源的投入，这就需要最高管理者对改善组织的职业健康安全行为做出承诺，从而使得职业健康安全管理体系的实施与运行得到充足的资源。

2. 成立工作组

当组织的最高管理者决定建立职业健康安全管理体系后，首先要从组织上给予落实和保证，通常需要成立一个工作组。工作组的主要任务是负责建立职业健康安全管理体系。

3. 人员培训

工作组在开展工作之前，应接受职业健康安全管理体系标准及相关知识的培训。同时，组织体系运行需要的内审员，也要进行相应的培训。

4. 初始评审

初始评审是建立职业健康安全管理体系的基础。组织应为此建立一个评审组。评审组可由组织的员工组成，也可外请咨询人员，或是两者兼而有之。评审组应对组织过去和现在的职业健康安全信息、状态进行收集、调查与分析，识别和获取现有的适用于组织的职业健康安全法律、法规和其他要求，进行危险源辨识和风险评价。这些结果将作为建立和评审组织的职业健康安全方针，制订职业健康安全目标和职业健康安全管理方案，确定体系的优先项，编制体系文件和建立体系的基础。

5. 体系策划与设计

体系策划阶段主要是依据初始状态评审的结论，制定职业健康安全方针，制定组织的职业健康安全目标、指标和相应的职业健康安全管理方案，确定组织机构和职责，筹划各种运行程序等。

6. 体系文件编制

职业健康安全管理体系具有文件化管理的特征。编制体系文件是组织实施职业健康安全管理体系标准，建立与保持职业健康安全管理体系并保证其有效运行的重要基础工作，也是组织达到预定的职业健康安全目标，评价与改进体系，实现持续改进和风险控制必不可少的依据和见证。体系文件还需要在体系运行过程中定期或不定期地评审和修改，以保证它的完善和持续有效。

7. 体系试运行

体系试运行与正式运行无本质区别，都是按所建立的职业健康安全管理体系手册、程序文件及作业规程等文件的要求，整体协调地运行。试运行的目的是要在实践中检验体系的充分性、适用性和有效性。

8. 内部审核

职业健康安全管理体系的内部审核是体系运行必不可少的环节。体系经过一段时间的试运行，组织应当具备了检验建立的体系是否符合职业健康安全管理体系标准要求的条件，应开展内部审核。

9. 管理评审

管理评审是职业健康安全管理体系整体运行的重要组成部分。管理者代表应收集各方面的信息供最高管理者评审。最高管理者应对试运行阶段的体系整体状态做出全面的评判，对体系的适宜性、充分性和有效性做出评价。依据管理评审的结论，可以对是否需要调整、修改体系做出决定，也可以做出是否实施第三方认证的决定。

11.4.4 职业安全卫生管理体系标准一体化是国际经济发展的需要

1. 国际方面

职业安全卫生问题与生产过程具有紧密的相关性。生产过程导致了职业安全卫生问题。因此，在国际贸易活动中，各国企业的职业安全卫生行为必然受到普遍的关注。关贸总协定乌拉圭回合谈判协议中要求，不应由于各国法规和标准的差异，而造成国际经济活动中的非关税贸易壁垒；强调在可能的情况下，尽量采用国际标准。欧、美等工业化国家提出：出于发展中国家在世界经济活动中越来越多的参与和各国职业安全卫生的差异，发达国家在成本价格和贸易竞争中处于不利地位。只有在世界范围内采取同一的职业安全卫生标准，才能从根本上解决此问题。ISO 是在 1995 年上半年正式开展职业安全卫生管理体系标准化工作。世界各国早就认识到职业安全卫生管理体系标准化是一种必然的发展趋势，并着手本国或本地区的职业安全卫生管理体系标准化工作。

据不完全统计，世界上已有 30 余个国家有相应的职业安全卫生管理体系标准。最为典型的当属澳大利亚，其国家内部有较为完整的标准系列、正规的培训机构和初步完善的国家认证制度。职业安全卫生管理体系标准化在国际区域范围内发展也较为迅速，亚太地区职业安全卫生组织（APOSHO）在近年来的几次年会上，都组织各成员对此进行研讨，特别是在 1998 年的第 14 年会上建议，各成员组织参照 ISO 14000 和 APOSHO 1000（草案）开发本国的标准。欧洲、大洋洲、亚洲、非洲一些国家标准化组织及认证机构共同参与制定"OHSAS 18000"，现已颁布"OHSAS 18001"。国际劳工组织（ILO）也在开展职业安全卫生管理体系标准化工作，在 1999 年 4 月第 15 届世界职业安全卫生大会上，ILO 负责人指出，ILO 将像贯彻 ISO 9000 和 ISO 14000 进行认证那样，研究进行企业职业安全卫生管理的评价。

职业安全卫生管理体系标准化也迅速被企业所采纳。例如，美国的很多企业现正在引进职业安全卫生管理体系。其主要原因是：在当初考虑引进时，企业往往担心成本上的问题，但是实际引进以后，企业感到该系统能够极大地提高企业自身的功能，逐渐地被企业所接受和理解。另外，职业安全卫生管理体系是组织严密、切实可行的文件形式，它能够和美国目前各企业现存的检审系统（该系统是定期和评价企业的实施程序是否遵守国家和地方州政府的法令、标准）相匹配。在各个企业竞争的条件下，采用职业安全卫生管理体系可以使企业处于有利的位置。

根据国际上职业安全卫生管理体系标准化目前的发展趋势，权威人士认为，ISO、ILO 等国际组织会就此问题进一步深入、迅速地开展工作。

2. 国内方面

我国作为 ISO 的正式成员国，在职业安全卫生管理体系标准化问题刚提出之时就十分重视并积极参与有关工作。1995 年 4 月，我国政府派代表参加了 ISO 的特别工作组，并分别派员参加了 1995 年 6 月 15 日和 1996 年 1 月 19 日 ISO 组织召开的两次特别工作组会议。

1996 年 3 月 8 日，我国政府成立了由有关部门组成的"职业安全卫生管理体系标准化协调小组"，并分别于 1996 年 6 月 3 日、6 月 13 日、8 月 29 日召开了规模不同的三次国内研讨会。1996 年 9 月，我国派代表团参加了 ISO 组织的职业安全卫生管理体系标准化国际研讨会。与此同时，我国政府还专门立项，对职业安全卫生管理体系标准化的国际发展趋势、基本原理及内容进行了研究。

1998 年 2 月，劳动部主管领导做出批示，同意有关方面的建议，在国内发展职业安全卫生管理体系标准，并对企业试点实施。

1998 年 8 月，我国劳动保护科学技术学会提出了职业安全卫生管理体系试行标准，并应一些企业的要求进行了试点实施。

国家经济贸易委员会（现商务部）安全生产局成立后，委、局领导都十分重视职业安全卫生管理体系的标准化工作，把它作为国内安全生产管理的一件大事。目前已颁布了职业安全卫生管理体系试行标准，同时建立了国家认证制度。在我国实施职业安全卫生管理体系标准，将会在企业内部形成一个系统的、结构化的职业安全卫生自我管理机制，进而提高企业的职业安全卫生管理水平，帮助企业满足有关法规要求，促进我国企业进入国际市场。

科学管理是企业运行的基础，建立 OHSMS 也是企业实现现代科学管理的需要。一个现代企业必须建立系统、开放、高效的管理体系，企业的每一部分工作都要纳入大的管理体系之中，这是现代生产集约化的需要，也是企业运行规范化、标准化的需要，职业安全健康是企业的一个重要工作，也必须纳入企业管理的大系统中。建立 OHSMS 不仅可以提高安全生产工作的管理质量,也有助于促进企业大系统的完善和整体管理水平的提高。

复 习 题

1. 简述国际劳工组织的定义、作用和工作内容。
2. 我国与国际劳工组织的关系如何?
3. 什么是 SA 8000 标准?它包含哪些内容?
4. OHSMS 的含义是什么?有哪些运行模式?

参考文献

[1] 卢达溶. 工业系统概论 [M]. 北京：清华大学出版社，2005.
[2] 史忠良. 产业经济学 [M]. 北京：经济管理出版社，1998.
[3] 曲占庆. 采油工程基础知识手册 [M]. 北京：石油工业出版社，2002.
[4] 李伯民，马峻，温海骏，等. 现代工业系统概论 [M]. 北京：国防工业出版社，2006.
[5] 叶旭明. 工业生产概论 [M]. 北京：机械工业出版社，2004.
[6] 蔡世馨，于晓霖. 现代生产管理 [M]. 大连：东北财经大学出版社，2004.
[7] 刘铁民，朱常有，杨乃莲. 国际劳工组织与职业安全卫生 [J]. 现代职业安全，2004（5）：16.
[8] 张连营. 职业健康安全与环境管理 [M]. 天津：天津大学出版社，2006.
[9] 罗云. 注册安全工程师手册 [M]. 北京：化学工业出版社，2004.
[10] 全国注册安全工程师执业资格考试辅导教材编审委员会. 安全生产管理知识 [M]. 北京：中国大百科全书出版社，2006.
[11] 施月循，戴云阁. 普通钢铁冶金学 [M]. 沈阳：东北工学院出版社，1988.
[12] 李应强. 冶金生产工艺及设备 [M]. 北京：冶金工业出版社，1999.
[13]《当代中国钢铁工业的科学技术》编辑委员会. 当代中国钢铁工业的科学技术 [M]. 北京：冶金工业出版社，1987.
[14] 樊庆文. 现代工业系统基础 [M]. 成都：西南交通大学出版社，2004.
[15] 姜蕾. 服装生产工艺与设备 [M]. 北京：中国纺织出版社，2000.
[16] 德力格尔桑. 食品科学与工程概论 [M]. 北京：中国农业出版社，2002.
[17] 孙君社. 现代食品加工学 [M]. 北京：中国农业出版社，2001.
[18] 王效山. 制药工艺学 [M]. 北京：北京科学技术出版社，2003.
[19] 吴柏诚，巫羲琴. 玻璃制造技术 [M]. 北京：中国轻工业出版社，1993.
[20] 杨清芝. 现代橡胶工艺学 [M]. 北京：中国石化出版社，1997.
[21] 李贵贤，卞进发. 化工工艺概论 [M]. 北京：化学工业出版社，2002.